L'HERESIE IMAGINAIRE.
LETTRE I.

MONSIEVR,

Ie voudrois bien vous mander quelque chose de nouueau des affaires de l'Eglise: Mais que puis-ie vous en dire sinon qu'elles vont toûjours le mesme train. On parle toûjours des 5. Propositions. On menace de traiter d'heretiques, ceux qui refuseront de reconnoistre qu'elles sont dans Iansenius. Les vns preparent des persecutions par des cabales secretes; les autres se defendent comme ils peuuent par des écrits publics. On lit ces écrits & on en iuge diuersement: Les vns disent qu'ils sont bons, les autres qu'ils sont trop forts. On conuient qu'ils prouuent tres-bien ce qu'ils pretendent. M. le Lieutenant Ciuil en a fait vn iugement fort particulier, qui est qu'ils sont injurieux à la personne du Roy, quoique les autres n'y voyent que des loüanges du Roy, & la deffense de son autorité souueraine. Voila tout ce que ie vous puis dire en general: si ce n'est peut-estre que vous vouliez que j'y ajoûte mes reflexions, & il est vray qu'il y a sujet d'en faire beaucoup.

Il faut donc que ie vous die que i'admire depuis long-temps la patience des hommes, & principalemēt des François à qui on n'a pas accoutumé de reprocher ce defaut. Il y a plus de dix ans qu'ils ne se lassent point de parler d'vne chose qui ne merita iamais qu'on s'en entretinst seulement vn iour. Qu'importe que les 5. Propositions soient ou ne soient pas dans le liure de Iansenius, que l'on le croye, ou que l'on en doute. Cependant on reduit presentement toutes les affaires de l'Eglise à cette plaisante question. Les Euesques qui dominent dans le Clergé ny connoissent point d'autre desordre qui soit digne de leur application. On ne parle que de cela dans leurs Assemblées. Le Formulaire est presque le seul Canon auquel on soit tenu d'obeïr. Le seul crime que l'on punisse dans les ecclesiastiques par la priuatiō de leur employ, est de douter de ce point de fait. Vn petit grain d'anti-Iansenisme purge toutes sortes de defauts. Vn peu de froideur sur ce point ternit toutes les vertus. Le plus court moyen pour faire fortune, est de faire paroistre vn peu de zele pour le Formulaire. Soyez ignorant ou scandaleux tant que vous voudrez, ce zele suppleera à tout & couurira tout. Enfin iamais le Catholicon d'Espagne ne fut employé à tant de diuers vsages que les 5. Propositions.

Ce ne sont pas seulement les personnes de lettres qui en parlent. Les gens de la Cour ne s'entretiennent d'autre chose. Et quoy que les plus habiles traitent tout cela de ridicule auec raison, d'autres pour paroistre politiques, en font vne grande affaire. Il semble à les entendre parler qu'il s'agisse de toute la Religion, & de tout l'Estat, & il n'y a point de grands mots de flots, de tempestes, d'orages, de naufrages, de venin, de peste, qu'ils n'employent sur cette niaiserie. Mais ce qui me surprend le plus, comme ie vous l'ay déja dit, est la perseuerance qu'ils ont à parler toûjours d'vne mesme chose, & d'vne chose si basse. Car pour moy ie vous auouë que ie suis si las des 5. Propositions & de toute cette dispute, que les discours qu'on en fait me seroient insupportables, si ie ne m'estois accoutumé à regarder cette affaire d'vne autre veuë, selon laquelle elle me remplit & me sert d'vn spectacle mer-

A

ueilleux Ie vous en veux faire part. C'eſt, Monsievr, que ie ne trouue rien de plus admirable dans les hiſtoires des Siecles paſſez, ou dans les éuenemens dont nous ſommes nous meſmes les ſpectateurs, que d'y contempler les images de la vanité de l'eſprit des hommes, en voyant les troubles & les agitations que les moindres bagatelles cauſent parmy eux.

N'eſt-ce pas, par exemple, vne choſe bien digne d'eſtre admirée, de voir tous les Royaumes du monde prendre party dans la querelle d'Auguſte & d'Antoine, toures les forces de l'Empire Romain & des Eſtats voiſins reünis dans leurs Armées, & ces Armées aux mains proches d'Actium, ſi l'on conſidere qu'vne femme eſt la cauſe & le pretexte de cette ſanglante guerre qui doit donner vn Maiſtre à l'Vniuers, & abolir entierement la forme de l'eſtat de Rome? Ce grand éuenement, & qui a tant eü de ſuitte, a pour principe le viſage d'vne femme. Sans cette folle paſſion Antoine auroit pris d'autres meſures, & rien de ce qui l'a ſuiuie ne ſeroit apparemment arriué. Mais ie l'aime mieux ainſi parce que i'y voy mieux le neant de l'homme. Antoine attache à ſoy toute la fortune du monde, & il s'attache luy-meſme au viſage d'vne femme. Voila la cauſe de tout ce grand changement, & vne eſtrange image de la vanité de toutes les affaires humaines.

On lit dans quelque hiſtoire des Indes, qu'vn Elephant blanc y cauſa la mort à 5. ou 6. Princes, & la deſolation à pluſieurs Royaumes. Il y eut entr'autres vn Roy de Pegu qui dreſſa vne Armée d'vn million d'hommes, où il y auoit trois mille chameaux 5. milles Elephans, & deux cens mille cheuaux pour le rauir au Roy de Siam. Il deſola tous les Eſtats de ce Roy. Il ruïna ſa principale ville deux fois plus grande que Paris, & le contraignit luy-meſme de ſe tuer apres la perte de ſon Royaume; & tout cela pour cet Elephant blanc Ce Roy en auoit déja trois, il luy en manquoit vn quatrieſme pour ſon carroſſe, & pour l'auoir il ruïna tout vn grand Royaume.

On ne conſidere d'ordinaire ces hiſtoires que comme des ſotiſes de Barbares; mais il me ſemble qu'on les doit regarder d'vne autre ſorte. Ie n'y voy rien qui ne me paroiſſe tres-digne des hommes & tres-proportioné à la portée de leur eſprit; & ie les trouue dautant moins vaines qu'elles ſeruent à découurir la vanité de toutes les entrepriſes que l'on fait paſſer pour glorieuſes, & pour importantes.

Ne vous imaginéz pas, Monsievr, que l'on ne trouue de ces exemples que dans les hiſtoires prophanes, & que celle de l'Egliſe qui eſt le Royaume de Dieu meſme, en ſoit exempte. Ce ne ſeroit pas bien connoiſtre l'eſtat où Dieu veut qu'elle ſoit encore en ce monde, & qui ſait dire à S. Paul que la creature eſt ſujete à la vanité: *Vanitati creatura ſubjecta eſt*. Elle y eſt, Monsievr, encore meſlée de bons & de méchans, de paille & de froment, & tellemét meſlée que la paille y paroiſt beaucoup plus que le froment. Ceux qui la conduiſent ne ſont pas toûjours des Citoyens de Ieruſalem, ce ne ſont ſouuent, comme dit S. Auguſtin, que des Citoyens de Babylone que Dieu permet que l'on éleue ſur les thrônes de l'Egliſe pour les rendre Miniſtres de ſa colere. Enfin dans les plus gens de bien il y a toûjours vn melange de la foibleſſe qu'ils tirent de leur corruptió naturelle parmi les biens ſolides qu'ils tiennent de Dieu. C'eſt pourquoy on ne doit point s'eſtonner ſi parmy cette multitude d'hommes charnels qui rempliſſent l'Egliſe viſible & les defauts qui reſtent aux plus ſpirituels, l'on voit des exemples de tous les deregleméns des hommes. S'il n'y auoit rien qui ne fuſt edifiant & ſerieux dans l'exterieur du gouuernement de l'Egliſe, elle ſeroit pour le dire ainſi, trop viſible & trop reconnoiſſable, & la foy de ceux qui la ſuiuent & qui ſe ſoumettent à elle ne ſeroit pas aſſez exercée.

Mais Dieu par vn juste jugement en luy laissant toûjours assez de marques pour la faire reconnoistre par les esprits humbles & raisonnables, l'obscurcit à l'esgard des esprits superbes & emportez par l'image de ces desordres visibles qui font qu'ils la regardent comme vne assemblée humaine qui ne se conduit pas d'vne autre sorte que les autres Societez.

C'est pour cette raison que Dieu permet aussi bien dans l'Eglise que dans les Estats temporels qu'il s'y excite de grands troubles pour des choses de neant? Qu'y auoit il par exemple de plus vain que la fantaisie qu'eut Iustinien de faire condamner les ecrits de trois auteurs, pour laquelle il boulleuersa toute l'Eglise d'Orient; & d'Occident *per superfluas quæstiones*, comme dit le Pape Pelage 2? Et à quoy tous ces tumultes ont-ils abouty, sinon à tourmenter plusieurs Euesques, à bannir les vns, à emprisonner les autres, à exciter vn Schisme dans l'Italie, & tout cela cela sans aucun fruict? Car quoy que cet Empereur ait fait approuuer son sentiment par vn Concile œcumenique, & par plusieurs Papes; neanmoins tout ce qui s'est fait en ce temps là, s'est en quelque sorte aneanty de soy-mesme dans la suitte, puis qu'il est permis & qu'il a toûjours esté permis de croire ce que l'on veut touchant les écrits de ces auteurs, tant il est vray que les choses de fait ne se jugent que par la raison & la verité, & non par l'autorité.

C'est la fin ordinaire de ces entreprises. Elles semblent reüssir pour vn temps, & ensuitte elles se dissipent & s'euanoüissent d'elles-mesmes. Mais les hommes ont d'ordinaire l'esprit si estroit qu'ils ne sçauroient l'estendre plus loin que leur temps. S'ils voyent qu'il s'excite quelque orage contre vn liure ou contre quelque personne, ils s'imaginent que tout est perdu, & que ceux qui viendront apres eux jugeront des choses en la mesme maniere qu'ils font par la veuë presente de cette tempeste qui les épouuente. Ie m'estonne neanmoins que l'experience ne les détrompe point de cette illusion, & ne leur apprend point à distinguer les jugemens stables qui naissent de la veuë de la verité qui ne change point, de ceux qui ne naissent que de l'aueuglement d'vne passion passagere. Car les jugemens de cette sorte sont aussi changeans que les passions dont ils naissent: lors qu'elles sont cessées, ce qui paroissoit important, commence à paroistre ridicule, & l'on s'estonne seulement qu'il y ait eû des gens assez simples pour s'y amuser.

Il est sans doute, que lorsque les Cordeliers estoient diuisez entr'eux sur la forme de leur capuchon; les vns qui se faisoient appeller les Freres spirituels, le voulant plus étroit, les autres qu'on appelloit les Freres de Communauté le voulant plus large; cette dispute leur paroissoit tres-considerable, & en effet la querelle en dura pres d'vn siecle auec beaucoup de chaleur & d'animosité de part & d'autre, & fut à peine terminée par les Bulles de 4. Papes, Nicolas 4. Clement 5. Iean 22. & Benoist 12. Mais maintenant il semble qu'on ait dessein de faire rire le monde, quand on parle de cette dispute, & ie m'asseure qu'il n'y a point de Cordelier qui s'interesse presentement pour la mesure de son capuchon. Ainsi vn sage Cordelier auroit dû dire au temps où cette contestation estoit la plus échauffé : Attendons vn peu, & on se moquera des vns & des autres.

C'est ce qu'on deuoit dire aussi dans cette autre questiõ qui s'excita au mesme tẽps, & qui est d'vne spiritualité si deliée qu'elle s'euapore & s'euanoüit quãd on la presse.

Il est certain que ce qui est mangé ou beu par les Cordeliers, est aussi bien consumé que ce qui est mangé ou beu par ceux qui n'ont pas fait profession de leur regle. Cela est indubitable. Mais on mit en question parmy eux si le domaine des

A ij

choses qui se consument ainsi par l'vsage, comme le pain & le vin, leur appartenoit, ou s'ils n'en auoient que le simple vsage sans domaine. La pluspart voyant que c'estoit vn degré de perfection qui ne coustoit rien que de se dépoüiller de ce domaine sur les choses qui se consument par l'vsage, puis que ce renoncement n'empeschoit en aucune sorte l'vsage auquel seul ils estoient interressez, embrasserent ardemment cette opinion, que les Cordeliers n'auoient que le simple vsage des choses sans aucun droit ; que le domaine en appartenoit à l'Eglise Romaine, & que c'estoit là la pauureté dont I. C. leur auoit donné l'exemple.

Nicolas 4. qui auoit esté tiré de l'Ordre des Cordeliers, fit vne Bulle entierement auantageuse à cette pretention, & definit qu'ils n'auoient en effet que le simple vsage, & que I. C. nous auoit donné l'exemple de cette parfaitte pauureté qui consiste dans vn renoncement general à tout droit sur les biens temporels.

Les choses demeurerent quelque temps en cet estat, les Cordeliers mangeant & beuuant aussi bien que les autres hômes quoique sans droit & sans domaine. Mais Iean 22. qui estoit d'vne humeur assez farouche, ayant esté éleué au Pontificat, se sentit importuné de ce domaine inutile que les Cordeliers attribuoient à l'Eglise Romaine dont il ne luy reuenoit aucun profit. Il luy prit donc fantaisie de remuer cette question sans auoir égard à la decision de Nicolas 4.

Les Cordeliers allarmez s'estât assemblez dans leur Chapitre general qui fut tenu à Perouse, protesterêt solemnellemêt qu'il s'attachoient à la definition de Nicolas 4.

Mais nonobstant tout cela Iean prit le party contraire, & declara par son Extrauagante *Ad conditorem* qu'il n'auoit que faire de ce domaine du pain & du vin des Cordeliers, & des autres choses qu'ils consumoient par l'vsage, puis qu'il n'en reuenoit rien à l'Eglise Romaine: que les Freres Cordeliers n'en estoient pas plus pauures, & que leur intention n'estoit pas qu'autre qu'eux en profitast. *Nec Fratrum ipsorum intentio fuerit quod ad quemcumque alium quàm ad Fratres dictarum rerum perueniret compendium:* Que ce seroit vne honte à l'Eglise Romaine de s'interesser pour vn œuf, ou pour vn morceau de fromage. Que dans les choses qui se consumêt de la sorte, l'vsage & le droit d'vsage ne sont point distinguez, & que tout ce rafinement de spiritualité estoit vne pure illusiō. Enfin il decida par l'Extrauagante *Cum inter nonnullos*, que c'estoit vne heresie de dire que I. C. n'eust rien possedé dans la terre, ny en particulier, ny en commun, & qu'il n'ait point eü le domaine des choses dont il vsoit.

Ces decisions de Iean 22. parroissent contraires à celle de Nicolas 4. & cette contrarieté embarasse tellement le Cardinal Bellarmin, qu'il auoüe de bonne foy qu'on ne les peut pas accorder en tout.

Il reconnoist que Nicolas 4. a enseigné que l'on pouuoit separer le domaine de l'vsage, & que Iean 22. a declaré le contraire.

Il reconnoist aussi que Nicolas a determiné que cette pauureté est sainte ; & que Iean 22. la traitte d'hypocrisie. Et sur ces deux points il prend assez mal à propos le party de Nicolas contre Iean 22.

Mais parce que dans le troisiéme point qui regarde la pauureté de I. C. l'opinion des Cordeliers est taxée d'heresie par Iean 22. afin que deux Papes ne paroissent pas contraires dans vn point de foy, il tasche de les accorder ensemble en distinguant les temps.

Il dit donc que I. C. a possedé des choses temporelles en vn temps & qu'il en a esté entierement depoüillé en vn autre; qu'ainsi il est vray selon vn temps qu'il nous a donné l'exemple d'vne pauureté parfaite par vn absolu renoncement à la possession de toutes choses, comme ledit Nicolas, & qu'il est vray selon vn autre qu'il a possedé les biens temporels dont il vsoit comme Iean 22. l'a decidé.

Cette maniere d'accorder les decisions de ces Papes ne paroist pas tout à fait solide. Car Iean 22. ne pretend pas seulement qu'en vn certain temps I. C. a esté maistre des choses temporelles dont il vsoit; mais il pretend qu'il l'a toujours esté: ce qui paroist par le principe general dont il se sert pour le prouuer, qui est que l'vsage est injuste si l'on n'a pas droit d'vsage. D'où il est aisé de conclure que I. C. ayant vsé des choses temporelles, & n'en ayant pas vsé injustement, a toujours eu le droict d'en vser.

Mais quoy qu'il en soit, plusieurs des Cordeliers ne se tinrent pas pour bien condamnez, & malgré le Pape ils s'opiniastrerent à soutenir que leur pain appartenoit à l'Eglise Romaine; de sorte que l'Empereur Louis de Bauiere estant en different auec ce Pape touchant son election à l'Empire, ils se joignirent à luy, & soutinrent fortement son droit contre Iean 22. L'Empereur de son costé soutint les Cordeliers, & reprocha au Pape comme vne erreur, sa decision touchant la pauureté de I. C. Enfin l'animosité du Pape & de l'Empereur en vint si auant, que le Pape, selon le stile de ce temps là, excommunia l'Empereur, le declara heretique, fauteur d'heretiques, le deposa de l'Empire, & fit brusler tous les Cordeliers qu'il pût attraper. Et l'Empereur d'autre part entra en Italie auec vne puissante armée, se saisit de Rome, fit declarer le Pape Iean qui estoit à Auignon indigne du Pontificat, fit creer vn nouueau Pape ou plustost Antipape, qui fut vn Cordelier nommé Pierre Ramuce de Corbaria, lequel prit le nom de Nicolas 5. & pour premiere action de son Pontificat, cassa la Bulle de Iean 22. contre les Cordeliers, l'excommunia & le deposa luy-mesme.

Mais comme tout ce procedé estoit irregulier & violent, ce pretendu Pape ne pût pas se soutenir contre Iean 22. & fut enfin remis entre ses mains. Ce different neanmoins ne se termina pas par là, il y eut encore des appels au Concile, plusieurs excommunications contre Louis de Bauiere, & vne infinité de procedures des Inquisiteurs contre les Cordeliers reuoltez en toutes les parties du monde, & principalement en Italie, qu'il seroit trop long de rapporter. Ce furent les suites de cette plaisante question: si les Cordeliers sont maistres du pain qu'ils mangent, Dieu se plaisant ainsi à humilier l'orgueil des hommes, en permettant qu'ils portent aux plus grandes extremitez les plus grandes bagatelles, pour leur faire voir qu'ils ne sont eux-mesmes que vanité.

C'est ainsi que nous en iugeons à present, parce que nous sommes exempts des passions qui les agitoient alors: mais en ce temps là elles passoient pour fort serieuses, & il n'eust pas esté seur de s'en moquer. Ne doutez point qu'il n'en arriue de mesme de nos disputes, & que l'on ne les mette dans cinquante ans auec les capuchons & le pain des Cordeliers. Il y a déja long-temps que ces exemples sont vnis dans mon esprit, & que ie les regarde comme pouuant également seruir pour faire connoistre la petitesse de l'esprit des hommes.

La seule difference que i'y trouue est, qu'il y a plusieurs choses beaucoup moins raisonnables dans la querelle presente, que dans les autres dont i'ay parlé. Car enfin il y a quelque distinction reelle entre vn capuchon large & vn capuchon estroit,

Mais il est impossible d'en trouuer entre la foy Orthodoxe & l'heresie de nostre temps. Le mesme homme sans changer de sentiment, & tout le monde sçachant qu'il n'en a point changé est heretique le matin, & Catholique l'apresdisnée. Vn Curé s'offre à signer le Formulaire, auec protestation qu'il ne s'engage point à la creance du fait, & que son Euesque a declaré qu'il ne pretend point y obliger personne, il est emprisonné sur cela comme heretique. En suite ayant signé ce Formulaire sans reuoquer sa protestation, & ayant refusé solemnellement de la reuoquer, il sort de prison comme Catholique.

2. Ces freres spirituels qui estoient si attachez à leur capuchon estroit, qu'ils ne vouloient pas obeïr en cela à leurs Superieurs ny au Pape mesme, auoient visiblement tort. Car ces choses exterieures dependent absolument du pouuoir de l'Eglise, & personne ne peut s'excuser d'obeïr sur l'impuissance où il est de le faire, puis qu'il est tousiours au pouuoir d'vn homme de changer de capuchon. Il n'en est pas de mesme dans la question d'auiourd'huy, où l'on veut que l'on change de sentiment sur vne question de nulle importance, ou que l'on desauouë exterieurement ce que l'on permet de retenir dans le cœur. L'vn & l'autre est également impossible à des personnes de conscience, la raison ne souffrant point qu'on change de sentiment, quand on ne nous donne aucune nouuelle lumiere, & la pieté ne permettant pas qu'on demente son opinion sans en changer.

3. Il est demeuré constant dans la dispute entre Iean 22. & les Cordeliers, que l'on ne pouuoit establir le reproche d'heresie que sur les points contenus dans l'Escriture, c'est pourquoy ce Pape distingue expressément la question du domaine des Cordeliers sur les choses temporelles, de celle de la pauureté de I. C. & fait voir qu'il n'a appliqué la note d'heresie qu'à cette question, parce qu'il croyoit que l'opinion des Cordeliers sur ce point estoit contraire à l'Escriture. Mais maintenant on pretend ie ne sçay comment, fonder vne heresie sur le refus de reconnoistre vn pur fait, que chacun sçait ne pouuoir estre estably par l'Escriture.

Enfin en ce temps là on disputoit de bonne foy; le Pape Iean 22. faisoit fort bien entendre ce qu'il vouloit dire. Il répondoit tres-subtilement aux raisons des autres, sans les dissimuler & sans faire semblant de ne les pas entendre,

Mais on ne comprend rien en toute la dispute presente: on fait consister toute l'adresse à ne dire rien qu'on puisse entendre. On parle sans cesse du sens de Iansenius; mais qu'est-ce que le sens de Iansenius? c'est vn mystere qu'il est defendu de reueler. Le P. Annat se voulut vn iour hazarder de le faire, il pensa tout gaster. Car on luy respondit que l'on condamnoit ce qu'il appelloit le sens de Iansenius. Ainsi il n'y auoit plus de question. Depuis ce temps là on s'est bien donné de garde de faire de telles auances; on s'est retranché dans l'inseparabilité du fait & du droit, parce que le monde qui n'entend point ces termes n'en comprend pas l'absurdité. S'il la comprenoit il seroit estonné qu'on ait osé publier vne telle extrauagance. Car cela veut dire en vn mot, que c'est la mesme chose, de dire que Iansenius n'a point enseigné ces propositions, que de soutenir en effet ces propositions: & que c'est la mesme chose de dire que nostre amy n'a point tué vn homme, que de tuer effectiuement vn homme.

Cependant voila l'vnique fondement du Formulaire, & ceux qui en sont les autheurs l'ont dressé en effet sur ce principe, qu'on ne pouuoit separer le fait & le droit. Mais parce que la raison humaine ne souffre pas long-temps vne telle violence, on a esté obligé de chercher d'autres pretextes pour defendre ce qu'on auoit fait: la pluspart des Euesques declarent en particulier qu'il y a de la folie à confondre le fait & le droit, ils disent qu'ils n'exigent point la creance du fait. Il semble apres cela qu'il ne reste rien, on ne conteste point le droit, on n'exige point la creance du fait: & neanmoins l'heresie reste toute entiere, parce que cette heresie ne consiste en rien. Car en même temps que l'on vous permet de ne pas croire le fait, si vous declarez que vous ne le croyez pas, vous voila heretique sans remission.

Il est donc visible qu'il y a quelque chose de plus extraordinaire dans nos disputes que dans ces autres exemples que i'ay rapportez, & que si la vanité y est égale, l'iniustice y paroist beaucoup plus grande.

Et c'est ce qui preuient vne repartie que ie sens que quelques personnes du monde pourroient faire, qui est qu'ils sont bien persuadez qu'il n'y a rien de plus vain que toute cette contestation. Mais que l'on se doit moquer également de tous ceux qui y ont part, estant aussi estonnant qu'il y ait eu des gens qui se soient opiniâtrez à soustenir que cinq Propositions ne soient pas dans vn liure, que de voir que d'autres se soient entestez de faire auoüer qu'elles y sont.

Mais ce iugement, quelque conforme qu'il soit à l'humeur des gens du monde, n'est nullement iuste dans la verité. Car dans ces contestations qui arriuent sur des choses basses, le defaut & l'iniustice n'est pas tousiours de tous les deux costez, & souuent on peut estre persecuté pour vne chose ridicule, sans estre coupable ny ridicule. Il est sans doute, par exemple, que le Pape Iean 22. ayant simplement commandé aux Cordeliers d'obeïr à leurs Superieurs dans la mesure de leurs capuchons, ils estoient blâmables de ne luy pas obeïr, quoique ce fust vne chose fort petite en elle-mesme. Mais s'il leur eust commandé de dire & de reconnoistre qu'ils estoient larges sans les élargir, ils eussent esté bien fondez de ne pas deferer à cet ordre; & si on les eust persecutez pour ce suiet, ils auroient dû le souffrir plustost que d'y obeïr.

I'en dis de mesme sur nostre different: si l'on disoit simplement à ceux qui doutent si les cinq Propositions sont dans le liure de l'Euesque d'Ipre: Ne nous parlez plus de tout cela, ie les blasmerois s'ils n'obeïssoient pas. Mais tant qu'on leur dira: reconnoissez que ces cinq Propositions sont dans le liure de Iansenius, & condamnez-les en son sens, ils auront raison de répondre: Nous ne sçauons ce que c'est que ce sens de Iansenius qu'on veut qu'on condamne, & nous n'auons pû trouuer ces Propositions dans son liure. Que si l'on les persecute pour cela, la persecution ne sera honteuse qu'à ceux qui s'en rendront les auteurs.

La raison en est, que ce n'est iamais vne chose basse & inutile que d'estre sincere, quelque petite que soit la chose dans laquelle on fait paroistre la sincerité. Ainsi tout le defaut en ces rencontres, est de la part de ceux qui veulent contraindre le monde de se rendre à leur sentiment dans ces questions friuoles, puis qu'il leur est libre de ne le pas faire, au lieu qu'il n'est pas libre aux personnes d'honneur & de conscience de dementir ce qu'ils croyent en quelque matiere que ce soit.

Ie crois donc que les personnes habiles en iugeront plus equitablement, & que si la persecution n'est que pour les vns, la moquerie ne sera que pour les autres. C'est l'esprit dans lequel ie voy que tous les honnestes gens entrent à present.

C'est pourquoy ie pense que ie n'auray que trop de compagnons dans cette maniere de regarder toute cette affaire, comme vn tableau de la baſſeſſe des hommes. Ie ſouhaiterois ſeulement qu'ils portaſſent leur veuë plus loin, & qu'ils y apperceuſſent la malice du diable qui ſe ſert de cette chimere pour cauſer vne infinité de maux reels à l'Egliſe, & la conduite ſecrette de Dieu qui permet que tant de funeſtes ſuittes naiſſent d'vne cauſe ſi friuole.

Car c'eſt vne choſe effroyable que les maux que cette miſerable conteſtation a déja produits, & qu'elle eſt capable de produire à l'auenir. On ne s'en eſt ſeruy iuſqu'à preſent que pour autoriſer toute ſorte de relaſchement, & pour rendre inutiles tous les Theologiens qui ſeroient capables de s'y oppoſer. Tout zele pour la pureté des mœurs en eſt deuenu ſuſpect, & il n'eſt plus poſſible maintenant de faire aucun bien ſolide ſans eſtre incontinent troublé par l'accuſation de cette hereſie imaginaire. Ainſi cette affaire eſt de la part des hommes vne grande image de leur neant; de la part du diable vne addreſſe tres-ſubtile de ſa malice; & de la part de Dieu vn jugement terrible de ſa Iuſtice qui exerce ſur l'Egliſe par cette impertinente diſpute les plus rigoureux de ſes chaſtimens.

Ie voy bien que pour vous ſatisfaire entierement, il faut ajoûter à ces reflexiõs ſur l'eſtat preſent de nos affaires, quelques conjectures ſur ce qui en doit arriuer à l'auenir. Voicy donc la prophetie que ie penſe qu'on en peut faire ſans eſtre Prophete.

Ie crois qu'il y a quelque choſe de certain, & quelque choſe d'incertain dans le ſuccés de cette conteſtation. Il eſt incertain, ſi elle durera encore long-temps, ou ſi elle ſe terminera bien-toſt. Il y a raiſon de part & d'autre; les choſes ſont trop engagées pour finir ſi toſt; elles ſont trop baſſes pour durer long-temps.

Mais ce qui paroiſt certain, c'eſt qu'au moins dans quelque temps elles changeront de face. Cette generation paſſera, les vns & les autres de ceux qui conteſtent maintenant iront à leur maiſon eternelle: *in domum æternitatis ſuæ*. Il viendra d'autres hommes qui n'auront point de part à nos paſſions. Et alors on ſe peut tenir aſſeuré que toute cette diſpute ne paſſera que pour vne comedie, & pour vn vain amuſement; que l'on conceura vne juſte indignation contre les auteurs de tous ces troubles ſi friuoles dans leur cauſe, & ſi pernitieux dans leur ſuitte; & que l'on aura quelque compaſſion pour vn aſſez grand nombre d'honneſtes gens que l'on auroit honorez en vn autre ſiecle, & que l'on a traittez en celuycy auec tant de dureté. Ie ſuis &c.

Ce 24. Ianuier 1664.

L'HERESIE IMAGINAIRE,
LETTRE II.

MONSIEVR,

L'affaire du Iansenisme n'est dans le fonds qu'vne bagatelle tant que vous voudrez, mais il n'y a point de jeu dans les suittes. Le P. Ferrier dont vous m'auez enuoyé l'Ecrit a de fort méchans desseins, & il ne prétend rien moins que d'engager l'Eglise & l'Estat dans les passions injustes de sa Compagnie. La chose vaut donc bien qu'on y prenne garde, & qu'on tasche de la preuenir : Il n'est pas question de dire que cette matiere est si sauuage, qu'il n'est pas possible de la traiter agreablement. Le but des écrits ne doit pas estre de diuertir le monde, mais de l'informer des choses qu'il est important qu'il sçache. Ainsi l'on doit auoir moins d'égard en cette rencōtre à la delicatesse de ceux qui se rebutent de tout ce qui demande quelque application, qu'à l'vtilité de ceux qui ont besoin qu'on leur démesle certains termes qui les embarrassent, & qui les peuuent engager en des surprises dangereuses. Mais puisque le P. Ferrier commence à se signaler dans cette affaire, il est bon que l'on sçache quel il est afin qu'on ne s'y méprenne pas ; car ce seroit se tröper que de le prendre pour vn Iesuite du commun. Ce n'est pas ainsi que sa Compagnie le considere, puis qu'elle la mis à sa teste, & qu'elle l'a chargé de sa plus importante affaire, qui est la poursuitte du Iansenisme. Il est d'ailleurs le disciple & l'amy particulier du P. Annat. Il y a mesme assez de gens qui disent que ce Pere l'a attiré à Paris *in spem futuræ successionis*, & pour tascher de luy resigner vne place qu'il regarde comme vn benefice de sa compagnie ; Ie m'en rapporte à ce qui en est. Il est certain au moins, qu'il y a fait tout le contraire de ce qu'il promettoit à Toulouze, lors que l'on commença de traiter l'accommodement.

On y estoit conuenu, *qu'on n'exigeroit point de signature sur le fait, ny de Formulaire, mais seulement vn respectueux silence*, selon les propres termes du projet, que M. de Comenge enuoya à Paris, écrit de sa propre main, auec ce titre, *Projet d'accommodement concerté entre l'Euesque de Comenge, & le Pere Ferrier Iesuite*. Cependant ce Pere a si bien conduit sa negotiation, qu'il l'a fait aboutir à faire ordonner qu'il ne suffiroit pas de signer le Formulaire ; Peut estre qu'il a pris vn autre auis & vne autre conscience par les chemins. Car les Docteurs de la Probabilité, comme le P. Ferrier qui en a fait vn Liure, ont ce priuilege. Ils changent de conscience comme d'habits, selon les regles de cette doctrine qui le permet. Ils en ont vne pour Toulouze, l'autre pour Paris, l'autre pour Rome.

Si cela vous surprend, ie ne m'en estonne pas, car cela est vn effet surprenant. Mais il faut sçauoir que ces Messieurs les Casuistes font vne Nation à part, qui a ses Loix, ses Coustumes, & ses raisonnemens tout differens de ceux des autres hommes, de sorte qu'ordinairement la surprise est mutuelle. Le monde est estonné quand il apprend les maximes qu'ils enseignent; & ils sont estonnez, quand ils apprennent que le monde n'approuue pas leurs maximes. Vous auez esté surpris de ce que je vous ay dit de ce changement de conscience que les Casuistes permettent, & qu'ils appellent *mutatio dictaminis*; Et le Parlement en fut aussi surpris, lorsque le Pere Coton declara publiquement, que comme il soûtenoit en France que le Roy n'estoit point soumis au Pape dans le Temporel; il soustiendroit le contraire, s'il estoit à Rome. Mais Caramuel est fort estonné que le Parlement ait trouué à redire à cette double conscience du Pere Coton, & il soustient bien nettement dans sa Theologie fondamentale n. 194. Que le P. Coton n'est pas blasmable d'auoir embrassé en France l'opinion des François sur l'independance des Roys, & d'auoir respondu au mesme temps, qu'il changeroit d'opinion en changeant de Païs, & que s'il estoit à Rome il embrasseroit les sentimens que l'on tient à Rome: Car ce changement de conscience probable est si certainement permis, selon Caramuel, qu'il asseure que cela est plus clair que le Soleil en plein midy: *Thesim istam judico luce meridiana Clariorem*, dit-il, n. 285. *Edit. Francfurd.* De sorte qu'il falloit que le Parlement qui s'en offensoit, fust plus aueugle que ceux qui ne voient goute en plein midy.

Qu'il est estrange, dit-on dans le monde, que le Iesuite Lamy enseigne qu'il est permis à vn Religieux de tuer ceux qui menaceroient de publier de grands crimes de sa Compagnie, s'il ne les peut arrester autrement: Et qu'il est estrange, selon Caramuel, que l'on trouue à redire dans le monde à cette Doctrine du P. Lamy, puisque non seulement, dit-il, elle est probable; mais que le contraire est improbable au jugement de tous les doctes Casuistes: *Doctrinam Amici solam probabilem, & contrariam improbabilem censemus omnes Docti.*

Cette digression n'est pas inutile, puis qu'elle sert à faire connoistre ce qui est enfermé dans la qualité des Casuiste, qui est vne des principales qualitez du P. Ferrier, car ce Pere est vn grand Casuiste. Et par là on doit juger qu'il n'est pas tout à fait hors d'apparence, que comme il est venu à Paris sous pretexte de pacifier les differens des Theologiens, il n'entretienne maintenant ces mesmes differens pour demeurer à Paris. La Probabilité, & le changement de conscience pourroit bien s'estendre jusques-là, parce que la principale regle qu'elle suit, est l'vtilité. Or d'ordinaire ces Iesuites Prouinciaux jugent qu'il leur est vtile de venir à Paris quand ils n'y sont pas, & d'y demeurer quand ils sont. Quoy qu'il en soit, pour dire en abregé qui est le P. Ferrier, il faut sçauoir que c'est vn grand Iesuite, vn grand Casuiste, & vn grand amy du Pere Annat. Il fait tout de concert auec luy, c'est son premier Ministre. Il est le depositaire de ses plus secrettes pensées; de sorte qu'on le doit considerer comme vn homme remply de toutes les lumieres du P. Annat. Et quand on dit du P. Annat, c'est tout dire, car qui en auroit sur cette matiere, s'il n'en a point.

Il est l'vnique Auteur de ce Formulaire qui a tant fait de bruit. Feu M. l'Archeuesque de Thoulouse ne luy a presté que son ministere. Il doit donc sçauoir à quoy il pensoit en le faisant, & sur quels fondemens il l'a establi. Il est le principal instigateur de toutes les poursuites qu'on a faites contre cette pretenduë heresie. Il la doit donc connoistre mieux que personne, & estre capable de la faire connoistre aux autres. Aussi est-ce que le P. Ferrier pretend faire par ses ordres, & ce qu'il promet par le titre mesme, qu'il a donné à cette feüille volante, d'IDE'E VERITABLE DV IANSENISME.

Il nous y doit faire voir que ce n'est point vne heresie imaginaire, comme on l'a tant publié, mais vne heresie tres-réelle; & en effet les conclusions qu'il en tire contre ceux qu'il en accuse sont tres-réelles. Car il veut qu'ils soient foudroyez par l'Eglise, & accablez par la puissance Royale, ce sont là des consequences bien effectiues. Il ne s'agit que de sçauoir si les principes en seront aussi solides: Car il seroit bien estrange qu'on n'appuyast ces cruelles conclusions, que sur des faussetez visibles & des équiuoques grossieres. Iamais sans doute on n'est plus obligé de bien raisonner, que quand on conclut positiuement à faire bannir les gens de l'Eglise & de l'Estat.

S'il se trouue donc que tout l'Ecrit du P. Ferrier ne soit qu'vn égarement d'esprit sans exemple, que doit-on dire de la temerité de ce Pere, & des autres Iesuites; & que doit-on penser de cette heresie, qui n'est fondée que sur ces imaginations?

Pour le bien comprendre il faut se representer l'estat de cette dispute, lors que le Pere Ferier y est entré, & qu'il a voulu faire part au monde de ses lumieres. Les Iesuites accusoient des Theologiens d'heresie, parce qu'ils ne condamnoient pas les cinq Propositions au sens de Iansenius. Et ces Theologiens répondoient que ce reproche estoit vne calomnie visible, criminelle, & inexcusable. Ils ne se contentoient pas de le dire, ils le prouuoient par cette raison, qui ne souffre point de repartie.

Toute heresie consiste dans vn certain dogme precis & determiné opposé à vne verité de Foy reuelée dans l'Ecriture & dans la Tradition, & qui peut se connoistre & s'exprimer independemment de tout nom d'auteur; parce que toutes les veritez de la Foy sont aussi anciennes que l'Eglise, quoy qu'elles ne soient souuent combatuës, qu'en des temps fort éloignez de l'origine de la reuelation diuine. Ainsi comme ces veritez de la Foy estoient des veritez auant quelles fussent combattuës: les erreurs contraires à ces veritez, estoient des erreurs auant que personne eust la hardiesse de les soûtenir.

Cela se rencontre generalement dans toutes les heresies. La doctrine d'Arius est vne heresie; aussi ne consiste-elle pas dans les mots vagues & indeterminez de doctrine d'Arius, mais dans ce dogme precis, que le Fils n'est pas consubstantiel au Pere.

Il en est de mesme de toutes les autres. Elles ont toutes eu vn dogme precis & distinct independant du nom de l'auteur. Quand nous ne connoissons plus ce dogme, nous disons que nous ne connoissons plus cette heresie; & si on ne l'auoit jamais connu, il faudroit dire qu'elle n'auroit jamais esté.

Cela suffit, disent ces Theologiens, pour repousser le reproche injuste que l'on nous fait, d'estre sectateurs d'vne nouuelle heresie: Car nous protestons tres-sincerement que nous sommes parfaitement soûmis à l'autorité de l'Eglise vniuerselle; que nous embrassons sans reserue tous les dogmes qu'elle nous propose comme de Foy; que nous luy assujetissons toutes nos lumieres, & tous nos raisonnemens, & que nostre cœur ne nous reproche point de tenir aucune doctrine qui soit contraire à ses decisions. Nous pouuons dire auec confiance deuant Dieu sur ce sujet : *Iniquitatem si aspexi in corde meo non exaudiet Dominus* ; Nous ne cachons point nos sentimens, nous sommes prests de les exposer au Pape, & aux Euesques, & de les en prendre pour juges. Nous l'auons desja fait plusieurs fois, & nous auons cette consolation, que ceux qui sont les plus preuenus contre nous, n'y ont trouué rien à redire. Enfin nous sommes si éloignez d'auoir aucune doctrine particuliere sur les cinq Propositions, que quoique nous ne reconnoissions pas les Iesuites pour les regles de nostre Foy, il est tres-vray neanmoins que nous n'auons sur la matiere des cinq Propositions, aucune opinion qu'ils osent accuser publiquement d'heresie deuant le Pape ou les Euesques.

Que cette declaration est entiere, Monsieur, quelle est Catholique, & quelle est estrangement éloignée de tout soupçon d'heresie, puisque non seulement elle fait voir que ces personnes n'ont point d'erreurs; mais qu'elle montre mesme qu'ils seroient exempts d'heresie, quand ils seroient, sans y penser engagez dans quelque erreur : Car tout le monde sçait que le crime d'heresie ne consiste pas simplement dans l'erreur, mais dans l'opiniatreté à soûtenir vne erreur contre le jugement de l'Eglise. Or le moyen que ces personnes fussent opiniatres à soutenir vne erreur qu'ils ne connoissent point, contre vn jugement de l'Eglise qu'ils ignorent ?

Les Iesuites neanmoins n'en ont pas esté satisfaits, par ce qu'ils n'y trouuoient pas leur conte, ils ont continué de les accuser d'heresie; ce qui a obligé ces Theologiens de leur faire ce defi, qui est asseurement tres-pressant: Où marquez-nous distinctement & clairement l'heresie que vous nous imputez; où reconnoissez que vous estes des calomniateurs, si vous nous imputez vne heresie sans pouuoir dire quelle elle est.

C'est sur cela que les Iesuites ont découuert le mystere de leur politique, & le secret de cette heresie. Au lieu de s'amuser à marquer des dogmes, ce qui ne leur a jamais reüssi quand ils l'ont tenté, ils se sont renfermez dans l'expression vague du sens & de la doctrine de Iansenius sans passer plus auant. Vous tenez, ont-ils dit, que la doctrine de Iansenius est Catholique ; le Pape declare qu'elle est heretique, voilà vostre heresie. Mais comme ils auoient affaire à des personnes qui sçauoient bien se deffendre, jamais équiuoque n'a esté demeslé au point où celle-là la esté. On a dit en propres termes au P. Annat que c'estoit vn sophisme d'Ecolier, indigne d'vn vieux Dialecticien comme luy. *Nunquam ne intelliges, Dialectice senex, puerile argumentationis vitium?* Et l'on la fort bien prouué : Car on a fait voir que les vns condamnent son sens & sa doctrine comme heretiques, & que les autres la deffendent comme Catholique,

tholique, sans qu'il y ait entr'eux aucun different touchant la Foy ; par ce que ce n'est pas le mesme sens precis & determiné qui est condamné par les vns, & deffendu par les autres, quoique les vns & les autres l'appellent du mesme nom. Et que c'est ce qui arriue toutes les fois qu'vn auteur est differemment expliqué. Car il y a toûjours en ces rencontres cette opposition de paroles que les vns disent : la doctrine d'vn auteur est Catholique, & les autres qu'elle est heretique, quoique ces personnes ne soient en aucun different touchant la Foy. Le cinquiéme Concile dit que la doctrine de Theodoret est impie & heretique. Le P. Petau & plusieurs autres Iesuites disent ; la doctrine de Theodoret n'est pas impie & heretique. Sont-ils donc contraires à la Foy de ce Concile ? Non. Car ils ne deffendent Theodoret qu'en l'expliquant d'vne autre maniere que ce Concile, & en luy donnant vn sens Catholique.

Il en est de mesme dans cette dispute. Le Pape dit, la doctrine de Iansenius est heretique ; d'autres disent, nous ne trouuons point de doctrine heretique dans Iansenius. C'est vne contrarieté apparente dans les paroles ; mais qui ne fait aucune contrarieté veritable dans la foy ; par ce que cette doctrine que ces Theologiens soûtiennent comme Catholique, & de Iansenius tout ensemble, n'est pas certainement la mesme doctrine que le Pape condamne comme heretique, & comme estant de Iansenius. La preuue qu'ils en apportent est decisiue : Nous ne soûtenons, disent-ils, sur le sujet des cinq Propositions, que la doctrine de la Grace efficace par elle mesme, en la maniere qu'elle est soûtenuë par S. Augustin, & par toute l'Ecole de S. Thomas. Or il est certain que le Pape ne condamne point cette doctrine, comme il en a asseuré toute l'Eglise, & que toute l'Eglise en demeure d'accord, & les Iesuites mesmes. Il est donc certain que le Pape ne condamne point ce que nous entendons sous les mots de sens de Iansenius, comme nous ne tenons point aussi ce que le Pape condamne sous ces termes ; puis qu'excepté cette doctrine, nous ne prenons aucun interest à tout le reste, & nous le rejettons en general, estant prests de le rejetter en particulier quand il plaira à l'Eglise de le marquer en particulier.

Voila l'estat de cette dispute depuis dix ans ; Les Iesuites en sont demeurez à leur sens de Iansenius, & l'on a fait entendre à tous ceux qui l'ont voulu, l'illusion & l'equiuoque de ces termes. Enfin le P. Ferrier est venu du fond du Languedoc au secours de ses Confreres, il a esté choisi par le P. Annat pour faire connoistre cette heresie, & pour respondre à tous les écrits qui auoient fait voir que ce n'estoit qu'vne chimere ; sur tout il entreprend de respondre à l'écrit des *Iustes plaintes* qui demesle expressement cette equiuoque du sens de Iansenius. Ce sera donc cette fois que nous sçaurons en quoy consiste cette heresie, ou il faut perdre pour jamais l'esperance de la connoistre.

Que nous dit donc ce R. P. *Qu'il est à propos de donner au public l'Idée veritable du Iansenisme*. En effet cela est fort à propos, & c'estoit par là qu'il falloit commencer. Car il est bien estrange qu'on ait fait tant de bruit pour vne chose qui n'est encore coûnuë de personne. *Ainsi*, dit le P. Ferrier, *parce que ces Theologiens se plaignent dans leurs écrits, qu'on les accuse de tenir vne heresie sans pouuoir determiner quelle elle est, je suis obligé de leur dire que leurs plaintes*

B

font tres-iniuftes. On leur a declaré mille fois que leur herefie confifte à croire & à foûtenir que la doctrine de Ianfenius fur les cinq Propofitions eft Catholique, quoique l'Eglife la condamne comme heretique. Ce qui eft, dit-il page 3. *vne vraye queftion de droit, laquelle prefuppofe vn fait, sçavoir que Ianfenius eftablit quelque doctrine dans fon Auguftin. Et dans cette queftion on ne peut feparer le fait & le droit ; c'eft à dire, qu'on ne peut tenir pour heretique la doctrine condamnée, & foûtenir en mefme temps que la doctrine de Ianfenius fur ces propofitions n'eft pas celle que les Papes ont condamnée.*

Voila tout l'eclairciffement que le P. Ferrier nous donne fur ce point. C'eft à quoy fe reduifent toutes fes lumieres. Apres cela il eft inutile d'en efperer dautres ny de luy ny de perfonne. Il a fait ce qu'il a pû. Il y eftoit trop engagé, & l'on ne doit pas croire qu'vn autre puiffe faire ce qu'il n'a pas fait.

En verité, M. c'eft abufer eftrangement de la patience des hommes, que d'auancer, comme fait ici le P. Ferrier, vne chofe auffi hors d'apparence qu'eft celle d'vne herefie fans dogme ; de ne faire pas femblant d'entendre tant de raifons conuaincantes, par lefquelles on a fait voir la fauffeté de cette pretenfion, de demeurer opiniaftrement dans vne equiuoque qu'on a fi bien démeflée, & de repeter froidement, ferieufement, grauement des abfurditez cent fois ruinées, comme des oracles infaillibles. Ie vous auoüe que je ne fçais que penfer de tout cecy, finon que les Iefuites s'imaginent peut eftre qu'eftant puiffans dans le monde, comme ils font, il leur eft permis de tout dire & de tout faire, & qu'ils ne font plus affujettis comme les autres aux regles de la raifon & du fens commun.

Eftoit-il befoin que le P. Ferrier nous découurift luy mefme le myftere de cette herefie fans dogme ; c'eft à dire de cette herefie fans herefie ? Le Cordelier *Iubilé* ne l'auoit-il pas fait auant luy, & auffi bien que luy ? On s'en eftoit mocqué dans ce Cordelier, l'on s'en moquera de mefme dans ce Iefuite. C'eft pourquoy s'il n'a que cette affaire qui le retienne à Paris, il n'a qu'à s'en retourner en fa Prouince. Son fejour à Paris ne feruira peut eftre de rien à fa caufe, & il nuira certainement à fa reputation.

Mais, dit le P. Ferrier, c'eft vne queftion de droit, que de fçauoir fi la doctrine de Ianfenius eft Catholique ou heretique, comme c'en eft vne que de fçauoir fi la doctrine de Saint Auguftin eft orthodoxe, ou fi elle ne l'eft pas. Et moy je dis que quiconque parle ainfi, ne fçait ce que c'eft qu'vne queftion de droit, & qu'vne queftion de faict.

Il faut donc faire vn dernier effort, pour tafcher de percer ces tenebres, ou naturelles, ou volontaires du P. Ferrier. Apres quoy, s'il ne fe rend, je le tiens pour defefperé.

Il ne faut pas s'imaginer que dés que les mots de *doctrine Catholique*, & de *doctrine heretique*, entrent dans vne queftion ce foit vne queftion de droit, puifque fi cela eftoit, on reduiroit en queftions de droit plufieurs conteftations qui ne font certainement que de fait, en les exprimant par ces termes, & l'on diroit par exemple, qu'il y a vne queftion de droit entre le cinquiéme Concile & le P. Petau, puifque le Concile condamne la doctrine de Theodotet comme heretique, & que ce Pere soûtient qu'elle est Catholique; ce que l'on appelleroit vn droit selon le langage du P. Ferrier.

Mais pour sçauoir dans la verité si vne question est de droit, ou de fait, ou de tous les deux ensemble, il ne faut que considerer ce qui est accordé de part & d'autre, & ce qui demeure contesté. Car il est clair que la question ne tombe pas sur ce qui est accordé, & qu'elle tombe sur tout ce qui est contesté.

Lors donc que deux personnes sont d'accord qu'vn certain dogme est heretique, & qu'ils disputent seulement si ce dogme est ou n'est pas d'vn tel auteur, la question n'est que de fait. Les Iesuites & le sixiéme Concile conuiennent que c'est vne heresie de dire qu'il n'y ait qu'vne volonté en I. C. mais ils sont en differend pour sçauoir si cette heresie a esté enseignée par le Pape Honorius. Le Concile l'assûre, les Iesuites le nient. Ce n'est qu'vne question de fait, quoiqu'elle s'exprime par des termes qui semblent marquer vn droit. Le sens d'Honorius est heretique, dit le sixiéme Concile. Le sens d'Honorius est Catholique, disent les Iesuites.

Lors qu'on est d'accord au contraire qu'vn auteur a enseigné vne certaine doctrine, & qu'on dispute si cette doctrine est Catholique ou heretique, la question est droit non de fait; parce que le fait est accordé, & le droit contesté. Les Monothelites & le sixiéme Concile coüenoient que le Pape Honorius auoit enseigné qu'il n'y auoit qu'vne volonté en I. C. mais les Monothelites pretendoient que cette doctrine estoit Catholique. Le Concile soûtient qu'elle est heretique. C'est vne question de droit qui s'exprime par les mesmes termes que l'autre. La doctrine d'Honorius est Catholique, disoient les Monothelites. La doctrine d'Honorius est heretique, dit le sixiéme Concile.

Mais quand on n'est pas d'accord, ny si vne certaine doctrine est Catholique ou heretique, ny si elle a esté enseignée par quelque auteur. La question est de fait & de droit tout ensemble, parce que l'vn & l'autre est contesté.

Les Monothelites disent: C'est vne doctrine Catholique que de dire qu'il n'y a qu'vne volonté en I. C. & c'est ce qu'a enseigné le Pape Honorius. Les Iesuites respondent: Il est faux que cette doctrine soit Catholique, & il est faux que le Pape Honorius l'ait enseigné. C'est vne question & de fait & de droit. Mais ce qui est estrange, est que lors qu'on dispute ainsi du fait & du droit, on s'accorde dans l'expression. Car les Iesuites ne conuenant auec les Monothelites, ny dans le fait, ny dans le droit, conuiennent neanmoins auec eux dans cette expression, contraire à celle du Concile, que la doctrine d'Honorius est Catholique.

Il est aisé de découurir par cette regle l'illusion du P. Ferrier qui soûtient generalement dans son écrit, que ce sont des questions de droit, de sçauoir si la doctrine de S. Augustin est orthodoxe ou non orthodoxe, si celle de Iensenius est heretique ou Catholique. Car il est visible que l'on ne peut en demeurant dans les termes generaux, distinguer si ce sont des questions de fait ou de droit, estant possible de former sur la doctrine de S Augustin, & sur celle de quelque auteur que ce soit, des questions purement de droit, des questions de droit & de fait, & des questions purement de fait. C'est ce qui paroistra par des exemples.

Les Semipelagiens disoient que la doctrine de Saint Augustin, touchant la Grace, n'estoit pas orthodoxe.

Les Caluinistes au contraire, soûtiennent qu'elle est ortodoxe.

Les Iesuites disent le mesme.

Et l'Eglise dit le mesme.

Si l'on en demeure là, on ne sçaura jamais si ces questions sont de fait ou de droit. Mais on le découurira aisément par la mesme regle.

Les Semipelagiens reconnoissoient auec l'Eglise, que la doctrine de la necessité de la Grace efficace par elle mesme pour toutes les bonnes actions, estoit veritablement de S. Augustin : mais ils rejettoient cette doctrine comme n'estant pas veritable, au moins à l'égard du commencement de la Foy. Et l'Eglise au contraire soûtenoit contr'eux, qu'elle estoit tres-certaine & tres-veritable, aussi bien pour commencement de la Foy, que pour toutes les autres actions de pieté.

Ainsi puisque le fait n'estoit point contesté, & que l'on disputoit seulement de la qualité de la doctrine, la question entre l'Eglise & les Semipelagiens estoit purement de droit.

Les Iesuites disent comme les Semipelagiens, que la doctrine de la Grace efficace par elle mesme n'est pas veritable. Mais comme ils sont moins sinceres que les Semipelagiens, ils y adjoustent que cette doctrine n'est pas de Saint Augustin, ce que les Semipelagiens ne disoient pas. Ils sont donc d'accord sur le droit auec les Semipelagiens, & ils ne sont en different auec eux que sur vn pur fait ; au lieu qu'ils ne sont d'accord ny du fait ny du droit auec l'Eglise, quoi-qu'ils conuiennent auec elle dans cette expression vague, que la doctrine de S. Augustin est veritable, parce qu'ils soûtiennent en particulier que la doctrine de la Grace efficace par elle mesme n'est pas veritable, & qu'elle n'est pas de S. Augustin ; au lieu que l'Eglise a toûjours reconnu l'vn & l'autre de ces deux points.

Il n'y a donc pas lieu de s'estonner qu'en parlant à des personnes qui combattoient non la doctrine de S. Augustin en general, mais la doctrine particuliere de la Grace efficace par elle mesme, on leur ait dit dans vn écrit, dont le P. Ferrier abuse : *que c'estoit vn crime vn attentat & vne heresie de condamner d'heresie la doctrine de S. Augustin approuuée par l'Eglise* ; puisque s'agissant du dogme particulier de la Grace efficace, on auoit raison de dire qu'on ne la peut condamner d'heresie, sans erreur de droit & de foy ; soit qu'on l'attaque en n'auoüant pas qu'il soit de Saint Augustin, comme les Iesuites ; soit qu'on l'attaque en reconnoissant qu'il est de S. Augustin, comme faisoient les Semipelagiens, & comme il sembloit que vouloient faire les personnes à qui on parle dans cet écrit.

Ainsi le different qui est entre l'Eglise & les Iesuites sur la doctrine de Saint Augustin, forme vne vraye question de Foy jointe à vne dispute de fait. Et il en est de mesme de celuy qui est entre l'Eglise & Caluin sur la mesme doctrine

de

de Saint Augustin. Car cet heretique attribuant à Saint Augustin cette erreur; *Que Dieu est auteur du peché, & qu'il necessite la volonté pour le bien & pour le mal*, l'aueu qu'il fait de cette proposition generale que la doctrine de Saint Augustin est orthodoxe, ne l'exempte pas d'vne double erreur de droit & de fait, puis qu'il prend pour verité ce qui est vne heresie, & qu'il attribuë à S. Augustin vn blaspheme tres-éloigné de son sentiment.

Mais il se pourroit faire que la question sur la doctrine de S. Augustin seroit purement de fait par vne autre supposition. Car si vne personne estant persuadée faussement, comme Caluin, que S. Augustin enseigne que Dieu est aussi bien auteur des pechez que des bonnes actions, condamnoit en mesme temps ce blaspheme que Caluin approuue, & que par vne suitte de cette opinion il refusast de reconnoistre que la doctrine de S. Augustin fust orthodoxe; on ne le pourroit accuser auec justice d'erreur dans la Foy, puisqu'il condamneroit ce que l'Eglise condamne, mais seulement d'vne extreme temerité, d'attribuer vne opinion si impie à S. Augustin.

Et ce qui seroit estrange en cette rencontre, est que celuy qui diroit dans le sentiment de Caluin que la doctrine de S. Augustin est orthodoxe, ne laisseroit pas d'estre heretique, parce qu'il ne le feroit qu'en approuuant vne erreur qu'il imputeroit à S. Augustin; au lieu que celuy qui diroit, comme cette personne, que la doctrine de S. Augustin n'est pas orthodoxe seroit Catholique, parce qu'il le diroit sans aucune erreur, tant il faut auoir peu d'égard, pour juger si vne personne est Catholique ou heretique, & si les questions sont de droit ou de fait, à ces propositions vagues & indeterminées, qui approuuent ou condamnent la doctrine d'vn auteur sans la marquer.

C'est ce que S. Augustin a decidé luy-mesme, & à l'égard de luy-mesme par ces paroles pleines d'onction & de charité : *Lors que les hommes*, dit-il, l. 1. de Trinit. c. 3. *s'imaginent que i'ay eu dans mes liures quelque sentiment faux que ie n'ay point eu en effet, & qu'ils condamnent ce sentiment: La loy de la charité m'auertit & me commande, mais par vn commandement plein de douceur, d'aimer mieux estre repris par celuy qui condamne l'erreur, en me l'attribuant sans raison, que d'estre loüé par ceux qui deffendroient cette erreur, en croiant que ie l'aurois enseignée. Car encore que les premiers aient tort de m'attribuer vne erreur que ie n'ay point eüe, ils ont pourtant raison de la condamner. Mais les autres ont doublement tort, puisqu'ils me loüent pour vn sentiment que la verité condamne, & qu'ils approuuent ce sentiment qui est condamné par la verité.*

Il est vray que cette personne qui imputeroit ainsi vne erreur à S. Augustin, seroit obligé de dire que l'Eglise ne l'a pas comprise en approuuant sa doctrine; ce qui seroit tres temeraire & tres-scandaleux, parce qu'il le diroit sans raison, & contre toute raison : au lieu qu'il y a des rencontres où l'on peut faire la mesme chose, sans temerité & sans scandale, parce qu'on ne le fait que sur de grandes raisons; La regle vnique de ces sortes de choses, estant qu'il est permis de les faire auec raison, & qu'il n'est pas permis de les faire sans raison. Et c'est pourquoy.

Il est permis d'accuser de supposition le Concile de Sinuesse, & il n'est pas permis de faire de mesme à l'égard du Concile de Nicée. Il est permis de dire que Theodoret a esté mal entendu par le cinquiéme Concile, & il n'est pas permis de dire que Nestorius a esté mal entendu par le Concile d'Ephese. Il est permis de dire, qu'on n'a pas entendu la doctrine du Pape Honorius dans le sixiéme Concile, & il n'est pas permis de dire qu'on n'a pas bien entendu la doctrine du Pape Leon dans le Concile de Calcedoine.

Ce qui fait que de ces choses, les vnes sont permises & les autres sont deffenduës, est qu'il y a raison de dire les vnes, & qu'il n'y en a point de dire les autres.

Ainsi c'est vne consequence bien peu solide, que celle que tire le P. Ferrier dans son écrit; Que s'il est permis de dire que le Pape n'a pas bien entendu Iansenius en le condamnant, on pourra dire de mesme, que l'Eglise n'a pas bien entendu la doctrine de S. Augustin en l'approuuant. Car n'estant permis de faire ny l'vn ny l'autre sans raison, il seroit permis de faire l'vn & l'autre auec raison. Et la verité est, que l'vn qui est de dire que la doctrine de Iansenius n'a pas esté assez entenduë à Rome est tres-permis, parce qu'on a de grandes raisons de le croire; & l'autre qui est de dire que la doctrine de Saint Augustin n'a pas esté bien entenduë est tres-defendu, parce qu'on n'en a aucune raison, comme on le fera voir dans vn autre écrit.

On ne peut donc sçauoir en general, s'il est permis ou s'il n'est pas permis de dire qu'vn auteur a esté mal entendu par l'Eglise; puisque cela dépend des raisons particulieres qu'on a de le dire; & l'on ne peut sçauoir aussi en general, si ceux qui disputent, si la doctrine d'vn auteur est Catholique ou heretique, sont en differend sur le droit ou sur le fait, puisque ce peut-estre sur l'vn ou sur l'autre. Mais on le reconnoit clairement en examinant en particulier ce qui est accordé ou contesté de part & d'autre.

Et c'est par là qu'on prouue sans peine, que la contestation presente sur la doctrine de Iansenius est vne pure question de fait. Car ce seroit à la verité vne question de droit s'il y auoit vn certain dogme precis, soûtenu par les vns comme Catholique, & condamné par les autres comme heretique.

Mais puisqu'il est vray au contraire qu'il n'y aucun dogme precis & determiné qui soit en contestation, comme il paroist clairement en ce que le Pere Ferrier n'en marque aucun, il est visible que la question n'est que de fait.

C'est pourquoy il faut reconnoistre que le P. Ferrier n'a pas tout à fait manqué à la promesse qu'il fait par le titre de son Ecrit, de nous donner l'Idée veritable du Iansenisme. Car cette Idée veritable consistant à le conceuoir comme vne heresie imaginaire, son écrit est admirable pour former cette Idée, puis qu'vne heresie sans dogme & sans question de Foy telle qu'est celle qu'il nous represente est la veritable Idée d'vne heresie imaginaire. Il est vray que ce n'est pas là son intention; mais on fait souuent des choses contre son intention. Ce n'a pas esté aussi sans doute son dessein de faire voir que les Iesuites sont heretiques. On le prouueroit neanmoins inuincilement par vn raisonnement semblable à celuy qu'il fait contre les Theologiens qu'il s'efforce de rendre heretiques.

Il ne reconnoist point d'autre fait dans la decision du Pape, qui declare que la doctrine de Iansenius sur les cinq Propositions est heretique que celuy-cy: Iansenius enseigne quelque doctrine sur les cinq Propositions ce qui est certain, il veut que tout le reste soit de droit, & delà il conclut que les Theologiens qu'il accuse ne niant point ce fait: *que Iansenius n'ait enseigné quelque dogme sur les cinq Propositions*: & refusant neanmoins de reconnoistre que son sens est heretique, nient vn droit & sont heretiques.

Si ce raisonnement est bon, voila les Iesuites heretiques sans resource. Car il n'y aura qu'à dire de mesme, qu'estant certain que le sixiéme Concile a condamné la doctrine d'Honorius, cette decision n'enferme point d'autre fait que celuy-cy: *Qu'Honorius enseigne quelque doctrine sur la volonté de I. C.* ce qui est indubitable: & par consequent les Iesuites ne niant point ce fait, & niant neanmoins que le sens d'Honorius soit heretique, nient vn droit & sont heretiques.

Les Iesuites ont donc cette obligation au P. Ferrier de les auoir rendus heretiques s'il en est crû.

Il faut pourtant leur faire la charité de les tirer de cette heresie. Ils en ont assez d'autres dont il est impossible de les garantir. Le moyen en est facile, qui est de monstrer que leur P. Ferrier s'abuse icy d'vne maniere fort extraordinaire.

Car il est tres-vray que le fait qu'il marque, que Iansenius a enseigné quelque doctrine se rencontre en cette question: Si la doctrine de Iansenius est Catholique ou heretique. Mais il s'y en rencontre encore vn autre tres-distinct & tres-separé du droit & qui fait tout le sujet de la contestation. Et c'est ce qu'il dissimule.

Peut-estre que le P. Ferrier s'imagine que lors que l'on defere vn liure au Pape, pour juger si la doctrine en est Catholique ou heretique, il luy suffit de sçauoir que ce liure enseigne quelque doctrine sur vne certaine matiere & qu'ensuitte s'adressant à Dieu, il luy reuele que cette doctrine qu'il ne connoist point, est Catholique ou heretique. Si les jugemens Ecclesiastiques se faisoient de cette sorte, il ne seroit point en effet besoin d'examiner d'autre fait que celuy-cy: Si l'auteur dont il s'agit enseigne quelque doctrine sur vn certain sujet, & ce fait estant tousjours éuident, il n'y auroit presque jamais de questions de fait, puisqu'on dispute bien rarement, si vn auteur a quelque doctrine telle quelle soit sur vne matiere.

Mais par ce que cette imagination enferme vne erreur grossiere, puis qu'elle suppose dans le Pape des reuelations particulieres qui soient le fondement de ses decisions, il est certain que les jugemens Ecclesiastiques ne se font point de cette sorte. Ny le Pape ny les Euesques ne peuuent juger si la doctrine d'vn liure est Catholique ou heretique, qu'en la comparant auec la tradition. Or il est impossible qu'ils la comparent auec la tradition, s'ils ne la connoissent distinctement. On ne compare pas auec la tradition vne doctrine, qu'on ne connoist que sous l'idée generale de doctrine d'vn auteur. Car elle n'est ny Catholique ny heretique, ny comme doctrine, ny comme doctrine d'vn auteur. La doctrine de Dieu est essentiellement vraye comme doctrine de Dieu, parce que Dieu est la verité par essence. Mais la doctrine du diable mesme, n'est pas fausse comme doctrine du diable, parce que le diable n'est pas fausseté par son essence, & qu'il dit quelquefois vray comme lors qu'il reconnoissoit que I. C. estoit le Fils de Dieu. A plus forte raison la doctrine d'vn auteur Catholique n'est pas heretique, parce que c'est vne doctrine & qu'elle est de luy.

Il faut donc par necessité que le Pape & les Euesques, pour juger si la doctrine d'vn liure est heretique ou Catholique, passent par l'examen de ce point de fait: *qu'elle est la doctrine de ce liure*, & qu'ils la reduisent à vn dogme precis, distinct & determiné; dont ils forment premierement ce jugement de fait: Ce dogme est d'vn tel auteur, & ensuite ce jugement de droit: Ce dogme est heretique ou Catholique.

C'est de ce dogme distinct qu'ils affirment ces deux choses, qu'il est d'vn tel auteur, qu'il est heretique. Mais ils l'affirment par deux iugemens tres-separez, & formez sur des raisons toutes differentes.

Ils jugent que ce dogme distinct est d'vn auteur par la veüe de ses passages, par l'enchaisnement de ses principes.

Ils jugent qu'il est heretique ou Catholique, par la comparaison qu'ils en font auec l'Ecriture & la tradition.

C'est ainsi que le Pape & les Euesques ont dû necessairement agir en condamnant la doctrine de Iansenius. Il ne leur a pas suffi de sçauoir que Iansenius enseigne quelque doctrine sur les cinq Propositions, puis qu'il est ridicule de conclure delà que cette doctrine est heretique. Mais ils ont dû par necessité reduire la doctrine vague de Iansenius à vn dogme precis par vn jugement purement de fait, en jugeant que cette doctrine distincte est de Iansenius, pour pouuoir ensuitte prononcer le jugement de Foy, qui porte que cette doctrine est heretique.

Il n'y a rien au monde de plus separé & de plus distinct que ces jugemens: ce dogme est de Iansenius, ce dogme est heretique. L'vn est de fait, l'autre de droit. L'vn est vray depuis que l'Eglise est Eglise; l'autre ne peut estre vray que depuis que Iansenius a écrit, & estoit faux auant cela. Il peut-estre vray qu'vn dogme soit d'vn tel auteur sans qu'il soit heretique. Et il peut-estre vray qu'vn dogme soit heretique sans qu'il soit d'vn tel auteur, parce qu'il n'est pas heretique pour estre d'vn tel auteur, & qu'il n'est pas d'vn tel auteur pour estre heretique.

Or ces deux jugemens distincts & separez, plus que le Ciel ne l'est de la terre, sont renfermez dans cette vnique proposition: La doctrine de Iansenius est heretique qui en est le resultat; & ainsi elle comprend vn droit & vn fait separez reellement, quoique confondus dans l'expression. Elle se peut nier pour l'vn & pour l'autre. Et quand on ne la nie que pour le fait, ce ne sont pas ceux qui le font qui tombent dans l'heresie, mais ceux qui les accusent d'heresie sous ce pretexte, comme fait le P. Ferrier.

Car

Car il est certain d'vne part que le Pape a formé ce jugement: Cette doctrine est de Iansenius, ce qui n'est qu'vn fait, & vn fait non reuelé dans l'Ecriture, & dans la tradition. Il est certain que ce fait est entierement separé du droit, & qu'il est compris dans la decision du Pape qui declare que la doctrine de Iansenius est heretique. Lors donc que le P. Ferrier accuse d'heresie ceux qui le nient, il tombe luy mesme dans cette heresie d'establir vn point de Foy sur vne chose qui n'est contenuë ny dans l'Ecriture, ny dans la tradition.

On luy donne le choix apres cela de dire que ce fait a esté reuelé au Pape, ou qu'il ne luy a pas esté reuelé. S'il reconnoist qu'il ne luy a pas esté reuelé, il tombe dans cette heresie de faire vn article de Foy d'vn point de fait, qui n'est reuelé en aucune sorte. Et s'il pretend que le Pape en a eu reuelation, il tombe dans vne double erreur, l'vne d'admettre des reuelations particulieres dans le Pape, ce qui est vne porte ouuerte à toute sorte d'illusion; l'autre de fonder des points de Foy sur ces reuelations particulieres, ce qui est contre l'essence de la Foy Catholique, qui n'est fondée que sur la reuelation de Dieu, contenuë dans l'Ecriture & dans la tradition.

Il est donc coupable d'heresie, soit qu'il admette ces reuelations, soit qu'il ne les admette pas.

Et au contraire les Theologiens qu'il en accuse, parce qu'ils pretendent que Iansenius n'a pas esté bien entendu à Rome, & qu'on luy attribuë vne doctrine qu'il n'a point, sont Catholiques, soit qu'ils se trompent, soit qu'ils ne se trompent pas dans cette pretension.

Car il n'est pas necessaire afin qu'ils soient exempts d'erreur dans la Foy que le Pape soit tombé dans vne erreur de fait. Ils en sont exempts, soit que le Pape se soit trompé dans le fait, soit qu'il ne s'y soit pas trompé. S'il est vray que le Pape n'ait pas bien entendu Iansenius. Ils ont donc eu raison de ne pas reconnoistre que la doctrine de Iansenius fust heretique. Et s'il est vray qu'il l'ait bien entendu, tout ce qu'on en doit conclure est que ces Theologiens l'entendent mal, qu'ils l'expliquent trop fauorablement en luy attribuant vn sens Catholique qu'il n'a pas, & n'y voyant point vn autre sens heretique qu'il auroit veritablement; ce qui n'est qu'vne simple erreur de fait, laquelle non seulement n'est ny vn crime ny vn attentat, mais est l'erreur du monde la plus pardonnable, & la plus digne d'vn homme selon S. Augustin, puisqu'elle consiste toute à prendre en vn bon sens les paroles d'vn grand Euesque: *Qui error*, dit ce Saint, *non solum humanus est, sed etiam homine dignissimus.*

Toutes les cruelles conclusions du P. Ferrier, & le phantosme de son heresie estant donc appuyez sur ces faux principes: Qu'il s'agit d'vne question de droit: Qu'vn fait est inseparable du droit: Qu'il n'y a point d'autre fait dans le jugement du Pape, que de sçauoir si Iansenius a enseigné quelque doctrine sur les cinq Propositions; Elles ne sont pas seulement fausses, mais criminelles. Qu'il choisisse d'autres matieres de mal raisonner tant qu'il luy plaira. Mais c'est vne chose qui crie vengeance deuant Dieu & deuant les hommes, de demander comme il fait au Roy des Declarations si éloignées de sa bonté & de sa justice, sur des raisonnemens si contraires au sens commun. Qu'il marque

D

distinctement, s'il le peut, ce que c'eſt que l'hereſie dont il accuſe ces Theologiens, & qu'il l'exprime ſous d'autres termes que ſous les mots vagues de ſens de Ianſenius qui ne la font point connoiſtre. Et s'il ne le peut qu'il ſe taiſe, & qu'il faſſe penitence de ſes excez, ou pluſtoſt qu'il parle pour leur en faire vne reparation publique, comme il y eſt obligé.

Cet argument eſt plus preſſant que celuy qu'il employe contre ces Theologiens page 5, en cette ſorte.

Les Ianſeniſtes, dit-il, *ne peuuent pas nier qu'ils ne ſe moquent de Dieu & de l'Egliſe, quand ils demandent qu'on leur monſtre ce ſens ou cette doctrine de Ianſenius ſur les cinq Propoſitions.* Et pourquoy s'en moquent-ils? *C'eſt*, dit ce Pere, *que s'ils ſçauent quel eſt le ſens de Ianſenius ſur les cinq Propoſitions, ils ſont ridicules de demander vne choſe qui leur eſt connuë. S'ils ne ſçauent point quel eſt ce ſens, ils ſont doublement coupables de publier qu'ils ſont conuaincus que le ſens de Ianſenius eſt Catholique, quoy qu'ils ne ſachent pas quel eſt ce ſens, & de refuſer de ſe ſoumettre à l'Egliſe dans vne matiere qui leur eſt d'ailleurs inconnuë.*

On répond en vn mot au P. Ferrier que des Theologiens qui doiuent agir auec connoiſſance, & qui ne ſont obligez de rendre aux Eueſques qu'vne obeïſſance raiſonnable, ont raiſon de demander quel eſt le ſens de Ianſenius qu'on leur veut faire condamner, ſoit qu'ils le ſçachent, ſoit qu'ils ne le ſçachent pas. S'ils ne le ſçauent pas, ils ont droit de demander qu'on les en inſtruiſe auant qu'on le leur faſſe condamner, puiſque s'ils ne le connoiſſoient point du tout, ils ne pourroient ny aſſurer auec verité qu'ils le rejettent, ny promettre auec verité qu'ils ne le tiendront jamais. Car peut-eſtre y ſeroient-ils engagez ſans le ſçauoir, & peut-eſtre y tomberoient-ils ſans qu'ils le penſaſſent.

Que ſi l'on ſuppoſe que ces Theologiens ſçachent ce que le Pape & les Eueſques entendent par ce ſens de Ianſenius, ils ont encore beſoin de le demander parce qu'ils ne le ſçauent que par des voyes particulieres, & qui ne ſont pas autentiques: de ſorte que s'ils determinoient eux meſmes ce que le Pape entend par le ſens de Ianſenius, comme ces propoſitions ſont ſuſceptibles d'vn tres-grand nombre de ſens, les Ieſuites ne manqueroient pas de dire incontinent que ce n'eſt pas encore là ce que le Pape entend & ce qu'il faut condamner: Que c'eſt quelqu'autre choſe ſans dire quoy. Et ainſi ce ne ſeroit jamais fait. Il vaut donc bien mieux s'addreſſer à ceux qui ont pouuoir de determiner ce ſens, afin que s'ils le faiſoient il paruſt clairement en condamnant auec eux ce dogme, dans lequel ils auroient renfermé le ſens de Ianſenius, qu'on n'eſt engagé dans aucune erreur.

Mais la verité eſt que ces Theologiens connoiſſent & ne connoiſſent pas tout enſemble le ſens de Ianſenius Ils connoiſſent tres-bien dans Ianſenius vne doctrine tres-ſainte, tres-Catholique, tres-orthodoxe, qui eſt celle de la Grace efficace par elle meſme, qui fait infailliblement agir la volonté ſans luy cauſer de neceſſité. Ils y connoiſſent la doctrine Catholique de la predeſtination gratuite des Eſleus receuë dans toute l'Egliſe, & ſoûtenuë par Bellarmin meſme comme eſtant de Foy. Ils n'y en connoiſſent point d'autre ſur le ſujet des cinq Propoſitions.

Mais parce qu'il eſt conſtant par le conſentement general de toute l'Egliſe, que ce n'eſt point là ce que le Pape & les Eueſques entendent par ce ſens de Ianſenius qu'ils condamnent, mais que c'eſt vn certain ſens inconnu à tous les Theologiens deuant Baius & Ianſenius, ſelon Meſſieurs les Eueſques de l'Aſſemblée; vn certain ſens contraire à la doctrine de toutes les Ecoles Catholiques, comme ces meſmes Eueſques nous en aſſeurent; vn certain ſens different de la Grace efficace, contraire à S. Auguſtin, & qui eſt conſtamment condamné par les Dominicains & les Ieſuites, comme le P. Annat & M. Hallier l'ont tant proteſté auant la Conſtitution du Pape Innocent. C'eſt ce certain ſens que ces Theologiens ne connoiſſent pas, ou pluſtoſt qu'ils ne connoiſſent que confuſément. Ils ſçauent tout ce que les Ieſuites & les autres aduerſaires de Ianſenius en ont dit en diuers liures: mais ils voient que leurs explications ne s'accordent pas, que les vns le mettent en vn point, les autres en vn autre.

Tout ce qu'ils ſçauent de ce ſens eſt qu'il eſt different de la Grace efficace, & par conſequent qu'ils ne le tiennent point, & qu'ils le rejettent, puiſqu'ils ne tiennent que cette doctrine, & que toute doctrine qui y eſt contraire n'eſt pas veritable. Ainſi dans la neceſſité où on les met de juſtifier leur Foy, & de repouſſer le reproche qu'on leur fait ſur ce ſens vague qu'on n'explique point, ils ont raiſon de s'addreſſer aux Eueſques qui le doiuent connoiſtre, puiſqu'ils le condamnent, & au Pape qui ne l'a pû condamner ſans le connoiſtre pour les conjurer de l'expliquer, afin de leur donner lieu de confondre leurs accuſateurs en faiſant voir qu'ils ne ſont engagez dans aucune erreur.

C'eſt la ſeule raiſon pour laquelle ils demandent auec tant d'inſtances qu'on leur explique ce ſens. Car d'ailleurs ils n'ont aucune impatience de le ſçauoir. Ils tiennent la verité de la doctrine de la Grace efficace par elle meſme. Ils rejettent toute erreur qui y eſt contraire, ſoit en donnant trop peu à la Grace comme font les Moliniſtes, ſoit en ruinant la liberté, ce qui deuroit eſtre l'erreur de ce pretendu ſens de Ianſenius. Cela leur ſuffit. Ainſi qu'on ne les inquiete pas ſur le ſens indeterminé de Ianſenius, & ils ceſſeront de demander quel il eſt. Mais ſi l'on continuë de les perſecuter ſur ce point, ils continueront de preſſer qu'on leur explique ce ſens, & on ne peut leur refuſer de le faire qu'auec vn deſſein viſible d'oppreſſion. Car les Eueſques ne peuuent en conſcience le faire condamner ſans le connoiſtre, & s'ils le connoiſſent, c'eſt vne biſarrerie qui ne ſe comprend pas de refuſer de le dire.

Mais il eſt temps, Monſieur, de detourner noſtre eſprit de ces matieres ſubtiles, & qui ſentent l'école pour enuiſager vne autre illuſion du Pere Ferrier, qui n'eſt pas moins dangereuſe, mais que l'on peut rendre plus ſenſible. Ce Pere repreſente toûjours l'Egliſe d'aujourd'huy comme diuiſée en deux partis. L'vn pompeux & triomphant compoſé du Pape des Eueſques, de tous les Eccleſiaſtiques ſeculiers & reguliers qui condamnent vniformement le ſens de Ianſenius comme heretique, qui croient que le fait eſt inſeparable du droit, & qu'ainſi on ne le peut nier ſans eſtre heretique.

l'autre pauure & abandonné qui ne confifte qu'en vn petit nombre de Theologiens qui refufent de reconnoiftre que le fens de Ianfenius eft heretique, qui croient qu'il y a vn fait feparé du droit dans la decifion du Pape qui le condamne, & que l'on peut par confequent refufer de le croire fans eftre heretique.

C'eft l'idée que le P. Ferrier nous donne de l'Eglife dans fon Ecrit. Mais comme il n'y a rien de plus monftrueux que cette idée, il n'y a rien auffi de plus faux. Dieu n'abandonnera jamais fon Eglife jufqu'à ce point que d'y laiffer regner vne erreur fi groffiere & fi vifible. Auffi chacun peut fe conuaincre par foy-mefme de la fauffeté de cette fuppofition phantaftique.

Car à moins que de s'aueugler foy-mefme, on ne peut nier qu'il n'y ait dans l'Eglife quatre opinions differentes fur le formulaire.

La premiere eft celle des Iefuites qui croient que le fait eft infeparable du droit, & qu'ainfi on ne le peut nier fans herefie.

La deuxiéme eft celle d'vn affez grand nombre de Theologiens qui croient que quoy qu'il ne foit pas de Foy diuine que le fens de Ianfenius foit heretique, & que ce fait fe puiffe tres-bien feparer du droit, l'humilité Chreftienne oblige neanmoins de preferer le fentiment du Pape à fa propre lumiere, & qu'ainfi il faut croire le fait de Foy humaine, & figner le formulaire dans cette penfée.

La troifiéme eft encore plus fuiuie, & elle confifte à dire qu'on n'eft point obligé de croire ny de Foy diuine, ny de Foy humaine le fait decidé. Mais que l'on peut neanmoins figner le formulaire fans bleffer fa confcience, parce que la fignature ne tombe jamais fur les faits.

La quatriéme eft de plufieurs autres Theologiens qui font perfuadez d'vne part, qu'il eft tres faux que le fait foit infeparable du droit, ny qu'il foit de Foy que la doctrine de Ianfenius foit heretique, où qu'on foit mefme obligé de le croire de Foy humaine: mais qui croient d'autre-part que ce fait eftant contenu dans ce formulaire, ceux qui en doutent ne le peuuent pas figner fans reftriction; les declarations que l'on fait à l'Eglife deuant eftre entierement finceres, & exemptes de toute duplicité.

Il eft vifible que dans ce partage des Theologiens chaque parti condamne tous les autres, mais d'vne maniere tres-differente.

Les Iefuites qui font le premier, doiuent par vne fuitte neceffaire de leur fentiment condamner d'herefie, non feulement les derniers qui refufent abfolument de figner que le fens de Ianfenius foit heretique, mais auffi ceux qui ne le croient que de foy humaine, ou qui ne le croient point du tout, quoiqu'ils le fignent. Car l'herefie confifte dans l'opinion de l'efprit, & non dans l'obmiffion d'vne action exterieure de la main. Vne perfonne qui ne croiroit que de Foy humaine que le Corps de Iefus-Chrift eft dans l'Euchariftie, où qui le figneroit fans le croire ne feroit pas moins heretique que celuy qui refuferoit de le figner.

Ainfi tant d'Euefques, ou qui n'ont point fait figner, ou qui reçoiuent des reftrictions restrictions du fait, ou qui declarent qu'ils n'exigent point la creance du fait, ou qu'ils ne pretendent point que le fait puisse estre cru autrement que de foy humaine, sont aussi heretiques au jugement des Iesuites & du P. Annat que ces Theologiens qu'ils poursuiuent en particulier. Il est vray que leur politique les oblige de faire de deux sortes d'heretiques en France, dont ils traitent les vns ciuilement, & les autres outrageusement. Ils mettent les Euesques, la Sorbonne, les Peres de l'Oratoire, les Benedictins, &c. dans le premier ordre qu'ils n'attaquent encore que par vne consequence quoy que necessaire; ils mettent dans l'autre ceux qu'ils font dessein de ruiner d'abord, afin de se jetter auec plus de force sur tous les autres.

C'est pourquoy il y a de l'apparence que toutes ces personnes qui signent le fait, ou de Foy humaine, ou sans le croire, n'en seront pas quittes pour cela, & qu'ils seront heretiques à leur tour, apres qu'ils auront laissé opprimer les autres puisqu'il faut par necessité qu'ils le soient desja dans l'esprit des Iesuites.

Mais au contraire tous ces trois derniers partis conuenant dans ce point que ce fait de Iansenius est tres-separable du droit, qu'il n'appartient point à la Foy, & qu'on peut le nier sans heresie doiuent par vne suite necessaire de cette opinion qui leur est commune, condamner les Iesuites de calomnie & d'erreur.

Il est certain que ces quatre partis sont dans l'Eglise. Que si l'on veut maintenant considerer lequel est le plus nombreux, on peut dire dans la verité qu'il n'y en a point de plus abandonné, & qui ait moins d'approbateurs sinceres que celuy des Iesuites. Ce n'est point vne supposition en l'air, mais vne verité reelle que chacun peut voir pourueu qu'il le veüille, que les Iesuites sont presque tous seuls dans cette pretension que le fait est inseparable du droit, & qu'on ne peut croire sans estre heretique que la doctrine de Iansenius ne le soit pas.

Les Euesques les plus attachez aux Iesuites demandent pour qui on les prend de les croire capables d'vne aussi grande folie, qu'est celle de dire qu'vn fait soit inseparablement joint à la Foy. Ils declarent tant qu'ell'on veut de paroles, qu'ils n'exigent point la creance du fait. Ils reçoiuent les signatures de ceux qu'ils sçauent tres-bien ne le croire point, & qui le leur declarent en signant. Tous les Curez de Paris approuuerent solemnellement & par vn acte autentique la distinction du fait & du droit contenuë dans le premier Mandement de Paris. Enfin l'on auance sans crainte que les Iesuites ne sçauroient trouuer six Euesques de France, & dix Theologiens tant soy peu considerables qui veüillent signer cette proposition que le P. Ferrier soûtient, & qui sert de fondement à tout son Ecrit. *Le fait de Iansenius est inseparable de la foy, & l'on ne peut rejetter le dogme condamné sans reconnoistre qu'il est de Iansenius.* On met en fait en particulier qu'il ne la sçauroit faire signer à M. Grandin, à M. Morel, & à M. Chamillart entre les Docteurs, ny à Monsieur de Roüen entre les Euesques.

E

Il eſt donc vray que les Ieſuites ſont preſque tous ſeuls dans leurs opinions erronées. Et il eſt vray encore que les Theologiens qu'ils perſecutent ſont vnis auec l'Egliſe preſque toute entiere dans ce different qu'ils ont auec eux.

A la verité ils ont encore quelque diſpute contre les autres Theologiens, puiſqu'ils ſoûtiennent contre les vns qu'on ne doit point la Foy humaine aux deciſions des faits lors qu'on a ſujet d'en douter ; & contre les autres que ce n'eſt pas eſtre aſſez ſinceres que de ſigner vn formulaire qui contient nettement vn fait ſans eſtre perſuadé de ce fait.

Mais ce different ne regarde que les mœurs, & non pas la Foy, & dans ce different meſme, ils ſe peuuent ſeruir de l'autorité des vns pour ſe deffendre contre les autres.

Ceux qui ſignent le fait de Foy humaine approuuent leur doctrine touchant la ſincerité des ſuſcriptions.

Ceux qui ſignent le fait ſans le croire approuuent ce qu'ils diſent que l'Egliſe n'oblige point de croire les faits par voye de commandement, de ſorte que dans la verité ils ont cette conſolation que dans chacun des points ſur leſquels on les accuſe, ils ſont vnis de ſentiment auec la plus grande partie des Theologiens de l'Egliſe.

Quiconque prendra la peine de s'inſtruire auec quelque ſoin du fond des choſes, reconnoiſtra clairement que ce que ie dis eſt vray. Que ſi l'on demande pourquoy le contraire paroiſt à l'exterieur ; que les Ieſuites dominent par tout, & que ces Theologiens ſont accablez, il n'eſt pas bien difficile d'en dire la cauſe. On n'a qu'à conſiderer en quel poſte eſt le Pere Annat, & le pouuoir que cette place luy donne & à Rome & à Paris pour faire tout ce qu'il veut en cette matiere. On n'entend rien à Rome que ſur les inſtructions qu'il y enuoye. Et il eſt à la porte des benefices de France pour en exclure ceux qui le choqueroient en quelque choſe. Chacun à ſes affaires à la Cour, & ceux qui n'en ont point d'autres ny pour eux ny pour leur communauté ont celle de leur repos dans lequel ils ne veulent pas eſtre troublez. Le Ianſeniſme eſt l'vnique affaire du Pere Annat, ainſi afin de n'eſtre pas trauerſé dans ſes affaires particulieres, on ne trauerſe point le P. Annat dans la ſienne.

Ce n'eſt pas que ce R. P. auec tout ſon credit ſoit encore en eſtat de porter les Eueſques ou le Pape a appuyer par des deciſions formelles ces abſurditez particulieres de la Compagnie ; qu'vn fait eſt attaché inſeparablement à la Foy, & qu'on eſt heretique en le niant. Il n'eſt pas ſi mal habile homme que de le tenter preſentement. Il ſe contente que chacun ſigne ce fait ſimplement ſans marquer ſon intention pour ſe ſeruir enſuite de ces ſignatures ſelon ſes fins ; & il n'a pas de peine de l'obtenir de la pluſpart. Car leur eſprit leur fourniſſant des expediens pour ſigner, ſans croire le fait ny de Foy diuine, ny de Foy humaine leurs intereſts les perſuadent aiſément de les embraſſer : Ils croient qu'ils ne ſont point obligez de s'oppoſer en teſte au P. Annat, & qu'il leur eſt permis de ſe mettre à couuert de cette tempeſte paſſagere. Ils le laiſſent donc opprimer en liberté ceux contre leſquels il eſt particulierement animé, parce qu'ils s'imaginent que c'eſt leur faute de ne chercher pas comme eux leur ſeureté dans vne ſignature qui n'engage diſent-ils à rien.

Par ce moyen ceux qui refuſent de ſigner, demeurent expoſez à l'iniuſte violence des Ieſuites. Ceux qui ſont vnis auec eux en certains points, & qui les condamnent en d'autres, les blaſment hautement dans les points ſur leſquels ils ne ſont pas d'accord auec eux: mais ils ſe donnent bien de garde de les deffendre lors qu'ils croient qu'ils ont raiſon. *Qu'ils ont grand tort ces Meſſieurs*, dit le bon M. Morel dans tous ſes Sermons, *de ne croire pas de Foy humaine la deciſion du fait*. Mais il ſe donne bien de garde d'adiouſter: Qu'ils ont grand tort les Ieſuites de vouloir qu'on traite d'heretiques ceux qui ne reconnoiſſent pas vn fait, qui ne peut-eſtre crû que Foy humaine.

Encore cette maniere d'agir eſt-elle plus ſupportable, que celle de ceux qui ne diſent rien du tout en public de leur intention; mais qui ſe ioignent ſimplement aux Ieſuites par vne ſignature exterieure, quoy qu'ils ſoient tres-éloignez de leur ſentiment. S'ils diſoient clairement ce qu'ils reprennent dans ceux qui ne ſignent pas, la diuerſité de leurs auis rendroit leur autorité moins conſiderable: mais ne diſant rien du tout, ceux qui ne iugent des choſes que par le dehors, les prennent pour approbateurs de toutes les opinions des Ieſuites.

Ce n'eſt donc pas vne illuſion generale, mais vne laſcheté generale, qui fait l'oppreſſion de ces Theologiens, ou pluſtoſt c'eſt l'oppreſſion generale de l'Egliſe qui fait leur oppreſſion particuliere. Que chacun parle comme il penſe, & ils ſeront pleinement iuſtifiez. Que chacun meſme les condamne comme il le penſe, & ils ſeront encore pleinement iuſtifiez, parce qu'il paroiſtra que dans tous les points ſur leſquels on les accuſe, ils ſont ioints auec le plus grand nombre des Theologiens de l'Egliſe. Mais la terreur du Pere Annat tient toutes les langues liées pour les deffendre; Elle les delie toutes pour les condamner; & elle vnit dans vne expreſſion equiuoque des perſonnes tres-diuiſez de ſentimens, afin que le P. Annat parroiſſe ſuiui de toute l'Egliſe, lors qu'il eſt en effet condamné par toute l'Egliſe.

S'il n'y auoit point d'autre vie que celle-cy, ny dautres iuges que les hommes, il faudroit reconnoiſtre que le P. Annat ſeroit vn fort habille homme d'auoir ſceu couurir auec tant d'adreſſe la foibleſſe de ſon party, qu'il eſt victorieux en apparence, lors qu'il eſt abandonné en effet de tout le monde. Mais ce Pere ſe trompe le premier en penſant tromper les autres, parce qu'il s'agit ici de choſes, qui dependent de la verité, & qui ſe iugeront ſur la verité & non pas ſur l'apparence. Ce n'eſt pas vne vnion trompeuſe dans vne expreſſion equiuoque qui rend orthodoxe, mais vne conformité reelle & veritable de ſentiment auec ceux de l'Egliſe vniuerſelle dans les choſes de la Foy.

Ainſi ces Theologiens n'ayant point d'autre doctrine ſur le fait de Iansenius que celle de toute l'Eglise, qui est que ce fait n'appartient point à la Foy, ils sont orthodoxes quelque cabale qu'on forme pour les opprimer. Et le Pere Annat & les Iesuites, qui en veulent faire vn point de Foy, ne sont pas orthodoxes auec toute leur puissance & tout leur credit, puisqu'en cela ils sont réellement contraires au sentiment de l'Eglise, & qu'ils y introduisent vne veritable heresie sous pretexte de détruire vne heresie imaginaire.

L'on peut donc auec justice addresser aux Iesuites ces paroles que I. C. dit à vn Euesque dans l'Apocalypse : *Dicis, quod diues sum & locupletatus, & nullius egeo, & nescis quia es miser & miserabilis, & pauper, & cæcus, & nudus.* Vous croyez estre riches & abondans par le nombre de vos sectateurs ; & cependant vous estes miserables, & dignes de compassion ; vous estes pauures, abandonnez, aueugles, & nuds puisque tous ces gens qui semblent vous suiure vous condamnent en effet.

Et l'on peut appliquer au contraire à ces Theologiens opprimez, ces autres paroles que I. C. dit à vn autre Euesque dans le mesme liure : *Scio tribulationem tuam, & paupertatem tuam, sed diues es, & blasphemaris ab his qui se dicunt Iudæos esse & non sunt.* Ie sçay les persecutions que vous souffrez, & la pauureté que l'on vous reproche ; mais vous ne laissez pas d'estre riches parce que la pluspart de ceux qui paroissent contre vous sont pour vous véritablement ; & vous n'estes décriez que par des gens qui se disent orthodoxes, & qui sont remplis d'erreurs. Ie suis, &c.

Ce 1. Mars 1664.

Depuis cette lettre écrite, i'ay receu le grand écrit du P. Ferrier, intitulé *Relation veritable &c.* Ie pense qu'en ce qui regarde l'heresie dont il continuë d'accuser des Theologiens plus Catholiques que luy, on n'y trouuera rien qui ne soit ruiné icy par auance. Mais ce Pere merite bien qu'on luy répode en particulier sur le nombre infiny de faussetez dont il a remply sa Relation. Ie m'assure qu'il se trouuera quelqu'vn qui le fera d'vne telle sorte, que les Iesuites ne tireront pas l'auantage qu'ils esperent de leurs impostures.

L'HERESIE IMAGINAIRE.

LETTRE III.

MONSIEVR,

Ie vous l'ay dit, & je vous le dis encore, que dans cinquante ans on ne regardera la pretenduë heresie du Iansenisme, que comme vn rare exemple de la vanité de l'esprit des hommes, & qu'on joindra toute cette dispute auec celle des capuchons & du pain des Cordeliers. On demandera alors auec estonnement, qui estoit donc ce P. Annat & ce P. Ferrier qui disoient en leur temps de si impertinentes choses, & qui estoient les gens assez simples pour se laisser aller à leurs resueries? Mais ce sont, dites vous, des Propheties, & il n'est pas difficile d'en faire de pareilles en prenant cinquante ans de terme pour en verifier l'euenement. Ie pourrois bien vous répondre qu'elles sont bonnes, quand on a bien prouué d'ailleurs qu'il ne s'agit que d'vne chose de neant, comme ie croy l'auoir fait; & qu'ainsi comme on ne peut pas dire la mesme chose de toutes sortes de disputes, on n'a pas droit aussi d'en faire de semblables propheties.

Mais par ce qu'il n'est pas en mon pouuoir d'auancer l'auenir pour y faire voir la verité de cette prediction, j'aime mieux l'abandonner, ou plustost vous en monstrer vne image dans le passé qui est certain & inuariable, & qui fournit les plus seures conjectures, pour preuoir ce qui doit arriuer en de pareilles rencontres.

C'est vn miroir que peu de personnes consultent par vne foiblesse naturelle de l'esprit humain. Car comme les hommes ne viuent que dans le temps present, ils ne sont aussi frappez que par les choses presentes. Tout ce qui s'éloigne de cet instant qui les remplit s'aneantit en quelque sorte à leur egard, & s'il en reste quelques traces dans leur memoire, elles sont si foibles qu'elles leur seruent peu pour corriger les impressions trompeuses qu'ils reçoiuent des objets presens. Si vn homme paroist auoir l'auantage dans ce moment qui les occupe, ils perdent le souuenir de tout le passé, qui leur auroit pû faire connoistre que cet auantage est faux & imaginaire. Ainsi parce que les Iesuites font vn grand bruit, & qu'ils crient par tout à l'heresie, on s'estourdit de ce bruit. Et comme il y a peu de personnes qui leur resistent, on s'imagine facilement qu'ils sont victorieux en effet.

Cependant il est visible que cette maniere de n'appuier ses iugemens que sur le present, est sujette à vne infinité d'illusions. Les choses du monde ne se montrent à nous dans chaque moment, que par quelques vues de leurs parties qui s'entresuiuent les vnes les autres, parce qu'estant successiues, elles ne subsistent pas ensemble. Et cependant c'est par l'vnion de tout le corps, & de toutes les parties qu'il en faut iuger.

On auroit peine quelquefois à reconnoistre la victoire de l'Eglise sur les heresies dans tout son éclat, si on ne la consideroit qu'en vne petite partie de sa durée, dans laquelle elle peut estre tellement offusquée par les tenebres des erreurs, qu'on

A

ne sçait qui a l'auantage, de la verité, ou du mensonge. L'Arianisme ne parut-il pas comme victorieux à Rimini, & la doctrine Catholique si obscurcie, que tout le monde, dit S. Ierosme, s'estonna d'estre deuenu Arien.

Il faut donc pour bien connoistre l'auantage de l'Eglise sur l'erreur, embrasser par sa memoire vne plus grande estenduë de temps. Et c'est alors que l'on voit qu'apres quelque eclat passager, les erreurs se sechent & se détruisent, pendant que la doctrine de l'Eglise subsiste & se conserue dans le sein de l'Eglise, & dans le cœur de ses vrais enfans.

Ainsi, Monsieur, pour bien iuger de la contestation presente entre les Iesuites & leurs aduersaires, il ne faut pas borner toutes ses veües à la question du fait & du droit, où elle est maintenant toute reduite. Mais il faut de plus considerer les diuerses démarches de chacun de ces partis, les diuers points qui ont esté agitez entr'eux, le succés des disputes particulieres, & par quels degrez on en est venu au point où l'on en est maintenant. Car c'est par là seulement qu'on peut connoistre ceux qui ont perdu ou gagné, ceux qui ont auancé ou reculé, ceux que l'on doit croire sinceres, & ceux qui doiuent passer pour trompeurs & infideles. Enfin c'est delà que l'on peut former des conjectures raisonnables sur le succez de la contestation qui reste.

C'est le dessein que ie me suis proposé dans cette lettre. Ie vous y veux faire voir vne image racourcie de toute cette longue guerre de Theologiens, qui pour n'estre pas sanglante, n'est pas moins considerable que les guerres temporelles, & dont les éuenemens ne sont ny moins grands ny moins importans.

Ce fut l'an 1626. qu'elle commença par le liure d'vn Iesuite nommé Garasse, intitulé : *Somme des veritez capitales de la Religion Chrestienne*. Feu M. l'Abbé de S. Cyran y aiant remarqué vn nombre prodigieux de falsifications de l'Escriture & des Peres, & des propositions heretiques & impies, crût que l'honneur de l'Eglise demandoit de luy, qu'il en entreprît la Refutation, quoique sa modestie le fist resoudre en mesme temps à cacher son nom; comme il a toûjours fait dans ses autres liures. La premiere partie de cet ouurage estant sous la presse, le bruit qui s'en respandit de toutes parts donna lieu d'examiner auec plus de soin le liure de Garasse. Le Recteur de l'Vniuersité en fit des plaintes à la Faculté qui nomma des Commissaires pour l'examen de ce liure. Mais cet éclat aiant donné l'allarme aux Iesuites, ils monstrerent bien que ce n'est pas vne entreprise facile que celle de censurer le liure d'vn Iesuite. Car ils firent tant par leur caballe aupres des Magistrats, que le liure de M. de Saint Cyran fut long-temps arresté.

De plus pour trauerser cette censure, le P. Garasse s'auisa d'vne supercherie aussi subtile & aussi digne des Iesuites qu'aucune autre qu'ils aient pratiqué dans la suitte de ces contestations. Il auoit couru vn bruit dans Paris que l'Auteur de la Refutation deuoit monstrer plus de cinquante propositions heretiques ou erronées dans la somme de Garasse. Ce bruit estoit veritable. Mais cette partie qui contenoit la conuiction des erreurs de Garasse n'estoit point encore sortie du cabinet de M. de Saint Cyran. Le Pere Garasse neantmoins ne laisse pas de supposer qu'il auoit trouué moyen de sçauoir ce qu'on auoit à luy reprocher. Il choisit cinquante-trois propositions dans son liure les plus aisées à defendre qu'il pût trouuer, & dont il n'y en auoit pas trois qui fussent du nombre de celles dont M. de Saint Cyran l'accusoit dans son ouurage. Il forma en suitte vne censure à sa phantaiſie, & par cette adreſſe il éblouït quelque temps le monde, & brouïlla l'examen de ſon liure qui ſe faiſoit en Sorbonne, de telle ſorte que les Examinateurs eſtoient embaraſſez, & qu'on commençoit à dire par tout qu'on auoit grand tort d'accuſer la Somme de Garaſſe de tant d'erreurs.

M. de Saint Cyran eut mille peines à faire leuer l'empeſchement que les Ieſuites apportoient à la publication de ſa Refutation, & à détromper le monde du meſchant artifice du P. Garaſſe. Il en vint neanmoins à bout, & malgré toute la cabale de la compagnie, & les longs delais que l'on accorda au P. Garaſſe pour ſe retracter, ſon liure fut cenſuré, *comme contenant pluſieurs propoſitions heretiques, erronées, ſcandaleuſes, temeraires, pluſieurs falſifications de paſſages de l'Eſcriture & des Saints Peres citez a faux, & détournez de leur vray ſens, & vne infinité de paroles indignes d'eſtre eſcrites, & d'eſtre leües par des Chreſtiens & des Theologiens.*

Les Ieſuites témoignerent neanmoins en cette affaire quelque ſorte de prudence. Car il ne leur faut pas refuſer dans les occaſions les iuſtes loüanges qu'ils meritent, puiſque ces occaſions ſont ſi rares. Ils ne s'opiniaſtrerent point à ſoûtenir leur Pere Garaſſe, mais ils le relequerent loin de Paris en vne de leurs maiſons, où l'on n'entendit plus parler de luy, & par là ils terminerent cette affaire. Heureux ſi en aſſoupiſſant ce different ils euſſent étouffé de leur cœur le reſſentiment qu'ils en conceurent contre M. l'Abbé de Saint Cyran, qui les a depuis engagez en tant d'horribles excez.

Mais ils ne le firent pas, & ils ont bien temoigné depuis qu'ils n'eſtoient pas du nombre de ces ſages qui aiment ceux qui les reprennent, & qui leur faiſant connoiſtre leurs fautes, leur donnent moien de s'en corriger. Ils nourrirent dans leur cœur vne auerſion violente contre celuy qui leur auoit rendu ce ſeruice qui fut encore infiniment augmentée par vn autre ſeruice de meſme nature qu'il leur rendit quelques années apres, & qui fait le ſecond éuenement remarquable de cette guerre.

Le Pape Vrbain VIII. touché du miſerable eſtat de l'Egliſe d'Angleterre qui auoit eſté trente ans ſans Eueſque, y aiant enuoié feu Monſieur Smith Eueſque de Calcedoine, auec la Iuriſdiction d'Ordinaire. Quand il y fut eſtabli il voulut vſer de ſa puiſſance en obligeant les Reguliers de prendre approbation de luy pour confeſſer. Ce ioug fut dur aux Ieſuites qui s'eſtoient accoutumez à viure en ce Païs dans vne entiere independance. Ils s'en plaignirent donc par leur Prouincial à cet Eueſque, & ils luy repreſenterent entr'autres raiſons, que ce reglement diminuoit leur credit, & *les preſens que les Catholiques leur faiſoient.* Mais comme il ne ſe laiſſa pas fleſchir par de ſi mauuaiſes raiſons, ils exciterent tant de troubles & tant de factions contre luy, en le deſcriant meſme aupres des Miniſtres du Roy d'Angleterre, que cet Eueſque fut obligé de ſortir de ce Royaume pour chercher ſa ſeureté. Ces pratiques ſecrettes furent accompagnées de deux liures publics que les Ieſuites compoſerent en Anglois contre la Iuriſdiction Epiſcopale & la neceſſité du Sacrement de Confirmation; & le Clergé d'Angleterre aiant enuoié ces liures à la Sorbonne, elle en cenſura ſolemnellement trente-deux propoſitions le quinziéme Fevrier 1631.

Cette cenſure auoit eſté precedée de quelques iours de celle que M. l'Archeueſque de Paris publia contre ces meſmes liures le 30. Ianuier de la meſme année,

& de celle des Archeuesques & Euesques qui estoient à Paris, qui les condamnerent par vne lettre Pastorale adressée à tous les Euesques de France le quinziéme Feurier 1651.

Ces coups furent tres sensibles à la delicatesse & à la fierté des Iesuites. Aussi s'éleuerent-ils contre ces censures d'vne terrible maniere. Ils escriuirent contre M l'Archeuesque de Paris, contre les Euesques, contre la Sorbonne, & ils s'imaginerent quelque temps de les auoir terrassez. Mais cette hardiesse ne leur fut pas auantageuse dans la suitte. Car ils s'attirerent par là le celebre liure de *Petrus Aurelius*, qui defendit les Euesques & la Sorbonne, & refuta les erreurs des Iesuites auec tant de force, d'éloquence & de lumiere, que l'Eglise fut pleinement vengée, & les Iesuites confondus.

Cette confusion neanmoins au lieu de les humilier ne fit que les aigrir. Ils entreprirent le liure d'Aurelius de toutes les manieres dont ils purent s'auiser, par des calomnies secretes, par des Predications publiques, par de gros volumes, par de petits escrits, par des ouurages Latins & François, ne l'appellant ordinairement que le *liure infame de Petrus Aurelius*. Et comme la voix publique auoit attribué cet ouurage à M. de Saint Cyran, quelque peine qu'il prit d'éloigner de luy vn soupçon si glorieux, ils s'attacherent à sa personne, ils s'efforcerent de le noircir par mille sorte des calomnies, & ils formerent deslors vne resolution constante de descrier comme heretiques, & luy, & tous ceux qui suiuroient ses sentimens. Ce furent comme les diuers combats de cette guerre de la Hierarchie, mais l'euenement & la conclusion en est remarquable, parce que c'est l'image du succez de toutes les autres disputes.

Dieu permit que les bruits répandus contre M. de Saint Cyran, eussent assez de pouuoir sur l'esprit d'vn Ministre d'Estat pour le faire emprisonner au Chasteau de Vincennes, où on le retint cinq ans sans autre procedure que celle d'vne information irreguliere, & que l'on fut contraint d'abandonner. Mais en mesme temps il fit que la verité triompha plus hautement dans l'oppression mesme de celuy qui l'auoit si glorieusement defenduë. Le liure du P. Celot, le plus considerable de ceux qui auoient entrepris de combatre Aurelius, fut condamné dans l'Assemblée de Mante, & ce Pere fut obligé de desauoüer ses erreurs dans la Sorbonne. Celuy d'Aurelius fut approuué par trois Assemblées consecutiues, il fut imprimé deux fois aux despens du Clergé, & on luy dressa vn éloge magnifique par l'ordre de la derniere de ces Assemblées.

Voila l'issuë de la dispute de la Hierarchie que j'ay rapportée sans interruption, quoique dans le temps qu'elle a duré, il s'en soit éleué vne autre qui a eu encore de plus grandes suittes.

Ce fut celle de la Penitence, qui prit naissance du liure de la Frequente Communion que M. Arnauld, Docteur de Sorbonne composa pour la iustification de M. l'Abbé de Saint Cyran son ami, dans lequel il combattoit plusieurs points de la Morale des Iesuites, & particulierement leur facilité à donner l'absolution à toutes sortes de pecheurs. Car il soustenoit contre eux dans ce liure qu'il estoit vtile de la differer en plusieurs rencontres, & qu'on estoit obligé de le faire dans les recheutes, dans les pechez d'habitude, & dans les occasions prochaines du peché. Rien ne fut plus sensible aux Iesuites que d'estre attaquez sur ce point si delicat; parce que c'est principalement par cette facilité d'absolution,

qu'ils

qu'ils attirent tant de gens à eux. Et ainsi ils crûrent qu'il y alloit de tout pour eux, d'accabler & l'Auteur & le livre de la Frequente Communion, & tous ceux qui estoient liez de sentimens & d'amitié avec luy.

On vit donc tout d'vn coup vn souleuement horrible & general de tous les Iesuites qui se deschaisnerent par toute la France, & mesme par toute l'Europe contre ce liure. Ce n'estoit par tout que declamations furieuses, qu'injures sanglantes & outrageuses. Ils ne traitoient ceux qui approuuoient les sentimens de ce liure, que *de fourbes & de traistres*. Et pour l'auteur, c'estoit vn *heresiarque*, vn *schismatique*, & vn *heretique declaré*; & ils ne demandoient rien moins que le sang & la vie de ceux qu'ils appelloient *Cyranistes & Arnaudistes*.

Grands, disoit leur Pere Seguin dans vn libelle intitulé : Sommaire de la Theologie de l'Abbé de Saint Cyran, & du Sieur Arnaud, *à qui Dieu a donné la puissance de iuger les hommes, vous sçauez mieux que moy, & vostre pieté en est vn témoignage public, que la premiere iustice est celle qui se rend à Dieu. Ouurez les yeux au malheur qui menace l'Estat, autant que la Religion, puisque le changement de l'vn n'arriue iamais sans la ruine de l'autre. Le pire de tous les remedes est de temporiser auec l'heresie naissante. L'Eglise est attaquée dans le cœur, & il faut ioindre l'espée royale auec celle de l'Eglise pour exterminer ce malheur de nos iours.*

C'estoit la maniere dont les Iesuites parloient en ce temps-là, qui est bien semblable à celle dont ils parlent à present. Et pour l'heresie de ces Arnaudistes, ils ne la mettoient pas en question, ils leur en reprocheroient cent pour vne. Et comme elles estoient toutes de leur inuention, ils en forgeoient tous les iours de nouuelles. Ils ne se mettoient pas toûjours en peine de les colorer par quelques passages tirez de leurs liures. Car quand ils en auoient besoin, ils inuentoient aussi bien des passages & des liures que des heresies.

En vit-on iamais vne plus circonstantiée, & proposée d'vne maniere plus terrible, que celle que reproche le P. Seguin à ces pretendus Arnaudistes : *Ma main*, dit-il, *me tremble d'horreur quand elle se sent obligée, pour desabuser les esprits qui ont esté preuenus de cette fausse maxime, d'escrire la haute impieté où est arriué ce projet malheureux de détourner, & pour ainsi dire d'arracher les ames de la sacrée Communion. Ie ne le dirois pas si la piece n'auoit esté publique, le scandale n'en est pas encore tout à fait leué, on l'appelloit le Chapelet de Saint Cyran, qui contenoit les pratiques spirituelles qu'il donnoit à quelques personnes qu'il éleuoit en son Escole. L'vne de ces instructions portoit qu'il estoit loisible à vne ame de desirer d'estre priuée à l'heure de la mort de la Communion du Corps de Iesus-Christ, pour imiter le desespoir du Fils de Dieu en Croix, lors qu'il fut abandonné de son Pere. Est-ce la bouche d'vn homme, ou l'organe animé d'vn demon qui a formé cette pratique & vomi ce blaspheme? Iamais Caluin ne la conceu si horriblement.*

Qui croiroit iamais en entendant vn homme parler de la sorte, que ce liure, ce passage, cette pratique n'eussent iamais esté dans l'estre des choses. Et neantmoins il n'y a rien de plus vray. On en a auerti le monde. On a confondu les Iesuites sur ce point; & ils n'ont pas laissé de produire encore plusieurs fois cette abominable imposture, en changeant le titre de ce liure imaginaire, & l'appellant tantost les Regles de Port-Royal, & tantost les Constitutions des Filles du Saint Sacrement.

Apres cela il ne faut pas s'estonner s'ils auoient tant d'heresies à imputer à leurs aduersaires. Car aiant vne resolution si ferme de les rendre heretiques à quelque prix que ce fust, ils ne pouuoient pas manquer d'en trouuer de cette sorte. Aussi en voioit-on paroistre tous les iours quelque nouuelle, qui disparoissoit ensuite, quand elle estoit vsée pour faire place à vne autre.

Il y en auoit quelques vnes dont il estoit bien facile de se iustifier, parce qu'elles estoient grossieres & sensibles. Car quand le Pere Brisacier les accusoit par exemple dans son liure I. part. p. 15. de condamner le Chapelet, en montrant son Chapelet & en le disant on en estoit quitte. Quand il leur reprochoit de n'auoir point d'images; il n'y auoit qu'à mener le monde au Port Royal où on en pouuoit tant voir de ses propres yeux. Quand il les accusoit de rejetter les Messes basses, il n'y auoit qu'à prier les gens d'assister à celles qui se disent tous les iours dans cette Maison.

Mais les Iesuites ne se soucioient pas d'estre conuaincus d'imposture, parce qu'ils sçauoient que ces calomnies estant publiées par tant de bouches, ne laissoient pas de faire leur effet, les vnes à l'égard de certaines personnes, & les autres à l'égard d'autres.

C'est pourquoy ils auoient soin de les entasser, afin qu'il y en eust pour tout le monde. Ainsi le Pere Brisacier les accuse tout d'vn coup part. 4 p. 24. d'estre *des Prelats du demon, des portes d'enfer, de bastir le tresor de l'Antechrist*, parce, dit-il, *qu'ils abolissent les Indulgences, le culte de la Vierge, les Sacremens de Penitence & d'Eucharistie, les vertus Theologales & Morales.* En voulez-vous dauantage?

Il y eut mesme des Iesuites, qui pour ne les pas manquer en matiere d'heresie, & pour empescher qu'ils ne s'en pussent sauuer, crurent que le plus court estoit de dire qu'ils auoient dessein de destruire l'Eucharistie, les Sacremens, l'Incarnation, l'Euangile, Iesus-Christ, la Trinité, & enfin de faire vne Religion de Deistes. Pour cela ils inuenterent la diabolique imposture de l'entreueüe de Bourgfontaine, où ils feignent que M. Iansenius, M. Caspean Euesque de Lisieux, M. du Bellay, M de Saint Cyran, & M. Arnauld qu'ils designent clairement par les premieres lettres de leurs noms & par plusieurs circonstances, se rendirent pour conferer des moyens de détruire l'Incarnation & les Sacremens, & que dans ce dessein M. Iansenius se chargea de faire son liure de la Grace de Iesus-Christ, & M. Arnauld le liure de la Frequente Communion. Celuy qui fut choisi pour debiter cette horrible calomnie fut vn nommé Fileau Aduocat du Roy à Poitiers, qui a asseuré ses amis qu'il la tenoit d'vn Iesuite. Les Iesuites prirent le soin de la répandre & de la soûtenir. Et quoique par les dattes on ait monstré que M. Arnauld n'auoit que neuf ans lors qu'on suppose qu'il se chargea de faire le liure de la Frequente Communion, les Iesuites n'ont pas laissé d'inserer encore deux fois dans deux differens liures cette imposture detestable. L'vne dans le liure de leur Pere Meynier, intitulé: *Le Port Royal d'intelligence auec Geneue*; l'autre dans celuy d'vn Iesuite de Bourdeaux. Et mesmes vn de ces Peres preschant dans Bourdeaux la leut tout entiere à ses Auditeurs dans le liure de Fileau.

Ce n'estoit pourtant là que des heresies accessoires & qui ne tendoient qu'à faire passer plus aisément pour vne heresie, ce que M. Arnauld auoit enseigné de l'obligation de refuser l'absolution en certains cas, jusqu'à ce qu'on eust donné des preuues d'vne solide conuersiō. Aussi c'est cette doctrine qu'ils attaquent par tout auec le plus de violence. *On ne peut*, dit le P. Brisacier, *changer la nature de la sa-*

tisfaction en la transportant auant l'absolution, sans perdre cet illustre titre de Catholique. C'est, dit-il p. 45. la porte du desespoir, c'est le chemin de l'endurcissement c'est l'ouuerture large pour mourir dans l'impenitence finale & sans Sacremens. C'est la couloire de l'enfer, c'est le leuain pour corrompre tous les Prestres, & pour leur faire abuser des connoissances qu'ils prennent dans le secret.

 Toutes ces accusations estoient bien autrement importantes que celles qu'ils forment maintenant sur le fait de Iansenius. Les Iesuites les debitoient auec la mesme asseurance. Ils traitoiët de mesme leurs aduersaires d'Heresiarques, d'Heretiques, de Sectaires, & de Schismatiques. Ils leur donnoient des noms de Secte, comme ils leur en donnent maintenant. Mais voions en l'euenement.

 Ces bruits & ces accusations ont causé mille trauerses aux Theologiens que les Iesuites descrioient de cette sorte. Car ils reüssissent toûjours en cela. Ces Theologiens sont demeurez dans l'oppression, & les Iesuites ont toûjours esté puissans dans le monde. Leurs calomnies se sont detruites d'elles mesmes, elles ont esté confonduës à la face de toute l'Eglise, mais elles sont demeurées sans punition. On a continué d'escouter des gens qui estoient si indignes de toute creance. Il ne s'est trouué aucun Iesuite de ceux qui paroissent dans le monde, qui ait eu assez de conscience pour témoigner quelque regret des emportemens de sa Compagnie, ce qui est horrible. Car quel salut peuuent esperer des calomniateurs sans penitence? Ils ont au contraire recompensé ceux qui les auoient seruis a debiter leurs plus execrables impostures, soit dedans, soit dehors leur Société. Ils ont obtenu pour le sieur Fileau à cause de la Fable de Bourgfontaine qu'il a publiée, vn Bref du Pape Innocent à sa loüange, & des Lettres de Noblesse en France. Ils ont fait le Pere Brisacier Recteur de leur principale Maison, parce qu'il s'estoit emporté en des excez qui ne sont pas humains. On voit en tout cela des marques de leur puissance, puisqu'ils se sont maintenus en vne cause en laquelle tout autre qu'eux auroit succombé.

 Mais Dieu a voulu monstrer en mesme temps que sa verité est infiniment plus forte que tous les hommes. Car malgré le credit des Iesuites, malgré l'abandonce & l'oppression de ces Theologiens, non seulement les calomnies des Iesuites se sont dissipées, mais la veritable doctrine qu'ils attaquoient dans le liure de la Frequente Communion, a esté de plus en plus autorisée & pratiquée dans l'Eglise, & les erreurs des Iesuites au contraire y ont esté formellement condamnées. On a censuré dans l'Apologie des Casuites la mesme doctrine qui est combatuë dans le liure de la Frequente Cómunion. *La doctrine touchant les occasions prochaines & les habitudes du peché*, dit l'Eglise de Paris en sa censure 3. *dans lesquels l'auteur dit qu'on ne doit pas refuser l'absolution, est fausse, temeraire, scandaleuse, & induit au peril euident de pecher.* Et la Censure 29. de M. l'Archeuesque de Sens sur les mesmes propositions, & sur celles des recheutes. *Ces mesmes propositions sont pernicieuses, elles ont esté inuentées pour entretenir les hommes dans le desir de pecher: elles sont iniurieuses à la vertu & au Sacrement de la Penitence. Elles destruisent l'autorité iudiciaire qui reside dans les Prestres comme Ministres de I. C. & les rendent participans des crimes d'autruy.*

 Plusieurs des autres Euesques marquent expressement dans leurs censures absolutions precipitées pratiquées & autorisées par les Iesuites, comme vn c plus grands desordres de l'Eglise, & les cinq illustres Euesques de Languedoc les appellent dans leur cenfure des *abfolutions facrileges*.

Non feulement cette doctrine du liure de la Frequente Communion eſt autoriſée par ces iugemens de l'Eglife, mais on ſçait que pluſieurs grands Prelats la font pratiquer, & entr'autres M. l'Eueſque d'Alet témoigne dans ſon Apologie, qu'il la recommande à tous les Confeſſeurs de ſon Dioceſe. Car voicy comme il en parle page 11. *Quant au delay ou refus d'abſolution, il eſt vray que M. d'Alet recommande à tous les Confeſſeurs de ſon Dioceſe la ſoigneuſe pratique des regles de l'Egliſe dans la diſpenſation des Sacremens, & ſpecialement de celuy de la Penitence pour n'en profaner pas l'vſage, qui eſt de ne point abſoudre ceux qui ſont dans l'occaſion prochaine de quelque peché, ou bien quand ils ſe trouuent dans vne condition dangereuſe pour eux, dans laquelle en égard à leur diſpoſition & à l'experience de leur vie paſſée, il leur eſt moralement impoſſible de s'empeſcher d'offencer Dieu.* 5. *Ceux qui ſont dans quelque habitude de peché mortel, & qui ne s'en corrigent point, & ne donnent aucune marque de leur veritable amendement, puiſque c'eſt la conſtante doctrine de l'Egliſe, & dont la pratique a eſté ſoigneuſement recommandée par S. Charles dans les adius qu'il a dreſſez pour les Confeſſeurs de ſon Dioceſe.*

Enfin la ſainteté de cette doctrine eſt ſi generalement reconnuë, qu'on oblige ceux qui oſent la combattre à des retractactions ſolennelles. Ie vous en veux dire vn exemple, & nouueau, & curieux, que ie tireray mot à mot d'vne lettre de Toulouze où la choſe eſt arriuée.

Vn Religieux de l'Ordre de S. François, de ceux qu'on appelle de la grande Obſeruance, preſchant dans Toulouze cette année le 27. du mois de Ianuier, auança que les Confeſſeurs ne deuoient point refuſer ny differer l'abſolution aux penitens, pourueu qu'ils aſſuraſſent qu'ils eſtoient bien marris d'auoir offencé Dieu, encore bien qu'ils euſſent pluſieurs fois confeſſé les meſmes pechez, dans la creance où il diſoit qu'ils deuoient eſtre, que le moment auquel il la leur refuſeroient pouuoit eſtre celuy de leur conuerſion; Toute la ville qui n'eſtoit pas accouſtumée à cette doctrine relaſchée en aiant eſté ſcandaliſé, le grand Vicaire obligea ce Predicateur inconſideré d'en faire vne retractaction publique le 17. Février en ces termes qu'il luy preſcriuit: *Lors que ie dis, il y a trois ſemaines dans mon Sermon de la gueriſon du Lepreux, que la facilité & la promptitude auec laquelle Ieſus-Chriſt eſtendit ſa main ſur luy, eſtoit vne inſtruction aux Confeſſeurs de l'obligation qu'ils auoient de donner promptement & ſans differer l'abſolution à tous les Penitens, pourueu qu'ils aſſeurent qu'ils ſont marris d'auoir offencé Dieu, & qu'ils veulent s'amender à l'auenir; Ie n'ay pas entendu dire que les Confeſſeurs fuſſent obligez d'en croire toûjours à la depoſition des penitens, ce qui ſeroit affoiblir l'autorité que les Preſtres ont receuë dans l'ordination, de retenir auſſi bien que de remettre les pechez: mais ſeulement ay je pretendu generalement parlant, que lors qu'ils ſont veritablement repentans, & que la prudence d'vn bon Confeſſeur les iuge tels, ils peuuent eſtre abſous.* CE QVE I'AY DIT SANS PREIVDICE DES CANONS DE L'EGLISE, *& des reglemens de ce Dioceſe, qui obligent les Confeſſeurs à differer l'abſolution aux penitens, principalement au cas d'habitude & d'occaſion prochaine en matiere graue, &c.* LESQVELLES IE RECONNOIS DEVOIR ESTRE INVIOLABLEMENT GARDE'ES.

Ainſi la diſpute ſur la penitence & ſur le delay de l'abſolution a eu le meſme ſuccez que les autres. La puiſſance des Ieſuites leur a fait obtenir l'impunité de
leurs

leurs calomnies & de leurs erreurs. M. Arnauld & ceux qui ont soustenu la cause de la verité ont eu les persecutions pour partage, mais la verité a triomphé des erreurs & de la puissance des Iesuites.

La 4. contestation, qui est celle de la Morale des Casuistes, est la plus considerable de toutes par la grandeur des euenemens. Chacun sçait qu'elle autorité les Casuistes s'estoient acquise dans l'Eglise, & que quoique les gens de bien aient tousjours suiuy des regles toutes contraires à leurs maximes, neanmoins ils s'estoient mis ie ne sçay comment en possession de decider souuerainement de la Morale de l'Eglise, de faire passer pour certaines les opinions dont il leur auoit pleu de conuenir, & pour probables & seures en conscience celles dont il leur plaisoit de douter & de disputer.

Il y auoit plus de cinquante ans qu'ils regnoient ainsi dans leurs Escoles, & quoique leur licence fust deuenuë odieuse à plusieurs personnes sçauantes, neanmoins les petits efforts que l'on auoit fait contr'eux de temps en temps auoient esté trop foibles pour remedier à vn si grand mal qui estoit fomenté par toute la puissance des Iesuites.

Ce ne fut que l'an 1656. que l'on entreprit de les pousser tout de bon. Celuy qui les attaqua crut que le meilleur moyen pour en venir about estoit de les representer tels qu'ils sont, en les rendant ridicules à toute la terre. Ainsi au lieu qu'ils s'érigent en Maistres de l'Eglise, il les traita d'abord comme les derniers des hommes; & sans s'amuser à opposer Casuistes à Casuistes, il confondit pesle mesle Suarez, Vasquez, Molina, Lessius, Filiutius, Escobar, les premiers & derniers Iesuites, & entreprit de les rendre tous également odieux & méprisables.

Iamais dessein ne parut plus temeraire aux Iesuites, qui se considerant comme esleuez en vn degré eminent dans l'Eglise, regardoient de haut en bas vn inconnu qui auoit la hardiesse d'attaquer en corps *leur auguste* Compagnie, c'est le nom qu'ils se donnent eux-mesmes, & de l'accuser d'auoir corrompu toute la Morale Chrestienne.

Aussi iamais ne ietterent-ils de si grands cris par toute la France. L'Auteur des Prouinciales estoit heretique & plus qu'heretique. Il n'empruntoit tous les reproches qu'il faisoit aux Iesuites que des heretiques. Il attaquoit dans la Morale des Iesuites les plus certaines maximes de la foy Chrestienne. Et enfin pour répondre à 15. de ces lettres, il suffisoit de dire, selon le R. P. Annat, que c'estoient 15 lettres d'heretiques. Car ce reproche a tousjours esté tres-ordinaire à ce bon Pere pour marquer ceux qui n'approuuent pas la doctrine de sa Compagnie.

Sur tout ils ne pouuoient se lasser d'exagerer l'excez de la hardiesse de cet inconnu, d'oser ainsi condamner tant de graues Auteurs. Et le P. Ferrier triomphe dans son liure de la probabilité, en estallant ce Concile de Casuistes, & en l'opposant à ce Theologien sans nom. Mais malgré toutes ces belles raisons des Iesuites, malgré le nombre infiny de leurs partisans & la foiblesse de cet aduersaire, ils furent estonnez qu'en fort peu de temps, ils se virent la fable de toute la France, & que tout le monde se declara contr'eux. Et c'est ce qu'ils reconnoissent eux-mesmes dans leur Apologie des Casuistes. *Ie ne doute point*, dit le Pere Pirot auteur de ce liure, *que les bannissemens & les martyres n'aient esté moins fascheux & plus aisez a supporter, que l'abandonnement que cette Société s'est veuë contrainte de souffrir parmy ces railleries. Car dans les éloignemens, les Peres Iesuites estoient accueillis auec honneur dans les Prouinces qui les receuoient. On y respectoit leur patience & leur merite, au lieu qu'en cette rencontre, quelque contenance qu'ils tiennent, on les traite mal.*

Le liure d'Escobar aiant esté imprimé 39. fois comme vn bon liure, fut imprimé la 40. fois comme le plus méchant de tous les liures, & pour satisfaire seulement la curiosité de ceux qui y vouloient chercher les passages que l'Auteur des lettres au Prouincial en citoit. Les Curez de Paris & de Roüen, & de plusieurs autres villes considerables du Royaume s'esleuerent contre ces maximes detestables. Vn tres-grand nombre d'Euesques les condamnerent par des censures autentiques, & les Iesuites ne pûrent trouuer vn seul Euesque qui prist ouuertement leur defense, ce qui selon toutes les circonstances de cette affaire, doit estre pris pour vne marque certaine du consentement vniuersel de l'Eglise à la condamnation des Casuistes.

Les Iesuites se vantoient au commencement, que le Pape n'approuuoit pas ce qui se faisoit en France. Mais le Pape mesme leur a bien voulu oster ce pretexte si iniurieux au S. Siege & à l'Eglise, en condamnant aussi l'Apologie des Casuistes, & se ioignant ainsi manifestement aux iugemens que les Euesques auoient rendus contre la Morale des Iesuites.

Ie ne vous conte encore icy que de vieilles histoires, dans le dessein seulement de vous en renouueller la memoire, mais en voicy de plus nouuelles & de plus rares, & qui font bien voir que la morale des Iesuites est desapprouuée à Rome aussi bien qu'ailleurs. Vn Professeur de Boulongne nommé Antoine Merenda, aiant conceu vne iuste horreur de la licence effrenée des Casuistes, composa contr'eux il y a quelques années vn ouurage considerable, où il combat principalement la doctrine de la probabilité comme vne inuention du diable, *commentum diaboli*. Vn Dominicain Inquisiteur de Pauie, nommé Mercorus, publia quelque temps apres vn liure contre la mesme doctrine & contre plusieurs autres relaschemens des Casuistes. Et enfin apres ces dernieres contestations touchant la Morale, vn celebre Prelat de Rome nommé Prosper Fagnani que le Pape honore d'vne amitié particuliere, a inseré dans vn grand ouurage qu'il a composé sur les Decretales, vn long Traité contre la probabilité des Casuistes, où il represente cette doctrine comme vne source de toutes sortes de corruptions & de desordres, & la traite nettement auec Merenda d'inuention diabolique; *Commentum diaboli*. Il rapporte auec eloge dans ce Traité les poursuites que les Curez de Paris & de Roüen ont faites contre les Casuistes. Il y insere les extraits qu'ils ont proposés à l'Assemblée de plusieurs Propositions dangereuses de ces Auteurs, & les censures qui en ont esté faites au Païs-bas. Que s'il eust esté informé de ce qui s'est fait depuis en France, on ne doit pas douter qu'il n'eust de mesme rapporté les censures des Euesques de France, comme il rapporte celles de quelques Euesques de Flandres.

Tout cela s'est fait auec l'agréement du Pape, & le liure mesme luy est dedié; de sorte qu'on peut bien iuger qu'il ne fut guere agreable aux Iesuites. Ils n'oserent pas neanmoins l'attaquer ouuertement. Mais ils se seruirent de deux artifices pour ruiner cet ouurage.

Le 1. fut de deferer à l'Inquisition le liure de Merenda, & de tascher à le faire censurer sur quelque pretexte, dont on ne manque iamais en ce païs-là quand on desire flestrir vn liure. Aussi y reüssirent-ils d'abord, & l'on a veu le liure de Merenda dans la liste de ceux que l'Inquisition a condamnez.

Le 2. fut de porter Caramuel, maintenant Euesque en Italie, à escrire contre Fagnani. Il l'entreprit & s'en acquitta à sa maniere, c'est à dire auec sa hardiesse ordinaire. Car il soustient dans ce liure la probabilité comme vn article de la foy opposé à l'heresie des Iansenistes. Il veut que tous les Curez de Paris & de Roüen, & tous les Euesques qui ont censuré les Casuistes, soient des Iansenistes declarez, à l'autorité desquels on ne doit auoir aucun égard. C'estoit bien entrer dans l'esprit des Iesuites qui estoient merueilleusement satisfaits de ces beaux commencemens. Mais ils ne l'ont pas esté de la suite. Car le Pape estant auerty apparemment par Fagnani de ces intrigues, fit retirer le liure de Merenda de l'Inquisition, & condamna celuy de Caramuel, qui demeure ainsi censuré sans ressource.

Voila, Monsieur, la conclusion de la guerre contre les Casuistes, par laquelle il demeure constant qu'ils sont remplis d'vne infinité de maximes pernicieuses & impies; que sur tout la doctrine de la Probabilité qui en est la source, est vne inuention diabolique; & partant que le P. Ferrier qui l'a defenduë, & tant de Iesuites qui la soustiennent sont des cooperateurs & des predicateurs du serpent: *predicatores serpentis*, comme dit S. Augustin; & qu'au contraire, ceux qui ont combattu les Casuistes, ont rendu à l'Eglise l'vn des plus grands seruices que des Theologiens sont capables de luy rendre. Leur Doctrine est encore victorieuse, & celle des Iesuites flestrie en cette contestation. Mais il n'en n'est pas de mesme des personnes. La grandeur du seruice que ces Theologiens ont rendu à l'Eglise n'a rien diminué de la persecution qu'ils souffrent depuis si long-temps. Elle n'a fait au contraire que l'augmenter, en portant les Iesuites à les poursuiure auec plus de violence. Et tant de censures de la Morale des Iesuites n'ont en rien diminué leur puissance temporelle. On sçait qu'ils perseuerent dans les mesmes maximes qui ont esté condamnées, & ils ne s'en cachent pas eux mesmes, & cependant on les laisse dans l'administration des Sacremens. On ne permettroit iamais que des Medecins des corps qui auroient esté reconnus pour empoisonneurs, continuassent d'exercer la medecine sur les corps; & l'on souffre que ces Medecins des ames, qui ont esté conuaincus de les gouuerner selon des maximes empoisonnées, continuent d'exercer cette medecine spirituelle sans auoir donné aucune marque à l'Eglise qu'ils y aient sincerement renoncé.

Mais c'est vn effet de la profondeur des Iugemens de Dieu, qui ne fait ses graces à son Eglise qu'auec mesure, & qui les borne dans la veuë des pechez des hommes. Il luy en a fait vne assez grande en faisant condamner par tant d'Euesques la Morale des Iesuites, & en donnant ainsi suiet à toutes les personnes qui cherchent sincerement leur salut, de se défier de leur conduite. Mais il n'accomplit pas entierement cette grace, & il permet que les Iesuites se conseruent dans la mesme autorité & dans le mesme credit qu'ils auoient auparauant, afin qu'ils soient les ministres de sa colere, pour tromper ceux qui meritent d'estre trompez, & pour éprouuer par leurs persecutions ceux qui sont dignes d'estre éprouuez. C'est leur employ & leur office dans l'Eglise, assez semblable à celuy de ce Roy à qui Dieu adresse ces paroles dans l'Escriture: *Væ Assur virga furoris mei.*

Et ne vous imaginez pas, Monsieur, que ce soit la différence des opinions sur la querelle du Iansenisme qui me fasse entrer dans ces sentimens. Les personnes les plus pieuses de l'Eglise, & qui n'ont iamais esté soupçonnées d'auoir aucune inclination pour ce qu'on appelle Iansenisme, n'ont pas vne autre idée des Iesuites. Et entr'autres feu M. l'Euesque de Cahors estant au lit de la mort, ordonna expressément à M. l'Abbé Ferrier grand Vicaire de M. l'Euesque d'Alby, de dire de sa part à M. d'Alet, à M. de Pamiers, & à M. de Comenge, qu'il auoit fait ce qu'il auoit pû pour ramener les Iesuites de leurs erreurs; mais qu'il auoit reconnu que c'estoient des gens sans remede, qu'il les tenoit pour les plus grands ennemis de l'Eglise, & qu'il prioit ces Messieurs de n'auoir iamais aucune liaison auec eux. Cette personne s'est acquittée de sa commission, & a dit la mesme chose à quelques personnes de grande condition dont on l'a apprise en la maniere qu'on la rapporte.

Ie m'imagine, Monsieur, que vous m'attendez sur la contestation du Iansenisme, qui est la plus longue & la plus opiniastre de toutes, & que vous pensez peut-estre que ie n'en pourray pas dire de mesme, que la cause de ces Theologiens y a triomphé, puis que les Iesuites font des volumes entiers des Decrets, Brefs, Constitutions, Arrests, Declarations qu'ils ont obtenu contre eux, & que les liures de ces Messieurs font vne grande partie de ceux que l'on a mis depuis dix ans à l'Inquisition de Rome. Tout cela ne m'empeschera pas neanmoins de vous asseurer par auance que le succez de cette guerre ne dementira pas celuy des autres, & que l'on y verra de mesme ces Theologiens opprimez, les Iesuites impunis, & la verité triomphante des erreurs des Iesuites. Vous n'auez seulement qu'à me suiure, comme ie ne feray que suiure les diuerses faces de cette dispute.

Elle commença en Flandre dans l'Vniuersité de Louuain, & ce fut là que les Iesuites publierent ces Theses celebres contre Iansenius, où ils l'accusoient d'vne infinité d'erreurs. Mais les Docteurs de Louuain les repousserent auec tant de vigueur, que tant qu'on en demeura dans les liures, les Iesuites n'eurent pas suiet de se vanter de leur auantage.

En suite la dispute s'ouurit en France par les predications de M. Habert Theologal de Paris, qui accusa publiquement en chaire le liure de ce Prelat de quarante heresies. Mais la premiere Apologie pour Iansenius luy aiant vn peu appris à moderer son zele, il reduisit ces heresies au nombre de douze, dont il continua de l'accuser dans vn liure qu'il fit contre cette Apologie.

La 2. Apologie pour Iansenius, qui parut quelque temps apres, en fit encore retrancher sept autres. Car M. Cornet, quelque enuenimé qu'il fust contre le liure de cet Euesque, n'osa neanmoins proposer que cinq Propositions à la Faculté, & encore sans le nommer, quoique dans le dessein d'en faire quelque iour retomber la censure sur son liure.

Cette diminution est considerable, puis que voila desia 35. heresies de retranchées, & que les Disciples de S. Augustin n'auoient plus qu'à se iustifier des cinq qui restoient, qui sont les 5. fameuses Propositions. Et c'est ce qui leur fut bien facile. Car ils protesterent qu'ils ne soûtenoient sur le suiet des 5. Propositions que la Doctrine Catholique de la grace efficace par elle-mesme qui y pouuoit estre renfermée; & qu'ainsi comme elles estoient captieuses, il estoit iuste d'en excepter le sens de la grace efficace auant que de les condamner. Ce fut dans ce dessein qu'ils

allerent

allerent à Rome, non pour defendre absolument ces propositions, mais pour supplier le Pape d'en distinguer les divers sens, & d'excepter celuy de la grace efficace par elle-mesme. C'est le but du Memorial qu'ils presenterent au Pape sur ce sujet, dans lequel ils prient [...] té de faire distinguer & examiner les divers sens des propositions equivoq[ues] malicieusement forgées qui luy ont esté presentées, *ut distingui, & sigillatim examinari faciat varios sensus propositionum aquivocarum, & ad fraudem fictarum.*

Les Dominicains de Rome furent touchez de la mesme crainte que l'on n'enueloppast la doctrine de la grace efficace par elle-mesme dans la censure des 5. Propositions. Et c'est pourquoy ils demanderent 17. fois audience sans la pouuoir obtenir, & ils presenterent au Pape plusieurs écrits, qui sont maintenant imprimez dans le Iournal de M. de S. Amour, où ces Peres soûtiennent le sens de la grace efficace dans ces Propositions, de mesme que les Docteurs Augustiniens, auec cette seule difference, que les Docteurs ne parlerent point de Iansenius dans les écrits qu'ils firent à Rome, au lieu que les Dominicains qui n'auoient pas receu le mesme ordre le defendirent expressément, en soûtenant qu'il estoit conforme à leur doctrine sur les 5. Propositions.

Si le Pape Innocent eut accordé à ces Docteurs ce qu'ils demandoient, en exceptant formellement le sens de la grace efficace par elle-mesme, on n'eust pû nier qu'ils n'eussent eu tout l'auantage, puis qu'ils ne demandoient que cela. Dieu ne permit pas neanmoins qu'ils obtinssent vne chose qui auroit remedié à bien des troubles. La censure des propositions fut publiée sans distinction. Mais afin que la verité n'en fust pas blessée, Dieu suppléa à cette omission, tant par diverses Declarations particulieres du mesme Pape Innocent, qui témoigna en toutes rencontres, qu'il n'auoit point voulu toucher au sens de la grace efficace par elle-mesme, ny à la doctrine de S. Augustin, que par le consentement general de l'Eglise, où sa Constitution ne fut receüe qu'en ce sens, & auec exception de la grace efficace par elle-mesme, comme n'estant point blessée par cette Constitution.

Apres cela ces Docteurs n'eurent pas de peine à se soumettre à la Constitution d'Innocent, parce qu'ils obtenoient par ce consentement de l'Eglise, la mesme chose qu'ils eussent desiré qu'on eust inseré dans la Bulle mesme, qui est l'exception de la grace efficace. Et ce sens estant exclus des Propositions par l'aueu mesme des Iesuites, & par ce consentement vnanime qui regle le langage de l'Eglise, il estoit bien clair qu'elles n'auoient plus rien de bon, & qu'on les pouuoit absolument condamner, comme ils firent tres-sincerement, & comme ils ont toûjours fait depuis.

Par là toutes ces pretenduës erreurs dont on amusoit ces Theologiens estoient entierement détruites, de quarante elles estoient venuës à douze, de douze à cinq, & de cinq à rien. Les Iesuites n'auoient qu'vn auantage imaginaire, & ces Theologiens auoient cet auantage réel, que la doctrine de la grace efficace par elle-mesme estoit de plus en plus reconnuë pour orthodoxe dans toute l'Eglise.

Il ne restoit qu'vne difficulté sur le fait, sçauoir si ces Propositions estoient ou n'estoient pas de Iansenius. Mais comme elle estoit de nulle importance, iamais personne n'eust crû qu'vne bagatelle de cette sorte eust dû troubler la paix de l'Eglise. Elle le fit neanmoins par la passion aueugle que les Iesuites auoient de trouuer des heresies dans leurs aduersaires. Car voyant que tous autres moiens

D

leur manquoient, ils s'auiserent de bastir vne heresie d'vne nouuelle espece, qui n'auoit point d'autre fondement que cette question de fait. Et ce fut dans ce dessein qu'ils auancerent ces extrauagantes propositions, que le fait estoit inseparable du droit dans l'affaire de Iansenius, & que tous ceux qui nioient que les Propositions condamnées fussent dans le liure de ce Prelat, & qui refusoient ainsi de les condamner dans son sens, estoient heretiques.

Ils renfermerent cette nouuelle Heresie dans ce mot mysterieux de *sens de Iansenius*, qui est selon eux, ie ne sçay quoy d'inexplicable, & qui ne se peut exprimer que par ces mots. C'est comme vne quintescence d'heresie, dont le secret n'est sceu que des Iesuites. C'est vn certain venin caché qui n'est bien connu que de ces Peres, quoique pour estre catholique, il soit necessaire selon eux à tout le monde de le reietter sans le connoistre. Car encore qu'ils expliquent quelquefois comme il leur plaist le sens de Iansenius, neanmoins ce sens de Iansenius qu'ils expliquent n'est pas celuy qui fait l'heresie du Iansenisme, mais vn autre sens de Iansenius qu'on n'explique point. Et pour vous le faire voir, c'est qu'apres que vous auriez reietté tous les dogmes, dans lesquels ils renferment ce sens de Iansenius, ils demandent encore qu'on condamne le sens de Iansenius, comme quelque chose de separé & distinct de tous ces dogmes particuliers.

Par exemple, le P. Annat dans son nouueau liure renferme le sens de Iansenius dans ces deux principes: *Que ce Prelat condamne toute grace suffisante; & qu'il veut qu'on ne puisse resister à la grace efficace.* Qui diroit à ce R. P. Et bien mon Pere, puis que c'est-là selon vous le sens de Iansenius, ie reiette ces deux principes. Ie reçois vne grace suffisante en la mesme maniere que l'Escole de S. Thomas: Ie confesse qu'on peut resister à la grace efficace, quoiqu'on n'y resiste iamais en effet, & que ce pouuoir de resister subsiste en mesme temps auec cette grace. Voila donc vostre sens de Iansenius condamné. Il faut encore, dit ce Pere, condamner le sens de Iansenius, autrement *il y auroit ouy & non entre vous & l'Eglise*, & vous ne laisseriez pas d'estre heretique.

C'est pourquoy le P. Ferrier qui explique trois ou quatre fois en sa maniere le sens de Iansenius dans sa Relation, lors qu'il a voulu montrer dans son idée en quoy consistoit proprement l'heresie du Iansenisme, s'est bien donné de garde de la faire consister dans quelqu'vn de ces dogmes determinez qu'il auoit attribuez à Iansenius. Mais il pretend qu'elle est *vniquement* renfermée dans cette proposition generale: Le sens de Iansenius est catholique; de sorte que selon la nouuelle philosophie de ces Peres, outre tout dogme particulier quel qu'il soit, il faut encore condamner le sens de Iansenius en general, & c'est dans ce sens de Iansenius general & inexplicable que consiste selon les Iesuites l'heresie du Iansenisme.

Il faut auoüer que depuis que les hommes raisonnent, il n'y eut iamais de pareille extrauagance. Mais le succez en est encore plus estrange. Car quoy que la pluspart du monde s'en moque en particulier, on agit pourtant en public comme si on en estoit persuadé, & les Iesuites ont le credit pour establir cette absurdité inoüie, d'introduire vne pratique de souscription, dont on ne trouue aucun exemple dans l'Eglise Catholique, mais seulement parmy des Heretiques qui en sont blasmez par ceux qui ont defendu l'Eglise contr'eux. Car il est bon que l'on sçache que depuis que l'Eglise est Eglise, on n'a iamais fait signer, ny des Religieuses, ny des Maistres d'Escole, ny des Clercs, ny mesme de simples Prestres. Ce furent les Lutheriens d'Allemagne de la Confession d'Ausbourg qui s'auiserent pour vne fois seulement, de faire signer leur Confession de foy par les principaux de College, & les Maistres d'Escole. Et ils en sont repris par le Cardinal Bellarmin comme d'vne vanité insupportable & d'vne nouueauté inoüie dans l'Eglise de Dieu depuis les Apostres.

Or qu'vne chose aussi estrange que cette pratique, à laquelle on n'a iamais eu recours dans les plus damnables heresies, ait esté introduite en France, c'est à dire dans l'Eglise du monde la plus libre & la plus ennemie de ces seruitudes, sur la plus grande de toutes les bagatelles, cela est admirable; mais en la maniere qu'on admire les effets extraordinaires de la bizarrerie des hommes. Il est vray que les Iesuites ne pouuoient mieux faire voir l'excez du credit qu'ils ont dans l'Eglise que par ce moien. Ce n'est rien que d'establir des choses raisonnables ; on ne sçait si c'est la raison ou la force qui les a fait receuoir. Mais pour bien faire paroistre son pouuoir, il faut choisir des choses comme celle là qui soient excessiuement desraisonnables.

Ie ne puis rien dire dauantage pour releuer la puissance des Iesuites, & il faut reconnoistre qu'aiant reüssi dans ce dessein, ils peuuent tout ce qui n'est pas impossible. Mais par malheur pour eux, l'heresie du sens de Iansenius qu'ils veulent establir en general, est vne de ces choses impossibles, parce qu'il faudroit pour en persuader le monde, changer le sens commun de tous les hommes. Ainsi malgré qu'ils en aient, il faut que la cause de leurs aduersaires ait encore le dessus dans ce dernier point, qui est comme le dernier retranchement des Iesuites.

Ie ne dis pas seulement qu'il faut que cela arriue à l'auenir, & que toutes les pretentions des Iesuites sur la question du fait de Iansenius passent pour ridicules. Mais ie dis que cela est arriué puisqu'elles passent desja pour telles parmi toutes les personnes qui ont quelque connoissance de ces matieres, & qu'il y en a peu qui ne soient desabusez. Ie l'ay fait voir par d'autres preuues dans mes lettres precedentes. Mais ie me contenteray pour celle-cy d'vne qui est concluante.

Il se trouue plusieurs Euesques en France qui declarent hautement à la face de l'Eglise, que le fait & le droit sont separez dans l'affaire de Iansenius ; que toute heresie consiste dans vn dogme precis, & qu'on ne peut traitter d'heretiques auec la moindre apparence de Iustice ceux à qui l'on ne reproche aucune heresie particuliere, parce qu'ils doutent simplement si des propositions sont dans vn liure. M. d'Alet, M. de Vence, M. de Beauuais, & M. d'Angers auancent nettement toutes ces propositions comme certaines & indubitables, & on les peut voir toutes renfermées dans la lettre de M. de Comenge au Roy, qui suffit seule pour ruiner toutes les impostures du P. Ferrier, & toutes les erreurs des Iesuites. Cependant ces Peres auec tout leur credit ne sçauroient trouuer cinq autres Euesques en France, qui osent auancer formellement les propositions contraires à celles qui sont soutenuës par ces Prelats. Ils en trouueront assez qui parleront de venin caché, d'heresie du Iansenisme, parce que ce sont des mots qui ne signifient rien, & que l'on accorde aisement à ceux qui sont les plus forts. Mais ils n'en ont pû trouuer encore qui aient osé dire que le fait & le droit sont inseparables, & qu'il peut y auoir vne heresie sans dogme particulier, parcequ'il y a vne certaine barriere du

sens commun qui empesche les personnes qui ont tant soit peu d'esprit d'extraua-
guer iusqu'à ce point.

Mais au moins, me direz-vous, la cause des Iesuites a tout l'auantage à Rome, puisqu'il n'en vient que des Brefs en leur faueur. Permettez-moy de vous dire, Monsieur, qu'il est vray que les calomnies des Iesuites y ont rendu ces Theologiens odieux, parce qu'ils sont contraires aux iniustes pretensions de la Cour Romaine contre la Souueraineté des Roys, & la Iurisdiction des Euesques; & ainsi on n'est peut-estre pas fasché à Rome de l'oppression qu'ils souffrent. Mais parce qu'on a du sens commun à Rome comme ailleurs, tout ce que ces Theologiens soûtiennent icy, y est receu & cru aussi bien qu'ailleurs, & encore plus vniuersellement qu'en France, parce que les passions n'y ont pas si fort troublé la raison & le iugement. Ie n'aime pas à dire les choses sans preuue; & c'est pourquoy ie vous en veux alleguer vne bien decisiue sur ce point. C'est que l'Inquisition de Rome vient d'approuuer autentiquement tout ce que ceux qu'on appelle Iansenistes enseignent en France sur la question du fait & du droit, & qui leur est si ridiculement contesté par les Iesuites.

Ie pense que vous n'exigerez pas de moy que ie vous monstre que l'Inquisition ait rendu ce iugement en leur faueur en nommant Iansenius & les Iansenistes. Vous sçauez assez, que bien des raisons la peuuent empescher de leur rendre cette Iustice. Mais il vous doit suffire que ie vous monstre qu'elle l'a rendu en vne cause si semblable qu'il n'y a que les noms à changer. Iugez maintenant si ie m'acquitteray bien de ma promesse.

Qu'est-ce que pretendent ces Theologiens ? *Il y a*, disent-ils, *vne extreme difference, entre defendre des opinions condamnées & contraires à la foy Catholique qu'on attribue à Iansenius Euesque d'Ipre, & soûtenir que Iansenius Euesque d'Ipre n'a point enseigné ces opinions condamnées. Le premier seroit preiudiciable à l'Eglise, & à vous-mesme, & le second ne l'est nullement. Car comme tous les Theologiens enseignent, il y a bien de la difference entre dire que les Conciles generaux & l'Eglise peut errer dans le droit en condamnant vne opinion qui ne meriteroit pas d'estre condamnée, & dire qu'elle peut errer dans le fait en iugeant que telle ou telle proposition a esté enseignee par vne certaine personne. L'erreur des Conciles generaux ou de l'Eglise dans le fait ne porteroit aucun preiudice à l'Eglise; mais l'erreur d'vn Concile dans le droit seroit tres-preiudiciable à l'Eglise. C'est pourquoy nous ne pretendons point defendre les erreurs des cinq Propositions attribuées à Iansenius, mais nous pretendons qu'il n'y a point de mal à croire que Iansenius en est innocent, & à le décharger au moins dans son esprit de cette tache d'ignominie.*

Voila ce que disent ces personnes, c'est l'abregé de toutes leurs pretensions. Escoutez maintenant mon Histoire, & remarquez y si vous pouuez quelque difference qui la distingue de l'affaire du Iansenisme. Dans le Concile de Latran, le plus nombreux de tous les Conciles puis qu'il y auoit iusqu'à 1280. Prelats, on examina les ouurages de l'Abbé Ioachim si celebre par ses Propheties, & entr'autres vn petit Traité qu'il auoit composé sur la Trinité contre le Maistre des Sentences. Le Concile aiant trouué dans cet Escrit vne mauuaise proposition, la condamna comme heretique, & la condamnation en est inserée dans le droit Canonique. Il s'est trouué en ce temps icy vn Abbé de son Ordre nommé Gregoire

de

de Laude Docteur en Theologie, qui aiant entrepris d'escrire sa vie, & d'éclaircir ses Propheties a crû qu'il le deuoit iustifier de cette heresie qui luy a esté imputée par le Concile de Latran. C'est vne entreprise bien autrement hardie que celle de iustifier Iansenius des erreurs qui luy sont attribuées. Il l'execute neanmoins sans crainte dans le chap. 67. page 281. de son liure imprimé à Naples in folio en 1660. où il parle de cette sorte : *Afin que personne ne soit choqué de ce que nous auons à dire, il faut sçauoir qu'il y a vne extreme difference entre defendre vne opinion condamnée & contraire à la foy Catholique, qui est attribuée à Ioachim Abbé de Flore, & soûtenir que Ioachim Abbé de Flore n'a point enseigné ces opinions condamnées. Le premier seroit preiudiciable à l'Eglise & à moy-mesme, & le second nullement. Car comme dit fort bien selon sa coûtume Dominique Grauina homme tres-docte, il y a bien de la difference entre dire que les Conciles generaux peuuent errer dans le droit en condamnant vne opinion qui ne meriteroit pas d'estre condamnée; & dire qu'ils peuuent errer dans le fait, en iugeant que telle ou telle proposition a esté enseignée par vn Auteur. L'erreur des Conciles dans le fait n'apporteroit aucun preiudice à l'Eglise; mais l'erreur d'vn Concile dans le droit seroit tres-preiudiciable à l'Eglise. C'est pourquoy nous ne pretendons point defendre l'erreur attribuée à Ioachim par le Concile de Latran, mais nous pretendons bien defendre l'innocence de l'Abbé Ioachim, & le descharger de cette tache & de cette ignominie.* BENE tamen intendimus Ioachimi innocentiam defendere, & eum à tali labe & ignominia vindicare.

Hé bien, me direz-vous, c'est le sentiment de cet Auteur. Il parle le langage des Iansenistes; & ce n'est pas grande merueille qu'il y ait vn Ianseniste à Naple. Mais comment me prouuez-vous que ce soit là le sentiment de l'Inquisition de Rome? C'est ce qu'il faut vous faire voir. Ce liure a esté à l'Inquisition. On l'y a examiné auec vn soin extraordinaire. Car les Propheties qu'il autorise sont assez delicates. Mais peut-estre que cet endroit a échappé aux Inquisiteurs? Non. On a examiné cette page 281. On a trouué tout le reste fort bien, & on y a fait seulement vn changement en vn endroit que ie m'en vas vous representer fidellement tel qu'il est dans la feüille des corrections de ce liure imprimée par l'ordre de l'Inquisition le 6. de Mars de cette année 1664. Vous voiez que ie ne vous conte pas de vieilles nouuelles.

Au lieu de ces paroles de cette feüille 281. l. 11. où il est dit : *Bene tamen intendimus Ioachimi innocentiam defendere.* C'est à dire, *Nous pretendons defendre l'innocence de Ioachim*, l'Inquisition ordonne qu'on mette : *Conabimur tamen si fieri potest Ioachimum defendere.* C'est à dire : *Nous tascherons, s'il se peut, de defendre Ioachim.*

O que la paix seroit facile à faire dans l'Eglise de France, si les Iesuites y estoient aussi raisonnables que l'Inquisition de Rome l'est sur ce point. Ie ne sçay à quoy l'on s'est tant amusé à chercher des moyens de terminer ce different. En voila vn tout trouué & le plus facile du monde. Il n'y a qu'à ordonner, que les pretendus Iansenistes ne diront plus deformais qu'ils veulent defendre l'innocence de Iansenius : *Bene tamen intendimus Ianseny innocentiam defendere* ; mais qu'ils se contenteront de dire : nous tascherons, s'il se peut, de defendre Iansenius. *Conabimur si fieri potest, Iansenium defendere.* Ie vous donne parole, Monsieur, qu'il n'y aura

E

aucun d'eux qui n'accepte cette condition, & qui ne se contente mesme d'vn peu moins, tant ils sont raisonnables & moderez. Et cependant auec quelle iustice la leur peut-on refuser ? Est-ce que le liure de Ioachim est plus considerable que celuy de Iansenius qui a esté sans contredit l'vn des plus sçauans Prelats de ce Siecle ; ou que l'on doiue plus de respect à la Constitution du Pape Alexandre, qu'à la decision du plus vniuersel de tous les Conciles ?

Concluons donc, Monsieur, que les Iesuites ont reüssi dans la dispute de la Grace comme dans toutes les autres, à tourmenter les personnes, ce qui n'est pas vne chose fort estonnante. Ce n'est que l'effet naturel de la violence. La loy du monde est que le foible succombe sous le plus fort, & ainsi il n'y a pas lieu d'estre surpris qu'vn petit nombre de Theologiens qui n'ont pour eux que la verité & l'innocence, soient accablez par les Iesuites, c'est à dire par vne Compagnie de trente mille hommes, qui s'est depuis long-temps si cruellement acharnée à leur ruine. Mais ce qui est admirable, est de voir qu'en mesme temps la pluspart du monde soit persuadé de l'injustice des Iesuites, & que la doctrine de ces Theologiens ait plus d'approbateurs que iamais, en quoy consiste proprement la victoire de la verité : cette miserable question de fait, ce *sens de Iansenius*, sur lequel les Iesuites font presentement tant de bruit, n'est qu'vn meschant coin de terre, dans lequel ils se sont retirez apres auoir esté chassez de tous les autres points qui ont fait iusqu'icy le sujet de la dispute, & encore n'y peuuent-ils subsister. Il faut ou qu'ils se rendent, ou qu'ils se precipitét, c'est à dire qu'il faut qu'ils auoüent que le fait dont il s'agit n'estant point matiere d'heresie, il n'y peut auoir d'heresie en tout cecy ; ou que s'opiniastrant à soustenir cette erreur, ils tombent eux mesmes dans l'heresie.

Ie sçay bien neanmoins que cette distinction entre l'auantage des personnes & l'auantage de la cause, est trop subtile pour plusieurs, qui estant grossiers & charnels ne iugent des choses que par le dehors & par le bruit, & qu'on ne leur fera pas aisément comprendre que la cause de ceux qui paroissent opprimez soit victorieuse en effet, & que celle de ceux qui les oppriment soit abbatuë.

Les miracles & la sainteté admirable des premiers Chrestiens, n'ont pû durant 300. ans destruire dans l'esprit d'vne infinité de Payens cette impression de leurs sens, ny leur persuader que des gens qu'on tuoit, pussent auoir la raison de leur costé. Il n'y a rien de plus commun que ce raisonnement : Il est persecuté. Il a donc tort ; parce qu'il n'aist de l'imagination qui ioint ordinairement l'idée de la peine auec celle de la faute. Mais Dieu en a voulu faire voir la fausseté dans la Religion Chrestienne, sur le suiet de laquelle on en a le plus vsé, en faisant au contraire que cette oppression des Chrestiens durant trois cens ans, qui donnoit lieu aux Payens de les mespriser, fust vne des plus éclatantes & des plus diuines marques qui la distingue des fausses Religions. Car au lieu que les Royaumes du Monde ne s'establissent & ne subsistent que par les auantages temporels de ceux qui les fondent & qui les soustiennent, Dieu a voulu au contraire que son Empire qui est celuy de la verité, ne se fondast & ne s'accrust que par les souffrances & par la mort de ceux qu'il a employez pour l'establir, afin de faire voir qu'il estoit plus fort que le monde, en surmontant le monde par la victoire mesme qu'il croioit emporter sur ses seruiteurs.

La cause de la verité tire à peu pres en ce temps le mesme auantage, & de la puissance excessiue des Iesuites qui l'ont attaquée, & de la foiblesse extréme des Theologiens qui l'ont defenduë. Tout cela contribuë à l'affermir & à la faire paroistre auec plus d'éclat, puisqu'il n'y a personne qui ne doiue conclure qu'il falloit bien que la doctrine des Iesuites fut bien mauuaise, & que leur Morale fust bien corrompuë, puisque toute leur puissance n'a pu empescher qu'on ne l'ait flestrie par tant de censures : & qu'il falloit bien au contraire que ces Theologiens fussent bien orthodoxes dans leur doctrine, puisqu'ils l'ont fait approuuer par l'Eglise malgré vne si forte opposition. Plus les Iesuites sont puissans, & plus les censures que l'on a faites de leur doctrine doiuent paroistre legitimes, iustes & autentiques, puisque dans le credit qu'ils ont dans l'Eglise, il ne leur seroit pas difficile de se faire reparer par l'Eglise mesme le tort qu'on leur auroit fait par des censures iniustes. Et plus ces Theologiens sont opprimez & abandonnez, plus tout ce qu'on a fait contr'eux doit estre suspect, & tout ce qu'on a fait à leur auantage doit estre estimé iuste & legitime.

Ainsi par vn effet admirable de la prouidence de Dieu la puissance des Iesuites est la confusion des Iesuites, puisque c'est vne conuiction euidente de la fausseté de la doctrine que l'Eglise a condamnée dans leurs auteurs. Et l'oppression de ces Theologiens defenseurs de la Hierarchie, de la Penitence, de la Morale, & de la Grace, est en mesme temps la honte des Iesuites qui les ont si cruellement persecutez, & la gloire & l'affermissement de la verité qu'ils ont soustenuë auec tant de succés contre cette orgueilleuse Compagnie.

Ce 15. Avril 1664.

L'HERESIE IMAGINAIRE.
LETTRE IV.

MONSIEVR,

Ie ne sçay quel estat le monde fait de mes propheties : mais il me semble qu'on a sujet d'en faire beaucoup. L'euenement y répond admirablement, & je ne me suis trompé qu'en ce point, que ie ne m'en estois pas promis vn si prompt succez. Ne vous ay-je pas dit dans mes lettres precedentes, que toute cette heresie du Iansenisme fondée sur vn faict passeroit pour ridicule dans quelque temps, & qu'on auroit peine à croire qu'on ait osé auancer vne telle extravagance? Hé bien! je vous dis maintenant que cela est arriué comme ie l'auois predit. On ne nous a pas beaucoup fait attendre. On est si persuadé maintenant qu'il n'est point de foy que les cinq Propositions soient de Iansenius, qu'on nous declare que c'est estre ignorant ou malicieux que de tirer cette consequence des Constitutions & du Formulaire.

Mais qui est-ce, direz vous, qui a fait cette declaration; est-ce quelque personne qui merite qu'on l'en croye ? Ay je accoustumé de vous citer que de bons témoins? Et ne vous souuient-il plus de l'Inquisition de Rome & de l'Abbé Ioachim ? Mais celuy que ie vous veux alleguer icy est encore plus considerable : Car c'est vn Prelat sur lequel toute la France à les yeux pour voir quelles démarches il fera dans cette affaire, & qui entraisnera desormais par son poids & par son autorité la plus grande partie du Clergé de France, comme Monsieur de Marca faisoit avant luy. Enfin c'est Monseigneur l'Archeuesque de Paris, qui dans la premiere ouuerture qu'il a fait à son Eglise de ses sentimens, à crû luy devoir faire cette declaration authentique que vous trouuerez en son Ordonnance en ces termes:

Desquelles Constitutions aussi bien que du Formulaire, il est certain qu'on ne sçauroit prendre sujet, à moins d'estre malicieux ou ignorant, de dire qu'elles desirent vne soûmission de foy divine pour ce qui concerne le fait, exigeant seulement pour ce regard une foy humaine & Ecclesiastique, qui oblige a soûmettre auec sincerité son ingement à celuy des Superieurs legitimes.

Il est important, M. de bien faire entendre au monde la necessité & les consequences de cette declaration de Monseigneur l'Archeuesque ; & ie ne sçay si vous les comprenez assez vous mesme. Car considerez, ie vous prie, qu'il y a 7. ou 8. ans que des Theologiens se plaignent hautement, que sous pretexte de s'opposer à vne heresie imaginaire, on establissoit dans l'Eglise vne veritable heresie, qui est qu'on peut estre heretique pour douter d'vn fait non reuelé, & que le fait de Iansenius est inseparablement ioint à la foy ; & qu'ainsi il doit estre crû de foy diuine.

Ils accusoient les Iesuites d'auoir enseigné formellement ces erreurs, & de les auoir appuyées par le Formulaire, & ils enueloppoient en quelque sorte dans ce reproche les Assemblées qui l'auoient autorisé, non pas en pretendant que les Euesques fussent interieurement persuadez de ces ridicules opinions: ils les en ont au contraire iustifiés dans leurs écrits; mais en soutenant seulement que quoiqu'ils en fussent tres-éloignez dans leur cœur, ils en fauorisoient neanmoins l'establissement par leur silence, & par la deliberation qu'ils auoient prise de faire traitter d'heretiques ceux qui refuseroient de souscrire le fait, aussi bien que ceux qui auroient refusé de signer le droit, d'où il s'ensuiuoit necessairement qu'ils proposoient l'vn & l'autre comme de foy.

Monseigneur l'Archeuesque de Paris a donc esté iustement touché d'vn si horrible scandale. Et pour y remedier il a distingué le fait & le droit en declarant qu'*on ne demande en aucune sorte vne creance diuine sur les faits contenus dans le Formulaire*, c'est à dire en vn mot qu'ils ne sont point de foy & qu'on les peut nier sans estre heretique.

Or quoy qu'il adioûte ensuite plusieurs choses qui reçoiuent de grandes difficultez: il faut pourtant reconnoistre qu'il a cet auantage d'auoir esté le seul entre les Euesques approbateurs du Formulaire, qui s'est montré sensible aux interests de son caractere. Car il est estrange qu'on n'auoit encore pû tirer vn aueu public & autentique d'vne verité si certaine de la bouche d'aucun des Euesques qui se sont engagez dans cette affaire.

Si les hommes estoient raisonnables, il ne faudroit que cette declaration de Monseigneur l'Archeuesque pour remedier à tous les troubles qui ont agité l'Eglise depuis dix ans. Car puis qu'il est constant qu'il n'est point de foy que les erreurs condamnées soient dans le liure de Iansenius; on n'est donc point heretique pour desauoüer ce fait & encore moins pour en douter. Et comme ce fait a toûjours esté l'vnique matiere de la dispute, il s'ensuit bien clairement qu'il n'y a iamais eû de secte, ny d'heresie de Iansenius, & que c'est bien inutilement qu'on en a tant fait de bruit. Ainsi voila proprement l'accomplissement de ma Prophetie icelé & autorisé par l'Ordonnance de Monseigneur l'Archeuesque de Paris.

Il semble donc, M. que ceux que l'on a si iniustement accusez d'heresie sur la question de fait, qui n'en peut estre matiere, pourroient auec raison esperer vn traittement plus fauorable à l'avenir, & demander mesme reparation de tant d'iniustes calomnies dont on les a chargez sous ce faux pretexte. Ils auroient droit sans doute de pretendre qu'on doit faire retracter aux Iesuites les erreurs & les heresies qu'ils ont publiées sur ce sujet. Mais ie les avertis par avance que ces esperances seroient vaines, & que ces demandes seroient inutiles. On laissera dominer les Iesuites dans l'Eglise comme s'ils estoient les plus Orthodoxes & les plus irreprochables du monde, & pour eux on continuëra de les pousser auec autant de chaleur qu'on ait iamais fait. Au defaut de la foy diuine que l'on abandonne auec raison, on substituera vne certaine foy humaine & Ecclesiastique que l'on fera seruir à tous les mesmes visages.

Tout pretexte est egal entre les mains des Iesuites, parce que les effets en ont reglez sur la passion qui les anime, & non sur ce pretexte dont ils se couurent. Il y a vne differéce infinie entre la foy diuine & necessaire de la Trinité, & la foy humaine & inutile du fait de Iansenius : il ne tiendra pas neanmoins aux Iesuites qu'on n'exerce les mesmes rigueurs sur ceux qui douteroient du fait de Iansenius, que l'on pourroit exercer contre ceux qui douteroient de la Trinité, & que l'on ne fasse souffrir les mesmes peines à ceux qui auroient quelque deffiance de la parole d'vn homme sujet au mensonge, qu'à ceux qui refuseroient de se soûmettre aux paroles de la souueraine verité.

Que ces personnes ne s'imaginent donc pas d'estre échappées par le moyen de cette Ordonnance, & qu'ils s'attendent de voir l'effet de mon autre prediction, qui est que la verité qu'ils soûtiennent sera reconnuë au mesme tems qu'ils demeureront opprimez sous la puissance des Iesuites; & que les Iesuites au contraire demeureront en honneur & en credit pendant que leur doctrine sera flestrie & condamnée dans l'Eglise.

C'est le different partage que Dieu fait aux vns & aux autres pour cette vie. Le monde sans doute estimera celuy des Iesuites tres-heureux, & celuy de ces Theologiens tres-mal-heureux. Mais s'ils sont tels que le doiuent estre de veritables Chrestiens, bien loin de se plaindre de leur condition & de leur partage, ils en feront leur gloire & leur bon heur; puis que c'est le souhait de tous les Saints, que Dieu soit glorifié, que la verité triomphe, & que l'homme soit obscurcy & aneanty *illum oportet crescere me autem minui*. Ils adoreront donc en paix la côduite que Dieu tient sur eux & ils regarderôt sans enuie celle qu'il tient sur les Iesuites, dont on peut voir vn fort bel exemple dans l'Ordonnance mesme de Monseigneur l'Archeuesque. Car la doctrine des Iesuites y est en effet condamnée, & par consequent celle de ces Theologiens y est approuuée. Mais il n'en est pas de mesme des personnes.

On y demande aux pretendus Iansenistes la confession d'vn fait que l'on avouë n'estre que de foy humaine ; mais on n'y demande point aux Iesuites la confession des articles de foy diuine qu'ils se sont efforcez de corrompre par leurs erreurs: les paroles mesmes de cette Ordonnance sont tellement mesurées pour ne pas blesser la delicatesse de ces Peres, qu'on ne sçait sur qui tombent les reproches d'ignorance & de malice que Monseigneur l'Archeuesque fait si iustement à ceux qui pretendroient qu'on veut exiger vne soûmission de foy diuine à l'égard des faits ; & l'on ne voit pas bien par les termes mesmes de cette Ordonnance, si l'on y condamne vne erreur effectiue qui auroit esté avancée par quelques-vns, ou si l'on y repousse seulement vne plainte injuste qui auroit esté faite par d'autres sans fondement.

C'est pourquoy afin qu'on ne s'y méprenne pas, il est necessaire de bien faire voir icy qui sont ces malicieux & ces ignorans dont il est parlé dans cette Ordonnance. Car encore qu'il ne soit pas necessaire pour condamner vne erreur, de sçauoir qui sont ceux qui l'ont avancée; il est neanmoins de la iustice de ne pas épargner ceux qui en sont veritablement coupables, de peur de donner lieu de l'attribuer à ceux qui en sont tres innocens.

Il faut donc que le public soit auerty que ces malicieux & ces ignorans condamnez en effet par cette Ordonnance, sont les RR. PP. Iesuites, qui ont avancé formellement ces erreurs. Ce sont les Iesuites du College de Clermont, qui par vne malice ou vne ignorance extreme ont pris sujet des Constitutions & du Formulaire de soûtenir dans vne These publique, *que le Pape ayant la mesme infaillibilité que I. C. tant dans les questions de droit que de fait, on pouuoit croire de foy diuine que les cinq Propositions sont tirées du liure de Iansenius, & condamnées dans son sens.*

Ce sont les mesmes Iesuites qui ayant, comme l'on dit, imploré le secours du P. Annat, publierent quelque temps apres vn écrit qui portoit pour Titre, *Explication de la These*, & dans cét écrit ils soûtiennent leur heresie d'vne maniere encore plus ouverte que dans leur These, en la prouvant par la deliberation du Clergé, dont ils alleguent ces paroles. *L'Assemblee declare qu'elle n'a mis en sa formule pour decision de foy que la mesme decision qui est contenuë en la decision d'Innocent,* sur quoy les Iesuites forment ce raisonnement. *Elle a donc mis pour decision de foy les decisions contenues dans les Constitutions Apostoliques, entre lesquelles est la decision du fait. Or de quelle foy? si vous dites que ce n'est que d'vne foy humaine, il s'ensuiura donc qu'on n'aura qu'vne foy humaine pour la decision du droit. Si vous dites qu'elle entend parler d'vne foy diuine, donc c'est par vne foy diuine qu'on croit la decision du fait. Ergo diuinus erit assensus circa decisionem facti. Que si vous distinguez, & que vous pretendiez qu'on exige la foy diuine pour le droit, & la foy humaine pour le fait, vous vsez de la distinction de ceux qui separent le fait du droit, distinction dont la condamnation ayant esté faite à Rome, a esté approuuée en France.*

Il est bien clair que les Iesuites, par ces paroles, condamnent l'Ordonnance de Monseigneur l'Archeuesque, & que Monseign. l'Arch. condamne les Iesuites par son Ordonnance. Les Iesuites pretendent que la distinction du fait & du droit, qui exige la soûmission de foy diuine pour le droit, & la soûmission de foy humaine pour le fait est condamnée à Rome & en France. Et Monseigneur l'Archeuesque les dément en faisant luy-mesme cette distinction, & en condamnant ceux qui la rejettent. Les Iesuites soûtiennent que la soûmission exigée par l'Assemblée sur le fait est vne soûmission de foy diuine, *diuinus erit assensus circa decisionem facti,* & Monseigneur l'Archeuesque declare que ceux qui tirent cette consequence des Constitutions ou du Formulaire sont des *malicieux ou des ignorans.*

Mais peut-estre que l'on dira que le R. P. Annat s'est retracté dans son liure de la conduite de l'Eglise, &c. puis qu'il semble y auoüer clairemét qu'il se contente qu'on croye de foy humaine. *On n'oblige point,* dit-il, *les Iansenistes de faire vn si grand effort sur leur esprit, que de croire le fait de foy diuine; nous serons contens de quelque foy qu'ils le croyent, pourueu qu'ils le croyent veritablement.*

Et moy ie serois côtent de la retractation du P. Annat si elle estoit veritable & sincere; mais ie ne puis estre satisfait d'vne retractation dont on se retracte cent fois dans le mesme liure. Car il ne laisse pas d'y traitter par tout ses aduersaires d'heretiques à cause du fait, de la maniere du monde la plus outrageuse, ce qui enferme clairement l'heresie de ses Confreres, puis qu'en traitant des Theologiens d'heretiques sur vn fait, on met veritablement ce

fait

fait entre les articles de la foy diuine, selon la maxime mesme que les Iesuites establissent dans leurs écrits, *circa eandem versatur heresis & fides : la foy & l'heresie ont le mesme objet.*

Que s'il dit donc en vn endroit qu'il se contente de la foy humaine, il faut que ce soit d'vne foy humaine d'vne espece toute nouuelle, puis que c'est vne foy humaine dont le defaut rend heretique ; & ainsi c'est vne foy humaine & diuine tout ensemble, n'y ayant que le defaut de la foy diuine qui puisse rendre heretique. Demandez à ce R. P. si ce n'est pas estre heretique que de ne pas croire que Iansenius enseigne les cinq Propositions ; ou, ce qui est la mesme chose, de croire que la doctrine de Iansenius est differente des cinq Propositions. Il vous répondra bien decisiuement qu'oüy pag. 14 & 15. *Ceux*, dit il, *qui se rapportant aux yeux d'autruy s'opiniastrent à croire que les Propositions qui se trouuent dans Iansenius sont veritables, & qu'elles sont differentes de celles qui sont condamnées, sans auoir egard aux yeux de ceux qui sont en plus grand nombre, ne pourront iamais se lauer du peché d'heresie, s'ils ne renoncent à leurs yeux ; ce qui seul peut iustifier ceux qui disent que les Iansenistes sont heretiques, soit qu'ils le soient par connoissance, soit qu'ils le soient par faction & par interest.*

Il ne faut que le desadueu du fait, selon le R. P. Annat, pour iustifier ceux qui disent que les Iansenistes sont heretiques ; & il ne faut que ce seul lieu, selon toutes les personnes raisonnables, pour iustifier ceux qui accusent le P. Annat de l'heresie de ses Confreres.

Aussi bien loing de la desauoüer dans son liure, il la soutient auec tant de hardiesse, qu'il pretend qu'elle a esté establie par le Concile œcumenique de Constance. Et il accuse ceux qui l'ont combattuë d'vne ignorance honteuse. Mais afin de faire entrer cette heresie plus facilement dans les esprits, il s'efforce de la couurir par l'opinion particuliere de quelques Theologiens, qui enseignent, dit-il, qu'vne reuelation du premier siecle peut appuyer suffisamment la foy diuine d'vn fait arriué au 17. siecle.

L'ignorance de ce R. P. est toute visible, puis qu'il s'opiniastre à soustenir vne opinion condamnée par tout le monde. Mais il est bon de découurir icy sa malice, afin de faire voir auec combien de raison l'Ordonnance de Monseigneur l'Archeuesque, traitte les deffenseurs de cette opinion, non seulement d'ignorans, mais aussi de malicieux.

Il faut donc sçauoir qu'il y a certains Theologiens qui enseignent, que lors qu'vne proposition generale est de foy, & que l'on y ioint vne autre proposition euidente, la conclusion qu'on en tire est de foy. Il est de foy, par exemple, que tous les enfans qui meurent apres auoir receu le Baptesme sont sauuez. I'ay veu baptiser vn enfant, & ie l'ay veu mourir ensuitte. Ie puis donc croire de foy que cet enfant est sauué, qui est la conclusion qu'on en tire.

Mais ces mesmes Theologiens enseignent en mesme temps que cette conclusion n'est de foy qu'à l'égard de ceux qui ont l'éuidence de cette seconde proposition, qui lie la maxime generale auec la conclusion. Ainsi il n'est de foy qu'vn enfant soit sauué, qu'à ceux qui l'ont veu & baptiser & mourir. Mais si ie doute s'il a esté baptisé, ou s'il est mort, il ne m'est point de foy qu'il soit sauué.

Voila la doctrine de ces Theologiens suiuant laquelle on peut dire, qu'estant de foy que tout liure qui contient les cinq Propositions condamnées est heretique; Si i'ay euidence que le liure de Iansenius les contienne, ie pourray croire de foy qu'il est heretique. Mais si ie n'ay point cette euidence, ie pourray douter qu'il soit heretique sans blesser la foy, comme ie puis douter si vn enfant est sauué, lors que ie ne sçay s'il est baptisé ou s'il est mort.

Il est visible qu'il n'y a aucun rapport entre la doctrine de ces Theologiens, & celle des Iesuites. Car les Iesuites ne pretendent pas seulement qu'il soit de foy que le liure de Iansenius est heretique à l'égard de ceux qui ont euidence que les cinq Propositions sont contenuës dans Iansenius ; mais ils pretendent qu'il est de foy qu'il est heretique à l'égard de ceux mesmes qui n'ôt point cette euidence, & qui doutent s'il contient ces heresies. Et tant s'en faut qu'ils disent qu'il n'y a que ceux qui ont l'euidence du fait qui soient obligez de croire de foy que le liure de Iansenius est heretique, qu'ils soutiennent au contraire qu'il n'y a que ceux là qui soient dispensez de la foy diuine, & que tous les autres y sont obligez. C'est ce qu'ils decident clairement dans l'explication de leur These en ces paroles : *Le Theologien de Clermont dit simplement qu'on peut croire de foy diuine le fait de Iansenius, parce qu'encore qu'on soit obligé de foy diuine de n'estre pas d'vn sentiment contraire; neanmoins l'experience des yeux qui peut rendre euidente la decision du fait en lisant Iansenius, fait qu'on n'est pas obligé d'exercer vn acte de foy diuine sur ce point.*

C'est donc sans doute vn artifice tres-malin au R. P. Annat de nous renuoyer aux sentimens de ces Teologiens pour apprendre à ne pas condamner l'opinion des Iesuites, puis qu'il n'y a rien de plus opposé à l'opinion des Iesuites que celle de ces Theologiens.

Mais comme on doit estre iuste & équitable enuers tout le monde, il faut reconnoistre de bonne foy que ce reproche de malice ne conuient pas à tous les Iesuites, & que comme il y en a qui sont malicieux & ignorans tout ensemble, il y en a aussi qui sont ignorans sans estre malicieux, & d'autres mesme qui ne sont ny ignorans ny malicieux.

Vn de ceux que l'on peut croire le plus iustement estre exempt de malice dans cette affaire, est vn celebre Iesuite de Bordeaux nommé le P. Camin, qui s'est tant donné de peine à poursuiure en ce païs là le liure de Vvendrockius. I'ay entre les mains les écrits qu'il a dictez à ses Ecoliers sur cette matiere, & i'auouë que ie suis tres-satisfait de sa sincerité, & que son humeur me reuient tout autrement que celle du P. Ferrier & du P. Annat. Ces deux Iesuites là sont touſiours entortillez, ils ne font que biaiser, & ils ne disent rien clairement que des injures. Mais le P. Camin est vn homme franc & ouuert, qui dit ce qu'il pense sans deguisement & sans artifice. Il propose les questions d'vne maniere claire & nette, il les resout de mesme, les consequences sont conformes à ses principes, & sur tout il rejette les petits artifices du P. Annat. C'est ce que ie m'en vas vous faire voir en detail, afin que vous soyez mieux informé du fond de l'opinion des Iesuites que ce Pere vous peut faire voir à nud.

La dispute derniere du traitté qu'il a dicté sur la foy, a pour titre. A *De l'in-* A *Disputa-*
faillibilité de l'Eglise dans les definitions où elle decide quelques faits, laquelle tio vltima.
infaillibilité est niée par les Iansenistes, & soutenuë & reconnuë par les Catholiques. De infalli-
L'on voit desia par ce titre que les Catholiques, selon ce Pere, reconnoissent bilitate Ec-
l'infaillibilité de l'Eglise dans la decision des faits; mais la section 6. est encore clesiæ in suis
plus precise, le titre en est, sçauoir B *Si cette proposition doit & peut estre cruë definitioni-*
de foy diuine. Les propositions heretiques sur les cinq chefs, sont contenuës dans le bus, quate-
liure intitulé l'Augustin de Iansenius. nus in illis

asserit quæ-
dam facta, quam infallibilitatem negant ei Iansenistæ; & asserunt & agnoscunt Catholici.
B An hæc propositio fide diuina teneri possit & debeat. Propositiones hæreticæ super
quinque capita continentur in libro cui titulus Augustinus Iansenij.

Voila proprement la question decidée dans l'Ordonnance de Monseigneur
l'Archeuesque: voyons si le P. Camin la decidera de la mesme sorte.

C. *Conclusion, La proposition exprimée dans le titre est vn object de foy, & doit* C *Conclu-*
estre cruë de foy par ceux à qui elle est proposée auec les conditions necessaires pour sio. Proposi-
exercer vn acte de foy: & parce que toute proposition qui peut estre proposée auec tio in titulo
ces conditions est absolument de foy; On peut dire simplement que la proposition expressa est
exprimée dans le titre est de foy. fidei obiec-

tum seu fide
tenenda ijs quibus proponitur sub conditionibus sub quibus exerceri debet fides: & quia
dici solet esse absolutè de fide propositio, quæ proponi potest cum illis conditionibus.
assertio in titulo expressa dici potest simpliciter esse propositio de fide.

Il prouue cette conclusion par diuerses raisons, dont voicy la principale
qu'il appelle *vne raison a priori.* D *Toute proposition que l'Eglise prononce par la* D *Assertio*
bouche du souuerain Pontife, par l'inspiration du S. Esprit, doit estre cruë de foy quæ inspi-
par les fideles, Car le S. Esprit veut que ce qu'il fait enseigner de bouche par les rante spiri-
Pasteurs soit crû de cœur par les fideles, & il ayde les fideles à le croire, comme il tu sancto est
ayde les Pasteurs à le definir. Or la proposition exprimée dans le titre, sçauoir que pronunciata
les cinq Propositions heretiques sont dans Iansenius, a esté prononcée par le Souue- ab Ecclesia
rain Pontife par l'inspiration du S. Esprit, lequel il auoit inuoqué &c. donc &c. ore summo-

rum Ponti-
ficum, debet à fidelibus fide teneri. Quod enim Spiritus sanctus vult doceri ore pastorum
Ecclesiæ, vult credi corde fidelium, & adiuuat fideles particulares in credendo, & adiuuat Ecclesia in definiendo. At propositio expressa in sectionis titulo pronunciata est à Pon-
tifice Spiritu sancto eum inspirante, quem ille ad eum finem inuocauit, &c.

Pour moy ie ne vis iamais rien de plus clair: & neanmoins le P. Camin
encherit encore sur cette clarté, tant il a soin de preuenir tous nos doutes.

E *Pour entendre cet argument,* dit-il, *remarquez que toute la raison apparente* E Ad intel-
qui pourroit faire douter de cette conclusiō, est qu'il semble que ce soit vne chose qui ligentiam
depende de l'examen des yeux que de sçauoir si cinq Propositions fausses sont con- huius argu-

menti, notā tenuës dans le liure de Ianfenius. Mais contre cette raifon, ie dis que la fimple
quod tota veuë, ou la fimple lecture du liure de Ianfenius n'a pas fuffi au Pape pour prononcer
ratio appa- fa definition, mais le fouuerain Pontife par la direction & l'infpiration du S. Ef-
rens quæ vi- prit a penetré toute l'obfcurité, les détours & les equiuoques dont le liure de Ian-
detur effe fenius eft couuert, & par l'infpiration & l'illumination du S. Efprit il a veu que
dubitādi de les Propofitions qu'il a condamnées eftoient en leur propre fens dans ce liure; & il
concluſione a connu auſſi par l'affiftance du S. Efprit que la doctrine de ce liure, de quelque
huius fectio maniere qu'elle fut couuerte & déguifée eſtoit fauſſe.
nis, eft, quia
videtur effe tantum infpectionis alicuius ocularis videre quod propofitiones falfæ fcriptæ
funt in Ianfenio. At contrà fummo Pontifici ad fuam definitionem pronunciandam non
fuit fufficiens ocularis intuitus, feu lectio fimplex, vel auditio fenfibilis libri Ianfenij: fed
fummus Pontifex directione & illuminatione Spiritus fancti penetrauit omnem obfcurita-
tem, ambages, & æquiuoca, quibus tecta eft difputatio libri Ianfenii & ex illa infpiratione
Spiritus fancti vidit in proprio fuo fenfu iacere in illo libro propofitiones quas ipfe dam-
nauit. Item Spiritu fancto affiftente cognouit doctrinam illius libri quomodocumque fac-
tam & diffimulatam effe falfam.

    Mon Dieu que le langage des perſonnes finceres eft different de celuy des gens
artificieux! parce que les vns parlent felō leurs penſées qui ne s'écartent iamais
tāt de la verité des choſes, & les autres parlent felon leurs defirs, qui eftant dé-
raifonnables les éloignent étrangement de la raifon & du fens commun. De-
mādez au P. Ferrier s'il eft clair que les 5. Propofitions foient dans Ianfenius, il
vous dira que cela eft fi éuident, que l'opiniaftreté de ceux qui le nient eft fem-
blable à celle de ces Philofophes qui ne vouloient pas demeurer d'accord que
la neige fut blanche, c'eft qu'il voudroit bien que cela fut ainfi. Le Pere Annat
vous tera de mefme de femblables contes. Il vous dira que *les yeux de l'Eglife
voyent les cinq Propoſitions dans Ianfenius*. Mais le P. Camin qui parle plus
fimplement, fe mocque de tous ces difcours: il reconnoift qu'il eft fort difficile
de trouver les Propofitions dans Ianfenius; que ce Liure eft couuert de tenebres, d'équiuoques & d'obfcurité; & que le Pape a eü befoin d'vne infpiration particuliere du faint Efprit pour les découurir. Et c'eft fur cette reuelation du faint Efprit, qu'il fonde vniquement l'Article de foy du fait de Ianfenius, & non fur cette euidence chimerique.

    Il rejette auec la mefme fincerité l'artifice du P. Annat, qui pretendoit au-
torifer fon erreur touchant la foy diuine des faits par l'opinion de ces Theologiens, dont nous auons parlé cy-deffus, que le P. Camin propofe en ces
termes:

F Quæres   *Vous me demanderez*, dit-il, *s'il fuffit d'expliquer la conclufion cy-deffus pro-*
an fuffi- *poſée en cette maniere-cy; Il eft de foy que cinq Propofitions heretiques font dans*
ciat explica- *Ianfenius, parce qu'il eft de foy que les cinq Propofitions font heretiques en la ma-*
re conclu- *niere qu'elles font condamnées dans la Bulle du Pape Innocent. Or il eft vifible*
fionem fu- *par l'experience des yeux que cinq Propofitions font dans Ianfenius. Donc il eft*
pra pofitam *de foy que cinq propofitions heretiques font dans Ianfenius. Or vne conclufion tirée*
                                                                                                       d'vne

d'vne majeure de foy & d'vne mineure évidente, est de foy. On ne sçauroit mieux hoc modo proposer la fausse finesse du P. Annat, mais on ne sçauroit aussi la mieux refuter que le P. Camin le fait ensuite.

Hæc propositio propositiones hæreticæ de impossibilitate mandatorum, &c. sunt in libro Iansenij, est de fide, quia est de fide, quod quinque propositiones sub tenore Bullæ verborum Innocentij X. sunt hæreticæ vt pote damnatæ ab Ecclesia, sed eas quinque propositiones esse in libro Iansenij legitur oculari experientia, vnde sequitur hæc conclusio : ergo propositiones hæreticæ sunt in libro Iansenij. At inquies, conclusio quæ ex maiori de fide, & minori per experientiam nota eruitur, non est de fide, ergo &c.

G. *Ie répond,* dit-il, *que cette explication ne suffit pas, & ie le prouue. Il faut receuoir sans aucun doute comme de foy toute la definition de l'Eglise, qui comprend la proposition exprimée dans le titre ; sçauoir que les cinq propositions condamnees sont dans le liure de Iansenius. Ainsi il ne faut pas en faire dépendre la verité d'vne opinion controuersée entre les Theologiens. Or plusieurs graues Theologiens nient qu'vne proposition qui n'est pas immediatement reuelée soit de foy. Ie dis donc que toute la definition immediate de l'Eglise, doit estre crue de foy. Or cette definition immediate contient que les cinq propositions fausses sont contenues dans le liure de Iansenius.*

G. Respondeo non videtur sufficere declaratio huius modi suprà expressa. Probatur sine vlla dubitatione amplectenda est de fide tota definitio Ecclesiæ quæ complectitur propositionem expressam in titulo nempe iacere in libro Iansenij propositiones eiusmodi damnandas & falsas, & non est exponeda vlli periculo dubitationis definitio Ecclesiæ sed non debet estimari huius veritas pendens ab opinione controuersa inter Theologos, At multi graues Theologi negant esse de fide propositiones illas quæ non sunt immediate reuelatæ... Dico ergo quod tota definitio immediata Ecclesiæ est fide tenenda. At definitio Ecclesiæ immediate continet propositiones falsas esse in libro Iansenij.

Et comme ce bon Pere n'obmet rien, il ajouste encore vne autre preuue à celle-là. H *Si ce n'estoit,* dit-il, *que par l'experience des yeux sans aucune attestation de l'autorité diuine de l'Eglise qu'on connoist que les Propositions sont dans Iansenius, ceux qui n'ont point cette experience sensible que ces propsitions sont dans ce liure qu'ils n'ont point lu, ne pourroient pas exercer la foy enuers cette definition.*

H Si sola experientia oculorum sine vlla attestatione ab autoritate diuina Ecclesiæ fieret nota hæc propositio, quod illæ assertiones sunt in libro Iansenii, iis qui non habent experientiam euidentem quod eiusmodi propositiones sunt in libro, quem nun quam legerunt , non possent exercere fidem circa illam definitionem Ecclesiæ quæ continet propositiones illas iacere in libro Iansenii

I *Ie pouue la consequence,* dit-il, *parce que ces personnes n'ont point cette experience semblable, d'où l'on dit qu'il dépend que cette proposition soit de foy.*

I. Sequela probatur, quia illis deest notitia illius minoris, quæ dicitur tantum experientia constare. At ab illa, notitia dicitur pendere quod conclusio sit de fide.

k *Item mul-*
ti etiam le-
gentes Ian-
senium non
habent eui-
dentem ex-
perientiam,
omnes pro-
positiones
damnatas
ab Ecclesia
in libro eius
conineri præsertim affertiuè & in propriè sensu ; sunt enim quædam ambagibus & multis obscurata ambiguitatibus, & vt diximus suprà, summus Pontifex non simplici oculorum experientia nixus, sed longo examine virorum doctissimorum, Cardinalium, & præmissa penetratione mentis directæ à Spiritu sancto, vidit quod illæ propositiones in proprio suo sensu sic tectæ & dissimulatæ sunt in libro Iansenii, vt pauci sint priuati qui acumine ingenii solo dissipare possint tenebras quibus tegitur doctrina illius libri. Itaque illi qui sunt innumeri non possent exercere fidem circa definitionem Ecclesiæ.

L *Ergo o-*
portet di-
cere quod
Iansenistæ, si
qui sunt per-
sistentes in
suo errore resistunt haud dubiè Spiritui sancto & Ecclesiæ. At eorum contradictio est tantum quod dicunt quod Ecclesia errauit in assectione facti determinando falsas & hæreticas propositiones esse vt iacent in libro Iansenii : Ergo oportet dicere, quod Ecclesia ex Spiritus sancti assistentia & inspiratione pronuntiauit assertionem facti.

к *De plus, plusieurs en lisant Iansenius n'ont pas vne éuidente experience que les propositions condamnées y soient contenuës. Car il y en a qui sont enuironnées de plusieurs embaras & ambiguïtez, & comme nous auons dit auparauant, le souuerain Pontife ne s'est pas appuyé sur la simple experience de ses yeux, mais sur vn long examen des hommes doctes & des Cardinaux qu'il a employez en cette affaire, en y ioignant auant toutes choses la penetration du S. Esprit, & c'est par ces moyens qu'il a vû que ces propositions quoy que si couuertes & si déguisées sont dans leur propre sens dans le liure de Iansenius ; ensorte qu'il y a peu de Theologiens particuliers qui par la seule subtilité de leur esprit, puissent dissiper toutes les tenebres dont la doctrine de ce liure est couuerte.* L *C'est pourquoy toutes ces personnes qui sont innombrables ne pourroient exercer leur foy à l'égard de la definition de l'Eglise.*

L *Il faut donc dire que les Iansenistes, s'il y en a qui persistent en leur erreur, resistent au S. Esprit & à l'Eglise. Or ils n'y resistent qu'en disant que l'Eglise s'est trompée dans le fait en definissant que les cinq Propositions heretiques sont contenuës dans le liure de Iansenius, Donc il faut dire que l'Eglise a prononcé la decision du fait par l'assistance & l'inspiration du S. Esprit.*

Hé bien n'est-ce pas là vn homme qui merite qu'on l'exemte du reproche de malice ? Il vous declare nettement, qu'il n'y a pas moyen de rendre les Iansenistes heretiques, qu'en supposant que le Pape a eü reuelation du fait de Iansenius, & qu'il est infaillible dans les faits, en quoy ie suis parfaitement d'accord auec luy. En effet c'en est là le seul moyen. Mais par malheur pour les Iesuites, c'est vn moyen heretique, & reconnu tel par tout ce qu'il y a de Theologiens tant soit peu intelligens dans l'Eglise.

Mais ce n'est pas seulement dans ses écrits, que le P. Camin fait connoistre sa sincerité, il l'a fait aussi paroistre dans ses actions & dans ses paroles, car que peut-on s'imaginer de plus franc que ce qu'il a fait Bordeaux depuis quelque temps. Il croit auec tous les Theologiens de sa Compagnie, que le Pape est superieur aux Roys mesme dans le temporel. *Nous sommes tous vnis en ce point : omnes in hac causa vnum sumus*, dit le Iesuite Suarez. Il croit qu'il est infaillible dans le droit & dans le fait, qu'il est superieur aux Conciles, &c. Cependant il prit fantaisie à l'Vniuersité de Bordeaux de faire signer il y a quelque temps à tous les membres qui la composent, entre lesquels est le P. Camin, les articles de la Sorbonne enuoyez par le Roy à tous les Parlemens de France qui contiennent le contraire de cette doctrine des Iesuites. On les presenta donc au P. Camin, mais il refusa genereusement de les signer,

& la chose en est demeurée là quelque plainte qu'en ait fait l'Vniuersité. Car il est permis tant qu'on veut de croire que le Roy est assujetty à vn autre Prince, & que tous les Parlemens sont heretiques, en receuāt les articles de la Sorbonne, pourueu qu'on ne doute point que les 5. propositions soient dans Iansenius. C'est le seul crime qui soit maintenant irremissible. Quoy qu'il en soit si le P. Camin est blasmable d'estre dans des sentimens si erronnez, il est louable d'estre sincere, & de n'auoir pas trahy sa conscience par vne signature forcée.

Mais il est temps que ie m'acquitte de la promesse que ie vous ay faite de vous alleguer des Iesuites qui ne soient ny ignorans ny malicieux Il est vray qu'il n'est pas facile d'en trouuer de tels, & qu'il les faut aller chercher vn peu loin. Celuy dont ie vous veux parler est Espagnol de nation, ie vous en diray peut-estre quelque iour des nouuelles plus precises, lors que i'auray recouuré son liure, mais en attendant voicy ce qu'en écrit de Rome, vne personne digne de foy.

De Rome ce 6. Mars 1664.

CEpendant que les Iesuites tempestent en France contre les Iansenistes, il y a icy vn Iesuite qui trauaille pour les mesmes Iansenistes. C'est vn Iesuite Espagnol nommé Elisaldi, lequel a composé en Latin vn liure intitulé De ratione vere religionis querendæ & inueniendæ. Il est imprimé à Naple en 1663. & dedié au fils du Comte Pigneranda Vice-Roy qui se nomme Gregoire, le Iesuite dit en son liure deux propositions que i'ay leuë: La premiere que le Pape etiam loquens ex Cathedra, n'est pas infaillible, & que ce n'est qu'auec le Concile qu'il est infaillible: La 2. que c'est vne heresie de dire que le Pape est infaillible dans les questions de fait.

Cette nouuelle est assez circonstantiée comme vous voyez, & l'auteur parlant comme ayant lû luy-mesme ces propositions dans le ce liure, ie ne voy pas qu'il y ait lieu d'en douter. Mais puis que la raison Monsieur commence desia d'entrer dans l'ame des Iesuites, il faut qu'elle soit bien generalement reconnuë par tous les autres. Et ainsi sur cette circonstance iointe à l'Ordonnance de Monseigneur l'Archeuesque, on peut faire estat que la foy diuine du fait est maintenant vne erreur étainte & abolie, & c'est pourquoy il est bon de la considerer toute d'vne veuë depuis sa naissance iusqu'à sa destruction.

Les Iesuites en auoient déja répandu les semences & les principes en diuers écris. Mais ce fut proprement M. de Toulouze agissant de concert auec le P. Annat, qui la proposa auec plus d'éclat sous le nom de l'inseparabilité du fait & du droit qu'il auoit accoutumé d'exprimer en ces termes plus emphatiques que raisonnables, que le fait appartenoit ad partem dogmatis. Il a marqué cette doctrine en plusieurs endroits de sa relation dressée au mois de Septembre 1656. & c'est sur ce fondement qu'il empescha qu'on ne fit dans l'Assemblée de 1660 la distinctiō du fait & du droit dont la necessité estoit fortement representée par plusieurs Euesques tres-habiles. Et l'on rejetta par cette mesme raison le 1. Mandement des grands Vicaires de Paris, qui alloit donner la paix à l'Eglise Mais les Iesuites ayant produit cette opinion vn peu trop crûment dans leur These du College de Clermont, on commença d'en auoir horreur & d'en preuoir les dangereuses suites. Et enfin elle s'est tellement decriée que Monseigneur l'Archeuesque de Paris a crû la deuoir condamner par son Ordonnance; de sorte que la regardant dans tout son cours, on peut dire qu'elle n'a duré que 7. ou 8. ans, & qu'elle a esté entierement éstainte le Dimanche de la Trinité 8. de Iuin 1664.

Ce iour a donc changé la face de la dispute, & en decidant le premier & le principal sujet de la contestation, il en a ouuert vn autre qui paroist moins important. Il ne s'agit plus de foy diuine, ny par consequent d'heresie & de secte. Mais d'vne autre sorte de foy que l'on appelle vne foy humaine & Ecclesiastique.

Il faut reconnoiftre que l'on a fait en cela vn grand pas vers la paix. On eft comme defcendu du Ciel en terre: Et il y a bien moins loin de la foy humaine au filence, qui eft l'vnique moyen d'établir vne veritable paix, qu'il n'y en auoit de la foy diuine qu'on a iuftement abandonnée à cette foy humaine, à laquelle on s'eft reduit. On ne nous dit plus comme on faifoit auparauant. Croyez Dieu qui a reuelé le fait au Pape, mais on nous dit. Croyez des hommes fujets au menfonge, parce qu'ils font vos fuperieurs. Mais comme il eft affez difficile de comprendre que des hommes fujets au menfonge, & qui ne pretendent pas eftre infaillibles ayent droit de fe faire croire par leur feule authorité, en forte qu'on ne puiffe douter de la verité de leurs decifions, ce qui feroit eftre en effet tres-infaillibles: il n'y a pas d'apparence que le regne de cette foy humaine foit de fort longue durée Auffi Monfeigneur l'Archeuefque d'Auch, qui luy eft des plus fauorables, ne luy donne neanmoins que 20. années de prouifion, puifque comme il dit à M. de Commenge, on difputera tant qu'on voudra d'icy à 20. ans du fait de Ianfenius. Et cette prouifion mefme n'eft pas fans difficulté. Car on ne voit pas bien comment on peut eftre obligé de croire prefentement ce qu'on pourra ne pas croire d'icy à 20. ans. Ainfi l'opinion la plus commune entre les Euefques eft celle que M. l'Euefque de Commenge foutient formellement dans la lettre au Roy, dans laquelle il dit que *l'Eglife a intereft de faire la diftinction du fait & du droit, parce que comme elle fe peut tromper fur les faits non reuelez & qu'elle eft infaillible fur les dogmes*, IL FAVT NECESSAIREMET SEPARER LES CHOSES, A LA CREANCE DESQVELLES ELLE EST EN DROIT DE CAPTIVER L'ENTENDEMENT DE SES ENFANS DE CELLES DONT LA CREANCE EST LIBRE SELON LES DIFFERENTES LVMIERES DE CHAQVE PARTICVLIER, & c'eft pourquoy il reconnoift, *que les definitions des faits peuuent eftre contredites comme les plus faints & les plus fçauans Theologiens les combattent tous les iours.*

Voila la doctrine de M. l'Euefque de Commenge; & c'eft auffi le fentiment vniuerfel de tous les Theologiens Catholiques, qui ont écrit auant ces difputes. On a vefcu plus de 1600. ans en poffeffion de cette liberté de ne croire pas les faits decidez, quand on croyoit auoir raifon d'en deuter; & fi elle eftoit criminelle, il n'y auroit prefque point de Theologiens qui fut innocent, puis qu'il n'y en gueres qui ayent la creance humaine & Ecclefiaftique de tous les faits decidez par les Papes & par les Conciles mefmes. Ce fera fans doute le fujet d'vn grand nombre d'écrits, qui éclairciront à fond toute la matiere.

On ne doute point neantmoins que la foy humaine n'ait beaucoup de partifans, principalement au commencement, eftant appuyée par vn Archeuefque fi confiderable & paroiffant enuironnée de terreurs, dés qu'elle commence à fe faire voir au monde. Il feroit à fouhaiter que ceux qui en font perfuadez priffent la peine de faire connoiftre fur quels fondemens elle eft établie, comme on trauaillera d'autre cofté à bien établir les fondemens de l'opinion contraire.

C'eft ainfi que les matieres s'éclairciffent, & auant qu'elles ayent efté difcutées de cette forte, on doit peu eftimer le confentement temeraire d'vne multitude qui fuit plutoft fon intereft que fa lumiere dans le choix de fes opinions. On a veu ce qui eft arriué de cette infeparabilité chimerique du fait & du droit, qui trouuoit fi peu de refiftance au commencement. Peut eftre que la foy humaine pourroit bien auoir le mefme fuccés, & que Monfeigneur l'Archeuefque qui a rendu vn feruice confiderable à l'Eglife en donnant le dernier coup à cette opinion monftrueufe de la foy diuine d'vn fait, fçachant affez qu'il n'y a point d'engagement contre la verité, fe croiroit obligé par le mouuement d'vne charité vrayment paftorale à leuer cette obligation de la foy humaine d'vn fait inutile, qui eft le feul obftacle qui refte à cette paix qu'il témoigne defirer auec tant d'ardeur. ce 19. Iuin 1664.

L'HERESIE IMAGINAIRE.
CINQUIEME LETTRE.
DE L'EXCOMMVNICATION

I'Ay appris, Monsieur, aussi bien que vous les nouvelles qui courent d'vn Bref du Pape, contenant un nouveau Formulaire à peu pres semblable à celuy de l'Assemblée du Clergé, & que ce Bref qui portoit excommunication, *ipso facto*, contre ceux qui refuseroient de le signer, & suspension contre les Evesques, a esté renvoyé à Rome pour le faire reformer; & mesme, dit on, pour le faire travestir en Constitution plombée, afin qu'elle puisse estre autorisée par le Parlement.

Vous voudriez bien sçavoir, dites-vous, ce que l'on pense de cette conduite, & de cette excommunication. On ne pense rien, Monsieur, de fixe & d'arresté sur une chose incertaine, & dont on ne voit pas les termes precis. C'est par là qu'il en faudra juger. On verra ce que portera cette Constitution. Tout ce que l'on peut faire presentement, est de former diverses conjectures fondées sur la connoissance quel'on a de la disposition des personnes qui ont part à cette affaire.

Il est certain en general que le Pape peut errer, & qu'il peut faire des injustices: *Cùm nullus Pastor vivens in terris, imò nec Papa sit impeccabilis*, dit Gerson; mais il n'est pas probable qu'il tombe en toutes sortes d'erreurs, ni qu'il commette toutes sortes d'injustices.

Ce seroit sans doute une tres-pernicieuse heresie que de definir qu'on est obligé de croire le fait de foy divine; & ce seroit aussi une erreur tres-considerable, de declarer qu'on est obligé de le croire de foy humaine par la seule autorité de l'Eglise.

Ie ne croy pas que le Pape fasse ny l'vn ny l'autre, & je seray trompé s'il s'engage jusqu'à ce point. La raison & la politique suffisent ce me semble pour l'en détourner. Cependant s'il ne definit point & en termes formels l'un ou l'autre de ces deux points, quelque favorable que sa Bulle paroisse à l'animosité des Iesuites contre les personnes qu'ils haïssent, elle condamnera reellement leurs sentimens. Car il n'y a point de personne sage & intelligente qui ne doive juger cet argument concluant: Le Pape accordera à la sollicitation de M. l'Archevesque de Paris & des Iesuites tout ce qu'il leur pourra accorder avec quelque sorte d'apparence.

Or il n'a pas cru devoir definir en leur faveur qu'on soit obligé de croire le fait de Iansenius ny de foy divine ny de foy humaine.

Donc il n'a pas jugé que ces opinions eussent quelque sorte d'apparence.

Ce n'est pas que le Pape ne puisse bien par des discours embarassez exiger en effet la signature du fait. Mais ce ne sera pas sur cette supposition, qu'on est obligé de le croire; mais sur cette autre supposition calomnieuse, dont on l'aura persuadé, que ceux qui ne signent pas ne nient le fait que pour nier le droit: ou dans la pensée qu'ils le nient de mauvaise foy, en estant convaincus dans leur conscience: ou enfin sur quelqu'autre semblable imposture, qu'il est facile d'inspirer à ceux qui n'écoutent qu'une des parties.

Mais laissons, Monsieur, les conjectures sur une chose dont l'evenement nous éclaircira dans si peu de temps. Nous verrons alors en examinant les termes de la Bulle ou du Bref, sur qui tombera cette excommunication, & quel égard on y

A

doit avoir. Ce qu'on peut confiderer prefentement, ce font les principes generaux par lefquels on doit iuger de toute excommunication, & qu'elle doit eftre en cette rencontre la difpofition d'une ame vraiment chreftienne, qui regle fes fentimens non par l'impreffion des fens, mais par la doctrine de l'Eglife.

La vie de la foy, qui eft la vie des juftes felon S. Paul, confifte à aimer felon la foy, à defirer felon la foy, à craindre felon la foy, à s'affliger felon la foy, & enfin à regler tous fes mouvemens felon cette divine lumiere, & non par celle des fens ou de la raifon. Il faut donc craindre l'excommunication en la maniere que la foy nous apprend qu'il la faut craindre, & non felon les idées qu'on s'en peut former fur de vaines fantaifies. Or ce que la foy nous apprend d'une excommunication injufte, eft qu'elle ne nuit point reellement à celuy qui la fouffre avec humilité, qu'elle ne le fepare point interieurement de l'Eglife, qu'elle retombe fur les pafteurs qui en frappent injuftement leurs inferieurs.

C'eft, Monfieur, la doctrine conftante & univerfelle de tous les Peres, & de tous les theologiens catholiques. Et Dieu a voulu que S. Auguftin qui eft celuy de tous les Saints docteurs qu'il a le plus éclairé fur l'unité de l'Eglife, & fur l'obligation que les Chreftiens ont d'y eftre inviolablement attachez, fuft auffi le confolateur des fideles, à qui Dieu permettroit que ce malheur arrivaft d'eftre chaffez de la focieté de l'Eglife vifible par l'injufte dureté de leurs pafteurs.

Ce grand Saint, Monfieur, a preveu cet accident, & il a crû mefme qu'il n'eftoit pas extraordinaire. Voicy comme il en parle au livre de la veritable Religion; *La providence divine permet fouvent que les gens de bien mefme foient chaffez de la communion de l'Eglife par des feditions & des tumultes que des hommes charnels excitent contr'eux; & alors fi ces perfonnes fouffrent patiemment cette ignominie & cette injuftice; & s'ils ne fe portent point a inventer aucune nouveauté ny a former aucun fchifme, ils montreront aux hommes par leur exemple combien on doit fervir Dieu avec une affection veritable, & une charité fincere. Et le Pere celefte qui voit le fecret des cœurs, couronne en fecret l'innocence de ces juftes. Ces exemples paroiffent rares: mais il y en a pourtant, & plus qu'on ne fçauroit croire.* Il ajoute au livre 1. du Baptefme contre les Donatiftes, *que cette épreuve eft utile aux juftes; & qu'ils font d'autant plus attachez à l'unité de l'Eglife, que l'on fait plus d'effort pour les en chaffer. Les fpirituels*, dit-il, *& ceux qui par vne fainte affection tafchent de le devenir, ne fortent jamais de l'Eglife, lors mefme qu'ils femblent en eftre bannis par la mefchanceté des hommes: au contraire leur vertu les purifie davantage par cette épreuve, que s'ils y eftoient toujours demeurez exterieurement unis; & ne s'élevant point contre l'Eglife, la force invincible de leur charité les affermis encore davantage fur la pierre folide de l'unité.*

Vn fçavant Religieux de l'ordre de S. François, qui a reduit fous certains titres la doctrine de S. Auguftin, fait ces judicieufes reflexions fur ces paffages.

,, Premierement, dit-il, par les feditions des hommes charnels il faut entendre
,, quelque jugement ecclefiaftique rendu ou par haine, ou fur une fauffe informatió.
,, Car il n'y a que cette feule violence qui puiffe feparer de l'Eglife les Catholiques.
,, 2. Il faut que ce foit un jugement dernier; par ce que S. Auguftin fuppofant
,, que la difgrace de ces Catholiques eft fans remede, fuppofe par confequent qu'ils
,, n'ont pas celuy de l'appel.
,, Et de là il conclut, que felon la penfée de S. Auguftin il peut arriver que des perfonnes u.

[Le Pere Matthias Hauzeur fçavant Religieux de l'ordre de S. François dans l'abregé qu'il a fait de toute la doctrine de S. Auguftin Tom. 2 p. 31. de l'édition de Paris fait ces judicieufes reflexions fur ces paffages.

,, De tous ces lieux, dit il, nous pouvons conclure. Que par les gens de

„ personnes tres vertueuses & tres sages soient excommuniées & condamnées com-
„ me coupables d'erreur & d'opiniastreté par ceux qui president à l'Eglise, & qui
„ n'auront pas esté bien informez de leurs sentimés, mais auront esté au contraire
„ prevenus & trompez par des hommes contentieux & sedicieux, qui ont d'ordi-
„ naire plus d'empressemét & d'ardeur, & mesme plus de l'adresse & de la pruden-
„ ce du siecle pour arriver à leur but, & pour nuire à ceux qu'ils haïssent, que les
„ innocens n'en ont pour se deffendre.
„ C'est ainsi que S. Hilaire & S. Athanaze ont esté traittez par les Ariens,
„ aussi bien que Cecilien par les Donatistes. Mais il y a toutefois cette difference,
„ que ces Saints avoient un refuge qui estoit le Siege Apostolique ; au lieu que dans
„ l'espece de Saint Augustin tout refuge manque, & il ne reste aucun remede au
„ mal que l'on souffre. Et c'est alors que ces personnes injustement persecutées ont
„ besoin du conseil de S. Augustin, dont il auroit usé luy mesme s'il eust succombé à
„ une calomnie dont il fut chargé par ses ennemis, & absous par un Concile d'E-
„ vesques, ainsi qu'il témoigne au livre 3. contre Petilien.

Ces paroles de S. Augustin, & ces reflexions de ce Religieux contiennent,
Monsieur, les principes que nous devons avoir dans l'esprit sur les excommunications injustes. Car elles nous font voir que ce cas est possible en soy, & que la providence de Dieu le peut permettre, & le permet mesme souvent pour le bien de
ses éleus. Dieu qui les a choisis pour estre conformes à l'image de son fils, se plaist
à representer quelquefois en eux l'ignominie qu'il a soufferte estant condamné par
les Pontifes de la loy, qui estoient les Princes de l'Eglise Iudaïque, & en souffrant
hors de Ierusalem, qui estoit la figure de l'Eglise. C'est ce que Iesus-Christ mesme
a predit à ses disciples, lors qu'il leur a dit, que l'on les chasseroit hors des Synagogues. Car s'il n'eust parlé que des Synagogues des Iuifs, il semble qu'il ne les
devoit pas menacer d'en estre chassez ; puisqu'ils en devoient sortir eux mesmes. Et
c'est encore ce qu'il a voulu figurer, lors qu'il nous represente un mauvais serviteur, lequel en l'absence de son maistre frappe & tuë ses compagnons. Car ce
mauvais serviteur qui a des serviteurs sous luy, nous marque, selon l'interpreta-
tion des Peres les mauvais ministres de l'Eglise, qui estant chargez du soin de la
famille de leur Seigneur, abusent de leur puissance jusques à tuer autant qu'il leur
est possible ceux que Dieu leur a soumis, en les retranchant du corps de l'Eglise.

Ces paroles font voir 2. ce que doivent faire ces Catholiques condamnez,
qui est de souffrir avec patience cette injustice, & de reconnoistre toujours l'Eglise
dont on les bannit pour la veritable Eglise, sans former aucun schisme contr'elle.
Et elles nous monstrent en troisiesme lieu, que ce que l'on doit iuger de ces personnes à qui cette disgrace seroit arrivée, est qu'au lieu d'estre separez de l'Eglise
par cette injustice, ils y sont plus fortement & plus solidement attachez : qu'au
lieu de cesser d'estre Catholiques, ils le deviennent davantage, & qu'on les doit regarder comme des martyrs de l'unité catholique ; puisque la fin de Dieu dans la
permission de cette injustice est de faire voir par leur exemple, que nulle raison &
nul pretexte d'injure ou d'injustice soufferte ne peut donner droit à des Chrestiens
de s'élever contre l'Eglise.

Que si vous demandez, Monsieur, comment ils peuvent estre unis à l'Eglise en
estant separez visiblement, il est aisé de vous répondre, qu'encore que l'Eglise soit
visible, neanmoins on peut estre uni à cette Eglise visible en deux manieres ; l'une

exterieure & sensible, qui consiste dans la participation actuelle des mesmes Sacremens; & l'autre interieure & spirituelle, qui consiste dans la participation du mesme esprit, & dans la volonté de s'unir exterieurement à l'Eglise, si les empeschemens exterieurs ausquels on n'a point de part estoient astez.

Ces deux unions peuvent estre separées l'une de l'autre; & elles sont de telle nature, que l'exterieure est inutile pour le salut, lors qu'elle est separée de l'interieure, & que l'interieure suffit pour le salut, lors que ce n'est pas par nostre faute qu'elle est separée de l'exterieure. Car l'union avec l'Eglise estant le souverain bien des Chrestiens sur la terre, & le moyen unique pour estre uni avec Dieu dans le Ciel, il ne faut pas s'imaginer que Dieu l'ait mise en la puissance d'autruy. Rien ne nous peut separer de l'Eglise que nostre volonté mesme; parce que cette union avec l'Eglise se fait par le S. Esprit, c'est à dire par cet esprit d'adoption qui nous rend enfans de Dieu, & membres vivans de ce divin corps dont il est l'ame & le lien. Or le S. Esprit ne peut estre banni de nostre cœur que par un peché mortel, & la violence des hommes ne nous le peut arracher. Ils peuvent bien nous priver des Sacremens; mais ils ne nous peuvent pas oster la grace des Sacremens. Ils peuvent nous retrancher de l'union visible avec les fideles; mais ils ne peuvent nous separer de l'union invisible que le S. Esprit forme entre tous les fideles & avec I. C. mesme. Ils peuvent nous bannir du temple materiel; mais ils ne peuvent pas nous bannir de ce temple spirituel, qui n'est autre chose que le corps de I. C.

L'injustice des hommes a donc peu de pouvoir sur les vrais fideles; puis qu'en leur ostant le bien exterieur de la communion visible, Dieu les en recompense en secret par une plus abondante effusion de son esprit qui forme la communion invisible. Mais en mesme temps elle a un horrible effet sur ceux qui la commettent. Car en retranchant injustement des membres vivans de l'Eglise, ils deviennent eux mesmes des membres morts, ils se separent interieurement du corps de I. C. & ils entrent dans le corps du demon. Ils perdent le S. Esprit & toutes ses graces, & ils encourent la condamnation de ce mauvais serviteur, qui pour avoir traité injustement ses compagnons, reçoit le partage des hypocrites, & est mis dans le lieu de pleurs & de grincement de dents.

Il est vray qu'ils demeurent dans la communion visible de l'Eglise; qu'ils ne laissent pas d'en estre les ministres, & que les peuples ne laissent pas d'estre obligez de les reconnoistre. Mais tout cela ne leur sert que pour augmenter leur condamnation par la multitude de sacrileges qu'ils commettent en administrant les Sacremens, & en les recevant dans cet estat effroyable, où le schisme interieur qu'ils ont fait les a reduits. Dieu leur donne son corps comme il le donna à Iudas, pour estre le sceau de leur reprobation & de leur endurcissement, à moins qu'ils ne sortent de cet estat funeste par une grace extraordinaire.

Craignons donc, Monsieur, ceux que Dieu nous a preposez dans son Eglise. Mais ne les craignons pas en sorte que nous croyons qu'ils soient capables de nous nuire, lors que ne faisant qu'obeir à Dieu ils nous lieront injustement sur la terre. Car comme dit Origene sur le Chap. 16. de S. Matthieu. ,, Afin que le juge-
,, ment du Superieur soit ratifié au Ciel, il faut qu'il ait la fermeté de la pierre sur la-
,, quelle I. C. a edifié son Eglise, & qu'il vienne de la lumiere de Dieu. Il faut que
,, dans ce jugemét mesme les portes d'enfer ne prevalent point contre luy. Car les
,, portes d'enfer prevalent contre un Prelat qui juge avec injustice, & qui ne lie ou ne délie
,, occasion ny tentation de se retirer de l'eglise.
,, 4. Il faut que ce soit un jugement supreme & dernier, parce que S. Augustin suppose que
,, la disgrace de ces Catholiques est sans remede, supposé par consequent qu'ils n'ont pas celuy de l'Appel.
,, 4. Par des gens charnels, on ne doit pas entendre des personnes sujettes à des vices grossiers &
,, infames, mais des personnes coleres, envieuses, remplies d'animosité, dont parle S. Paul dans l'epistre

„ ne délie pas sur la terre selon la parole & la volonté de Dieu . . . . Dieu mes- „
„ me ne pourroit pas lier celuy qui n'est pas lié par les chaisnes du peché. Nul „
„ Evesque, nul Pierre ne le peut donc aussi. Et si quelqu'un n'estant point éclairé „
„ de Dieu, & agissant d'une autre maniere que S. Pierre croit tellement lier & „
„ délier en ce monde, que tout ce qu'il aura fait soit autorisé dans les cieux, ce- „
„ luy-là est enflé d'orgüeil, & s'élevant par cette presomption, il tombe dans l'a- „
„ byſme avec le diable. Il faut estre bien insensible pour ne pas trembler en lisant „
„ ces effroyables paroles.

Saint Ierosme parle de la mesme sorte sur le mesme Chapitre de Saint Mathieu:
„ Quelques Evesques, dit-il, ne penetrant pas le sens de ces paroles de l'Evangile, „
„ qui marquent le pouvoir qu'ils ont de lier & délier, s'imaginent par une pre- „
„ somption presque semblable à celle des Phariſiens de le pouvoir faire comme „
„ il leur plaist, ne considerant pas que ce n'est point à la sentence des Prestres que „
„ Dieu a égard, mais à la vie criminelle ou innocente de ceux qui subissent cette „
„ sentence.

C'est dans ce discernement si perilleux que le grand S. Gregoire met une des
principales difficultez de la charge pastorale; parce que si l'on s'y trompe & si l'on
y agit par passion, la sentence injuste du Pasteur retourne contre luy mesme. *Si l'on se*
„ Cet honneur est grand, dit-il, mais il emporte avec soy une effroyable charge „ *laisse surpre-*
„ pour la conscience. Car n'est-ce pas un fardeau bien pesant à un homme qui ne „ *ter par la paſ-*
„ sçait pas se gouverner soy mesme, ny regler sa propre vie, d'estre établi le juge „ *sion dans les*
„ de la vie des autres? Et cependant il n'est que trop ordinaire que celuy qui est „ *jugemens.*
„ monté sur le tribunal pour juger les peuples, ne se conduit pas d'une maniere „
„ proportionée à la sublimité d'un ministere si saint. Ainsi souvent il arrive ou qu'il „
„ condamne les innocens, ou qu'il delivre des pecheurs des liens de leurs pechez, „
„ estant luy mesme lié par les liens. Souvent pour lier ou pour délier les fideles, il „
„ suit les mouvemens de sa seule volonté, & non le merite des actions. C'est ce qui „
„ fait qu'il se prive luy mesme de ce pouvoir de lier & de délier, lors que pour „
„ exercer ce mesme pouvoir il consulte non la justice, mais la preoccupation. C'est „
„ de ces Prelats que le Prophete dit avec grande raison qu'ils mortifient des ames „
„ qui ne meurent point, & qu'ils en vivifient qui ne vivent point. Car celuy qui „
„ condamne un innocent & un juste, ne mortifie-t-il pas cet innocent, sans qu'il „
„ puisse neanmoins le faire mourir?

Le celebre S. Nicon dans une de ses lettres, dont on voit le fragment dans la
„ Bibliotheque des Peres Tom. 3. Col. 149. Edit. 4. Sçachez, dit-il, Mon Pere, „
„ que les divines Ecritures & les divins Canons definissent, que les punitions inju- „
„ stes qu'on nous impose ne nous lient point devant Dieu, quoique ce soit le Ponti- „
„ fe qui les impose: combien plus quand c'est un ministre subalterne? S'il arrive „
„ donc que quelque pasteur par une sentence inconsiderée, & par un mouvement „
„ de passion separe quelqu'un du nombre des fideles, non seulement son excom- „
„ munication ne tombe point sur ceux qui en sont frappez injustement; mais elle „
„ retombe sur le ministre qui les en frappe, comme les SS. Conciles le definissent. „
„ Et Dieu defend & vange celuy qui a esté ainsi lié injustement.

Voila la doctrine de tous les Peres & de tous les Saints qui a esté exprimée en ces *Hugues de S.*
„ termes par Hugues de S. Victor: S'il n'y a point de cause qui ait merité l'excom- „ *Victor nous expli-*
„ munication, ce n'est point une veritable excomunication; & celuy qui est excom- „ *que ce mesme*
doctrine après tous
les Peres & sur les SS.

B

,, munié sans sa faute, n'est point lié devant Dieu. Et Pierre Lombard l'a renfermée
,, dans cette decision embrassée de tous les Theologiens: Si quelqu'un est chassé de la
,, communion de l'Eglise par un jugement injuste, & qu'il n'a point merité par ses
,, actions & par sa conduite, il n'en est blessé en aucune sorte. Car quelquefois celuy
,, qui est chassé hors de l'Eglise ne laisse pas de demeurer dans l'Eglise, & au con-
,, traire celuy qui en est effectivemét dehors par ses offenses, paroist estre dans l'E-
,, glise à la veüe des hommes. Voila quelle est la vertu & la puissance des clefs Apo-
,, stoliques.

Alexandre de Halez parle de la mesme sorte p. 4. q. 22. mem. 2. art. 1. in resolut.
,, Celuy qui est excommunié injustement, est separé de la communion corporelle
,, des fideles, & des devoirs que les fideles se rendent les uns aux autres; mais non
,, de la communion des biens spirituels que Dieu donne immediatement. C'est
,, pourquoy en parlant simplement & precisément, l'excommunication injuste
,, n'est pas une excommunication.

,, Le Pape Innocent 3. Entr. 7. de sententia Excomm. c. 28. A nobis. Le juge-
,, ment de Dieu, dit-il, est appuyé sur la volonté qui ne peut tromper, ny estre
,, trompée: mais le jugement de l'Eglise suit quelquefois l'opinion qui trompe
,, souvent, & qui est souvent trompée. C'est pourquoy il arrive quelquefois que ce-
,, luy qui est lié devant Dieu, est sans liens devant l'Eglise; & que celuy qui est lié
,, devant l'Eglise, est délié devant Dieu.

Enfin les Canonistes empruntant ces maximes des Peres & des theologiens, en
ont fait autant de regles du droit canonique, comme on peut voir dans Gratien 24.
q. 3 où il les prouve par l'autorité des Peres, comme dans le C. *si quis non*.
,, Si quelqu'un, *dit-il*, apres S. Ierosme, est chassé de l'Eglise par un jugement in-
,, juste de ceux qui y president, pourveu qu'il n'en soit pas sorti luy mesme aupara-
,, vant, c'est à dire qu'il n'ait point merité d'en sortir, il ne reçoit aucun dommage
,, de ce que les hommes l'en ont chassé. Et ainsi il arrive que celuy que l'on chasse
,, dehors est dedans, & que celuy qui paroist dedans est dehors.

Et dans le Can. *Illud plane*, il cite ces paroles de S. Augustin, prises de divers
,, endroits. Ie puis dire avec verité que si quelqu'un d'entre les fideles est injuste-
,, ment anathematisé, cet anathéme nuira à ceux qui luy font cette injure, & non
,, à celuy qui la souffre. Car l'esprit saint residant dans les saints qui est celuy qui
,, lie & délie, ne fait souffrir à personne une peine injuste, qu'il n'a pas meritée.

,, Et au mesme lieu, Can. *Cui est*, il rapporte ce passage de Gelase. Celuy con-
,, tre qui on a prononcé une sentence injuste, ne doit nullement s'en mettre en
,, peine ; parcequ'une sentence injuste ne peut nuire à personne ny devant Dieu ny
,, devant l'Eglise. Qu'il ne desire donc point d'en estre délié, parcequ'il n'en est
,, nullement lié.

Mais parcequ'il y avoit de certains juges ecclesiastiques, qui demeurant d'accord de cette verité constante, que les excommunications injustes ne nuisent qu'à
ceux qui les prononcent, & non à ceux qui en sont frappez, ne laissoient pas de dire
qu'on devoit garder & craindre leurs sentences quoiqu'injustes : *sententiæ nostræ
etiamsi essent injustæ, sunt tenendæ & timendæ* ; le sçavant & pieux Gerson s'est cru
obligé de refuter cette erreur. Et pour l'examiner avec soin, il reduit la difficulté à
ces trois chefs.

1. Si cette opinion n'est point fausse & erronée.

2. Si elle ne doit point estre condamnée comme contraire à la foy.
3. Si l'on ne doit point citer ceux qui l'avancent comme coupables d'erreur contre la foy.

Aprés avoir proposé ces trois questions, il les resout en cette maniere. Il peut " arriver, dit-il, que des sentences du pasteur, du Pape, & de ses commissaires ne " doivent estre ny gardées ny craintes, lorsqu'elles sont injustes; & cela en plu- " sieurs cas. 1. Si la sentence a esté prononcée aprés un appel legitime, comme In- " nocent 3. le remarque. 2. Si elle contient une erreur intolerable comme il est " marqué par le mesme Innocent. Et c'est ce qui peut arriver en diverses manieres; " puisque nul des pasteurs qui vivent sur la terre, ny le Pape mesme n'est impecca- " ble; & qu'estant environnez d'infirmité, ils peuvent abuser de leur puissance. "

Le 1. cas est si la sentence du Pape est expressément ou mesme implicitement " contre la foy & la sainte Ecriture. "

Le 2. si elle fait prejudice à la verité, à la vie, & à la justice. "

Le 3. si elle porte prejudice à la juste liberté. Innocent 3. a marqué ces cas; & " cette doctrine est fondée sur la loy divine & naturelle qui est infaillible. "

Ensuite de cet éclaircissement, Gerson conclut, 1. que la doctrine proposée, qu'il faut craindre & garder les sentences injustes, est erronée, contre les bonnes mœurs & les Canons. 2. qu'elle rend celuy qui l'avance suspect d'erreur. 3. qu'elle donne droit de le faire citer devant les juges pour rendre raison de sa foy, & qu'il le faut contraindre, ou de s'expliquer, ou de se retracter: que s'il refuse opiniastrément l'un & l'autre, il le faudra livrer à la justice seculiere.

Il est aisé, Monsieur, de juger par ces principes de quelle maniere nous devons craindre une excommunication injuste. Il est permis, & juste de la craindre plus que tous les maux temporels; mais puis qu'elle ne peut nuire à nostre ame, & qu'elle ne nous rend pas plus desagreables à Dieu, elle est moins à craindre en effet, que les plus legers pechez veniels; & si nos sentimens estoient reglez par la foy, la moindre faute envers Dieu nous seroit infiniment plus sensible que les excommunications injustes de tous les Pasteurs du monde. C'est nostre imagination & nostre amour propre qui nous grossit l'idée que nous en avons, & qui nous la rend si épouventable. Et ce n'est au contraire que nostre peu de lumiere qui diminuë si fort devant nos yeux la grandeur reelle des moindres pechez que l'on commet contre Dieu.

Il est rapporté dans la vie de sainte Catherine de Sienne, que s'estant un jour distraite en priant Dieu, parce qu'elle jetta les yeux sur un de ses freres qui passa par hazard devant elle, Dieu luy fit connoistre la faute qu'elle avoit faite en cela d'une maniere si vive & si penetrante, que toutes les confusions qu'elle eust pû souffrir de la part des hommes, n'estoient rien en comparaison de celle que Dieu luy fit ressentir alors. Si Dieu nous avoit ouvert les yeux, comme il fit à cette Sainte, pour voir les choses dans leur grandeur naturelle, il est sans doute que tous les effets de la colere des hommes, dont les excommunications injustes font partie, nous paroistroient des atomes imperceptibles; & que les moindres effets de la colere de Dieu irrité par nos offenses nous paroistroient comme une mer suspenduë au dessus de nos testes preste de nous submerger, selon l'expression de Job: *Ego autem quasi tumentes super me fluctus timui Deum, & pondus ejus ferre non potui.*

Il s'ensuit de là que nous ne devons jamais faire aucun peché, non pas mesme veniel pour eviter une excommunication injuste ; & nous ne le pouvons faire sans aveuglement, puisque ce seroit preferer l'ombre à la verité, l'image à la realité, & s'éloigner effectivement de Dieu, depeur que les hommes en se trompant creussent que nous en sommes éloignez.

Mais comme il arrive souvent que ces excommunications injustes ne se peuvent eviter que par quelque peché, il n'y a point à douter alors du parti que l'on doit prendre, qui est d'aimer mieux estre deshonnoré devant les hommes, que de blesser l'honneur de Dieu par quelque faute volontaire.

Il n'arrive pas souvent que des Catholiques soient reduits à cette extremité de choisir.

Il n'y a pas grand nombre de catholiques qui soient reduits à cette extremité, & à ce choix si dur de souffrir d'estre retranchez de la societé visible de l'Eglise, ou de renoncer à Dieu. Mais il y en a pourtant, & plus qu'on ne pense, dit S. Augustin. Et cet accident qui arrive à peu, peut neanmoins arriver à tous : de sorte que comme tous ceux à qui il arrive sont obligez de craindre Dieu plutost que les hommes, en cette rencontre, tous ceux à qui il peut arriver sont obligez d'estre dans cette disposition de cœur, de souffrir plutost une excommunication injuste, que de blesser leur conscience.

Cette resolution n'est pas seulement de conseil, mais de precepte. Car S. Augustin nous enseigne, que ces actions extraordinaires, dont la pratique est rare, parce que les occasions en sont rares, sont neanmoins commandées dans la preparation du cœur, c'est à dire qu'il faut estre disposé à les faire si Dieu permet que nous y soyons engagez.

C'est une disposition essentielle au Christianisme de servir Dieu sans bornes, & de preferer à toutes choses la fidelité que nous luy devons. C'est ce qui est enfermé dans le precepte de l'amour de Dieu, qui nous oblige d'avoir reellement dans le cœur ce desir sincere de renoncer à toutes choses plutost que de perdre Dieu. C'est à quoy nous oblige le precepte de l'abnegation & du renoncement à nostre propre ame, qui comprend celuy de toutes les consolations humaines, & de tout ce qui est hors de Dieu. Il n'est jamais permis de dire : Ie veux bien deffendre la verité & la justice jusqu'à la perte de mon bien ; mais je ne la veux pas deffendre jusqu'à la perte de ma vie, de ma reputation, jusqu'à me faire excommunier. Dieu ne souffre point ces reserves. Il faut tout souffrir sans exception plutost que d'offenser Dieu ; & nous devons dire à l'égard de la verité & de la justice ce que S. Paul dit de I. C. *Quis nos separabit à charitate Christi ? Tribulatio, an angustia, an fames, an nuditas ?* Car la verité & la justice est I. C. mesme, & souffrir pour la justice & pour la verité c'est souffrir pour Iesus Christ.

Dieu ne veut point aussi que nous fassions distinction entre les veritez & les devoirs de justice ; ny que nous disions: Ie veux bien souffrir pour cette verité; mais je ne veux point souffrir pour celle-là. Ie serois volontiers martyr pour la Trinité ; mais j'aurois peine à me faire martyriser pour les images, ou pour quelqu'autre point encore moins important. Ie defendrois bien l'innocence de cette personne, mais j'aurois peine à me faire persecuter pour celle-là. Ce n'est pas à nous à faire ce choix, puisque nous ne sommes pas à nous. C'est à Dieu à disposer souverainement de nous & de nos souffrances. Nous n'avons qu'à le suivre dans tous les engagemens qu'il fera naistre avec une resolution generale de perdre toute chose pour le moindre de ses interests. C'est estre un mauvais soldat que de ne vouloir s'exposer que dans les occasions éclatantes, & de fuir dans les moindres.

Il faut

Il faut, il est necessaire combler un fossé de son corps, & perit sans que personne le sçache. C'est ainsi que Dieu veut estre servi par ceux qui le cherchent sincerement. Ils ne choisissent d'eux mesmes aucune souffrance, & ils n'en fuient aucune. Tout leur est bon, pourveu qu'il leur arrive dans l'ordre de Dieu, auquel seul ils sont inviolablement attachez. Ils sçavent qu'ils ne sont rien devant ses yeux: qu'il n'a que faire ny d'eux ny de leurs services; & ils mettent tout leur bonheur à souffrir sans resistance, que Dieu dispose de leur repos, de leur honneur, & de leur vie, selon les desseins eternels de sa misericorde & de sa justice.

C'est pourquoy c'est un sentiment indigne de Chrestiens, que celuy des personnes qui s'imaginent que ceux qui n'ont pas cru devoir signer, lors qu'on les a seulement menacez de perdre des benefices, doivent renoncer à leur sentiment, lors qu'on les menace d'excommunication. S'il falloit signer, il faudroit signer sans menaces, parce que l'on croiroit la chose juste. Mais si l'on est persuadé que la signature est injuste, cent excommunications ne doivent pas nous faire changer de resolution tant que l'on demeurera dans ce sentiment.

Le peché est un mal reel & veritable. L'excommunication n'en est que la punition & le remede lors mesme qu'elle est juste. Et quand elle est injuste ce n'est pas proprement un mal à l'égard de celuy qui la souffre sans l'avoir meritée. Elle n'est un mal qu'à l'égard des pasteurs qui commettent cette injustice. Or nous ne sommes jamais obligez d'eviter le mal spirituel des autres, en nous faisant à nous mesmes un mal spirituel; ny de pecher de peur que les autres ne pechent. Tout nostre soin doit donc estre lors qu'on nous menace d'excomunication, de bien examiner si la cause sur laquelle elle est fondée, est un peché, ou une bonne action. Cette menace ne nous doit porter ny à quitter le bien d'obligation, ny à faire le mal; mais elle nous oblige à considerer soigneusement devant Dieu si nous sommes exents de fautes mortelles dans la chose pour laquelle on nous fait cette menace. Car si cela est, nous n'avons rien à craindre.

C'est, Monsieur, tout ce que nous avons à faire en cette rencontre; & c'est en ce sens qu'il est vray que la sentence du pasteur est à craindre quoiqu'elle soit injuste. Car ce n'est pas que nous la devions craindre si elle est injuste; mais nous devons craindre qu'elle ne soit juste, & examiner le sujet de cette excommunication avec ce saint tremblement que les justes sentent dans leurs meilleures actions, & qui fait dire à Iob qu'il craignoit le peché dans toutes ses œuvres: *Verebar omnia opera mea*.

I'ay tâché, Monsieur, de le faire avec le plus de simplicité & d'exactitude qu'il m'a esté possible, & je m'en vas vous dire simplement à quoy mes recherches se sont terminées.

L'unique pretexte de cette menace est le refus de la signature simple & sans explication du formulaire de M. l'Archevesque, ou de celuy qu'on attend de Rome.

Et l'unique raison qui nous oblige à ce refus, est que nous doutons du fait contenu dans le formulaire: que nous ne pensons pas estre obligez de le croire; & qu'en doutant nous ne croyons pas qu'il soit permis de signer simplement*, parce que nous sommes persuadez que cette signature simple signifieroit que nous le croyons, & que nous n'en doutons point, ce qui seroit un mensonge par rapport à nostre disposition contraire.

*tant que nous douterons

ᵃ puisque nous sommes dans ans

Les Superieurs ecclesiastiques ne peuvent trouver dans ce refus un peché qui serve de fondement à cette excommunication, que par l'une de ces trois suppositions: Ou en pretendant qu'on est obligé de croire le fait, parce qu'on doit avoir une creance humaine des decisions que l'Eglise fait touchant les faits: Ou en pretendant que c'est par malice qu'on ne veut pas avoüer ce fait, ou que c'est dans le dessein de soutenir l'erreur mesme : Ou enfin, en pretendant que la signature n'estant pas une marque de creance, c'est une desobeissance de leur refuser cette signature ; puisqu'elle ne nous engage à rien d'injuste, & qui ne soit conforme à nostre disposition.

Voila, Monsieur, les seuls reproches qu'on nous peut faire. Si nous n'avons rien à craindre de ces reproches, nous n'avons rien à craindre de cette excommunication pretenduë dont ils seroient les causes & les pretextes. Or je vous assure que de quelque maniere que je les regarde, il m'est impossible d'y trouver le moindre sujet d'apprehension & de scrupule. Je m'en vas les examiner en detail.

Supposons que M. l'Archevesque, ou quelqu'autre superieur ecclesiastique nous tienne ce langage. Je vous excommunieray, si vous ne croyez le fait contesté de Iansenius ; parceque je vous commande de le croire, & que vous estes obligez d'avoir la creance humaine des faits qui sont decidez par le Pape. Il n'y aura qu'à luy répondre avec humilité, que cette opinion n'est pas veritable : qu'on n'est nullement obligé de croire interieurement les faits decidez par l'Eglise : que le commandement de les croire est notoirement injuste ; & qu'ainsi une excommunication fondée sur le simple refus de croire & d'avoüer ce fait, seroit manifestement nulle & abusive ; parce qu'elle contiendroit une erreur intolerable, & qu'elle seroit contraire à la liberté naturelle que Dieu nous a laissée, de n'assujettir absolument nostre raison qu'à sa seule autorité qui est infaillible.

Mais estes-vous bien asseuré, direz-vous, que le Pape n'ait point droit d'obliger à la foy humaine des faits qu'il decide ; car il ne faut pas hazarder son salut sur des opinions incertaines ?

Nous en avons, Monsieur, toutes les asseurances qu'on peut avoir en ce monde ; & si nous pouvons douter de ce point, je ne sçay rien dont on ne peust aussi douter. Nous avons le consentement de tous les theologiens catholiques qui ont écrit avant les dernieres dix années, n'y en ayant aucun à qui il soit seulement venu dans l'imagination, qu'on soit obligé par la seule autorité de l'Eglise de croire un fait qu'elle a decidé.

Nous avons le consentement present de la plus grande partie des theologiens catholiques.

Nous avons le consentement tacite du Pape ; puisqu'encore qu'il eust tant d'interest de declarer expressément qu'on est obligé de croire le fait, il ne l'oseroit pourtant declarer.

Nous avons l'aveu de Monsieur l'Archevesque mesme, qui s'estant engagé dans son Ordonnance à demander la foy humaine, témoigne dans la lettre qu'il a écrite à M. l'Evesque d'Angers, que l'on n'a pas bien entendu le sens de cette Ordonnance, & fait voir par des consequences necessaires qu'on ne peut demander legitimement la creance interieure du fait contesté.

Il ne faut pas, Monsieur, demander dans le monde une plus grande asseurance que celle-là : car elle exclut tout doute raisonnable ; puisque la raison & l'autorité nous confirment également dans cette doctrine, qu'on n'est point obligé à la creance interieure des faits.

L'on peut dire avec verité que cette asseurance n'est pas seulement morale ; mais qu'elle est absoluë & phisique ; puisque non seulement il est permis de suivre cette opinion, estant veritable comme elle est ; mais que quand mesme elle seroit fausse, ceux qui la suivroient ne laisseroient pas d'estre exents de faute. Car encore que nulle opinion fausse ne puisse excuser ceux qui font quelque chose contre le droit naturel, il est certain neanmoins que lors qu'il ne s'agit que d'un droit positif & d'un commandement humain, ceux qui suivent de bonne foy une opinion qu'ils croient veritable sans legereté & sans imprudence, & qui est autorisée par la plus grande partie de l'Eglise, sont exents de faute en n'y obeïssant pas. Ainsi le Pape commandant de croire un fait, il suffit pour n'estre pas obligé d'obeïr à cette loy positive. 1. qu'il y ait une opinion receüe & embrassée par le plus grand nombre des theologiens catholiques, qui enseignent qu'il ne peut imposer cette obligation. 2. que je croye de bonne foy que cette opinion est certaine & veritable. Or je suis asseuré de l'un & de l'autre. Je suis donc asseuré qu'il ne peut y avoir de peché à ne croire pas le fait de Iansenius, & qu'ainsi toute excommunication fondée sur ce sujet, est manifestement nulle & abusive, & que selon Gerson *nec timenda, nec tenenda est*.

Le second pretexte qu'on pourroit alleguer de cette excommunication, seroit qu'à la verité on ne pourroit estre obligé de croire le fait de Iansenius par l'autorité de l'Eglise, si on en doutoit de bonne foy; mais qu'il est evident qu'on n'en doute pas, & que c'est de mauvaise foy que l'on dit que l'on en doute: que ce n'est qu'une crainte humaine de se retracter, ou un desir de renouveller l'erreur qui porte à refuser de souscrire, & qu'ainsi l'excommunication dont on menace ceux qui refusent de signer, est la juste punition ou de leur erreur s'ils desavoüent le fait pour soutenir l'heresie des cinq propositions, ou de leur hypocrisie, s'il le desavoüent de mauvaise foy, quoiqu'ils en soient convaincus.

Il est bien facile, Monsieur, d'examiner sur ce reproche, & de s'asseurer qu'il est injuste. Il n'y a qu'à se consulter soy mesme, & écouter le témoignage que nostre conscience nous rend. Vous estes de mauvaise foy, dit-on; vous croyez le fait de Iansenius, vous n'en doutez point, & vous ne voulez pas l'avoüer ou par honte, ou pour soutenir l'erreur; c'est pour cela que je vous excommunie. Je m'interroge sur ce point, & je me demande à moy mesme, s'il est vray que je ne doute point de ce fait; & ma conscience me répond qu'il est tres-faux, que je n'en doute point, & qu'il est tres certain que j'en doute. Elle me le répond avec une autorité souveraine & infaillible, puis qu'il s'agit de ce qui est caché dans mon cœur. J'en suis le seul juge sur la terre. J'ay droit de preferer le témoignage qu'elle me rend à celuy de tous les hommes ensemble. J'ay donc encore une asseurance entiere & infaillible qu'une excommunication fondée sur cette supposition seroit injuste & de nul effet.

Mais il nous plaist, disent les Superieurs, de supposer que c'est de mauvaise foy que vous refusez de souscrire, & que ce doute que vous alleguez n'est qu'une feinte; & c'est pour cela que nous vous punissons. Nous n'avons rien, Monsieur, à repartir à ce discours, sinon que s'il leur plaist de se tromper, & de faire un jugement injuste, temeraire, & criminel, nous ne pouvons pas les en empescher: que nous pouvons seulement plaindre leur malheur, & souffrir leur injustice. Il faut leur répondre ce que répondroit une honneste femme à des juges qui luy diroient: Il nous plaist de supposer que vous estes une adultere, & de vous punir pour ce crime. Supposez, diroit-elle, ce qu'il vous plaira: je ne le suis point: si vous me punissez, je souffriray une injustice, & vous en commettrez une: vous serez toujours de pire condition que moy.

Mais, disent les autres, ce n'est ny pour le defaut de la foy humaine du fait, ny pour le soupçon injuste que nous vous punissons. C'est pour le simple defaut de signature, & pour vostre desobeïssance, la signature estant un devoir auquel on est obligé envers les Superieurs, non pour marquer la creance des faits, à laquelle ils n'ont pas droit d'obliger les inferieurs ; mais pour marquer simplement qu'on a du respect pour leur jugement, & qu'on ne le veut pas contredire.

3. Mais 1. C'est la derniere chose qui reste à examiner. Et premierement quoiqu'il soit fort incertain si les Evesques ont droit d'exiger la signature des faits des Ecclesiastiques non suspects, & qu'il soit moralement certain qu'ils n'ont pas droit de l'exiger des Religieuses ; puisque c'est une nouveauté inoüye dans l'Eglise, que cette exaction : qu'elle est contraire à la fin des signatures, qui est d'autoriser les jugemens par le témoignage de personnes capables de connoistre la chose dont il s'agit, à quoy la signature des Religieuses ne peut de rien servir ; & qu'elle est aussi contraire à l'estat & à la perfection des Religieuses, qu'il n'est pas permis d'inquieter en leur commandant une chose absolument inutile ; on n'a jamais neanmoins fait aucune difficulté de se rendre aux Evesques sur ce point, & on leur a dit que l'on estoit prest de leur obeïr, pourveu qu'il n'y eust rien dans les termes de la signature qui blessast nostre conscience. Mais je veux de plus, dit M. l'Archevesque, que vous signiez sans restriction & sans explication ; & si vous ne le faites, je vous perdray ; je vous excommunieray.

Voila donc le sujet de cette excommunication. Ce n'est pas la signature : on ne la refuse pas. C'est la signature sans explication. Mais quel droit M. l'Archevesque a t'il de deffendre de s'expliquer, pourveu que cette explication ne contienne rien que de conforme à la verité & à ses sentimens ? Y a-t'il un peché mortel à expliquer clairement une verité certaine & indubitable, & à refuser de la marquer obscurément de peur de tromper l'Eglise ? Qui a jamais oüy parler d'un peché de cette nature ?

Mais en quoy consiste ce peché ? Y a-t'il peché à ne pas croire le fait ? Nullement, toute l'Eglise nous en assure. Y a t'il peché à croire que la signature simple est une marque de creance ? Nullement, c'est l'opinion de la plus grande partie de l'Eglise, & tous ceux qui ont écrit pour le formulaire, Iesuites & autres le soutiennent expressément, & personne n'a encore osé leur répondre & les contredire publiquement & par écrit. Or supposé cette opinion, n'est-il pas vray que ceux qui ne croyent pas le fait feroient un peché en signant le formulaire. Cela est encor certain. Quel peché commettroient-ils donc en refusant de signer de cette sorte, puisqu'ils pecheroient en signant ?

Ils se trompent, dit-on, dans la seconde opinion. Car il est faux que la signature des faits soit une marque de creance dans l'antiquité : ainsi leur conscience est erronée. Peut-estre que ceux qui avancent cela si hardiment se trompent eux mesmes, comme on leur pourra faire voir. Mais quand on supposeroit que ces personnes qui refusent de signer simplement, se tromperoient en croyant que la signature soit une marque de creance, on ne pourroit nier qu'ils ne se trompassent de bonne foy : qu'ils ne se trompassent avec beaucoup d'apparence : qu'ils ne se trompassent dans une matiere qui n'est pas fort importante d'elle mesme, puisqu'il ne s'agit que de la signification de quelques termes ; & qu'ils ne se trompassent avec la plus grande partie de l'Eglise. On ne peut nier aussi que le motif qui les éloigne de la signature ne soit bon, puisque ce n'est que le desir d'estre sinceres, & la crainte d'offencer Dieu & l'Eglise par une signature trompeuse.

Or tout cela supposé je dis qu'il est certain que le refus qu'ils font de la signature ne peut estre un peché mortel. Car c'est une opinion insoutenable que l'inobservation d'une loy positive soit un peché mortel, lors qu'elle est accompagnée des conditions suivantes.

Qu'elle soit une suitte necessaire d'une opinion au moins tres probable, & qui soit suivie par la plus grande partie de l'Eglise.

Que l'on n'y soit point porté par le mépris de l'autorité du superieur.

Que l'on n'ait en veüe que la crainte d'offenser Dieu, & de trahir sa conscience.

Or le refus que ces personnes font de signer simplement n'est que l'inobservation d'une loy positive, & il est accompagné de toutes ces circonstances que nous avons marquées. Ce ne peut donc estre un peché mortel.

Que l'on ne soit retenu que par la

Mais il faut considerer de plus que cette opinion, que la signature des faits signifie creance, n'est point une opinion douteuse, mais constante & indubitable à l'égard de la plus grande partie de l'Eglise. Car estant notoire que la plus grande partie des theologiens la suit, il est constant aussi que la signature à leur égard signifie creance. Et cela suffit pour monstrer qu'on ne peut obliger ceux qui ne croient pas le fait, de signer simplement le formulaire sans restriction.

Car nul commandement humain ne peut obliger des Catholiques de tromper & de scandaliser la plus grande partie de l'Eglise, & de leur donner lieu de les prendre pour des trompeurs & des fourbes. Or la signature simple de ceux qui ne croient pas le fait, produit cet effet à l'égard de tous ceux qui la prennent pour une marque de creance, c'est à dire à l'égard de la plus grande partie de l'Eglise : elle les trompe, elle les scandalise, en les faisant juger que ceux qui signent de cette sorte trahissent leur conscience. Donc nul commandement humain ne peut obliger des Catholiques, qui doutent si des propositions sont dans Iansenius, à signer simplement le formulaire. Et partant il n'y a point de peché à refuser cette sorte de signature.

Il est donc inutile d'examiner ce que signifioient autrefois les souscriptions des faits. Nous parlons à l'Eglise presente, & il ne nous est pas permis de la tromper, ny de la scandaliser, ny dans son tout, ny dans sa plus grande partie.

Ainsi tant s'en faut donc que ce soit un peché de refuser de signer simplement, que ce seroit sans doute commettre un peché que de le faire quand on doute du fait de Iansenius. I'avoüe que je ne trouve rien de douteux dans ces raisonnemens, non plus que dans celuy-cy.

On ne peut estre obligé d'obeïr à un commandement, quand on ne sçait pas quelle est la chose commandée, & que celuy qui commande ne le veut pas declarer. Or la souscription exterieure n'estant qu'un signe de quelque disposition interieure, ce n'est pas proprement ce que l'Eglise commande, mais c'est cette disposition interieure qui est le principal objet de l'ordonnance de la signature. Cependant on ne sçait point encore precisement quelle est cette disposition que l'on exige, & que l'on veut que l'on témoigne. On l'a demandé à M. l'Archevesque, & il refuse de la declarer. Et partant jusques icy on n'a pû estre obligé de signer.

Qui dit souscrivez, dit témoignez, signifiez, marquez quelque chose. Ceux donc à qui on fait ce commandement, ont raison de dire, que voulez vous que nous témoignions, que nous signifyions que nous marquions. Et si on leur refuse de le dire, non seulement ils peuvent ne pas obeïr, mais il ne leur est pas possible d'obeïr à ce pretendu commandement.

Si ces choses ne sont claires, je ne sçay pas ce que l'on doit appeller clair. Et si l'on pretend que je me trompe, je n'ay rien à dire, sinon que j'ay l'esprit fait de telle sorte, qu'il m'est impossible de trouver la moindre ombre de difficulté dans ce que ces personnes jugeroient faux.

Mais d'où vient donc, dira t'on, qu'il y a tant de personnes qui croyent qu'on est obligé en conscience de signer ? Je réponds que le nombre de ces personnes n'est point si grand que l'on pense : mais que la terreur oblige la plupart de dissimuler ce qu'ils en pensent. L'on ne le dit point en l'air. L'on est seur au contraire que si l'on faisoit assembler tous les Curez de Paris, & tous les Docteurs, avec une pleine liberté de dire leurs sentimens, sans crainte d'estre notez & persecutez, comme ils le sont presentement lors qu'ils parlent un peu librement, il y en auroit plus des deux tiers qui declareroient qu'il n'y a aucun peché ny mortel ny veniel dans ce refus accompagné de ces circonstances. Que s'il s'en trouve d'autres qui croient de bonne foy qu'on est obligé à la signature, c'est qu'ils sont dans des principes d'erreur comme les Iesuites, qui pretendent qu'on est obligé à la creance des faits : ou qu'ils sont persuadez qu'il est notoire & evident que la signature des faits ne marque pas qu'on les croye. Car nous sommes dans un temps où chacun croit avoir droit de faire passer toutes ses imaginations pour des veritez constantes & indubitables.

Voila, Monsieur, la conclusion de mon examen, qui se reduit à ce point, que toute excommunication ne doit point faire changer la résolution de ne signer point simplement & sans s'expliquer, à moins que M. l'Archevesque ne s'explique luy mesme, & ne declare ce qu'il demande, & s'il exige ou s'il n'exige pas la creance humaine du fait contesté. S'il l'exige clairement, on s'en excusera clairement. S'il dit clairement qu'il ne l'exige pas, mais qu'il demande un certain respect general qui peut estre rendu par ceux qui croient & qui ne croient pas, il n'y aura nulle difficulté à le satisfaire. Mais pendant qu'il ne le dira pas, & que la plupart de l'Eglise prendra la signature comme un témoignage de creance, il est plus clair que le jour qu'on ne peut estre obligé de signer, & qu'on n'est point desobeïssant à un superieur qui refuse de dire ce qu'il commande. Ainsi l'on peut dire avec assurance que ceux qui dans une injustice aussi palpable & aussi grossiere qu'est celle de dire comme a fait jusqu'à present M. l'Archevesque : souscrivez pour témoigner une disposition que je ne vous veux pas marquer, apprehendent encore la menace d'une excommunication : *Trepidaverunt timore ubi non erat timor*. Ils craignent une ombre & un phantosme, & ils ne craignent pas la realité. Ils craignent sans raison, puisqu'il n'y a pas la moindre raison qui prouve qu'il y ait du peché dans le refus de la signature simple. Et ils ne craignent pas ce qu'ils devroient craindre, puisqu'il y a de tresgrandes raisons qui devroient donner une juste frayeur à ceux qui doutant de ce fait contesté ne font pas difficulté de l'attester par leur signature.

Mais ceux à qui Dieu a fait la grace de le craindre plus que toutes choses, ont sujet d'estre dans un entier repos de tout ce qui leur peut arriver de cette affaire; puisque leur conscience ne leur reprochant point d'avoir rien refusé à leurs superieurs de ce qu'ils pouvoient legitimement exiger d'eux, tous les hommes ensemble sont dans l'impuissance de leur nuire. Ils peuvent les décrier dans le monde, & les traiter s'ils veulent d'heretiques & d'excommuniez : mais ils ne peuvent les rendre ny heretiques ny excommuniez. Et tout l'effet de ces diffamations scandaleuses est de retrancher ceux qui s'en rendront coupables de la societé du corps de J. C. & de les rendre reellement schismatiques devant Dieu, quoiqu'ils ne le soient pas devant les hommes.[*] C'est, Monsieur, ce qu'il y a de plus triste dans ces troubles que Dieu permet que l'on excite dans son Eglise, & qui doit estre le principal objet de nos gemissemens & de nos larmes.

Nous n'y sommes pas seulement obligez par la compassion & la charité que nous leur devons ; mais aussi par celle que nous nous devons à nous mesmes. Car comme les fautes des peuples sont les fautes des pasteurs, parceque Dieu leur en demandera compte, s'ils n'ont fait tout ce qui estoit en leur pouvoir pour les empescher : aussi

[* *Selon ces paroles de S. Augustin. Qui eos, invidens bonis ut quantam occasionem excludendi vos, ut degradandi, jam schismatici sunt.*]

les fautes des pasteurs sont en quelque sorte les fautes des peuples ; parce qu'ils les doivent considerer comme des effets de leurs pechez, & qu'ils doivent craindre que le châtiment n'en retombe sur eux.

Qui ne craindroit, Monsieur, quelque effet extraordinaire de la colere de Dieu en voyant ce que nous voyons maintenant ? Qu'en un temps où tout est plein de desordres & de crimes manifestes : où toute l'Eglise est remplie d'Ecclesiastiques vicieux & ignorans, & de Monasteres déreglez : qu'en un temps, disje, où l'on souffre que toutes les loix de Dieu soient violées impunement, parce qu'il n'y a que l'honneur de Dieu qui y soit interessé, on menace de chasser de l'Eglise des Ecclesiastiques irreprochables dans leur vie & dans leur doctrine sur une pique d'honneur, & parce qu'ils ne sont pas persuadez d'un fait decidé par une autorité faillible : Que l'on ruine de fond en côble un Monastere de filles d'une regularité exemplaire pour ce mesme doute : Qu'on introduise des coutumes toutes nouvelles, & dont on ne peut alleguer aucun exemple dans toute l'histoire de l'Eglise, afin d'avoir sujet de les perdre. Et tout cela parce que Monsieur de Paris s'imagine que son honneur y est interessé, & que ces Religieuses l'ont soupçonné de n'avoir pas parlé assez clairement dans son Ordonnance. En verité c'est ce qui ne se peut concevoir. Cette effroyable delicatesse en ce qui regarde un interest d'honneur, jointe à cette effroyable insensibilité en ce qui ne regarde que Dieu, est une chose monstrueuse, & qui doit faire trembler non seulement ceux qui autorisent cette conduite, mais tous ceux qui en sont spectateurs ; parce qu'il n'y a rien de plus capable d'irriter Dieu & de provoquer sa jalousie, comme parle l'Ecriture.

Le comble de tous ces maux est qu'il se trouve des personnes assez simples pour se laisser surprendre par des mots de zele pour la foy & pour les interests de l'Eglise, dont on a toujours coloré les plus grandes injustices. Mais pour les détromper de cette illusion, je croy devoir rapporter un exemple celebre d'une conduite bien opposée, & c'est par où je finiray cet écrit.

Il n'y a guere eu de Saint qui ait fait paroistre plus de chaleur dans les contestations qu'il a eües pour la foy que Saint Cyrille d'Alexandrie, jusques-là que son zèle a esté suspect à S. Isidore de Damiette, & luy a donné sujet de luy reprocher, qu'il exerçoit ses propres passions sous pretexte de deffendre la doctrine de l'Eglise. Ce fut ce Saint qui presida au Concile d'Epheze, où les choses se passerent d'une maniere assez éloignée de l'idée que l'on a d'ordinaire de la douceur & de la condescendence chrestienne. C'est luy qui obligea tous les Evesques d'Orient qui suivoiët Iean d'Antioche, d'anathematiser Nestorius & ses dogmes, & qui ne conclut l'accord avec eux qu'à cette condition ; parce qu'il estoit persuadé qu'ils soustenoient l'erreur mesme de Nestorius, ou du moins qu'ils avoient agi de mauvaise foy en deffendant sa personne contre leur conscience par des interests humains, comme il en accuse Iean d'Antioche. Il n'y eut donc jamais de témoins moins suspects que celuy là ; & la condescendence qu'il a pratiquée peut bien estre imitée en conscience par les autres. Voyons donc ce qu'il a fait à l'égard de ceux qui avoient favorisé Nestorius, & suivi ses sentimens.

Il y en avoit plusieurs de cette sorte dans le Patriarchat d'Antioche, lesquels aprés la reconciliation de cette Eglise avec celle d'Alexandrie, demeuroient neantmoins attachez à la communion de leur Patriarche Iean, qui avoit condamné Nestorius, mais qui n'exigeoit point des autres cette condamnation, non pas mesme des personnes les plus suspectes. Ce procedé scandalisa un Diacre nommé Maxime qui en écrivit à S. Cyrille comme au grand ennemy de Nestorius. S. Cyrille pour moderer l'ardeur de ce zele indiscret luy répondit, qu'il falloit prendre garde si ces personnes defendoient l'erreur mesme de Nestorius: qu'en ce cas il ne les falloit pas souffrir: mais que s'ils ne defendoient point ses erreurs, & que par une honte humaine ils ne voulussent pas condamner sa personne, il s'en falloit mettre en repos, & ne pas troubler la paix.

„ J'ay appris, *dit-il*, par le moine Paul, que vous refusez de vous joindre de com-
„ munion avec le religieux Evesque Iean, parce qu'il y a encore dans Antioche des
„ personnes qui sont dans les sentimens de Nestorius, ou qui y ont autrefois esté,
„ mais qui les ont quittez depuis. Que vostre prudence examine donc si ceux que
„ l'on dit estre dans la communion de l'Eglise, font voir clairement & impudem-
„ ment qu'ils sont dans les sentimens de Nestorius, & s'ils ne craignent point d'en
„ parler aux autres ; ou si ayant eu autrefois de mauvais sentimens, ils se tiennent
„ unis à l'Eglise, par ce qu'ils se repentent de leur égarement passé, quoy qu'ils ayent
„ honte d'avoüer leur faute. Car cette mauvaise honte est assez ordinaire à ceux qui
„ ont esté trompez. Que si vous voyez qu'ils soient convertis à la vraye foy, oubliez
„ tout le passé : car il vaut bien mieux qu'ils nient, que non pas qu'ils deffendent les
„ erreurs de Nestorius.

Voila la resolution de ce Saint, que tous les Canonistes ont trouvée, si équitable, qu'ils en ont fait une regle du droit Canonique. Elle est rapportée par Yves de Chartres en sa Preface : par Gratien 1. q. 7. Can. *Didici* : par M. de Marca liv. 3. de Concordia, C. 13. Et les corecteurs de Gratien l'ont trouvée mesme si importante, que parceque la version qu'il en alleguoit estoit pleine de fautes, ils ont cru devoir rapporter le passage grec avec une nouvelle version: *Quoniam, dissentis, in magni ponderis argumento versatur, & prudentissimè scripta est.*

Qu'il y a de difference, Monsieur, entre la conduite de ce Saint, & celle qu'on pretend introduire dans l'Eglise. Il s'agissoit alors de personnes qui avoiēt favorisé l'erreur & la personne de Nestorius : il s'agit icy de Religieuses qui ne sçavent ce que c'est que l'erreur attribuée à Iansenius, & qui n'ont jamais leu ny defendu son livre. Il s'agissoit alors de personnes qui ayant esté legitimemēt suspectes, pouvoiēt estre obligées de signer selon l'ordre de l'Eglise : il s'agit icy de Religieuses qui n'ont jamais esté suspectes, & qui n'ont jamais esté obligées de signer selon la discipline de l'Eglise à cause de leur profession & de leur sexe. Il s'agissoit d'une heresie manifeste que Nestorius soutenoit ouvertement contre l'Eglise, dont il estoit separé : il s'agit icy d'une heresie que personne ne soutient. Il s'agissoit de personnes qui n'estoient portées à ne pas condamner expressement Nestorius que par une mauvaise honte ; & il s'agit icy de Religieuses tres sinceres, & que la seule crainte d'offencer Dieu porte à refuser de declarer qu'elles ne doutent point d'un fait dont elles doutent, & dont il leur est permis de douter. Cependant S. Cyrille veut que l'on ne trouble point les premiers : qu'on oublie tout le passé : qu'on demeure en repos : qu'on passe pardessus les loix ordinaires de l'Eglise pour le bien de la paix, pourveu seulement qu'ils ne deffendent pas impudemment l'erreur mesme : & l'on pretent qu'il faut ruiner un monastere tres reglé, & introduire tout exprés dans l'Eglise de nouvelles loix & des signatures inoüies, pour trouver un pretexte de perdre des Religieuses d'une pieté reconnuë ; parce qu'elles veulent parler sincerement à l'Eglise en luy decouvrant des sentimens ausquels on ne peut trouver à redire, & que l'on leur permet de retenir dans le cœur. Si le monde trouve cela juste, il faut dire qu'il y a peu de justice au monde, & que l'on a grand sujet de se mettre peu en peine de ses jugemens.

Ce 1. Fevrier 1665.

HERESIE IMAGINAIRE.
SIXIEME LETTRE
Sur le cinquiéme Mandement de Paris.

IL y a toujours assez de personnes qui se plaignent des superieurs, mais il y en a peu qui plaignent les superieurs comme ils le devroient. Cependant on peut bien les plaindre sans se plaindre d'eux ; mais la charité ne permet pas qu'on se plaigne d'eux sans les plaindre en mesme temps, puisque leurs surprises sont toujours tres dignes de compassion. Nous devons considerer qu'ils ont à satisfaire un grand nombre de personnes, dont les inclinations & les sentimens sont opposez ; & qu'ils sont eux mesmes partagez par une infinité de divers engagemens, de divers interests, & de diuerses passions : qu'il est difficile de n'avoir en veüe dans cet estat que la verité & la justice, ou d'avoir assez de vigilance & de lumiere pour découvrir tous les attifices des méchans. Et c'est pourquoy il ne faut pas tant s'estonner s'ils tombent quelquefois en de fâcheux inconveniens. C'est autant un malheur de leur condition, qu'un defaut de leur volonté ; & ils ne font que nous montrer par leur exemple ce que nous ferions peutestre nous mesmes encore plus qu'eux, si nous estions en leur place.

Ce seroit estre injuste & déraisonnable, que de n'avoir pas ces sentimens pour M. l'Archevesque de Paris, & de ne pas reconnoistre que c'est un des hommes du monde le plus à plaindre, & qui fait plus voir en luy la misere & la vanité de la grandeur. Son élevation n'a esté pour luy qu'une source infinie de peines, d'inquietudes, d'embarras. Il s'est trouvé d'abord engagé dans l'affaire du monde la plus odieuse, la plus difficile, & dans laquelle il avoit à choquer plus de personnes. Chacun a tâché de le tirer de son costé. Il est vray que les plus forts l'ont toujours emporté, comme il est bien naturel, mais ce n'a pas esté sans peine & sans resistence de sa part ; & il luy faut rendre ce témoignage, qu'il n'a point fait de violences aux autres, qu'il n'en ait souffert le premier.

Mais jamais cette agitation de pensées, & ce combat d'interests n'a paru davantage, que dans l'affaire de sa derniere Ordonnance, ou du cinquiéme Mandement. Il n'a pu ignorer que tout Paris, & mesme toute la France luy demandoit la paix, & qu'on estoit persuadé qu'elle ne dependoit que de luy seul. Il sçavoit que tout son Clergé desiroit avec passion qu'il declarast qu'il n'exigeoit point la signature comme une marque de la creance du fait, ce qui estoit l'unique obstacle de cette paix. Il sçavoit de plus qu'ils estoient presque tous dans ce sentiment qu'on ne peut avec justice & sans erreur demander cette creance. Il estoit environné de personnes qu'il considere avec raison comme ses amis, qui luy disoient librement leurs pensées sur ce sujet. Enfin son inclination mesme le portoit assez de ce costé là, puisque c'estoit un moyen seur de se deliurer tous d'un coup de cette fâcheuse affaire.

A

Mais il avoit d'autre costé le P. Anat sur les bras, qui ne veut point absolument de paix; parce que le trouble & la guerre sont necessaires à sa Compagnie, & qui a surtout un extréme eloignement de ce moyen de pacifier ce different, comme entierement contraire à ses pretentions. D'ailleurs il avoit fait luy mesme des pas peu favorables pour embrasser cet expedient; & s'il ne falloit pas absolument reculer pour cela, il eust esté au moins necessaire de ne pas continuër dans la mesme route.

C'est dans cet esprit partagé de toute ces veües qu'il a entrepris de faire ce cinquiéme Mandement. Il eust esté bienaise de satisfaire en mesme temps à tout le monde, à son Clergé, à ses amis, aux PP. de l'Oratoire qui le poussoient à la paix, aux Iesuites & à quelques personnes puissantes qui l'en détournoient, à ses engagemens precedens, à son repos, à sa reputation tant à l'egard de Rome, qu'à l'egard de la Cour, des sçauans, du peuple, des devots, des gens d'esprit.

Mais le moyen d'allier ensemble tant de differens interests? C'est ce que M. l'Archevesque a cherché inutilement; aussi n'estoit-il pas possible de trouver une voye moyenne qui satisfist à tout le monde. Il falloit se resoudre à prendre parti, & à faire des mécontens; & on peut bien juger ceux dont le mécontentement est le moins à craindre, & qui ne peuvent tout au plus se deffendre que par des écrits, qui sont leus de beaucoup de personnes, mais qui ne leur donnent que des loüanges steriles, & des larmes impuissantes.

Cependant il faut reconnoistre que M. l'Archevesque s'est montré si sensible aux raisons qui le portoient à la paix, qu'il s'y est presque rendu. On a veu la pente de son cœur, & les choses estoient allées si avant, que tout Paris a esté persuadé par ses discours, & par les assurances qu'il en avoit données à un tres grand nombre de personnes, qu'il feroit un Mandement supportable, où il excluroit de la signature l'obligation a la creance. On estoit mesme convenu de quelques termes, par lesquels on exprimeroit ce que l'on doit aux faits, sans s'engager à cette creance; & il a eprouvé, comme il éprouvera toujours, combien les personnes que l'on estime intraitables, sont flexibles pour toutes les voyes de paix où ils ne croient pas leur conscience engagée.

Mais ceux qui sont dans la place où est M. l'Archeuesque, & qui ont pris le train qu'il a pris, sont d'ordinaire moins libres que personne de suivre leurs propres inclinations. Ils sont liez de mille chaines qu'ils ne peuvent rompre. Le moyen de conclure une si grande affaire sans le P. Anat, & d'appaiser sans luy le trouble qu'il a excité? Ce n'est pas que le P. Anat comme P. Anat soit fort consideré de M. l'Archevesque, mais on le considere d'une autre sorte. On sçait qu'il est chef d'une puissante cabale, qui a une infinité de moyens de nuire à ceux qui la desobligent. Il a donc fallu se resoudre à faire part du projet du Mandement à ce Pere; & l'on peut juger s'il s'est oublié de bien menager ses interests dans une occasion si importante. Aussi le bruit s'en répandit aussitost, & l'on reconnut bien apres un voyage que M. l'Archevesque fit à la Cour, qu'on luy avoit fait prendre d'autres mesures, & qu'on avoit renversé tous ses bons desseins: de sorte qu'on ne fut pas fort étonné, quand on vit paroistre le Mandement dans l'estat où il a plu au P. Anat de le mettre.

Il n'y a rien en cela de surprenant, & à quoy on ne se dust bien attendre. Ce n'est que le cours ordinaire des choses du monde, que le plus fort l'emporte sur le plus foible. C'est neanmoins une chose qui merite d'estre fort consideree que ce Mandement, qui est l'effet de tant de negotiations & de tant d'intrigues. Car on y voit des marques sensibles de toutes les personnes qui y ont eu part, ou que l'on y a considerées. On voit le partage qu'on leur a fait des mots & des clauses qu'il contient, selon le degré du credit & de l'autorité qu'ils auoient. Il y a des mots que M. l'Archevesque y a mis pour luy mesme & pour sa propre reputation. Il y en a pour le Clergé de Paris, & pour les Peres de l'Oratoire, car M. de Paris a quelque égard à les contenter. Il y en a pour les scavans, parce que c'est à eux à deffendre le Mandement. Il y en a pour les personnes moderées, car leur approbation est necessaire à M. l'Archevesque. Il y en a pour les gens d'esprit, car ils servent beaucoup à former le jugement public. Enfin il y en a pour le P. Anat & les Iesuites, & l'on en sçait assez la raison.

C'est de l'assemblage de toutes ces pieces rapportées, & de tout ces differens mots, qu'est composé ce Mandement. Mais il y a cette difference entre les uns & les autres, que les mots pour M. l'Archevesque, pour les Peres de l'Oratoire, pour les personnes sages, sont des mots qui n'ont qu'une apparence trompeuse. Mais il n'en est pas de mesme de ceux qui sont pour le P. Anat: ce sont des mots substantiels & pleins de sens, qui absorbent & aneantissent tout ce qui paroist avantageux aux autres.

Il me semble qu'il ne sera pas inutile d'expliquer tout cela plus en detail en faveur de ceux qui n'apercevroient pas d'eux mesmes toutes ces addresses. C'est à l'honneur de M. l'Archevesque qu'est destiné le preambule, qui ne parle que de paix, de concorde, & d'union, ces discours de pompe qui expriment des sentimens qu'on devroit en effet avoir dans le cœur, estant tres honnorables aux Evesques.

Il estoit de sa dignité de ne pas souffrir qu'on luy ostast le droit de donner à ceux qui luy sont soumis les instructions qu'il juge leur estre necessaires pour leur faire entendre le sens de la signature. Il a donc voulu user en cela de son pouvoir, nonobstant la Bulle du Pape, qui semble le luy deffendre; & il paroist par son Mandement qu'il a eu dessein de donner quelque explication du sens des souscriptions. Enfin il n'a pas cru devoir desister de tous ses engagemens precedens; & c'est pourquoy il y a encore conservé quelque ombre de la distinction du fait & du droit. Voila la part qu'il y a prise en particulier.

C'est en faveur des personnes sages & moderées qu'on a retranché cet amas d'injures qu'on entassoit d'ordinaire fort grossierement dans ces sortes d'actes; parce qu'on a reconnu que cela ne faisoit pas un bon effet, & qu'elles estoient prises plutost pour des effets de la passion de ceux qui les employoient, que pour des marques de la faute de ceux contre qui on s'en servoit.

On a donné aux gens d'esprit de ne point parler d'orages, de tempestes, de naufrage, de serpent tortueux, de couteau que l'on tient sur la gorge, & d'autres expressions semblables, qui font maintenant le stile ordinaire, mais qui ne sont pas au goust des honnestes gens & des personnes judicieuses.

Le Clergé de Paris, & les Peres de l'Oratoire souhaittoient deux choses : 1 qu'on abolist cette foy humaine du fait, en reduisant tout à la soumission de respect & de discipline : 2 qu'on n'inquietast plus les gens aprés leur signature par des reproches calomnieux. On leur a accordé quelque chose sur l'un & sur l'autre de ces deux points. Car pour le premier on a retranché le mot de *foy humaine* en laissant neanmoins subsister la chose. Et pour le second il semble qu'il y a des termes dans le Mandement entierement favorables à cette intention. Car il y est deffendu expressément *sous peine d'excommunication de blesser par des termes injurieux la reputation d'aucun de ceux qui auroient souscrit.*

Enfin il y a certains Theologiens qui se piquent de science, & qui se sont fortement persuadez de cette opinion, que quoy que l'Eglise n'ait pas droit d'exiger la creance des faits, elle a droit neanmoins d'en exiger la souscription. On les a voulu aussy contenter en partie, en declarant conformément à leurs sentimens, qu'il a toujours esté du pouvoir & de la discipline de l'Eglise, d'ordonner des souscriptions à ses jugemens. Mais on n'a pas ajouté, comme ils eussent bien voulu, que l'Eglise n'a pas droit d'en exiger la creance.

C'est ainsi qu'on a partagé ceux ou qui estoient les plus faciles à contenter, ou que l'on avoit moins d'interest de satisfaire. Mais pour le R. P. Anat, on n'a point usé de partage & de composition avec luy, & on luy a accordé quant au fond tout ce qu'il pouvoit desirer sans reserve ny restriction.

Il est vray que quant à la maniere il a trouvé plus à propos de cacher ses avantages reels sous des termes artificieux, que de les decouvrir grossierement ; afin qu'il parust davantage qu'il les avoit obtenus par son addresse, & que c'estoit à luy seul que sa Compagnie en avoit l'obligation.

Il luy estoit d'autant plus difficile de venir à bout de toutes ses pretentions en cette rencontre, qu'elles se trouvoient contraires à celles de tous les autres.

Car M. l'Archevesque estoit engagé à distinguer le fait & le droict, & le P. Anat vouloit qu'il les confondist.

Il estoit de l'honneur de M. l'Archevesque d'expliquer le sens de la signature: l'interest du P. Anat estoit qu'il n'expliquast rien.

La fin du Clergé de Paris, & des Peres de l'Oratoire estoit de faire exclure la creance humaine : la fin du P. Anat estoit de l'exiger reellement.

Le Roy ne veut point qu'on enseigne & qu'on établisse dans son royaume la doctrine nouvelle de l'infaillibilité du Pape : le plus grand dessein du P. Anat est de l'establir tant dans le fait, que dans le droit.

Si donc le P. Anat par des termes adroitement semez dans le Mandement a pu venir à bout de toutes ses pretentions, & aneantir celles de tous les autres, il faut dire que c'est asseurement un fort habile homme dans ces sortes d'intrigues & d'artifices. Or il l'a fait, & en est venu à bout.

Mais comment trouver tout cela dans le Mandement ! C'est en quoy consiste son addresse, d'y avoir mis toutes ces choses en sorte qu'on ne les y trouvast pas d'abord, quoy qu'on ne puisse nier qu'elles n'y soient quand on nous les y montre. Et c'est pourquoy il n'est pas étrange, que M. l'Archevesque, que ses grandes occupations empeschent de s'appliquer à tout si exactement, ne se soit pas aperceu de ce malin artifice ; & perſonne n'aura lieu de luy faire de reproche, pourueu qu'il y remedie lors qu'on le luy aura découuert, comme ie m'en vas tâcher de faire.

On ne peut douter que ce n'euſt eſté l'intention de M. l'Archeveſque de diſtinguer le fait & le droit. Il y eſtoit engagé en toutes manieres. C'eſt pour cela qu'il a declaré qu'on deuoit une ſoumiſſion de foy divine pour les dogmes, & quant aux faits non revelez une autre ſorte de ſoumiſſion &c. Voila ce ſemble le fait & le droit bien diſtinguez par les mots de *dogmes* & de *faits*; de dogmes revelez, & de faits non revelez ; par la foy divine que l'on rend aux uns, & la ſoumiſſion differente que l'on rend aux autres.

Mais c'eſtoit auſſy l'intention du P. Anat que M. l'Archeveſque confondiſt & brouillaſt le fait & le droit, & il a fallu le ſatisfaire. Et c'eſt pourquoy il ſe trouve qu'aprés qu'on a diſtingué en apparence dans le Mandement le fait & le droit, on les confond effectivement, en ſorte que la diſtinction n'eſt qu'imaginaire, & que la confuſion eſt reelle.

C'eſt ce qui paroiſt clairement dans la clauſe où l'on explique quel eſt ce fait non revelé, diſtingué du dogme, auquel on ne doit pas une ſoumiſſion de foy divine, mais une autre ſorte de ſoumiſſion. Car au lieu de marquer le veritable fait dont il eſt queſtion, qui eſt de ſçavoir *ſi les dogmes condamnez ſont de Janſenius*, on y ſubſtitue une propoſition qui n'enferme point un ſimple fait, mais un droit & un fait confondus & brouillez enſemble: *Et quant au fait non revelé*, dit-on, *l'Egliſe demande une veritable ſoumiſſion, par laquelle on acquieſce ſincerement & de bonne foy à la condamnation de la doctrine de Janſenius contenüe dans les 5. propoſitions.*

Il faudroit n'avoir guere d'intelligence dans ces matieres, pour ne comprendre pas quand on nous y fait faire reflexion qu'on a brouïllé icy le fait & le droit. Car quand on parle de la doctrine de Ianſenius, à moins qu'on n'entende pas ce qu'on dit, il faut neceſſairement que l'on conçoive quelque dogme particulier & determiné que l'on appelle doctrine de Ianſenius ; comme quand on dit, la doctrine de Calvin ſur l'Euchariſtie, on entend le dogme contraire à la tranſubſtantiation enſeigné par Calvin. Ainſi quand on dit que la doctrine de Ianſenius a eſté condamnée, on dit deux choſes tres reellement diſtinctes : l'une, qu'une certaine doctrine que l'on conçoit ſous ces mots, a eſté condamnée : l'autre, que cette doctrine eſt de Ianſenius. La premiere de ces propoſitions contient la queſtion de droit, la ſeconde contient la queſtion de fait, & elles ſont toutes deux enfermées dans cette expreſſion confuſe, que la doctrine de Ianſenius eſt condamnée.

Et c'eſt pourquoy ces expreſſions eſtant confuſes, & comprenant pluſieurs choſes, ceux qui croient les unes ſans croire les autres n'y peuvent pas répondre ſans diſtinction. Si l'on me demandoit : Condamnez-vous la doctrine de Ianſenius, ou ce qui eſt la meſme choſe, Acquieſcez-vous à la condamnation de la doctrine de Ianſenius? je ne pourrois répondre preciſément à cette queſtion ; mais je demanderois a cette perſonne ce qu'il entendroit par les mots de doctrine de Ianſenius. Lors qu'il me l'auroit marqué, & qu'il m'auroit dit

B

par exemple, que c'est la grace necessitante, je luy dirois alors que je condamne ce dogme qu'il appelle doctrine de Iansenius, mais que pour moy je ne croy pas qu'il soit de Iansenius. Il est donc clair que la proposition que le P. Anat nous donne comme contenant un fait non revelé, n'est point un simple fait, mais que c'est un fait & un droit confondus ensemble selon l'intelligence de ce Pere, contre l'intention de M. l'Archevesque.

Le dessein du R. P. en cette confusion est de se reserver toujours un pretexte de rendre ses adversaires suspects d'heresie. S'il avoit exprimé le fait dans les termes naturels qui sont propres pour le faire entendre, & qu'il leur reprochast simplement de ne pas croire que les dogmes condamnez dans les 5. propositions sont dans Iansenius, on verroit clairement que ce ne peut estre une heresie de douter de cette question de fait: mais exprimant ce fait d'une maniere embarrassée, & qui comprend une question de droit, en leur reprochât qu'ils ne croient pas que la doctrine de Iansenius soit condamnable, quoyque le Pape la condamne, leur innocence ne paroist pas si clairement, parce qu'il semble par la qu'il y ait une certaine doctrine que ces personnes soutiennent comme catholique, & que le Pape condamne comme heretique; ce qui est neanmoins tres faux, ces personnes condamnant tous les dogmes & toute la doctrine que le Pape condamne, & n'estant en different que sur un pur fait, qui est de sçavoir si ces dogmes & cette doctrine condamnée sont dans le livre d'un Prelat catholique.

C'est par le mesme artifice que le P. Anat a eludé le dessein que M. l'Archevesque avoit de distinguer la soumission que l'on doit au dogme, de celle que l'on doit au fait. Car ayant confondu le droit & le fait, il a confondu aussi les soumissions; & ainsi il a fait que le Mandement ne démesle rien, mais qu'il laisse les choses dans la mesme confusion que le Pape les a laissées dans son Formulaire.

Il n'a pas moins bien reüssy dans le dessein qu'il avoit d'exiger la creance du fait. Car quoy qu'il n'ait osé la faire demander en propres termes, parce que c'est une opinion trop décriée; neanmoins comme il ne se rebute de rien, il a sceu faire marquer assez nettement cette creance en d'autres termes, estant impossible qu'une personne sincere puisse dire, comme l'on fait dans ce Mandement, *qu'il acquiesce sincerement & de bonne foy à la condamnation de la doctrine de Iansenius*, sans croire que la doctrine de cet auteur est veritablement condamnable.

Le sens des paroles ne dépend point des subtilitez recherchées de quelques personnes qui tâchent de s'échapper. Il dépend de l'idée ordinaire que les paroles forment dans le commun du monde qui les entend. Or qui peut nier qu'en entendant dire à une personne qu'il acquiesce sincerement à la condamnation de la doctrine de Iansenius, on ne conçoive qu'il croit que la doctrine de cet auteur est condamnable, & que cette personne la condamne? On ne peut douter que cette expression n'enferme la creance du fait. Si l'on avoit voulu exclure cette creance, on sçavoit bien de quelle sorte il le falloit faire, & M. l'Archevesque estoit convenu luy-mesme d'une expression qui l'excluoit le plus respectueusement qu'il estoit possible ; mais il n'a choisy celle-là par le conseil du P. Anat contre l'avis de tous ses amis, qu'en voyant bien qu'elle ne l'excluoit pas, mais plutost qu'elle l'enfermoit, parce qu'il vouloit donner au R.P. ce qu'il souhaittoit.

Mais, disent quelques personnes, ne peut-on pas prendre ces paroles en un bon sens, & supposer que cet acquiescement sincere & de bonne foy n'est pas une creance, mais une simple soumission de respect? On peut bien peut estre se le persuader à soy-mesme, parce qu'il est facile de s'ébloüir: mais on ne peut pas le persuader au commun du monde, & le sens des paroles n'est pas celuy qu'il nous plaist d'y donner, mais c'est celuy qu'on y donne effectivement. Au moins ne peut-on nier que ces paroles ne soient equivoques, & plus qu'equivoques, c'est à dire qu'il faut beaucoup de raffinemens & d'explications pour y donner un bon sens, & qu'il ne faut que suivre l'impression qu'elles font naturellement dans l'esprit pour y en donner un mauvais. Et cela suffit pour obliger un Chrestien à ne s'en pas servir; car la sincerité chrestienne ne doit point avoir besoin de glose & de commentaires, & l'on ne doit ny tromper l'Eglise par des expressions fausses, ny se mettre en danger de la tromper par des expressions equivoques.

Il me seroit aisé de montrer que dans le langage ecclesiastique acquiescer à une decision touchant un fait, c'est la croire. Mais pour ne s'engager pas dans de longues discussions, il suffit de dire que nous ne parlons pas seulement pour les sçavans, mais que nous parlons pour tout le monde, & la sincerité est une dette dont nous pouvons dire que nous sommes redevables aux sages, & à ceux qui ne le sont pas, *sapientibus & insipientibus debitor sum*. Il seroit donc bien estrange qu'en demeurant sinceres à l'égard d'un petit nombre de personnes habiles qui se sont mis cette imagination dans l'esprit, nous voulussions passer pour fourbes à l'égard non seulement de plusieurs autres qui sont aussy intelligens, mais generalement à l'égard de tous ceux qui n'ont qu'une lumiere mediocre, qui sont toujours sans comparaison le plus grand nombre, & qui ont ainsi plus d'autorité pour determiner le sens des expressions.

Il est donc clair qu'on ne satisfait point au devoir de la sincerité chrestienne, à moins que les paroles dont on se sert ne soient intelligibles aux personnes qui n'ont qu'une intelligence mediocre, & ne forment dans leur esprit un sens veritable. Et ainsi estant visible que les paroles du Mandement de M. de Paris font croire d'elles mesmes au commun du monde, que ceux qui les prononcent condamnent sincerement la doctrine de Jansenius, & qu'ils la croient condamnable, & tous les Jesuites les prenant de la sorte, il est visible aussi que des personnes sinceres qui ne sont pas en cette disposition ne peuvent pas s'en servir.

Ce terme d'*acquiescement* que l'on rapporte dans le Mandement non à un simple fait, mais à un fait & à un droit, qui est que la doctrine de Jansenius est condamnée, souffre encore un grand nombre d'inconveniens. S'il enferme la creance, comme nous l'avons montré, c'est une injustice de l'exiger, puisque nous n'en devons point aux faits. S'il ne l'enferme pas, il est injurieux au

Pape & à l'Eglise, puisque la proposition à laquelle on le rapporte comprenant aussy un droit, il est sans doute que nous y devons quelque creance. Si c'est une creance divine, c'est une heresie selon M. l'Archevesque mesme, puisqu'on l'exige à l'égard d'un fait qui n'en peut estre matiere. Si ce n'est qu'une foy ou creance humaine, c'est une erreur, puisque la proposition contenant un dogme, elle enferme quelque chose qui est matiere de foy divine. Ainsy de quelque sorte qu'on le prenne, pour creance, pour exclusion de creance, pour foy humaine, pour foy divine, il enferme toujours une erreur, parce qu'on le rapporte à deux choses differentes, & qui exigent des dispositions tout differentes. C'est toujours ou trop, ou trop peu. La foy humaine est trop pour le fait, & trop peu pour le droit. La foy divine est ce que l'on doit au droit, mais c'est une heresie de la rendre au fait. La soumission de simple respect suffit pour le fait, & ne suffit pas pour le droit. Ainsy tant que le fait & le droit seront confondus, comme ils le sont dans le Mandement de M. de Paris, il est impossible d'exprimer par un seul terme ce que l'on doit à l'un & à l'autre.

Mais le P. Anat ne se soucie guere de cela; parce qu'il ne croit pas que ce soit là un grand inconvenient. Foy divine, foy humaine, tout luy est bon, pour veu qu'on l'établisse comme necessaire. Il aime presque autant l'une que l'autre, parce qu'il sçait bien qu'il reduira sans peine la foy humaine à la foy divine.

En effet cette foy humaine des faits que M. l'Archevesque a voulu substituer en la place de la foy divine des Iesuites qui estoit trop odieuse, est une pure illusion. C'est un changement de nom qui ne change pas la chose, & la verité est qu'elle n'est humaine que de nom, & qu'elle est effectivement divine. C'est un mystere qu'il est important de decouvrir; parce qu'il fait voir que M. l'Archevesque s'engage sans qu'il y pense dans les plus odieuses opinions des Iesuites & les plus contraires à l'autorité du Roy, & à la seureté de l'Estat.

Car cette foy humaine que M. l'Archeuesque establit, n'est pas fondée selon luy mesme sur la lumiere personnelle du Pape, puisqu'il se peut faire qu'il n'en ait pas davantage qu'un autre theologien : mais sur l'assistance particuliere du S. Esprit, *qui l'eclaire*, dit-il, *dans l'intelligence du sens des liures*. Et il faut que cette intelligence soit bien certaine, puisqu'elle produit une obligation indispensable de croire ce que le Pape decide. Or dire que le Pape est certainement assisté du S. Esprit, comme fait M. l'Archevesque, & dire qu'il est infaillible, c'est absolument la mesme chose. Et n'estant pas infaillible par luy mesme, mais seulement par cette assistance de Dieu, la foy que nous avons en ses decisions ne sera pas fondée sur la lumiere humaine du Pape, mais sur la lumiere divine & surnaturelle que l'on pretend que Dieu luy communique. Ce sera donc en quelque sorte une foy divine, puisqu'elle sera fondée sur l'autorité divine, & sur la verité de Dieu. Ce ne sera pas le Pape, mais ce sera Dieu mesme que nous croirons; parce que nous ne croirons le Pape, que parce que nous supposons qu'il est certainement assisté de Dieu dans ses jugemens.

Ainsy

Ainsi la difference que M. l'Archevesque a pretendu mettre entre son opinion, & l'erreur des Iesuites, est une pure illusion; & la verité est qu'il établit aussy bien qu'eux & l'infaillibilité du Pape dãs les faits, & la foy divine des faits fõdée sur cette infaillibilité. Il se separe d'eux dans les termes; mais ne se separant point de leurs principes, il demeure engagé reellement dans toutes leurs erreurs, & il fait le mesme preiudice qu'eux à la souveraineté des Roys. Il est vray qu'il le fait peutestre sans y penser. Mais s'il n'y pense pas, le P. Anat y pense pour luy, & n'a point d'autre but en l'engageant à exiger cette creance, que de rétablir l'infaillibilité du Pape, mesme dans les faits, avec toutes les erreurs qui naissent de ce pernicieux principe.

C'est ainsi que ce R. P. fait servir M. l'Archevesque d'instrument pour s'opposer aux desseins du Roy, & pour renverser toutes les declarations que la Sorbonne & les Parlemens ont faites sur cette matiere pour la seureté de sa personne & de son Estat. Et aprés qu'il s'est de la sorte joüé du Roy, de M. l'Archevesque, du Clergé de Paris, & de tout le monde, il a bien eu la hardiesse de faire ajoûter dans le Mandement, que si on ne signe dans les intentions marquées *la signature est une pure illusion.*

Il est certain qu'il n'y a guere de chose plus penible à entendre, que l'abus que les personnes injustes & puissantes font des mots. Ils ne parlent jamais plus hautement de la paix, que lorsqu'ils font tout ce qu'ils peuvent pour la troubler. Ils ne se vantent jamais davantage de sincerité, que lorsqu'ils sont plus artificieux & moins sinceres. Et ils ne reprochent jamais plus hardiment aux autres que leur conduite est une pure illusion, que lorsqu'il n'y a qu'illusion & deguisement dans leurs paroles. Qu'est-ce que le Mandement en l'estat où le P. Anat l'a mis, sinon un amas d'illusions? On y distingue le fait & le droit, & on les confond en mesme temps. On explique le sens de la signature, & l'on détruit cette explication. On n'ose demander la creance, & on la demande en effet. On n'ose dire que le Pape est infaillible dans les faits, & on le rend effectivement infaillible. Enfin on ne veut pas obliger à croire le fait de foy divine, & l'on y oblige sans y penser par la necessité qu'on impose d'une creance fondée sur une assistance du S. Esprit. Et aprés toutes ces illusions on ne craint point de dire, qu'en ne signant pas de cette sorte la signature seroit une pure illusion aux ordonnances du S. Siege & des Evesques.

Ce sont là les veües principales que le P. Anat a eües dans ce qu'il a ajoûté au Mandement de M. l'Archevesque. Et comme il est à croire que M. l'Archevesque ne s'en est pas aperceu, il luy est libre quand il le voudra de donner la paix à l'Eglise, en retranchant cette zizanie que cet homme ennemy de la paix a semée. Cette paix si desirée de tout le monde est en mesme temps tres-proche & tres-éloignée. Elle est tres éloignée, à cause des passions violentes des hommes qui la traversent : elle est tres-proche, parceque rien ne peut empescher de la donner qu'une injustice qui n'auroit pas la moindre ombre de raison.

Car enfin dequoy s'agit-il, & comment M. l'Archevesque de Paris pourroit-il refuser ce qu'on luy demande? Il voit qu'il est necessaire de distinguer le

C

fait & le droit ; & il demeure d'accord qu'il y a dans les Constitutions des Papes des dogmes revelez, & des faits non revelez. On ne luy demande autre chose sur ce sujet sinon qu'il demeure dans ce principe evident : qu'il s'accorde avec la raison & avec luy mesme ; & qu'en marquant ce fait non revelé il ne nous substitue pas un fait & un droit meslez & confondus ensemble ; afin que personne ne croye qu'on refuse de confesser un droit, lorsqu'on ne refuse de confesser qu'un simple fait. Le point de droit consiste dans les dogmes condamnez : le point de fait consiste à sçavoir si ces dogmes condamnez sont dans le livre de Iansenius. Qu'il les exprime donc de cette sorte. Tous les theologiens qui sont au monde l'entendent ainsi. Tous ceux qui ont du sens commun ne sçauroient concevoir ces choses d'une autre maniere ; & il n'est pas juste que M. l'Archevesque pretende faire changer la raison de tous les hommes dans un point qui ne dépend que de la raison.

La seconde chose dont il s'agit, est de sçavoir si M. de Paris a droit d'exiger une soumission de creance & de foy ou humaine ou divine à l'égard du fait. Il paroist bien qu'il est persuadé luy-mesme qu'il n'a pas ce droit, puisqu'il ne l'oseroit dire, & qu'il n'a pas voulu demander cette creance en termes formels. Il n'auroit pas manqué de le faire s'il l'avoit, & s'il esperoit seulement de le pouvoir soutenir. Mais voyant assez qu'il ne peut pas se l'attribuer avec justice, il a évité expressément de se servir de ces mots, parce qu'il ne vouloit pas s'y engager ; & il a eu recours à d'autres, qui selon le bon sens ont la même signification, parce qu'il ne vouloit pas nous en dégager. Et c'est dequoy l'on se plaint. Car s'il a ce droit d'exiger la foy ou la creance du fait, que ne la demande-t'il expressément ? Et s'il ne l'a pas, pourquoy la demande-t'il en effet par des termes differens ? Peut-on s'imaginer une demande plus raisonnable que celle que l'on luy fait en cette occasion : Ou declarez-nous nettement que vous exigez la creance du fait, & nous vous dirons nettement que c'est une erreur contraire aux sentimens de tous les theologiens, aux principes de la foy, à la doctrine de l'Eglise Gallicane, & à la seureté de l'Estat, puisqu'elle enferme l'infaillibilité du Pape dans les faits : Ou declarez-nous nettement que vous ne la demandez pas, & n'exigez point de nous des termes qui enferment cette creance selon le jugement de la plusepart du monde ; ou du moins puisque les termes dont vous vous servez n'excluent point cette creance, & que le Formulaire la renferme, si l'on n'est point obligé de l'avoir, ne deffendez point comme vous faites d'ajoûter à la signature qu'on fera, des termes par lesquels on puisse marquer qu'on ne s'y oblige pas.

On dira peuteftre que c'est nostre opiniatreté & nostre delicatesse qui nous fait entendre ainsi les termes du Mandement : qu'on le devroit prendre d'une maniere plus favorable, & comme tant d'autres, qui se persuadent que le terme d'acquiescement à la condamnation de la doctrine de Iansenius contenuë dans les 5. propositions, ne marque point qu'on croye qu'elle y est en effet contenuë, ny que l'on condamne cette doctrine. Mais s'il est vray que ces paroles n'enfermét pas la creance, pourquoy M. l'Archevesque refusera-t'il de le declarer, ou de se servir d'autres termes qui ne l'enferment point, & qui en excluent l'obligation? Et s'il le refuse, pourquoy nous accuse-t'on de les entendre ce cette sorte?

Enfin, disent les gens du monde, il ne s'agit que de quelques mots, est-ce là un sujet de se faire persecuter, & de tenir en trouble toute l'Eglise? Mais s'ils ont tant soit peu d'équité, que ne disent-ils plutost: Enfin il ne s'agit que de quelques mots, est-ce-là un sujet legitime de persecuter des Catholiques, de ruïner des monasteres, & de tenir l'Eglise dans la confusion & dans le trouble? Que peut-on reprocher à ces personnes, sinon ou qu'ils ignorent la signification de quelques termes, ou qu'ils les prennent selon l'usage le plus commun? S'ils disoient comme plusieurs qu'ils acquiescent à la condamnation de Iansenius, en entendant dans leur esprit qu'ils ont pour la decision du Pape une soumission de respect & non de creance, ils seroient innocens, & l'on n'auroit rien à leur reprocher. Mais parce qu'en entendant autrement le terme d'*acquiescement*, & qu'en le prenant pour creance ils refusent de s'en servir, on les pousse aux plus grandes extremitez.

Il ne s'agit plus de dogme, ny par consequent d'heresie. Il ne s'agit plus mesme de cette question de fait dont on a tant fait de bruit: chacun en croit ce qu'il veut, & M. l'Archevesque quelque engagé qu'il y soit n'oseroit dire en termes formels qu'il en exige la creance. Dequoy s'agit il donc? D'une question de grammaire, de la signification d'un mot, & d'un mot qu'on ne veut pas expliquer. Voila à quoy se sont reduits ces orages, ces tempestes, ces pestes, ces venins, ces illusions, ces tortuositez, ces serpens, cette nouvelle heresie qui menaçoit l'Eglise & l'Estat.

Il seroit donc bien étrange, qu'on voulust augmenter les duretez à mesure que les questions diminüent, ou plutost lorsqu'elles sont reduites à rien, & que tous les pretextes estant dissipez on voit clairement qu'on a excité tout ce grand bruit sans sujet. On doit esperer que M. l'Archeuesque de Paris ne voudra pas s'engager plus avant dans un procedé si insoutenable, & qu'il aimera mieux écouter la voix de toute la France qui luy demande la paix, que celle du P. Anat qui se nourrit du trouble que ces disputes apportent, parce qu'il l'a excité, & qu'il y trouve l'agrandissement & la seureté de sa Compagnie.

Ce 25. Iuin 1665.

HERESIE IMAGINAIRE.
LETTRE VII.

MONSIEVR,

C'est une chose étrange que l'orgueil des hommes. Ils oublient à tout momét leur foiblesse & leur impuissance. Ils rapportent tout à eux. Ils voudroient que leur volonté fust la regle de toutes choses. Enfin ils agissent en dieux & non pas en hommes; tant cette impression superbe que le demon a faite dans l'esprit de nos premiers peres en les portant à desirer d'estre comme des dieux, est encore vivante dans celuy de leurs enfans.

C'est ce qu'on peut remarquer patticulierement dans leur conduite à l'égard de la verité. Car encore que rien ne soit moins soumis à leur volonté, & que les choses soient ou ne soient pas independemment de leurs desirs, ils ne laissent pas de s'attribuer une espece de domination sur la verité mesme, en reglant leurs opinions sur leurs interests, & voulant faire passer pour vray tout ce qui leur est utile.

Qu'on examine l'origine de la pluspart des opinions fausses qui courent dans le monde, & l'on reconnoistra que le principal motif qui a porté les hommes à les produire ou à les embrasser, est la commodité qu'ils y ont trouvée. D'où vient que tant de Casuistes enseignent qu'on est en seûreté de consience en suivant un docteur grave? C'est que cela seroit fort honnorable pour les Casuistes consultez, & fort commode pour ceux qui les consultent. Et de là il n'y a qu'un pas jusqu'à se persuader & à soutenir que cela est en effet.

Ce seroit sans doute un fort beau privilege, & bien glorieux à la Cour de Rome, que le Pape fust le maistre de tous les Roys: qu'il pust les deposer quand il les jugeroit nuisibles à la religion: qu'il fust l'arbitre de la paix & de la guerre. Et sur cela on a conclu à Rome, que ce droit appartenoit effectivement au Pape, & que ceux qui le nioient estoient heretiques: *Assentiuntur omnes, nisi qui ab Ecclesiâ exciderit*, dit le Cardinal Baronius.

Le Pape Gregoire VII. porta si loin ce droit de commodité, que selon Baronius il ne fit point de difficulté de decider dans un concile tenu à Rome, qu'un Pape canoniquement ordonné estoit certainement rendu saint: *Pontifex Romanus si canonicè fuerit ordinatus, meritis Beati Petri indubitatè efficitur sanctus*. Par ce moyen il rendoit les Papes heureux & en ce monde & en l'autre, ce qui seroit un avantage incomparable. Neanmoins ses successeurs ont trouvé de la dificulté dans cette pretention. Car ils craignirent avec raison, qu'au lieu de conclure qu'un Pape est saint dece qu'il est canoniquement ordonné, on ne conclût souvent aucontraire, que n'estant pas saint il n'est donc pas canoniquement ordonné. Et c'estpourquoy depeur que sous ce pretexte on ne mist leur dignité en compromis, ils ont mieux aimé abandonner le privilege de sainteté, & se reduire en ce point à la condition des autres Evesques, qui tachent d'arriver à la sainteté par leurs actions, mais qui n'en font pas une prerogative de leur ministere.

N'estoit-ce pas une fort grande incommodité d'assembler toutes les Eglises du monde dans les conciles œcumeniques, pour faire decider infailliblement les questions de foy? Que d'attirail, de frais, de fatigues, d'embaras, pour faire venir tous les Evesques dans un mesme lieu! Que de peines à en obtenir la permission des Roys! Outre que quand les Evesques sont assemblez on ne les gouverne pas comme on veut, & il leur prend quelquefois envie de reformer l'Eglise *in capite & in membris*: de sorte que tout consideré on a jugé à Rome qu'il estoit plus commode que le Pape seul & sans concile fust infaillible. C'estpourquoy ceux qui suivent aueuglement les inclinations de cette Cour, ont commencé de le soutenir publiquement aprés le concile de Basle; car durant ce concile on ne doutoit point encore que le Pape ne fust tres-faillible, côme il est dit en termes exprés dans l'Epitre synodale. *Si le Concile general pouvoit errer*, dit ce concile, *estant certain que le Pape peut errer, toute l'Eglise seroit dans l'erreur:* SI ERRARE *posset concilium, cùm certum sit Papam errare posse, tota Ecclesia erraret.*

Mais la hardiesse des hommes à faire passer pour vray tout ce qui leur est commode, paroist encore davantage, lors qu'aprés avoir étably quelque maxime avec grand soin quand elle leur étoit utile, ils entreprennent ensuite de la détruire quand elle les incommode. Il semble alors qu'ils aient entierement perdu la memoire, & que ce ne soient plus les mesmes hommes, tant ils parlent un langage different. Ce qui estoit generalement receu de tout le monde, devient en un moment un sentiment particulier; & des extravagances inouïes, qui n'estoient jamais tombées dans la pensée de personne, se trouvent tout d'un coup, si on les en croit, la doctrine constante de l'Eglise, par cette seule raison qu'elles servent à leurs desseins.

On n'en peut pas voir un plus bel exemple, que ce qui est arrivé sur le sujet de l'infaillibilité du Pape ou de l'Eglise dans les faits, où il s'agit d'examiner quel est le sens d'un livre, ou d'un auteur. Quoyque les hommes ayent toujours esté capables d'imaginations bizarres & ridicules, ils ne s'estoient point encore avisez de cellelà, d'attribuer au Pape ou à l'Eglise de ne se pouvoir tromper dans l'intelligence des livres; & les theologiens avoient au contraire conclu generalement que dans les faits, & particulierement dans ceux qui consistent à sçavoir quel est le sens d'un écrit, les jugemens ecclesiastiques n'estoient pas infaillibles, & n'obligeoient pas à la creance.

Tant s'en faut que les plus ardans partizans de la Cour de Rome ayent desavoüé cette verité, qu'ils se sont au contraire efforcez de l'établir plus que les autres; parce qu'ils en tiroient de grands avantages pour soutenir la pretenduë infaillibilité du Pape dans les points de droit, en reduisant à des erreurs de fait toutes celles dont ils ne pouvoient exempter les Papes.

Quand on leur objecte, par exemple, l'histoire du Pape Honorius, qui approuua les lettres heretiques de Sergius Patriarche de Constantinople, ou du VI. Concile qui a condamné les lettres de ce Pape comme remplies d'heresies, ils s'en tirent assez passablement par cette doctrine. Ce n'estoit, disent-ils, que des questions de fait, dans lesquelles il n'est pas étrange que les Papes & les Conciles se trompent. Honorius approuva la lettre de Sergius, & le Concile condamna celle d'Honorius : mais Honorius n'estoit pas heretique, quoyqu'il ait approuué la lettre d'un heretique, parce qu'il ne l'a approuvée qu'en la prenant par un erreur de fait en un tres bon sens: & le VI. Concile n'estoit pas aussy heretique, quoy qu'il ait comdamné un écrit tres catholique, parce qu'il ne l'a condamné qu'en l'expliquant en un mauvais sens par une autre erreur de fait.

Quand on leur allegue les changemens de Vigile, qui a tantost approuvé, & tantost condamné les trois Chapitres à diverses reprises, ce ne sont, disent ils encore, que des erreurs de fait, puisqu'il s'agissoit seulement du sens de ces auteurs. Or ces erreurs n'interessent point l'infaillibilité de l'Eglise.

Quand on prouve par l'exemple d'Estienne V. & de Sergius III. que des Papes peuvent se tromper en definissant des erreurs à la teste d'un Concile, ils ne se sont trompez, disent-ils, que dans des faits. Or il est certain que les Papes & les Conciles s'y peuvent tromper.

Voila les avantages qu'ils tirent de la faillibilité du Pape dans les faits, & dans les faits doctrinaux, où il s'agist de sçavoir quel est le sens d'un écrit. Aussy afin que personne n'osast revoquer en doute une doctrine qui leur est si necessaire, ils ne reconnoissent point pour catholiques ceux qui la voudroient contester.

Tous les Catholiques sont d'accord, dit le Cardinal Bellarmin Iesuite, *que le Pape agissant en Pape, & avec l'assemblée de ses conseillers, & mesme auec un Concile general, peut se tromper dans les controverses particulieres des faits.* Ceux qui n'en demeurent pas d'accord ne sont donc pas catholiques, selon le sentiment de ce Cardinal. Et afin qu'on ne chicanast pas sur ses paroles, & qu'on ne pretendist pas exempter de cette regle les faits doctrinaux où il s'agit de découvrir le sens des écrits, il soutient qu'on peut dire avec assurance que les Peres du VI. Concile n'ont condamné le Pape Honorius, que parcequ'ils n'ont pas bien entendu ses lettres: *Tutò dicere possumus hos Patres deceptos ex falsis rumoribus, & non intellectis Honorii epistolis immeritò cum hæreticis commemorare Honorium.*

C'est ainsi que l'on a vescu dans l'Eglise avant ces dernieres dix années, & les Iesuites aussy bien que les autres ont cru rendre un grand service au Pape, de bien prouver dans leurs écrits qu'ils ne sont pas infaillibles dans l'intelligence des livres. Mais comme les vtilitez changent, & que ce qui est commode en un temps ne l'est pas toujours en un autre, il est arrivé par la conjoncture de la dispute presente, qu'ils ont eu besoin que le Pape fust infaillible, mesme dans les faits, pour faire reüssir l'intrigue qu'ils avoient formée.

Leur dessein étoit d'obliger tout le monde à croire que les cinq propositions estoient dans le livre de Iansenius, & de traitter d'heretiques ceux qui le nioient. S'ils eussent pu le prouver, ils n'auroient pas eu recours à d'autres moyens. Mais cette voye ne leur a jamais reüssi. Il a donc fallu alleguer quelqu'autre fondement de cette obligation; & c'est à quoy ils se sont trouvez fort embarrassez. Enfin aprés en avoir bien cherché, ils n'en ont point trouvé d'autres que de dire nettement que le Pape est infaillible dans l'intelligence du sens des livres.

Certainement ce moyen estoit étrange, & il est croyable qu'ils ont eu peine eux mesmes à se resoudre d'avancer dans l'Eglise une telle nouveauté. Mais il estoit unique: il n'y avoit point à choisir. Si le Pape n'est pas infaillible dans l'intelligence du sens des livres, ceux qui croient qu'il n'a pas bien entendu celuy du livre de Iansenius, ne seroient donc pas obligez de changer de sentiment. Or il faut pour le bien de la Société qu'ils y soient obligez. Il faut donc aussi pour le bien de la Société que le Pape devienne infaillible dans les faits. Donc il le sera. Cela est demonstratif; puisque ce n'est qu'une suite manifeste du grand principe qui sert de fondement à leur conduite, qu'il faut rapporter tout à la gloire de la Société, comme Dieu rapporte toutes choses à sa propre gloire.

Cette resolution estant prise, ils firent soutenir cette doctrine en divers endroits de l'Europe, & principalement à Paris dans cette celebre these de leur college de Clermont du 12. Decembre 1660. Il est vray que d'abord l'entreprise ne leur reüssit pas, & qu'on les repoussa si fortement, qu'ils parurent quelque temps un peu humiliez sur ce point. Mais l'humilité des Iesuites n'est jamais de longue durée. Ce sont gens qui ne se rebutent de rien, & qui n'abandonnent point leurs entreprises. Ainsy aprés avoir dissimulé quelque temps, ils renouvellent presentement cette pretention aussy hardiment que jamais; & pendant que le Roy, les Parlemens, & la Sorbonne rejettent l'infaillibilité du Pape, mesme dans le droit, quoy qu'elle ait esté soutenüe par beaucoup de theologiens attachez à la Cour

de

de Rome, ils ne craignent pas de soutenir à la face du Roy, des Parlemens, & de la Sorbonne, que le Pape est infaillible, mesme dans les faits, ce qui n'a jamais été enseigné par aucun theologien.

La maniere dont ils executent cette entreprise n'est pas moins étonnante, que la temerité avec laquelle ils l'ont formée. Ce n'est plus par des écrits & par des theses; mais ils se mettent d'abord en possession, & ils parlent de leur opinion qui ne vient que de naistre comme d'une chose constante & non contestée. Et quant aux preuves par lesquelles on l'a cent fois ruinée, ils s'en tirent, non en y répondant, mais en les méprisant. Ce ne sont, disent-ils, que des redites: nous avons la teste rompüe de Theodoret & d'Honorius. Et sans autre réponse ils debitent ensuite leur doctrine comme le sentiment commun de l'Eglise.

Ils passent bien plus avant: car ils décrient ceux qui ne l'approuvent pas comme des novateurs, & ils les accusent partout de ruiner les Constitutions. On sçait le bruit qu'ils taschent d'exciter contre les Mandemens de M. l'Evesque d'Alet, & de quelques autres Evesques; & à les entendre parler il sembleroit qu'ils continssent quelque erreur considerable. L'Eglise est perdüe, disent-ils, si ces Mandemens subsistent. Cependant tous ces reproches aboutissent à ce point unique, que ces Evesques en rendant témoignage à la doctrine perpetuelle de l'Eglise, ont declaré que l'Eglise n'estant point infaillible dans les faits qu'elle decide, elle n'en exige point la creance par autorité.

Il ne tient pas aux Iesuites qu'on ne fasse un crime à ces Evesques d'avoir dit une chose dont personne n'a jamais douté; parce que cette verité, quelque constante, quelque certaine, & quelque indubitable qu'elle soit, n'est pas conforme à leur utilité presente. Ils voudroient que la teste tournast à tout le monde, parce que leur interest a changé: que ce qui a esté vray seize cens ans durant, devint tout d'un coup faux, parce qu'ils en sont incommodez: que tous les Evesques abandonnassent l'ancienne doctrine de l'Eglise: que tous les theologiens oubliassent ce qu'ils ont cru jusqu'à present; & qu'ils n'empruntassent leurs sentimens & leurs paroles que des phantaisies presentes des Iesuites, sans mesme considerer ce qu'ils ont pû dire autrefois. C'est le comble où leur insolence est montée. Certainement il est difficile de comprendre quelle peut estre la religion & la conscience de personnes qui agissent de la sorte.

Est-ce donc que nostre religion n'est qu'une invention humaine & politique, qui n'a point d'autre fondement que la volonté du plus fort, ny d'autre regle que les imaginations des hommes? Est-ce qu'il n'y a point de Dieu en Israël, & que sa providence ne veille point pour la conservation de son Eglise? Est-ce que la verité n'est point immuable, & qu'il est au pouvoir des hommes de la détruire, en faisant ensorte que ce qui a esté vray jusqu'à un certain temps, cesse de l'estre quand il leur plaist?

Je ne sçay si les Jesuites ont des pensées si criminelles. Mais je sçay bien qu'ils agissent comme s'ils les avoient, & que leur conduite tend au renversement entier de toute la religion. Car s'il est permis d'avancer ainsi dans l'Eglise des opinions nouvelles, contraires au sens commun, & au consentement de tous les siecles, qu'est-ce qui ne sera point permis, & quel point de la doctrine catholique sera desormais inviolable à une telle licence ? Aujourd'huy le Pape est infaillible dans les faits, parce qu'il plaist aux Jesuites, & que cela leur sert pour venir à bout de ce qu'ils ont entrepris ; & demain il sera impeccable s'il leur est utile qu'il le devienne. L'un n'est pas plus difficile que l'autre, parcequ'il n'y a point de raison ny dans l'un ny dans l'autre. Aujourd'huy il est assisté du S. Esprit dans l'intelligence des livres ; & demain cette assistance ne luy pourra jamais manquer dans l'excommunication des Roys, dans les interdits des royaumes, dans l'absolution des sujets du serment de fidelité, qui sont des matieres encore plus importantes pour l'Eglise, que n'est l'examen d'un livre particulier. Enfin il n'y a point de pouvoir & de privilege qu'ils n'accordent au Pape quand il leur plaira ; parceque si la verité à des bornes, les extravagances n'en ont point.

Il est donc visible que les Jesuites renverseroient l'Eglise de fond en comble, si Dieu n'arrestoit leurs pernicieux desseins. Mais parce que l'Eglise ne peut estre renversée, il y a sujet de se mocquer de la vanité de leurs efforts, & de la presomption de leurs pensées. Ils agissent comme s'il n'y avoit point de Dieu ; mais parce qu'il y en a un, il est impossible qu'ils reüssissent. Quelque credit qu'ils ayent dans le monde, la verité qu'ils attaquent est plus forte que le monde, & tost ou tard elle les couvrira de confusion. Leur ruine est assurée & inevitable : le terme seulement en est incertain, Dieu les pouvant laisser joüir plus ou moins de temps de l'impunité de leurs excés.

Que s'il est permis neanmoins de former des conjectures sur les evenemens qui sont encore cachez dans l'avenir, il ne paroist pas que cette derniere tentative qu'ils font pour establir l'infaillibilité du Pape dans les faits, puisse avoir mesme pour un temps un succés bien favorable, quoy qu'il ne faille pas aussy croire qu'ils soient d'abord entierement abandonnez. Ils seront soutenus & combattus ; mais les forces ne seront jamais egales de part & d'autre.

Tous ceux qui ont quelque respect pour l'antiquité, quelque horreur des nouveautez, & quelque zele pour les interests & pour l'honneur de l'Eglise, ne consentiront jamais à l'establissement d'une doctrine, non seulement opposée au sentiment de tous les Peres & de tous les Docteurs tant anciens que nouveaux ; mais qui deshonnore l'Eglise en l'exposant à la moquerie & aux insultes des heretiques.

Tous ceux qui ne sont pas tellement dominez par leurs interests, qu'ils n'ayent encore quelque egard & à leur honneur & à la raison, reietteront sans doute une opinion qui est egalement deraisonnable & ridicule, & que l'on ne peut soutenir sans honte & sans infamie.

Tous ceux qui sçavent prevoir les consequences des choses, & qui sont sensibles à leurs veritables interests, reconnoistront sans peine que ce nouveau dogme est une des plus dangereuses inventions dont on se soit encore servi pour opprimer la liberté de tous les theologiens, & pour les assuiettir en esclaves à tous les caprices de la Cour de Rome & des Iesuites. Iusques icy on avoit tasché de les attirer par l'esperance des recompenses, ou de les intimider par la crainte de quelques legeres disgraces. Mais par cette nouuelle doctrine on met absolument leur honneur & leur repos entre les mains de la Cour de Rome & des Iesuites, ensorte qu'ils ne sçauroient resister tantsoit peu à leur inclination, sans se mettre en danger de se perdre entierement. Qu'un Evesque soutienne les droits de son caractere, qu'il s'oppose aux privileges de quelques Religieux, qu'un theologien defende par quelque écrit les libertez de l'Eglise Gallicane, il sera facile aux Iesuites de faire condamner sa doctrine d heresie *in sensu ab illo intento*; & par ce moyen le voila irrevocablement heretique, sans qu'il puisse ny se deffendre, ny appeller d'une sentence qui aura esté renduë par un iuge infaillible. Il n'est pas croyable qu'il y ait beaucoup de personnes assez simples, pour s'assuiettir volontairement à un iong si pesant & si redoutable. Et quelques puissans que les Iesuites soient, ils ne le sont pas assez pour engager la foule des theologiens de l'Eglise à negliger un interest si considerable, & s'imposer à eux mesmes cette honteuse servitude.

Enfin tous ceux qui aiment veritablement l'Estat, ne pourront souffrir sans indignation, que les Iesuites s'opposent si ouvertement aux iustes desseins de sa Maiesté, & que pendant qu'elle tâche de bannir de son royaume la doctrine étrangere de l'infaillibilité du Pape dans le droit, qui y avoit été semée depuis cent ans par quelques écrivains que la Cour de Rome s'estoit acquis, ils osent introduire une nouvelle espece d'infaillibilité encore beaucoup plus odieuse, que la Cour de Rome ne demande point, & que les Papes mesmes ne se sont iamais attribuée.

C'est à peu prés ceux qui s'opposeront au dessein des Iesuites Et voicy ceux qui leur seront favorables, & dont leurs troupes seront composées.

Il y a certaines gens qui n'ont ny honneur ny conscience, & qui reglent grossierement leurs paroles & leurs sentimens par leur interest present. Les Iesuites peuvent esperer beaucoup de secours de ces personnes, parce qu'ils ont une raison tres concluante pour les attirer à leur party, qui est que pour obtenir des benefices, & d'autres graces, il est encore plus seur d'estre bien avec le P. Annat, que de se declarer contre luy.

Il y en a d'autres qui ont quelque zele, mais qui ont naturellement l'esprit si étroit, qu'il suffit pour leur faire embrasser une opinion, qu'on leur dise qu'elle est à l'avantage du Pape, comme si le Pape pouvoit estre vesitablement honnoré par la fausseté. Les Iesuites trouvent encore un grand appuy dans ces personnes, en meslant le nom du Pape dans cette affaire, & leur faisant accroire qu'il y va de son honneur ; & il n'y en a point qui leur soiët plus fortement attachez, parce qu'il n'y en a point qui soient plus à l'épreuve de la raison & du bon sens. Ce sont des gens qui mettent leur pieté à estre déraisonnables, à juger sans connoissance, à calomnier sans scrupule, à condamner sur des soupçons temeraires, à blasphemer ce qu'ils ignorent. *Il y a*, dit la M. Eugenie, *quelque exterieur à Port-Royal, mais le fond n'en vaut rien. Et pourquoy ? Parce*, dit-elle, *qu'on y a de l'éloignement de cette grande Compagnie des Iesuites, qui rend tant de service à l'Eglise, & qu'on n'y est pas soumis au Pape dans la creance du fait de Iansenius.* Ainsi ces deux chimeres ausquelles elle n'entend rien, suffisent pour détruire dans son esprit l'impression de tout le bien qu'elle a veu dans cette maison, & qu'elle seroit capable d'entendre. On sçait quantité de nouvelles de cette bonne Mere, & on aura soin d'en informer le public en temps & lieu, à moins qu'elle ne cesse de s'employer toute entiere, comme elle a fait depuis un an, à ruïner une maison sainte, pour laquelle la fondatrice de son institut a eu tant d'affection & tant d'estime.

Voila déja deux corps considerables, & le troisiéme ne l'est pas moins. Il est composé de gens qui font les habiles, mais qui ne le sont pas dans ces matieres, & qui y ont au contraire peu d'intelligence & peu de lumiere ; ce qui fait qu'ils se laissent facilement éblouïr par le moindre petit artifice dont les Iesuites se servent pour deguiser leur doctrine.

Afin de paroistre habiles ils declarent hautement qu'ils ne sont point du tout pour l'infaillibilité du Pape ny dans le droit ny dans le fait ; & les Iesuites de leur costé n'ont garde de leur aller dire tout crüement qu'il faut reconnoistre cette infaillibilité. Mais comme ils sçavent les bornes de leur intelligence, ils prennent un petit détour ; puis revenant sur leurs pas leur presentent la mesme doctrine sous d'autres mots, ce qui leur reüssit si bien auprés de ces personnes, qu'ils leur font approuver & établir toutes leurs opinions, en les exprimant seulement en d'autres termes.

Ils disent donc aux uns qu'il ne s'agit pas de l'infaillibilité du Pape dans les faits ; mais de celle de l'Eglise, qui a jugé aussi bien que le Pape que les cinq propositions estoient dans le livre de Iansenius. Or cela, disent ils, rend la chose bien differente, & l'on peut établir l'une sans établir l'autre.

Ils disent aux autres qu'on ne demande point une foy divine, mais seulement *une foy humaine du fait*, & que par consequent on ne pense point à introduire cette infaillibilité que l'on craint tant. Avec ces distinctions que les Iesuites prennent soin de leur inculquer, ces personnes se croient bien forts, & ils s'imaginent qu'ils ont trouvé le secret de contenter en mesme temps le Roy en rejettant l'infaillibilité, & de satisfaire

le

le P. Anat en appuyant ses pretentions. Et c'est pourquoy ils ne craignent point de dire que c'est un artifice des Iansenistes, de pretendre qu'on ne les peut obliger à croire le fait sans autoriser l'infaillibilité du Pape.

Mais il est aisé de leur faire voir que les Iesuites sont plus fins qu'eux, & qu'ils se servent d'eux pour obtenir tout ce qu'ils pretendent. Quand ils ne contribueroient qu'à établir l'infaillibilité de l'Eglise dans les faits, ce seroit déja un assez grand mal, cette infaillibilité de l'Eglise en ce point estant aussi bien une erreur que l'infaillibilité du Pape, les mesmes auteurs qui condamnent l'une condamnant l'autre, & les mesmes raisons qui font voir la fausseté de l'une prouvant aussy invinciblement celle de l'autre.

Le Pape n'est pas infaillible dans les faits, parce qu'il est homme, & que rien ne le tire dans ce point de la condition des autres hommes. Les Conciles & les Evesques ne le sont donc pas aussi, parce qu'ils sont hommes, & qu'il n'y a rien qui les éleve dans ce mesme point au dessus des hommes, la promesse d'une assistance infaillible du Saint Esprit ne leur ayant esté faite selon tous les theologiens qu'à l'égard des choses de foy.

C'est une erreur visible que d'attribuer au Pape un privilege surnaturel, ce privilege n'estant point contenu dans l'Ecriture, & n'ayant jamais esté reconnu par les Peres. C'est donc aussy une erreur d'attribuer ce mesme privilege aux Evesques dans une matiere sur laquelle il n'est pas plus fondé à leur égard dans l'Ecriture & dans la Tradition.

L'Ecriture & la Tradition divine sont les bornes saintes qui arrestent la licence des imaginations humaines, qui s'étendroient à l'infiny, & qui produiroient tous les jours de nouvelles erreurs, si l'on ne les reformoit par ces regles, qui doivent estre inviolables aux catholiques. Que si l'on souffre qu'on les viole, en donnant aux Evesques des prerogatives inconnües à toute l'antiquité, on les violera aussi facilement en faveur du Pape, & l'on n'aura aucun moyen de resister à ceux qui luy voudront attribuer ces privileges phantastiques; puisque l'on aura abandonné la regle, par laquelle seule on peut rejetter toutes ses pretentions, qui ne sont fondées que sur des raisonnemens humains.

Mais les Iesuites n'en demeureront pas là, & il leur sera bien facile de montrer que cette Eglise qu'on aura reconnuë pour infaillible dans le jugement rendu contre le livre de Iansenius, n'est autre que le Pape & ses Consulteurs, n'y ayant aucune apparence de dire que l'Eglise universelle ait jugé du fait de Iansenius dont il s'agit.

Il est vray que les Evesques ont receu les Constitutions, & ce qu'on peut conclure de là tout au plus est qu'ils ont condamné avec le Pape les erreurs des cinq Propositions. Mais il seroit ridicule de pretendre qu'ils ayent voulu témoigner par cette reception qu'ils jugeoient aussy

C

bien que le Pape que les cinq Propositions estoient contenües dans son livre. Car pour former ce jugement il faut au moins avoir leu Iansenius. Or il est de notorieté publique, non seulement que la pluspart des Evesques ne l'ont point leu, mais mesme qu'il y a des provinces & des royaumes entiers, où à peine trouve-t'on un exemplaire de ce livre; & où comme dit le P. Anat, il n'est connu que par les decrets qui le condamnent.

Si donc le jugement du fait de Iansenius est infaillible, estant clair qu'il ne le peut estre acause du consentement des Evesques qui pour la plus part n'ont ny veu ny examiné ce livre, il est certain que cette infaillibilité ne pourra resider que dans le Pape seul, comme le pretendent les Iesuites; & qu'ainsi par ce detour ils auront obtenu tout ce qu'ils vouloiét, en amusant ceux qui ne penetrét pas le fond des choses par cette vaine distinction, qu'il ne s'agit pas de l'infaillibilité du Pape, mais de l'infaillibilité de l'Eglise.

Ils n'arrivent pas moins finement à leur but par l'autre artifice dont ils se servent, en disant qu'on ne demande qu'une foy humaine du fait, & non une foy divine. Car cette foy humaine estant appuyée par ceux qui l'introduisent sur une assistance particuliere du S. Esprit (qui empesche, disent ils, le Pape de se tromper dans l'intelligence des livres) il est clair encore que cette foy humaine est une foy divine, c'estadire une foy apuyée sur la verité de Dieu, & qu'elle suppose & enferme l'infaillibilité du Pape, bien loin de l'exclure.

Soit donc que les Iesuites disent clairement que le Pape est infaillible dans les faits doctrinaux, soit que pour se couvrir ils attribuent à l'Eglise cette infaillibilité, soit qu'ils declarent qu'ils ne demandent que la foy humaine, ce ne sont que divers mots par lesquels ils expriment une mesme opinion. L'un ne vaut pas mieux que l'autre, & c'est estre duppe que de s'y laisser surprendre, & de faire quelque difference entre ces opinions.

Il n'y a icy que deux sentimens à choisir: l'un de dire que le Pape est infaillible dans les faits, & qu'ainsi l'on est obligé de croire celuy de Iansenius parce qu'il l'a decidé: l'autre de dire que le Pape n'estant pas infaillible dans les faits, on n'est pas obligé de croire le fait de Iansenius encore qu'il l'ait decidé. Les Iesuites prennent le premier party, ou plutost ils en sont les auteurs, cette opinion n'estant pas encore tombée avant eux dans l'imagination de personne; & comme nous avons dit, ils seront suivis par les personnes bassement interessées, par les zelez ignorans, & par les duppes qui se croient fins. L'autre est & sera toujours embrassé par tous les gens d'honneur, d'esprit, & de conscience. Les choses pourront estre balancées pendant quelque temps, parce que ceux qui suivent les Iesuites, quoy qu'en beaucoup plus petit nombre, sont neanmoins puissans & violens. Mais enfin il est necessaire que cette faction succombe, parce qu'elle n'a aucune cause ferme & subsistante qui la puisse maintenir. Les plus interessez deviennent raisonnables quand leur interest est satisfait, les ignorans s'instruisent, & les duppes se détrompent. Mais la lumiere de la raison & de la foy qui rejette cette pretenduë infaillibilité du Pape, ne change point, & elle se fortifie & s'éclaircit au contraire de plus en plus, en dissipant tous les nuages de l'erreur & de l'ignorance dont on s'efforce de la couvrir.

Ce 12. Iuillet 1665.

HERESIE IMAGINAIRE.
LETTRE VIII.

MONSIEVR,

C'est une plaisante objection que celle que vous dites que l'on fait contre mes lettres, qu'elles s'éloignent trop du titre d'heresie imaginaire, ou plutost que ce titre s'éloigne trop des matieres qui y sont traittées ; comme s'il ne suffisoit pas que cette affaire ne soit dans le fond qu'une heresie imaginaire pour reduire à ce mesme titre tous les autres points qui n'en sont que des circonstances. Ie vous declare donc que je ne suis pas resolu de le changer quoy que j'aye dessein de vous entretenir dans cette lettre & dans les suivantes de quelques sujets assez importans, mais qui ne regardent pas precisément le fond de cette contestation.

Ie commenceray par la plainte que plusieurs font qu'on blesse la charité par la maniere dont on parle de diverses personnes dans les écrits qu'on publie. Ie vous avoüe que je suis fort sensible à ce reproche, & que je croy que la charité mesme oblige de ne le pas negliger, de peur que ce soupçon ne nuise beaucoup à ceux qui le recevroient temerairement dans leur esprit, ou qui l'inspireroient temerairement aux autres. La charité est l'ame de la religion Chrestienne : c'est l'accomplissement de la Loy : c'est la vie des enfans de Dieu. Ainsi dire qu'une personne viole la charité, c'est dire qu'elle attaque la pieté iusques dans le cœur, & qu'elle porte les tenebres & la mort dans les ames, puisque celuy qui n'aime point est dans les tenebres & demeure dans la mort, selon S. Iean.

Ce n'est donc pas là une accusation de peu d'importance : & cependant il faut reconnoistre qu'elle est fort commune. Est-ce avoir de la charité, dit M. de Paris, que de décrier l'Archevesque de la premiere ville du monde, comme on fait dans cette Apologie de Port-Royal? M. Chamillard croit que c'est y répondre suffisament que de dire que c'est un ouvrage sans charité. Les Religieuses de la Visitation se plaignent qu'on les y a traitées peu charitablement. Il y a mesme assez de personnes qui paroissent indifferétes pour le fond des choses, qui entrent dans ce sentimét, & qui craignét pas de dire qu'à la verité ces escrits sont assez beaux, mais qu'il y paroist peu de charité. Enfin c'est peut-estre ce bruit commun qui a donné lieu à Monsieur le Lieutenant Civil de dire qu'une certaine *Apologie de deux pages*, estoit injurieuse à l'Eglise. Car on confond ordinairement ces deux choses, estre injurieux, & blesser la charité.

L'union de tant de personnes dans un mesme reproche, doit faire juger qu'il y a quelque cause commune qui le produit. Et il n'est pas bien difficile de la découvrir en cette rencontre ; car il est clair qu'il ne vient que de la fausse idée que les hommes se forment de la charité en prenant pour contraire à cette vertu tout ce qui incómode la cupidité & l'amour propre.

Toutes les actions des hommes naissent, comme l'on sçait de la charité ou de l'amour propre. Et quoy qu'il n'y ait rien de plus opposé que ces deux principes ; neanmoins on donne souvent le mesme nom aux effets qui en sortent, & l'on a mesme quelquefois peine de les distinguer.

A

La charité est la source de toutes les veritables vertus. Mais l'amour propre a aussi ses vertus à qui il donne le mesme nom. Il s'en forme des idées à sa mode; & il accuse hardiment ceux en qui il ne les voit pas de manquer de cette vertu. Ainsi il y a une humilité d'amour propre, qui évite ce qu'il y a de choquant & de ridicule dans l'orgueil: Vne patience d'amour propre, qui nous fait souffrir sans murmurer de ceux qui nous peuvent nuire dans le monde : Vne penitence d'amour propre, qui nous afflige dans les fautes qui nous rendent méprisables aux yeux du monde : Et enfin il y a une charité d'amour propre qui consiste à flatter la cupidité des autres.

C'est l'idée que les gens du monde en ont d'ordinaire. Et ainsi ils conçoivent la charité comme une vertu toujours agreable, & toujours riante qui ne choque jamais personne; qui est toujours pleine d'estime, de respect & de carresse pour tout le monde; & qui ne parle & n'écrit qu'avec des effusions de tendresse. Ce n'est pas que la charité n'ait quelquefois ce visage & ce langage: mais l'amour propre n'en veut point connoistre d'autre ; & il exclut de l'idée de la charité tout ce qui n'y est pas conforme. Sa regle generale & abregée est qu'il appelle charitable tout ce qui le flatte ; & contraire à la charité tout ce qui le blesse. Ainsi pour connoistre à fond les qualitez de cette fausse charité, il n'y a qu'à bien connoistre les inclinations de l'amour propre.

Or une de ses plus constantes & plus uniformes inclinations est qu'il n'aime point du tout qu'on découvre ses defauts, & qu'il ne peut jamais se persuader qu'on le fasse avec justice. Ou il nous cache nos propres fautes: ou il desire qu'elles demeurent cachées. S'il ne peut nous dissimuler à nous méme nostre injustice, il ne laisse pas de vouloir que les autres nous estiment justes. Et enfin il aime mieux qu'on condamne l'innocence, la justice & la verité, que non pas que nous passions pour coupables de les avoir violées.

Il n'est donc pas étrange que ceux que ces écrits regardent, se plaignent qu'on les y a maltraitez. L'amour propre se croit toujours maltraité lors qu'on l'accuse de quelque faute. L'accusateur a toûjours tort devant ce Juge interessé. Et ce principe estant posé, il en tire sans peine cette consequence, qu'on viole la charité en découvrant ses defauts.

C'est ainsi que l'amour propre raisonne pour soy. Et ce qui est de plus merveilleux, c'est que souvent il raisonne de mesme pour les autres. Il fait que l'on se transforme en ceux dont on découvre les violences. Cela me seroit bien sensible, dit on, si j'estois en la place de M. Chamillard. Et de là on conclut que l'on choque la charité, parce qu'on sent que sa propre cupidité en seroit choquée.

Mais pour reconnoistre que ces jugemens & ces consequences ne sont que des illusions, il n'y a qu'à considerer la nature & l'origine de la charité divine: ce qui nous fera entrer sans peine dans la connoissance des mouvemens naturels qu'elle doit produire dans les cœurs qu'elle possede.

Qu'est-ce donc que la charité envers le prochain? C'est une effusion de l'amour que nous avons pour Dieu, qui nous fait desirer que le prochain soit à Dieu, comme nous desirons d'y estre nous mesme. Et qu'est-ce que l'amour de Dieu? C'est l'amour de la verité & de la justice eternelle. Ainsi l'amour du prochain est un amour par lequel nous desirons que le prochain soit conforme à cette justice ; qu'il luy obeïsse ; & qu'il luy soit parfaitement assujetty. Et cet amour produit necessairement la haine de l'injustice & dans nous & dans les autres. Il nous la fait regarder comme le Souverain mal, puisqu'elle est contraire au bien Souverain. Mais comme en la haïssant en nous, nous ne nous haïssons pas pour cela nous mésmes, mais nous desirons seulement qu'elle soit détruite &'aneantie en nous : de mesme en haïssant l'injustice dans le prochain, nous ne haïssons pas le prochain, mais nous desirons seulement l'aneantissement de son injustice.

Il est donc visible que la condamnation de l'injustice, lors qu'elle ne passe point à la haine des personnes, bien loin d'estre opposée à la charité, en est aucontraire l'effet le plus naturel. *N'ay-je pas de la haine, Seigneur, pour ceux qui vous haïssent, & vos ennemis ne m'affligent ils pas le cœur. Ouy je les hay d'une haine parfaite, & je les regarde comme mes ennemis*, disoit le Prophete Roy. Et son zele contre eux passe si avant qu'il faisoit resolution de les exterminer & de les perdre tous : *In matutino interficiebam omnes peccatores terræ*, non par la mort de leurs corps, mais par la destruction de leurs pechez.

Que si ce sont là les veritables mouvemens de la charité, on doit juger qu'il n'y en a point qui y soient plus opposez, que ceux qui nous font condamner la justice ou approuver l'injustice dans le prochain. Et c'estpourquoy Dieu ne condamne rien plus severement dans l'Ecriture que ce faux amour qui nous fait estimer le mal dans les autres. *Celuy qui approuve l'injuste, ou qui condamne le juste est abominable devant Dieu*, dit le Sage. Pourquoy, dit un Prophete, avez vous irrité Dieu ? C'est que vous avez dit que celuy qui fait le mal luy est agreable : *Omnis qui facit malum bonus est in conspectu Domini*.

Toute estime des hommes n'est donc pas bonne, ny conforme à la charité. Estimer en eux la justice, c'est honorer Dieu : mais c'est le deshonorer que de se rendre approbateur de leur injustice. Ainsi il y a une estime des hommes que la charité excite : & il y a une estime des hommes qu'elle détruit. Elle porte à estimer dans les hommes ce que Dieu y aime ; & elle tâche de détruire l'estime qu'ils ont pour ce que Dieu desapprouve.

Il est facile de juger par là si l'Apologie, & les autres écrits dont on se plaint sont contraires ou conformes à la charité. On doit supposer que quand les choses ont éclatté au point qu'a fait le different d'entre M. l'Archevesque & les Religieuses de Port-Royal par le procedé extraordinaire dont il a usé envers elles, il est impossible que les esprits demeurent neutres & indifferens ; & il faut par necessité qu'ils se partagent & que les uns forment des jugemens favorables à M. l'Archevesque de Paris en condamnant ces Religieuses, & que les autres aucontraire en forment de favorables aux Religieuses en condamnant la conduitte de M. de Paris. S'il est donc vray que l'injustice soit toute du costé de M. l'Archevesque, comme on l'a fait voir dans ces écrits, les jugemens qu'on feroit en sa faveur seroient temeraires, injustes, & contraires à Dieu : & ainsi la charité oblige de les détruire & de tâcher d'en delivrer ceux qui les font comme d'un grand mal, puisque ces jugemens les rendent participans de l'injustice mesmes qu'ils approuvent dans les autres.

Quelle est donc la plainte que font ces personnes quand ils reprochent aux auteurs de ces écrits qu'ils manquent de charité en diminuant dans l'esprit de ceux qui les lisent l'estime de M. de Paris, & en les empêchant de condamner ces Religieuses ? N'est-ce pas comme s'ils disoient qu'on leur fait tort de les empescher d'estre abominables devant Dieu par l'approbation de l'injustice & la condamnation de l'innocence ?

Quelle etrange charité que celle de ces personnes qui craignent si fort de n'estimer pas assez ceux qui sont puissans dans le monde, & qui craignent si peu de condamner temerairement ceux qui sont foibles & opprimez : qui s'aveuglent volontairement pour ne pas voir dans les grands des fautes visibles : & qui font ce qu'ils peuvent pour trouver dans les petits des fautes qui n'y sont point. Car c'est encore là une des qualitez de cette fausse charité, d'estre toujours portée à juger favorablement de ceux qui sont les plus forts, & de donner toujours le tort aux plus foibles. Tout ce qui l'oblige de changer cette pente naturelle la blesse & l'incommode. Ils ne se plaignent pas que M. de Paris diminüe en eux par son procedé l'estime qu'ils avoient pour les Religieuses de P. R. mais ils se plaignent qu'en defendant ces Religieuses, on les porte à moins estimer M. de Paris, qu'ils ne faisoient. Leur centre c'est d'avoir le cœur tourné vers la faveur ; toute autre situation leur est violente. Ainsi ils ne souffrent qu'avec peine qu'on leur arrache l'estime de ceux dont l'estat est conforme aux desirs de leur cœur. Mais c'est leur faire un plaisir sensible que de leur fournir des raisons de croire que les affligez sont coupables, afin de les pouvoir condamner avec quelque apparence de justice.

Que les mouvemens d'une ame remplie de la veritable charité sont differens de ces mouvemens corrompus qui naissent de la malignité du cœur de l'homme ! Elle a la mesme retenüe pour ne pas condamner temerairement les foibles que les puissans, selon cette parole du sage. *Iustifica pusillum & magnum similiter*. Elle a la mesme liberté pour desapprouver les fautes manifestes des uns & des autres, selon cette autre parole du mesme sage : *Cognoscere personam in judicio non est bonum*. Mais elle a une tendresse particuliere pour les affligez, parce que leur estat fait qu'ils ont plus de besoin des témoignages de son amour.

Mais quoy ! dira-t'on, la charité ne doit-elle pas porter à cacher les fautes des autres & principalement des superieurs ; & les gens de bien ne se croient-ils pas coupables lors qu'ils y manquent ? Voila ce qui trompe quelques personnes de pieté, qui prennent pour une regle generale une maxime qui n'est bonne qu'estant resserrée dans de certaines bornes,

Car il faut distinguer deux sortes de fautes dans les superieurs, dont il faut juger tres-differemment. Il y en a que tout le monde prend pour des fautes, mais dont l'on ignore qu'ils soient coupables. Il y en a d'autres au contraire qui consistent en de certaines actions publiques & connües de tout le monde, mais que plusieurs ne prennent pas pour des fautes, parce qu'ils ne connoissent pas les maximes de l'Evangile.

Il est vray qu'il faut estre extraordinairement retenu à decouvrir la premiere sorte de fautes, & que la charité oblige ordinairemēt de les cacher : & la raison en est que l'ignorāce de ces fautes ne nuit point à ceux qui ne les cōnoissent pas. J'estime mon Superieur parceque j'ignore ses mauvaises actiōs. Cette estime n'est point injurieuse à Dieu, puisque je n'estime que ce qui est veritablement estimable. Elle ne m'est point prejudiciable, puisque ie n'en suis pas moins éloigné du mal. Elle m'est au contraire avantageuse, parce qu'elle me rend plus docile aux instructions de mon Pasteur, & plus disposé à en profiter. On me feroit donc tort de m'oster cette estime que j'ay pour luy.

Mais il n'en faut pas juger de mesme lors qu'on connoist les mauvaises actions, & que par aveuglement on ne les croit pas mauvaises. Car alors cette ignorance porte à aimer & à estimer l'injustice mesme, & elle est elle mesme un tres grand mal & une source de maux. En estimant dans les hommes ce que Dieu y condamne, on condamne Dieu dans les hommes ; on consent en quelque sorte au mal en l'approuvant & en le loüant, & l'on se dispose à commettre dans les rencontres ce que l'on approuve.

Quand les fautes du prochain sont de cette nature la charité ne se croit plus obligée à une si grande retenüe. Elle est au contraire portée à les découvrir & à les condamner

assez

assez librement parce qu'elle est portée à honorer Dieu en tout ce qu'elle peut, & à desirer de détruire dans le prochain tout ce qui s'oppose à ses loix divines. Ainsi quand elle s'y trouve engagée par quelque necessité, elle ne craint point de desabuser les peuples de l'estime injuste qu'ils auroient pour quelques personnes, lorsque cette estime n'est fondée que sur l'ignorance de la verité & des preceptes de Dieu.

Il est vray qu'il y en a qui ne laissent pas de se scandaliser de cette conduite ; mais cette disposition n'est ny legitime, ny mesme commune parmy le peuple à qui l'on doit principalement avoir égard. Pour un petit nombre qui s'en blesse, il y en a un grand nombre qui s'en edifie. Et l'Ecriture mesme a pris soin de nous en avertir en disant, *que les peuples chargent de malediction ceux qui disent à l'impie, qu'il est juste; que la multitude les a en detestation : & qu'au contraire ceux qui le reprennent & qui découvrent son impieté sont dans l'approbation publique, & attirent sur eux les benedictions de tout le monde :* QVI DICVNT impio justus es, maledicent eis populi, & detestabuntur eos tribus: qui arguunt eum laudabuntur, & super ipsos veniet benedictio.

Et en effet quel plus grand service peut on rendre aux hommes que de leur apprendre à juger justement, que de les empescher de condamner la verité & l'innocence, & de les porter à gemir des maux de l'Eglise en les leur faisant connoistre ? N'est ce pas là proprement edifier la charité, puisque c'est le propre de cette vertu selon S. Paul, que de ne soupçonner point temerairement du mal du prochain ? *Non cogitat malum* : de n'approuver point l'injustice. *Non gaudet super iniquitate* : & d'approuver la verité en toute choses ? *Congaudet autem veritati*.

Aussi ce gemissement pour les maux & les desordres de l'Eglise qui est etouffé par cette fausse charité qui nous les cache & nous les déguise, & qui ne peut estre excité que par ceux qui les découvrent avec une sainte liberté, est si essentiel à la pieté, & si necessaire pour le salut, que l'Ecriture en fait la principale marque qui distingue les Chrestiens qui conservent la vie de la grace, de ceux en qui le demon fait mourir l'Esprit de Dieu. C'est ce qu'elle a exprimé d'une maniere effroyable par ce massacre general que le Prophete Ezechiel vit faire de tous les habitans de Ierusalem, depuis les vieillards jusqu'aux petits enfans, dont il n'y eut seulement que ceux-là d'exceptez qui furent marquez du signe de *Tau*, parce qu'ils gemissoient & s'affligeoient de toutes les abominations qui se faisoient au milieu de Ierusalen. *Signa Tau super frontes virorum gementium & dolentium super cunctis abominationibus quæ fiunt in medio ejus.* Ce qui nous marque que le seul moien d'eviter le ravage presque universel que le demon fait des ames dans l'Eglise, est de gemir des desordres & des abominations qui s'y commettent. Or comment est-ce que les Chrestiens en gemiront, & qu'ils se mettront par ce saint gemissement dans le nombre heureux de ceux qui sont preservez de la rage des demons, s'ils ne connoissent pas ces desordres, & qu'ils prennent les plus grandes abominations pour des actions de zele & de pieté.

Il est donc necessaire de les faire connoistre à tous ceux qui sont capables de les voir & qui seroient en danger de les approuver. Et quand à ceux que ces écrits regardent particulierement parce qu'on y découvre leurs excez, & qui se plaignent qu'on fait tort à leur reputation ; s'il est difficile de trouver des raisons qui satisfassent leur delicatesse : il n'est pas difficile d'en trouver qui fassent voir qu'on leur a rendu en effet un tres grand service.

B

S'ils ont encore quelque reſte d'équité, ils doivent conſiderer que non ſeulement cette reputation qu'ils pouvoient avoir en ce point, eſtant injuſte & injurieuſe à Dieu, n'eſtoit point à eux; & qu'ainſi on ne leur a fait aucun tort en la leur oſtant; mais auſſy que ce n'eſtoit point un bien pour eux, & qu'elle faiſoit au contraire le comble de leur malheur. Car ſi c'eſt un mal de cemmettre des injuſtices, c'eſt un ſurcroiſt de mal, d'eſtre approuvé dans ſon injuſtice, puiſqu'on eſt privé par la d'un des plus grands ſecours qui puiſſent ſervir à s'en retirer.

Quand les mauvaiſes actions ſont deſapprouvées du monde, il eſt difficile que les hommes s'y affermiſſent. Ils n'ont pas aſſez de force dans le mal meſme pour ſe ſoûtenir contre le jugement public: & ainſi ils ſont forcez par une douce & ſalutaire violence de l'abandonner. Mais quand au contraire on les loüe & on les approuve, quand ils voient qu'ils n'en ſont pas moins eſtimez; le peu de lumiere qui leur reſtoit s'obſcurcit entierement; leurs remords s'appaiſent; leur eſprit ſe raſſeure & prend une aſſiete ferme dans le mal; & de tout cela il ſe forme un eſtat horrible d'endurciſſement & d'impenitence, qui eſt le plus grand de tous les malheurs.

Que peut on donc faire de plus utile pour eux, que d'épeſcher que cette pierre d'une fauſſe approbation ne couvre l'abyſme où ils ſe ſont enfoncez: *Ne operiat puteus os ſuum*, afin de leur donner moyen d'entrevoir encore les rayons de la verité, que l'improbation publique leur remet devant les yeux.

Les loüanges trompeuſes d'un peuple abuſé ne leur ſerviroient de rien devant ce grand juge qu'à les faire punir encore plus ſeverement pour avoir engagé les autres par leur exemple à condamner la juſtice. Mais s'il y a rien au contraire qui ſoit capable de leur ſervir devant Dieu, ce ſont les prieres de pluſieurs bonnes ames qui connoiſſant leurs miſeres les repreſentent à Dieu avec un cœur percé de douleur. Et c'eſt auſſi ce que l'on a tâché de leur procurer par ces écrits, & le plus grand uſage qu'on deſire que le monde en faſſe.

Il eſt vray que, comme les hommes ſont faits, ce diſcours meſme eſt moins capable de les appaiſer que de les aigrir. On n'aime point à dire pitié; & l'on veut eſtre l'objet de l'admiration des hommes, & non pas de leur compaſſion. Mais la charité ne regle pas ſa conduitte par ces ſentimens de l'orgueil humain. Elle a pitié non ſeulement de leurs miſeres, mais de leur orgueil meſme, qui ne veut pas qu'on connoiſſe leurs miſeres, & proportionnant ſes actions à leurs beſoins, elle les ſert non ſelon leurs deſirs corrompus & déreglez, mais ſelon leurs veritables neceſſitez.

Ie penſe, Monſieur, que cela ſuffit pour montrer qu'on ne pouvoir rien faire de plus utile ny aux ſpectateurs, ny aux auteurs de ce ſcandale, que d'apprendre à tout le monde à en juger équitablement. Mais parce que l'on peut dire qu'encore que tous les Chreſtiens ſoient obligez de gemir des maux de l'Egliſe, tout le monde n'eſt pas neanmoins appellé à les reprendre, & qu'il faut pour cela quelque ſorte d'engagement; j'ajouteray encore qu'on peut moins douter en cette rencontre qu'en aucune autre de la neceſſité de publier ces écrits.

Vn Saint Monaſtere ruiné, des Religieuſes priſonnieres ou dans leurs maiſons, ou dans des maiſons étrangeres, privées des Sacremens, décriées partout comme coupables de ſchiſmes, & de deſobeiſſance, & d'un orgueil de demon, n'eſtoient pas des choſes qu'il fuſt permis de ſouffrir en ſilence ſans éclaircir l'Egliſe de la verité. Et il n'y avoit que ceux qui ſont engagez avec elles dans la meſme cauſe qui puſſent ſatisfaire à ce devoir.

Mais il le falloit faire, dit-on, avec un peu plus de moderation & épargner davantage les personnes. Peut-estre que si ceux qui parlent de la sorte avoient pris la peine de considerer ce que d'autres écrivains moins circonspects auroient pû dire en une pareille rencontre, ils seroient obligez de reconnoistre qu'il n'y a guere d'écrits, où le soin de demeurer dans une exacte retenuë ait fait supprimer plus de choses avantageuses à la cause que l'on deffendoit, pour conserver autant qu'il estoit possible la reputation de ceux dont on avoit plus de sujet de se plaindre. Chacun peut voir que l'on s'est entierement renfermé dans la justification des Religieuses, & que l'on n'a tiré les raisons de leur deffense que de leur cause mesme, sans employer celles que l'on pouvoit prendre des personnes qui ont eu plus de part dans cette affaire. Que si l'on est jamais obligé de faire l'histoire de ce qui s'est passé durant cette année, quelque moderation qu'on y apporte, on verra par le simple recit des faits qu'on a dissimulez jusques icy, que ceux qui se plaignent qu'on les a maltraittez dans l'Apologie, auroient beaucoup plus de sujet de se loüer de la retenuë qu'on y a gardée.

On ne veut pas nier neanmoins qu'il n'y ait en quelques endroits quelque apparence de force & de liberté. Mais on ne croit pas pour cela s'estre en rien éloigné des veritables regles de la moderation chrestienne; & l'on croit au contraire que ceux qui en jugent autrement, n'en ont pas l'idée qu'il en faut avoir.

Il ne faut pas, disent-ils, considerer seulement si nos paroles n'impriment point une idée fausse & excessive des choses qu'elles representent, qui est ce que regardent uniquement les auteurs de ces écrits; mais il faut de plus qu'elles soient proportionnées aux idées de ceux à qui l'on parle, parce que les hommes jugent excessif tout ce qui va audelà de leur idée. Et ainsi estant accoutumez à parler d'une maniere tres respectueuse de ceux qui sont en un degré eminent comme M. de Paris, ils sont choquez par necessité quand on n'en parle pas avec ces deferences étudiées que la complaisance humaine a introduite dans le langage de la Cour.

C'est le discours de quelques personnes judicieuses qui leur fait conclure qu'on n'a pas gardé assez de moderation dans l'Apologie, non en s'écartant de la verité & de la justice, mais en blessant par quelques termes un peu forts l'extreme delicatesse des gens du monde.

Je demeure bien d'accord de cette regle, qu'on doit proportionner ses paroles aux impressions de ceux à qui l'on parle : mais il me semble que l'application qu'ils en font en cette occasion n'est pas juste. La raison en est que l'on ne parle pas seulement aux gens du monde dans ces écrits ny mesme à ceux qui les lisent presentement, mais que l'on parle à toute la posterité & à toute l'Eglise future.

Ce different est assez considerable pour croire qu'elle y prendra quelque sorte d'interest, & l'on a d'autant plus de raison de l'en instruire que l'on est assez persuadé que les paroles & les écrits ne sont pas de grande utilité pour le temps present. On a donc deu avoir aussy égard à la disposition où l'on doit croire que la posterité sera à l'égard de ces affaires, & à la maniere dont elle jugera de ces écrits. Or il est sans doute que non seulement elle n'y trouvera pas trop de force; mais qu'elle les accusera mesme de quelque foiblesse, & que ce qui les luy pourra rendre supportables est cette apparence de liberté que l'on blâme presentement. Ce n'est point une vaine conjecture; elle est fondée sur l'experience ordinaire qui nous fait voir qu'au regard des choses passées on n'aime que les écrivains qui en parlent librement, pourveu qu'ils en parlent avec verité:

au lieu qu'au regard des choses presentes, on demande d'eux une extreme retenuë. Et cette experience est fondée sur la nature mesme de l'homme, & sur la differente maniere dont il envisage les choses presenter & celles qui sont passées.

La grandeur presente fait une impression vive & sensible sur son esprit : & aucontraire la vertu presente y en fait une tres foible & tres legere ; les sens augmentant l'idée de la grandeur par l'appareil & la pompe qui l'accompagnent, & affoiblissant celle de la vertu par les apparences d'infirmité qui l'environnent. C'est une grande chose qu'un Archevesque vivant, puissant à la Cour, capable de nuire à ceux qui l'offensent. C'est peu de chose qu'un Monastere de filles sans appuy & sans credit, dont la deffense ne peut que nuire à ceux qui la voudroient entreprendre.

Mais on ne sçauroit croire quel changement la mort & le temps apportent dans ces impressions & dans ces idées. Comme la grandeur passée est un neant en soy, elle devient aussi un neant aux yeux des hommes. Ceux qui ont fait trembler le monde durant leur vie, sont après la mort le joüet des plus petits écrivains ; & l'on prendroit pour bassesse d'user d'adresse & de tours étudiez pour découvrir leurs defauts.

Il en est tout aucontraire de la vertu, le temps ne fait qu'y ajoûter un nouveau lustre ; & les passions de ceux qui l'obscurcissent par leurs calomnies estant cessées, elle reçoit d'ordinaire de la posterité les temoignages d'estime & de veneration qu'on luy a refusez lors qu'elle estoit exposée aux yeux des hommes.

Cela fait voir qu'il n'est pas possible de s'accomoder parfaitement dans les écrits, & à ceux qui les lisent presentement, & à ceux qui les liront quelque iour. Pour satisfaire les uns il faut une civilité etudiée envers ceux qui sont puissans : & pour satisfaire les autres il faudroit une entiere liberté qui découvre le bien & le mal sans déguisement & sans art. Les uns se blessent des moindres paroles fortes, & les autres se choqueront de toutes les apparences de menagement & de foiblesse.

Mais dans l'impuissance de satisfaire entierement à des inclinations si differentes, il semble qu'on ne pouvoit pas prendre un temperamment plus juste que d'écrire un peu plus fortement que les gens du monde n'auroient desiré, & plus foiblement que la posterité ne desirera ; en sorte neanmoins qu'on ne puisse presentement accuser ces écrits d'aucun emportement injuste, & qu'on ne les puisse accuser à l'avenir d'aucune bassesse indigne de Theologiens Catholiques.

C'est ce qu'on y a voulu observer : & la plainte mesme qu'on fait de la force dont on a usé en quelques endroits, fait voir qu'on n'y a pas mal reüssy. Ils ne seroient pas moderez si on ne pouvoit se plaindre presentement de quelque sorte de force, puisque la veritable moderation consiste à tenir le milieu entre la retenuë que l'on demande presentement, & la liberté que l'on exigera quelque jour. Et ainsi les personnes équitables qui les lisent à present ne se doivent pas blesser de ce qui leur paroist un peu libre, dans la pensée qu'il viendra un temps, où cette liberté sera approuvée de tout le monde. Et ceux qui les liront quelques jour doivent trouver bon qu'on y ait usé de quelque ménagement, parce qu'il estoit necessaire pour le temps auquels ils ont esté faits.

Ce 12. Septembre 1665.

HERESIE IMAGINAIRE.
LETTRE IX.

MONSIEUR,

Il y a long-temps que je considere la dispute du fait de Jansenius, & je ne m'en lasse point. La petitesse du sujet, la grandeur & la diversité des evenemens, forment un spectacle bizarre qui remplit tousiours l'esprit d'une nouvelle admiration. Tout y est extraordinaire en toutes manieres ; mais ce qui m'y paroist neanmoins le plus estonnant est la part qu'on y a fait prendre à des Vierges Religieuses dont le sexe & la profession ont si peu de rapport avec la matiere de ce different.

Dans toutes les plus importantes questions qui ayent troublé la paix de l'Eglise, on ne s'est point encore avisé de demander des Signatures aux Religieuses, & l'on s'est tousiours contenté qu'elles protestassent generalement d'estre inviolablement attachées à la Foy de l'Eglise Catholique.

De toutes les questions dont on a disputé dans l'Eglise, il n'y en eut jamais de plus inutile & de plus basse que celle du fait de Jansenius. N'est-ce donc pas une chose bien surprenante qu'on ait voulu joindre ensemble ces deux choses qui semblent si opposées, l'extreme inutilité du sujet de cette contestation & l'exaction si extraordinaire de ces Signatures; & que l'on fasse pour une bagatelle, ce que l'on n'a jamais fait pour des heresies qui renversoient de fond en comble la Religion & l'Estat ?

Mais ce qui redouble mon estonnement, est de voir de quelle sorte ces Religieuses ont agi dans cette querelle où l'on les a engagées si mal à propos. Car il faut reconnoistre de bonne foy qu'elles y ont tesmoigné beaucoup plus de zele que les hommes, soit pour procurer, soit pour rejetter la Signature.

Qui m'assurera que tant de gens qui se pressent de signer, ou qui en pressent les autres, le fassent par un zele de Religion, puis qu'on voit tant d'autres raisons qui les y peuvent porter. Il est vray qu'il y a beaucoup d'apparence que les Theologiens qui resistent à la Signature ne regardent en cela que l'interest de leur conscience : mais neanmoins il faut reconnoistre que l'engagement & l'honneur humain ont produit quelquefois une fermeté pareille à celle qu'ils font paroistre.

Mais voicy des personnes qu'il semble qu'on ne puisse soupçonner de passion & d'interest, dont les actions neanmoins sont aussi contraires que celles de ceux à qui on a plus de raison d'attribuer ces mouvemens corrompus.

Qu'est-ce que les Religieuses de Port-Royal n'ont point souffert & ne souffrent point encore pour ne se pas rendre à cette Signature qu'on leur demande? Elles ont enduré ou dans leur propre Monastere ou dans des Monasteres estrangers une captivité si penible qu'il n'y a presque rien qui egale la dureté de cet estat. Elles voyent devant leurs yeux la ruine & le renversement de leur maison, & leur Monastere de Paris occupé par un petit nombre de leurs Sœurs dont les principales n'ont point d'autre but que de les perdre pour dominer avec plus de seureté. Elles sont environnées de soldats qui sont jour & nuit dans leur Closture mesme. Et ce qui leur est le plus sensible, elles sont privées des Sacremens, & de toutes les consolations spirituelles, n'y ayant dans leur Monastere que deux Prestres du Diocese de Geneve, dont le principal est un jeune homme de vingt huit ans, qui n'avoit pas encore dit sa premiere Messe quand on l'y a mis, & qui n'y a point d'autre employ que de rendre conte à M. Chamillart de ce qui s'y passe. Qui auroit jamais crû que des Filles eussent esté capables de resister à un traittement si rude? aussi n'est-ce que dans l'esperance de les abattre que l'on s'y est engagé: ceux qui y ont porté M. de Paris s'estant tousiours servis de cette raison, que pourveu qu'on usast encore de telle & telle rigueur ces Religieuses ne manqueroient pas de se rendre: C'est ainsi qu'on s'est acharné contr'elles, & que l'on a porté peu à peu les choses aux dernieres extremitez. Cependant elles ne se sont point renduës, par ce qu'elles estoient soustenuës par un motif qui est au dessus de tous les mauvais traittemens & de toutes les rigueurs, qui est la crainte d'offenser Dieu & de blesser leur conscience.

Il faudroit estre entierement injuste & deraisonnable pour en juger autrement. Mais la verité seroit trop visible dans ce monde si la conscience ne portoit les ames que d'un costé. Il a donc fallu pour l'obscurcir & la rendre plus difficile à discerner, qu'il y eust aussi de l'autre costé des personnes qui agissent par conscience; & que si des Religieuses se sont signalées à resister à la Signature, il y eust aussi des Religieuses qui se signalassent à procurer la Signature. Et c'est pourquoy Dieu a permis, non seulement que l'on fist signer les autres Monasteres de Filles, mais que M. de Paris engageast en particulier quelques Religieuses à prendre part dans la persecution de celles de Port-Royal, en les obligeant d'en tenir quelques unes prisonnieres dans leurs maisons, ou en les establissant Commissaires dans Port-Royal mesme pour tourmenter celles qu'on n'avoit pas enlevées. Il est vray que quelques Maisons des plus reglées, comme les Carmelites, n'ont point voulu s'embarasser dans une affaire qui leur paroissoit si odieuse, & qu'une celebre Abbesse qui receut une de ces Religieuses, ne le fit qu'en protestant que ce n'estoit point pour la tenir prisonniere, mais pour luy laisser toute sorte de liberté, & la traitter comme l'une de ses Filles: ce qu'elle executa avec tant de charité, que M. de Paris qui n'avoit

pas

pas intention qu'elle fuſt ſi libre ne l'y laiſſa que deux jours.

Mais le zele des Celeſtes ou Filles bleües, des Urſulines, des Filles de S. Thomas, & ſur tout des Religieuſes de la Viſitation a bien eſté plus ardent, & leur obeïſſance bien moins raiſonnante. Non ſeulement elles ont bien voulu ſe charger de la commiſſion ſi penible de tenir quelques-unes de ces Religieuſes priſonnieres dans leurs maiſons, mais elles l'ont executée avec tant de ponctualité, qu'on auroit tort d'en deſirer une plus grande. Elles ont bien fait voir qu'elles ſont des Filles fortes & courageuſes, qui ne ſe laiſſent pas aller aux mouvemens d'une tendreſſe naturelle, qui ne paſſent pas d'un point les ordres que l'on leur donne, & qui y adjouſtent plûtoſt quelque petites duretez de ſurerogation, de peur que par mégarde il n'y euſt quelque petite partie des intentions de M. de Paris qui ne fuſt pas accomplie. Enfin ce ſont de Geolieres incomparables, & il eſt à craindre qu'on ne leur donne ſouvent un employ dont elles s'acquitent ſi dignement. Qu'y a-t'il de plus oppoſé que la conduitte de ces Religieuſes & celle des Religieuſes de Port-Royal ? Cependant il faut reconnoiſtre qu'elles ont crû auſſi que leur conſcience les obligeoit à faire ce qu'elles ont fait.

Ainſi la conſcience a fait les unes Geolieres & les autres priſonnieres. La conſcience a rendu les unes flexibles, & les autres inflexibles aux volontez de M. de Paris. La conſcience a élevé les unes au deſſus de la foibleſſe naturelle de leur ſexe, & a fait oublier aux autres les ſentimens d'humanité & de douceur qui ne leur ſont pas moins naturels ; tant cette lumiere eſt incertaine & variable, par le melange qui ſe fait en nous des penſées de noſtre amour propre, avec les lumieres de la verité.

C'eſt en cela que conſiſte la tentation par laquelle Dieu permet que ſon Egliſe ſoit eſprouvée. S'il n'y avoit qu'une cupidité groſſiere & viſible qui combattiſt la charité & la juſtice, la tentation ne ſeroit que pour les ames charnelles ; mais comme il veut que cette épreuve ſoit pour tout le monde, & autant pour les perſonnes ſpirituelles que pour les autres, il a permis auſſi qu'il y euſt des pretextes & des raiſons de ſpiritualité de part & d'autre, & que l'on viſt le meſme langage & la meſme fin en des perſonnes qui ſuivent une conduitte ſi differente.

Il faut neanmoins que les unes ou les autres ſe trompent, quoy que ny les unes ny les autres ne croyent ſe tromper : & celles qui ſe trompent, ſe trompent fort dangereuſement pour elles. Car ſans doute les Religieuſes de Port-Royal ſeroient fort à plaindre ſi elles s'eſtoient expoſées ſans raiſon à tant de ſouffrances : & ces autres Religieuſes Celeſtes, Urſulines, Filles de la Viſitation, le ſeroient encore davantage, ſi elles avoient en effet deſobeï à Dieu en tout ce qu'elles ont fait pour obeïr à leur Archeveſque.

Les unes & les autres ſont en paix & ſe tiennent fort en aſſurance, mais il y a il y a une bonne & une mauvaise paix, une bonne & une mauvaise assurance; & si la bonne paix est la recompense de la fidelité avec laquelle on a suivy Dieu, *Pax multa diligentibus legem tuam*, la mauvaise paix fait une partie de la tentation, & bien loin d'estre une marque qu'on l'ait surmontée c'en est une au contraire qu'on y a entierement succombé, & que l'on s'est sousmis à celuy dont il est dit que quand le Fort armé s'est rendu maistre de la place, il tient en paix tous ceux qui luy sont assujettis.

Qui démelera cet embroüillement ? Qui distinguera des choses si semblables à l'exterieur, si differentes dans l'interieur ? Voilà de part & d'autre la mesme fin, le mesme langage, les mesmes pretextes de conscience, la mesme paix : cependant les unes sont dans la verité, & les autres dans l'erreur.

Rien n'est sans doute plus important pour ces Religieuses que de leur apprendre à faire ce discernement, & de detromper celles qui se trompent. Aussi ceux qui sont persuadez que les Religieuses de Port-Royal sont abusées, & ne sont retenuës que par de vains scrupules, ne se sont pas oubliez en ce point. Ils leur ont dit tout ce qu'ils ont pû pour les destourner de leur resolution & pour les porter à la Signature ; de sorte que si elles se trompent, ce n'est pas faute d'estre instruittes ; & d'avoir ecouté les uns & les autres. Mais je ne voy pas qu'on ait agi de la mesme sorte envers les autres Religieuses, ny qu'elles ayent ecouté de mesme ceux qui estoient de differens sentimens sur le point dont il s'agit : elles ont au contraire toûjours fait gloire de n'y rien sçavoir, & leur ignorance a esté le principal fondement de leur hardiesse.

Cette conduitte m'a paru estrange, & m'a donné envie d'examiner sur quels principes elle pouvoit estre fondée, dans la pensée que cet examen mesme pourroit estre utile à ces bonnes Filles, s'il tomboit par hazard entre leurs mains, ou que quelque personne charitable prist la peine de leur en faire le rapport. Si elles le trouvent juste, elles m'en doivent sçavoir gré, & y faire une serieuse reflexion. Si elles ne le trouvent pas solide, il leur est bien-aisé de le mespriser ; & en tout cas la chose vaut bien qu'on y prenne garde, & qu'on ne se conduise pas par un certain entestement opiniastre & deraisonnable, qui est si souvent une marque d'erreur & d'illusion, que l'on s'en doit tousiours défier.

Les choses où M. de Paris a engagé ces Religieuses ne sont pas de petite consequence. Il leur a fait signer un Formulaire où elles declarent que cinq Heresies sont dans le livre d'un Evesque Catholique, & où elles prennent Dieu à tesmoin de la profession publique qu'elles font d'estre dans cette creance. Si ce serment estoit temeraire, injurieux à Dieu, & contraire à la charité du prochain, où en seroient elles ? Elles ont servi de ministres à M. de Paris pour tenir des Religieuses prisonnieres dans leurs maisons & leur interdire la pluspart des actions religieuses. Elles les ont continuelletinuellement sollicitées à la Signature. Elles les ont jugées, condamnées, & traittées d'opiniastres, & d'excommuniées. Elles ont parlé encore avec plus d'aigreur de ceux qui les avoient conduittes jusques alors. Si toutes ces choses estoient injustes, temeraires, & contraires aux premiers devoirs du Christianisme, quels remords n'en devroient elles point avoir?

Mais disent elles nous n'avons aucun scrupule sur ce sujet, & nous nous tenons fort en repos de ce costé-là, puis qu'on ne sçauroit pecher en marchant dans la voye de l'obeïssance. Nous n'avons fait en cela que suivre les ordres de nos Pasteurs, de M. l'Archevesque & du Pape mesme. Voilà le chemin Royal qui conduit au Ciel avec seureté.

Cela est bien decisivement proposé, mais si c'est là le fondement de cette paix & de ce repos, je commence à estre en une extreme peine pour elles, estant bien pitoyable, que des Religieuses hazardent leur salut sur une maxime qui non seulement n'est pas veritable, mais qui est une Heresie manifeste.

Car on ne doit point douter que ce n'en soit une, que de dire generalement & sans exception qu'on ne peut pecher en obeïssant au commandement d'un Superieur Ecclesiastique, puis que c'est supposer, ou que ce Superieur ne peut faire de commandemens injustes, ou qu'on ne peche point en faisant des injustices pour obeïr à un Superieur; c'est à dire en violant la Loy de Dieu, pour obeïr à celle des hommes contre l'ordonnance expresse de l'Escriture. Aussi cette erreur est elle condamnée generalement par tous les Peres, & principalement par S. Bernard qui nous assure que dans les choses qui sont clairement reglées par la Loy de Dieu nous ne devons obeïssance à personne, & que nous ne devons point écouter ceux qui nous voudroient deffendre de les observer.

Il faut à la verité que l'obeïssance soit simple; mais les saints Peres nous avertissent qu'il n'y a point de simplicité Chrestienne sans verité; & que l'œil de nostre cœur ne peut estre vraiment simple sans deux conditions essentielles, l'une que son intention soit bonne, l'autre que cette intention soit reglée par la lumiere de la verité & de la justice. *Ut oculus tuus vere sit simplex*, dit S. Bernard, *duo illi arbitror necessaria, charitatem in intentione, & in electione veritatem.* Que si l'une de ces conditions luy manque, les saints Peres la condamnent comme une voye d'illusion & d'égarement. *Il y en a*, dit S. Gregoire, *qui sont tellement simples, qu'ils ne connoissent pas la justice, & en s'écartant de la justice, ils s'éloignent aussi de l'innocence de la vraye simplicité.* NON-NULLI *ita sunt simplices ut rectum quid sit ignorent, sed eò verâ simplicitatis innocentiam deserunt, quò ad virtutem rectitudinis non assurgunt.* Et S. Bernard nous assure, que la simplicité trompée n'evite pas entierement la punition. SINE *malo quocunque non erit decepta simplicitas*, & qu'elle ne merite pas mesme au jugement de la verité le nom de simplicité. NESCIO *quomodo in judicio veritatis, vera esse possit cum falsitate simplicitas.*

D'où vient donc, dira-t'on, que quelque Saints nous recommandent une obeïssance aveugle? C'est qu'il est vray que l'obeïssance nous doit aveugler en quelque sorte, mais d'un aveuglement bien different de celuy que se figurent ceux qui voudroient oster à cette vertu le discernement du bien & du mal.

Il y a dans l'homme deux sortes de lumieres, c'est à dire deux sortes de pensées, deux sortes de connoissances. Il y a des lumieres de Foy & de verité qui sont des rayons de la sagesse eternelle, qui dissipent nos tenebres, & qui nous decouvrent le vray estat des choses, & la conformité ou l'opposition qu'elles ont avec la Loy de Dieu.

Il y a aussi des lumieres d'amour propre & de concupiscence, c'est à dire des pensées & des reflexions qui sortent en abondance de ce fond corrompu qui est en nous, & qui nous remplissent l'esprit de frayeurs, de difficultez, d'impossibilitez, d'inconveniens, de chagrins, d'aversions, de murmures à l'égard des choses qu'on nous commande.

Il y a donc aussi deux sortes d'aveuglemens, l'un qui nous prive des lumieres de la Foy, l'autre qui estoufe seulement les vaines reflexions de nostre esprit propre & de nostre cupidité. C'est ce second aveuglement que l'obeïssance Chrestienne produit, & non pas le premier, & c'est là l'obeïssance aveugle que ces Saints nous recommandent. Elle est aveugle en aveuglant l'amour propre; mais non pas en aveuglant la Foy. Elle nous empesche d'ecouter nos repugnances, nos murmures, nos desirs, nos inclinations; mais elle ne nous empesche pas d'ecouter le Fils de Dieu qui nous parle dans son Evangile, puis que le Pere nous a commandé de l'ecouter uniquement, *ipsum audite*. Elle nous fait genereusement mespriser les difficultez que nostre imagination se forme dans le chemin qui nous est tracé par nos Superieurs; mais elle voit & elle evite les pieges qui se trouvent dans ce chemin, lors que leurs commandemens sont contraires à ceux de Dieu; & elle n'est pas si simple, ny si peu instruitte, que de s'imaginer qu'il ne s'y en puisse rencontrer.

Elle sçait que c'est l'amour propre qui porte les hommes à croire qu'on ne peche point en obeïssant, parce qu'il aime naturellement la seureté, & qu'il seroit ravy de voir son chemin si bien marqué qu'il ne pust craindre de s'y egarer. Mais la lumiere de la Foy luy apprend au contraire, que Dieu n'a pas voulu s'accommoder à cette inclination des hommes, & qu'il a jugé qu'il leur estoit plus utile d'arriver au salut par une voye toute opposée, qui est celle de l'obscurité, de l'incertitude & de la crainte, qui les tient tousjours tremblant & humiliez en sa presence, & dependant de sa lumiere & de son secours, & que c'est pour cela qu'il a voulu qu'il y eust piege par tout, & tentation par tout, & que si certains estats en avoient moins que les autres, il n'y en eust aucun neanmoins qui en fust absolument exempt.

Ainsi

Ainsi les veritables obeïssans ne croyent point que leur chemin soit entierement hors de danger, n'y qu'ils y puissent marcher les yeux fermez sans craindre d'y rencontrer des precipices. Ils ne se croyent point dispensez de demander à Dieu la direction de son esprit pour s'y conduire. Ils elevent leurs yeux vers luy avec le Prophete pour le prier de les sauver de ces pieges. *Oculi mei semper ad Dominum quoniam ipse evellet de laqueo pedes meos.* Ils se servent de la parole de Dieu comme d'une lampe qui eclaire leurs pas. *Lucerna pedibus meis verbum tuum.* Enfin ils pratiquent soigneusement l'avis du Sage qui leur commande de choisir une voye droitte & de faire en sorte que leur paupieres precedent leurs pas. *Oculi tui recta videant & palpebra tua pracedant gressus tuos.* Car ils ne se contentent pas de se conduire dans leur chemin par la lumiere de la raison, *palpebra tua pracedant gressus tuos*, mais ils ont soin de plus que ce chemin soit droit & conforme à la rectitude de la Loy de Dieu. *Oculi tui recta videant.*

Ce seroit donc sans doute une vertu fausse, & une veritable illusion, qu'une obeïssance qui nous detourneroit de la pratique de ces devoirs, pour nous rendre non seulement esclaves, mais adorateurs d'un homme mortel, en ne voyant que par ses yeux, en ne jugeant que par son esprit, & en renonçant à toutes les lumieres de Dieu, pour ne suivre que les siennes.

Aussi veux-je croire que quoy que ces Religieuses ayent souvent en la bouche ces maximes generales, qu'il faut obeïr à l'aveugle, qu'on ne peut pecher en obeïssant, elles y apportent neanmoins dans leur esprit mesme certaines exceptions, qu'elles n'expriment pas : estant tres-asseuré qu'il y a une infinité de choses qu'elles ne voudroient pas faire quand on les leur commanderoit. J'en pourrois proposer des exemples si grossiers que tout le monde en demeureroit d'accord : mais j'aime mieux en choisir de plus delicats, où je suis asseuré neanmoins que leur obeïssance aveugle ne les porteroit pas à obeïr.

Il y a plusieurs actes de communauté dans lesquels les simples Religieuses ont droit par leurs Constitutions de dire leur avis selon leur conscience, & qui ne doivent pas passer par la seule volonté de la Superieure. S'il s'en trouvoit donc une qui voulust faire tout à sa teste, sans prendre avis de personne, & que de plus pour authoriser ces actes qu'elle auroit faits toute seule elle les voulust faire signer par toutes les Religieuses, comme s'ils s'estoient faits de leur consentement; se croiroient elles obligées de luy obeïr ? S'il se presentoit par exemple une Fille qu'elles jugeassent toutes selon leur lumiere n'avoir aucune des qualitez requises par la Regle pour estre receuë, & que neanmoins la Superieure la voulust faire recevoir en leur commandant sous peine de desobeïssance de luy donner leur voix, & de signer qu'elle auroit toutes les qualitez necessaires pour estre admise, leur obeïssance aveugle les empescheroit elle de voir alors que le commandement

de

de cette Superieure seroit contraire à celuy Dieu, & que bien loin d'estre obligées de luy obeïr, elles seroient obligées au contraire de luy desobeïr & de luy resister de toutes leurs forces?

Mais il n'y a point, diront elles, de Superieures assez deraisonnables pour faire un tel commandement: & aprés tout ce ne seroit qu'une Superieure qui pourroit estre corrigée par un Superieur de plus grande authorité. Pour moy je pense qu'il ne faut point tant se fier aux hommes que de les croire incapables de certaines fautes: & pour montrer que cette supposition n'est point si imaginaire, j'en veux rapporter un exemple réel du Superieur des Superieurs qui est le Pape, afin de faire voir que l'eminence de la dignité n'empesche pas de faire des commandemens injustes.

C'est la coustume des Cardinaux assemblez pour l'election d'un Pape, de faire entr'eux de certaines loix qu'ils jugent utiles au bien de l'Eglise, & de s'obliger tous par serment de les garder, au cas qu'ils viennent à estre élevez au souverain Pontificat. On observa cette coustume avant l'election du Pape Paul second, & l'on arresta entr'autres choses, que l'on ne mettroit jamais dans les Bulles & dans les Decrets, que quelque ordonnance eust esté faite par l'avis des Cardinaux, qu'elle n'eust passé veritablement par leur examen & par leurs suffrages. *Nil in diplomatibus factum dicere ex fratrum consilio, quod ad verum consulentibus iis decretum non esset*: dit le Cardinal Jaques de Pavie. *Commen. 2.*

Il n'y avoit rien de plus legitime que cette ordonnance, puisque ce n'estoit que s'obliger à ne point mentir. Aussi Pierre Cardinal de S. Marc Venitien ayant esté eleu dans ce Conclave, & ayant pris le nom de Paul second, il confirma estant Pape ce qu'il avoit juré comme Cardinal, en adjoustant qu'il auroit observé ces reglemens encore qu'il ne s'y fust pas obligé par un vœu & par un serment solennel.

Neanmoins comme l'esprit humain est naturellement porté à se degager autant qu'il peut de toute sorte de liens, & à regarder les loix comme une servitude incommode dont il est bon de se delivrer, ce Pape presta l'oreille peu de temps aprés à quelques Prelats ambitieux & flatteurs qui luy disoient, qu'il n'estoit point tenu à tous ces reglemens qui limitoient la puissance Pontificale qui ne devoit point estre bornée par aucunes loix: de sorte qu'il n'observa rien de ce qu'il avoit promis, & il voulut obliger les Cardinaux de signer les Bulles & les Decrets, sans leur en donner aucune connoissance.

Ce procedé parut fort dur & fort odieux au sacré College qui estoit tout persuadé que le Pape ne pouvoit se dispenser de garder une promesse si solennelle & si legitime: ainsi leur inclination & leur sentiment estoit qu'il falloit refuser absolument les souscriptions que le Pape leur demandoit. Mais il parut bien en cette occasion que la fermeté necessaire pour resister à un Superieur si puissant & qui a tant de moyens de nuire, n'est pas une vertu fort ordinaire, & que comme il n'y a rien de plus aisé & de plus commun que cette obeïssance qui se rend à toutes les volontez des Superieurs telles qu'elles soient, il n'y a rien aussi de plus difficile & de plus rare que cette sainte desobeïssance qui porte à leur resister dans les choses injustes & deraisonnables.

Les Cardinaux, dit Jaques de Pavie, *furent contraints de signer des Brefs qu'ils n'avoient point leus, en partie par caresses, & en partie par menaces ; & la violence du Pape Paul fut si grande, que le Cardinal Bessarion s'enfuyant dans sa chambre pour s'exempter de signer un Decret qu'il n'avoit point veu, ce Pape l'arresta avec la main, & le menaça de l'excommunier s'il ne le signoit*, ce qu'il fit enfin n'ayant pas assez de force pour resister à une authorité si puissante, quoy que dans une visible injustice.

A mesure que les Cardinaux avoient plus d'honneur & de conscience, ils faisoient aussi plus de resistance à ce commandement du Pape : & le Cardinal de Pavie qui en avoit beaucoup ne se contenta pas de refuser d'abord d'y obeïr, mais il escrivit de plus au Pape une lettre tres-forte, où il luy representa avec liberté l'obligation qu'il avoit de garder son serment, & l'injustice des souscriptions qu'il vouloit exiger d'eux. Mais enfin il fut abattu comme les autres, & emporté par le torrent de la lascheté, & il n'y en eut qu'un seul en tout le sacré College qui fut le Cardinal Carvial, qui eust assez de courage pour resister jusques au bout, & pour demeurer ferme dans le refus de souscrire ces Decrets. C'est ce que le Cardinal Jaques de Pavie represente luy-mesme en avoüant sa foiblesse avec beaucoup d'humilité, & en relevant au contraire la generosité Chrestienne du Cardinal Carvial Espagnol de nation. *Nous avons tous souscrit*, dit-il dans sa lettre 182. *en partie par le desir d'obtenir ce que nous desirions, en partie de crainte d'estre toûjours exposez aux effets de l'indignation de sa Sainteté. Il est vray que nous avons esté lasches & trop attachez à nous mesmes. Nous avons regardé non les interests de Dieu, mais la chair & les biens du Siecle. Personne n'a neanmoins approuvé le procedé du Pape. Il n'y a eu que le Cardinal Iean Carvial fort avancé dans l'âge, & illustre par ses merites, qui ait acquis en cette occasion la gloire de la fermeté. Il s'est excusé de consentir à cette infamie, & n'a pû estre detourné de sa resolution par toutes les sollicitations pleines d'adresse du Pape qui l'en pressoit, respondant à toutes les instances qu'on luy en faisoit, qu'il ne falloit pas s'attendre qu'estant vieil il abandonnast la justice, qu'il n'avoit jamais abandonnée estant jeune. Ie ne vous feray, disoit-il au Pape, aucune peine sur le sujet de ces loix, mais permettez moy d'avoir égard à ma conscience & à mon honneur.* Ce qui fait conclure au Cardinal de Pavie, que ce Personnage estoit digne non seulement d'estre assis parmy ceux en qualité de Cardinal, mais de leur presider en qualité de Pape, *vir profectò dignus, non qui nobiscum sederet, sed qui præsideat ad consilium Sedis Romanæ.*

Ainsi la desobeïssance de ce Cardinal estoit digne du souverain Pontificat au jugement de cet autre Cardinal, & l'obeïssance des autres n'estoit digne que de gemissemens & de larmes. Cependant il estoit seul & tout le College des Cardinaux suivoit une autre conduitte. Ce qui fait bien voir qu'en ces occasions la multitude est une fort mauvaise preuve d'equité, & de justice; estant certain que le plus grand nombre se rendra tousiours aveuglement aux volontez des plus forts, & que la lacheté sera tousiours plus commune que la fermeté.

Il est donc certain, & que les Superieurs peuvent faire des commandemens injustes accompagnez mesme de menaces d'excommunication; & que ces commandemens injustes peuvent estre suivis par le plus grand nombre; & que les gens de bien sont neanmoins obligez d'y resister: de sorte qu'il faut par necessité que leur obeïssance ne soit pas aveugle, mais qu'ils discernent par la lumiere de l'Evangile si ce qu'on leur prescrit n'y est point contraire. Et c'est pourquoy il faut que ces bonnes Religieuses cherchent pour se justifier une autre maxime que celle de l'obeïssance entierement aveugle, puis qu'il est si clair qu'elle est fausse, qu'elles ne la suivent pas elles mesmes dans leur conduitte.

Aussi y en a-t'il parmy elles qui alleguent un autre principe par lequel elles croyent estre en seureté de conscience. C'est, disent elles, que le Pape est infaillible dans les faits, & qu'ainsi ayant decidé celuy de Jansenius, elles ont pû en toute asseurance en jurer aprés luy, & contraindre les autres d'en jurer.

C'est le principe de la R. M. Eugenie, qui a dit souvent aux Religieuses de Port-Royal, qu'elles faisoient fort bien de refuser de signer en ne croyant pas ce fait, mais qu'il le falloit croire puis que le Pape l'avoit jugé, & qu'il ne nous pouvoit pas tromper: qu'ainsi c'estoit à cause de leur *incredulité*, & de leur *pertinace* qu'on les punissoit. Mais n'est-ce pas encore une chose bien digne de compassion que de voir des Religieuses entreprendre tant de choses extraordinaires & hors de l'ordre commun de leur vocation, sur des erreurs aussi manifestes qu'est celle de l'infaillibilité du Pape ou de l'Eglise dans les faits? Qui a dit à ces Religieuses une telle resverie, ou si on la leur a dite, pourquoy l'ont elles crue si facilement? Pourquoy n'ont elles eu aucune défiance de ceux qui la leur disoient ayant tant de raisons de les tenir pour suspects? Pourquoy n'ont elles eu aucun soin de s'instruire de la verité en consultant des personnes habiles & desinteressées sur cette nouvelle maxime? Elles n'auroient pas eu beaucoup de peine à s'en détromper, puis qu'elles n'auroient eu qu'à en demander avis à des Curez de Paris ou à des Docteurs de Sorbonne, y en ayant peu qui ne condamnent librement cette nouveauté. Mais pourquoy faut il qu'elles n'ayent point d'autres Oracles que les Jesuites, & qu'elles approuvent sans discernement leurs plus extravagantes imaginations?

Encore si elles estoient demeurées dans leur estat, peut-estre que Dieu auroit

auroit eu égard à leur ignorance & à leur simplicité. Mais ayant accepté la commission de Reformatrices, elles devoient avoir des lumieres de Reformatrices, c'est à dire des lumieres solides & veritables. Les erreurs grossieres comme celle-là ne leur sont plus pardonnables, & elles sont responsables de tous les discours & de toutes les actions temeraires & injustes qu'elles ont faites en suitte d eces mauvais principes dont elles se sont laissé prevenir.

On n'en est pas tousjours quitte devant Dieu, pour dire, nous avons crû simplement ce qu'on nous a dit. Dieu veut que l'on ait une défiance raisonnable, & le Sage met la trop grande credulité entre les caracteres de la folie. *Innocens*, c'est à dire le fou & l'imprudent, *Credit omni verbo*, Il croit tous ce qu'on luy dit ; mais le prudent au contraire regarde où il met ses pas. *Astutus considerat gressus suos.*

C'est pourquoy quand nous trouvons par experience que nous avons esté grossierement abusez, comme ces Religieuses le peuvent facilement reconnoistre, pourveu qu'elles veuillent consulter des gens habiles sur cette pretenduë infaillibilité du Pape dans les faits qui a esté le fondement de leur conduitte, nous devons craindre avec raison que cette credulité qui nous a fait approuver une maxime si fausse n'ait esté l'effet de cette folie que le Sage blasme, & qui est fort compatible avec la prudence humaine, & la lumiere naturelle de l'esprit dans les autres choses. Car ce que l'Escriture appelle folie, petitesse, imprudence, sottise, est souvent ce que le monde appelle prudence, sagesse, grandeur d'esprit ; ne marquant par tous ces noms que le defaut de la sagesse divine, & la privation de la lumiere de Dieu, quelque intelligence humaine que l'on puisse avoir d'ailleurs.

Pour moy je ne sçay quel est l'estat de la conscience de ces Religieuses, mais il me semble que je ne serois pas peu inquieté si je me pouvois dire à moy mesme, comme elles se le peuvent dire avec raison : on m'a dit que le Pape estoit infaillible dans toutes ses decisions, en quelque matiere que ce fust, & qu'ainsi je n'avois rien à craindre en ne disant que ce qu'il a dit. Sur cette assûrance j'ay assûré que des erreurs estoient dans le livre d'un Evesque que je n'ay jamais leu, parce qu'on me faisoit voir que le Pape l'avoit dit & qu'il ordonnoit de l'assûrer. Je ne me suis pas contentée d'en jurer moy-mesme ; j'ay voulu en faire jurer les autres : & me laissant emporter à la chaleur de mon zele, j'ay accepté l'ordre que l'on m'a donné d'aller prescher de nouveau commandement à un Monastere tres-reglé, où les Religieuses faisoient scrupule d'y obeir. J'ay traité celles que je n'ay pû reduire à mes sentimens, d'opiniastres, de rebelles, d'entestées, d'excommuniées. J'ay pris part à tous les mauvais traittemens qu'on leur a faits. J'ay travaillé de tout mon pouvoir à la ruine de leur Monastere, & à en changer la conduitte & l'esprit, à cause de ce venin caché qu'on n'y croyoit pas le Pape infaillible dans les faits. J'ay deschiré par les plus sanglans outrages ceux que j'ay crû avoir engagé ces Religieuses dans ce scrupule: & cependant en examinant le principe de ma conduitte & de mon obeïssance, je reconnois maintenant que c'est une chimere, une rêverie, une erreur indubitable, & que bien loin d'estre la doctrine de l'Eglise, il est au contraire condamné par toute l'Eglise, & par la pluspart de ceux mesme qui se rendent à la Signature ou qui la conseillent. Je croyois suivre les sentimens communs de l'Eglise, & je trouve que je n'ay suivy en effet que des erreurs particulieres; que l'ignorance & la passion a fait naitre depuis dix ans; & qu'estant jointe à ces Religieuses dans cette maxime commune, qu'il ne faut pas signer sans croire, je ne suis distinguée d'elles que par une erreur qu'on m'a inspirée, qui est qu'il faut croire tout ce que le Pape dit, parce qu'il est tousjours infaillible.

Cette foule de gens qui signent sans croire & qui ne pretendent point s'y obliger en signant, ne m'excuse point. Je ne suis point de leur sentiment, & ce n'est point sur ce principe que j'ay agi. Si je n'avois point crû ce fait, je ne l'aurois pas voulu signer, non plus que les Religieuses de Port-Royal. Je ne les ay pressées & persecutées que parce qu'elles disoient qu'elles n'estoient point obligées de le croire. Et neanmoins il se trouve qu'elles avoient raison & que j'avois tort: qu'elles estoient dans la verité, & que j'estois dans l'erreur, qu'elles estoient éclairées, & que j'estois trompée. Quand elles seroient blasmables par d'autres raisons de n'avoir pas voulu signer, je ne laisserois pas d'estre temeraire de les y avoir voulu porter sur un si faux fondement. Leur faute est incertaine, mais ma temerité est certaine. J'ay agi par ignorance, il est vray, mais ay-je fait ce que j'ay pû pour éviter cette ignorance? n'en ay-je pas plustost fait gloire, & n'ay-je pas fait consister dans cette ignorance mesme une partie de ma devotion. Je n'ay point eu de mauvaise intention; il est encore vray, & j'ay crû rendre service à Dieu en obeïssant à M. l'Archevesque, & en contribuant à destruire ce qu'on appelle Jansenisme, & que je ne connoissois point. Mais mon intention est-elle meilleure que celle de S. Paul lors qu'il persecutoit les Fidelles par un faux zele? & neanmoins il s'appelle luy-mesme blasphemateur, & persecuteur de l'Eglise pour ce sujet. Qui m'assurera donc que Dieu ne me regarde point de la mesme sorte, & qu'il ne me reprochera point dans son jugement tant de paroles & tant d'actions injustes, parce que je ne les ay faites qu'avec l'approbation de mon Pasteur? En verité ce Pasteur nous auroit infiniment obligées s'il avoit démélé tout seul ses querelles, & s'il nous eust laissées dans le repos tranquille de nos Monasteres, sans nous engager dans ces effroyables embarras de conscience en nous chargeant d'une commission si perilleuse, & qui nous estoit si disproportionnée: & j'ay bien peur qu'il ne soit de ceux qui n'entrent point dans le Royaume des Cieux, & qui empeschent les autres d'y entrer.

Je

Je vous assure que je ne sçay point de scrupule mieux fondé que celuy d'une Religieuse qui parleroit de la sorte : & aprés tout je pense qu'on n'y peut gueres trouver d'autre remede que celuy d'une penitence salutaire. Mais pour ne rien dissimuler de ce qui peut servir à la justification de ces Religieuses, à qui je souhaitte de tout mon cœur que Dieu n'impute point la maniere dont elles ont agi dans les affaires presentes, je veux bien representer icy ce qu'on peut dire de plus favorable pour leur deffense, afin d'examiner en suitte sans passion, si elles peuvent fonder sur cela une solide paix de conscience.

Il est impossible d'excuser celles qui auroient suivy le principe de l'obeïssance aveugle, ou de l'infaillibilité du Pape dans les faits. Mais il y en a qui pourroient peut-estre dire, qu'elles ne sont pas si peu instruites des regles de l'Eglise, qu'elles ne sçachent bien qu'il ne faut jamais violer les commandemens de Dieu pour obeïr à ceux des hommes. Que S. François de Sales leur a appris à eviter une erreur si dangereuse, & qui seroit une porte ouverte à toute sorte d'illusions, en leur enseignant, *que c'est une folie de croire que l'obeïssance aveugle consiste à faire à tort & à travers tout ce qui nous pourroit estre commandé, fust-ce mesme contre les commandemens de Dieu & de la sainte Eglise.* Qu'elles ne font donc point profession d'une obeïssance si aveugle qu'elles se ferment les yeux pour ne pas voir ce que Dieu defend clairement dans son Evangile. Qu'elles n'establissent point aussi leur conduitte sur cette opinion particuliere que le Pape est infaillible dans les faits. Mais qu'elles ont suivy en cette rencontre des principes plus solides & qui leur ont paru certains.

Qu'elles ont consideré qu'il s'agissoit icy d'une matiere obscure dont elles n'estoient pas capables de s'instruire par elles-mesmes. Qu'elles ne sçavent ny si les propositions condamnées sont en effet dans Jansenius, ny si elles n'y sont pas. Mais que dans ce doute où elles entreroient d'elles mesmes, elles ont appris que le Pape, la plus grande partie des Evesques, des Docteurs, des Religieux, asseurent qu'elles y sont, & qu'il n'y a qu'un petit nombre de gens qui osent le contester, qui sont taxez en cela par tous les autres d'opiniastreté, & mesme d'erreur. Qu'ainsi estant pressées par l'ordre de leur Archevesque de prendre party, elles ont trouvé qu'il leur estoit infiniment plus seur de se ranger du costé de l'authorité visible de l'Eglise, & de ceux mesme que Dieu leur a donnez pour les conduire, que de se joindre à un petit nombre de personnes sans authorité. Que s'il ne faut pas obeïr aux Superieurs lors qu'ils nous commandent ce que Dieu defend, il est au moins necessaire de leur obeïr quand on ne sçait pas que Dieu defende ce qu'ils nous commandent. Qu'il faut une evidence entiere pour s'exempter d'obeïr : mais que l'obscurité suffit pour obeïr en seureté. Qu'ainsi n'ayant aucune evidence que leur Archevesque se trompast, & leur estant au contraire beaucoup plus probable que l'erreur estoit du costé de ceux qui luy refiſtoient, elles ont deu ſe ſoûmettre ſans reflexion à ſes ordres, avec cette confiance, que quand meſme il ſe tromperoit, & qu'elles ſe tromperoient avec luy, Dieu ne leur imputeroit pas une erreur où elles ne ſeroient tombées que par la deference qu'elles auroient euë pour ceux que Dieu leur a donnez pour leurs guides & leurs conducteurs.

Je ne ſçay ſi ces bonnes Religieuſes ont quelque choſe de plus plauſible à dire pour leur defenſe. Pour moy j'avouë que je me ſuis epuiſé ; & ainſi il ne tiendra pas à moy qu'on ne les tienne pour fort innocentes. Mais c'eſt peu de choſe que le jugement des hommes. Il leur ſera touſiours aſſez favorable ; & elles ont peu à apprehender qu'on leur faſſe tort de ce coſté-là. Il s'agit de celuy de Dieu, & s'il ſera ſatisfait de ces raiſons. Tout ce que nous dirons icy ne l'en empeſchera pas, ſi elles ſont juſtes. Mais il eſt important de s'en aſſeurer pendant qu'il eſt encore temps de reparer les fautes qu'elles pourroient avoir faites. Et ainſi cét examen ne leur pouvant nuire, leur peut eſtre tres-avantageux.

Je ne craindray donc pas de leur dire avec liberté, que je ſuis en une extreme peine pour elles, parce que je ne voy point que toutes ces raiſons ſoient ſuffiſantes pour les excuſer devant le tribunal de la verité. Tout ce qu'elles peuvent conclure de cette comparaiſon entre l'eminence de l'authorité de ceux qui aſſeurent que les erreurs condamnées ſont dans le livre de Janſenius, & la baſſeſſe de ceux qui le nient, eſt qu'elles ont crû qu'il eſtoit plus probable qu'elles y eſtoient effectivement. Je pourrois dire que cette concluſion n'eſt pas bien tirée ; puis que l'authorité n'eſtant pas la ſeule preuve qui faſſe impreſſion ſur nos eſprits, il ſe peut fort bien faire que le party appuyé par la plus grande authorité, ſoit neanmoins le moins probable, cette authorité eſtant affoiblie & contrepeſée par un grand nombre de preuves contraires qui favoriſent l'autre party. Et c'eſt ce qu'il eſt facile de remarquer en cette rencontre, pourveu qu'on veüille prendre la peine de peſer equitablement toutes les raiſons dont les ſimples meſme ſont capables. Mais il me ſuffit de dire preſentement qu'elles n'ont donc ſçeu que probablement que les erreurs des cinq Propoſitions fuſſent dans le livre où le Pape aſſure qu'elles ſe trouvent. Or cette opinion probable ne les peut en aucune ſorte garentir de peché dans ce qu'elles ont fait ; parce que les actions où l'on les a engagées ſont telles qu'elles demandent une entiere certitude.

On ne juge point, on ne condamne point, on ne jure point ſur des opinions probables. Il faut une aſſeurance & une evidence qui excluë le doute & l'incertitude : & à moins que de cela, le jugement, la condamnation, le ſerment, ſont certainement temeraires. Or elles ont jugé les Religieuſes de Port-Royal : elles les ont condamnées : elles ont juré par leur ſignature que les cinq Propoſitions eſtoient dans le livre de M. l'Eveſque d'Ypre ; & ainſi en avoüant qu'elles n'ont fait tout cela que ſur des opinions

nions probables, elles avoüent qu'elles l'ont fait temerairement, & qu'elles n'ont pas observé deux preceptes de la Loy de Dieu, dont l'un leur deffend de condamner le prochain sans avoir evidence de sa faute, & l'autre leur interdit le jugement dans toutes les choses, ou fausses, ou incertaines.

Qu'elles ne disent donc plus qu'il faut obeïr aux Superieurs dans le doute, puis qu'il est clair que cette maxime ne se peut entendre que des actions qui peuvent subsister avec le doute, & non de celles qui sont incompatibles avec le doute & l'incertitude. Or tout ce qu'elles ont fait, est de ce dernier genre. On ne doit point juger, condamner, ny jurer en doutant, & toutes ces actions supposent & tesmoignent qu'on ne doute point.

Ainsi il n'est nullement veritable qu'elles ayent eu sujet de douter de ce qu'elles avoient à faire sur l'ordonnance qu'on leur a fait de signer le Formulaire; c'est à dire de jurer que cinq erreurs estoient dans un livre. Leur devoir leur estoit clairement marqué par leur conscience, & par la Loy de Dieu. Leur conscience leur rendoit tesmoignage qu'elles n'avoient aucune asseurance de ce fait, & qu'elles n'en pouvoient avoir tout au plus qu'une opinion probable. La Loy de Dieu leur deffend de jurer sans asseurance & sur une simple opinion probable. Que devoient elles conclure de tout cela, sinon qu'il ne leur estoit pas permis d'en jurer?

Mais falloit-il donc, disent-elles, que nous preferassions l'opinion d'un petit nombre de gens à celle des Evesques & du Pape? J'admire comment de personnes d'esprit peuvent se laisser éblouïr par une raison si peu solide. Ces Religieuses supposent qu'elles ayent esté obligées de prendre party, au lieu que leur party estoit de n'en prendre point. Le Pape asseure que cinq erreurs sont dans un livre. Des Theologiens asseurent qu'elles n'y sont pas. Que doivent faire des Religieuses? Faut-il qu'elles condamnent le Pape? non. Car elles ne peuvent estre asseurées qu'il ait mal jugé. Faut-il qu'elles condamnent ces Theologiens? non. Car quelque mespris qu'elles en fassent, elles n'ont point de certitude qu'ils ayent tort : or on ne peut condamner sans certitude. Il faut donc qu'elles se taisent, & qu'elles demeurent dans leur estat, qui est un estat d'humilité & de silence.

Il est vray qu'on leur a fait violence en les voulant forcer de parler. Mais on ne force point des Chrestiennes de parler, ny de jurer temerairement. On leur a commandé de jurer d'un fait comme si elles en estoient asseurées : elles sçavent qu'elles n'en sont point asseurées : elles sçavent donc aussi qu'elles sont hors d'estat d'obeïr à un tel commandement. Ainsi elles n'avoient autre chose à faire, qu'à suivre ce que le Sage nous prescrit pour de semblables rencontres. *Si est tibi intellectus responde proximo : sin autem, manus tua sit super os tuum, ne capiaris in verbo indisciplinato, & confundaris.* Respondez au „ prochain pourveu que vous ayez l'intelligence de ce qu'il vous deman- „ de. Mais si vous ne l'avez pas, mettez la main sur vostre bouche, de peur „ que vous ne vous engagiez en quelques paroles mal reglées qui vous attirent

rent la confusion. On leur demandoit une responce par laquelle elles asſuraſſent un fait dont elles n'avoient aucune aſſurance. Que devoient elles donc faire, sinon de demeurer dans le silence & de ne pas s'engager dans un serment temeraire, sur une chose incertaine qui leur peut attirer la confusion, non devant les hommes, ce qui seroit peu de chose, mais devant Dieu & devant ses Anges, ce qu'on ne sçauroit trop apprehender?

Que s'il est difficile d'exempter entierement de faute celles qui n'ont fait que signer le Formulaire, parce qu'elles ont tousjours juré d'une chose dont elles n'estoient pas assurées, que doit-on dire de celles qui se sont portées à tant d'autres actions independantes de la signature? & qui ne leur estoient pas proprement commandées?

Une opinion probable suffit-elle pour sortir de son Convent? pour aller tyranniser d'autres Religieuses dans leurs maisons? pour les priver des biens communs à tous les Chrestiens? pour les affliger des reproches les plus sensibles? ne falloit-il pas au contraire avoir une evidence bien entiere pour s'engager à tant de choses extraordinaires? Si ces Religieuses eussent esté Geolieres de Profession, peut-estre n'auroit-on peu les blasmer d'avoir receu celles que M. de Paris envoyoit chez elles, dans le doute où elles estoient si c'estoit justement ou injustement qu'il les punissoit. Mais elles seroient bien faschées que l'on prist leurs Monasteres pour des prisons ordinaires, ny que l'on les crust obligées de recevoir toutes les Religieuses estrangeres qu'on voudroit leur envoyer. Ainsi la deference qu'elles ont renduë à M. de Paris en ce point, a esté toute volontaire & toute libre. Or dans les actions libres & qui vont au prejudice du prochain, il est certain que l'on doit avoir encore plus d'assurance qu'elles sont justes & legitimes que dans les autres, & que les simples probabilitez ne suffisent pas pour les entreprendre.

Il faut donc que ces Religieuses cherchent encore un autre asyle que celuy des probabilitez & des doutes; puis que les doutes ne suffisent nullement pour excuser ce qu'elles ont fait. Et certainement elles n'en sçauroient trouver de plus favorable que celuy de leur ignorance & de leur simplicité qui leur a fait croire certain ce qui ne l'estoit pas. Nous avons crû diront quelques-unes d'entr'elles, que le fait dont il s'agissoit estoit tres-constant; si nous avons esté trompées en cela, nous esperons que Dieu aura esgard à nostre ignorance & à la pureté de nostre intention, qui n'a esté que d'obeïr à nos Pasteurs. L'ignorance des faits peut quelquefois excuser. Or c'en est une que de sçavoir si le point dont il s'agissoit estoit certain & constant.

J'avouë que c'est la seule raison qui me console un peu pour quelques bonnes ames qui ont esté emportées par ce torrent, & qui n'ayant aucune connoissance de ce qui s'est passé dans cet affaire, ont signé dans la pensée qu'on ne leur demandoit qu'une chose juste & indubitable, & que le fait

dont

dont il eſtoit queſtion eſtoit reconnu de tout le monde. Je ſuis meſme bien-aiſe de me ſervir de cette raiſon pour ne condamner en particulier que ceux qui ſe condamnent eux-meſmes ouvertement par des actions inexcuſables. Mais il faut reconnoiſtre en meſme temps qu'il y a une infinité de perſonnes à qui cette raiſon ne peut ſervir devant Dieu, parce qu'elles ne ſont point dans l'eſtat de cette ignorance ſimple; & qu'il y en a tres-peu qui puiſſent s'aſſurer qu'elles y ayent jamais eſté.

La raiſon en eſt que ſi l'ignorance peut excuſer en de ſemblables occaſions quand elle eſt involontaire, elle n'excuſe point quand elle eſt volontaire & affectée. Or qui peut s'aſſurer que la ſienne ne naiſſe pas de ſa volonté, & qu'il ait fait ce qu'il devoit pour l'eviter. Ce ſeroit peu connoiſtre la corruption du cœur de l'homme, que de ne pas ſçavoir que c'eſt la volonté qui aveugle ordinairement l'eſprit, & qui l'empeſche de chercher ou de reconnoiſtre la verité. Nous nous la cachons & nous nous la diſſimulons à nous meſme, afin de pouvoir dire en la violant que nous l'avons ignorée; & la crainte d'eſtre obligez d'obeïr à ce qu'elle nous commande, fait que nous ſommes bien-aiſes de ne pas ſçavoir ſes commandemens. *Noluit intelligere ut benè ageret.*

Si nous apprehendons qu'en doutant de quelque choſe nous ſoyons engagez à quelque action penible, nous nous imaginons que nous n'en avons pas le moindre doute. Si le doute nous eſt utile nous ne voyons que des raiſons de douter. Nos cupiditez ſecretes appliquent noſtre eſprit aux objets qui leurs ſont conformes & le deſtournent des autres, & par cette adreſſe imperceptible elles font que nous ſçavons, & que nous ignorons tout ce qui leur plaiſt.

Que ſi l'on a touſiours ſujet de ſe défier de cette illuſion de nos paſſions qui nous dérobe la connoiſſance de la verité, & qui nous donne ſouvent une fauſſe aſſurance dans l'erreur; on a beaucoup plus de ſujet de la craindre en cette rencontre, où l'on ne voit gueres d'autre cauſe qui ait pû eſtouffer toutes les raiſons de doute que les choſes qui ont eſté expoſées aux yeux du monde pouvoient d'elles-meſmes faire naiſtre dans l'eſprit.

Vous n'avez point douté dites vous que les 5. Propoſitions ne fuſſent dans le livre où l'on diſoit qu'elles eſtoient, & que ceux qui le nioient ne fuſſent temeraires & opiniaſtres. Mais pourquoy n'en avez vous point douté, & ſur quels principes avez vous fondé cette certitude? ces faits ne ſont point notoires d'eux-meſme. Ils ſont conteſtez. Les juges qui les ont decidez ne ſont pas infaillibles. Le procedé n'a pas eſté fort regulier. Vous avez touſiours veu l'intereſt & la puiſſance humaine de meſme coſté que l'authorité. Vous ſçavez que nonobſtant tout cela pluſieurs gens de bien ne ſont pas perſuadez de ces faits. Comment avez vous peu conclure de tout cela qu'ils eſtoient certains?

D'où vient que vous n'avez fait aucune reflexion ſur tant de choſes ſur-

C

prenan-

prenantes que vous avez peu voir ? Sur cette exaction si extraordinaire & si inutile de Signatures. Sur le trouble qu'on a apporté sous ce pretexte dans des Monasteres tres-reglés. Sur la maniere si estrange dont on a traitté celuy de Port-Royal. Sur la diversité des sentimens de ceux qui exigent les Signatures. Sur le merite extraordinaire des Evesques qui les improuvent. N'estoient-ce pas là des sujets bien suffisans pour exciter quelque doute dans vostre esprit en une matiere où il n'estoit point retenu par le poids d'une authorité infaillible. Qui a donc empesché que vous n'en fussiez frappé : Et comment pouvez vous vous assurer que ce ne soit point vostre amour propre qui ait arresté l'impression qu'ils y devoient faire naturellement, & que vous n'ayez point douté en effet, parce qu'il estoit de vostre interest de ne pas douter ?

Nous ne sommes point si simples ny si credules dans les choses temporelles, ou pour mieux dire si indifferens & si insensibles. Nous craignons quand il y a sujet de craindre. Nous nous défions quand il y a sujet de se défier. Et nous ne hazarderions jamais une somme considerable lors que plusieurs personnes habiles nous assurent qu'il y a du danger de la perdre avant que de nous estre pleinement éclaircis de la verité. L'amour sincere que nous avons pour ces biens humains produit cette circonspection & cette sagesse humaine. Et il ne faut point douter que si nous aimions la sagesse, la verité, & la charité, comme l'argent, ainsi que l'Escriture le commande, cet amour ne produisist aussi en nous la mesme crainte, la mesme prudence. *Sapiens timet, & declinat à malo : stultus transilit, & confidit.* Le sage craint & il evite le mal, le fou passe sans crainte les bornes de la justice, & il est remply de confiance. Le sage craint de blesser la verité, parce qu'il l'aime; & il ne la blesse pas en effet, parce qu'il craint de la blesser. Car cette crainte fait qu'il s'en informe, & en s'en informant il s'en instruit, & ainsi il evite ce qu'elle defend. Le fou ne craint point au contraire de la blesser, & ne la cherche point, parce qu'il ne l'aime pas, & il la blesse en effet en ne se souçiant pas de la connoistre, & ainsi il demeure dans un faux repos, & dans une fausse confiance.

C'est de cette sorte que Dieu conduit & distingue les hommes plus par le cœur que par l'esprit. Il n'expose pas la verité à decouvert, parce qu'il veut les esprouver : mais il expose tousiours des signes qui y conduisent ceux qui ont le cœur droit, & qui l'aiment sincerement. *Dedisti metuentibus te significationem, ut fugiant à facie arcus.* Peut-estre que ce qui s'est passé à la veuë des personnes simples sur cette contestation de la Signature, ne leur donne pas lieu de prendre party, & de juger dequel costé est la verité; mais certainement elles ont pû voir assez de choses estranges, extraordinaires, & choquantes, pour faire entrer dans la deffiance les personnes qui craignent d'offenser Dieu. Cela suffit pour les arrester, & pour les empescher de juger, de condamner, de jurer, avant que de s'estre instruites plus à fond de

cette

cette affaire. Elles ne peuvent sans temerité passer plus avant. Que si elles prennent le soin de s'en informer, bien loin de se relever de leurs doutes, elles s'y confirmeront beaucoup davantage, & leurs doutes subsistans les éloigneront de plus en plus de la signature. Ainsi elles se resoudront à demeurer dans le silence qui est le centre des personnes ignorantes.

Celles qui ont suivy une autre conduitte ont grand sujet de craindre qu'elles ne se soient d'abord égarées par l'indifference pour la verité, & par quelque secrete cupidité, *erraverunt ab utero*; & que ce n'ayent esté là les veritables causes de leur confiance. Et ce qui doit encore augmenter leur apprehension, est de voir combien l'amour propre avoit de pente vers le party qu'elles ont pris, & combien il estoit interessé à étouffer tous leurs doutes, & à leur donner cette assurance avec laquelle elles ont agi. En doutant, on ne pouvoit satisfaire à l'ordonnance de M. de Paris. On se commettoit avec luy. On s'exposoit à la persecution, à la perte de son credit, & à mille autres traverses. En ne doutant point, on se tiroit d'affaires. On asseuroit son repos. On aqueroit la gloire de l'obeïssance. On rabaissoit des Religieuses qui estoient en grande reputation de pieté, & on s'élevoit au dessus d'elles. Qu'il est difficile de s'assurer que la cupidité n'ait point répandu de tenebres dans l'esprit en une occasion qui la touchoit de si prez!

Ce n'est pas que ces Religieuses ayent formé dans leur esprit ces pensées basses & indignes d'elles; il faut que je ne doute point de ce fait, de peur de me faire mal-traitter: il faut que j'étouffe toutes les pensées qui me le pourroient rendre incertain, afin de conserver mon repos, & pour rabaisser les Religieuses de Port-Royal. Il n'y a que des ames toutes charnelles & toutes terrestres qui soient attaquées par des tentations si grossieres. Les passions des personnes spirituelles agissent plus finement. Elles n'ont garde de se produire dans cét estat qui donneroit de l'horreur. Il faut avant que de se montrer elles ayent passé par mille détours, & qu'elles se soient spiritualisées en se revêtant de pretextes de dévotion, de zele & d'obeïssance. *Aqua profunda verba in ore viri*, dit le Sage. La source de nos paroles & de nos pensées est tres-profonde. C'est un abysme qui n'est connu que de Dieu; tant elles se changent & se déguisent entre le cœur dont elles naissent, & cette surface exterieure de nostre esprit où nous les connoissons par reflexion.

Je ne connois pas assez ces Religieuses pour leur imputer ces intentions cachées, & ce n'est pas aussi mon dessein. Mais je puis dire aussi qu'elles ne se connoissent pas assez elles-mesmes pour s'assurer qu'elles ne les ont point eües. *Pravum est cor hominis & inscrutabile, quis cognoscet illud?* Le cœur de l'homme est corrompu & impenetrable, qui le connoistra? N'entreprenons donc point de sonder cet abisme; ny de nous deffendre dans des choses qui sont d'elles-mesmes mauvaises par de bonnes intentions pretenduës,

&

& dont nous ne sommes point assurez. S. Paul n'osoit se juger dans les meilleures actions, quoy que son cœur ne luy reprochast rien, parce qu'il craignoit ce fond qui luy estoit inconnu. *Nihil mihi conscius sum, sed non in hoc justificatus sum.* Comment oserons nous donc nous justifier dans des actions qui sont d'elles-mesmes temeraires & injustes par l'excuse d'une ignorance dont nous ne sçavons pas la cause. Qui ne voit que le plus seur en ces occasions est de nous regarder comme coupables, & de juger plustost de nous par l'action exterieure que nous connoissons, que par ces intentions que nous ne connoissons pas ? Il est de la charité des autres d'estre ingenieuse à nous excuser. Mais il est de la prudence Chrestienne & du soin que nous devons avoir de nostre salut, de prendre le party le plus seur, qui est sans doute celuy de la penitence. C'est ce que je souhaitte de tout mon cœur à ces Religieuses, comme je le souhaitte aussi pour moy-mesmes.

Ce 25. Septembre 1665.

HÉRÉSIE IMAGINAIRE.
LETTRE DIXIÉME.

MONSIEVR,

Ie ne m'eſtonne point qu'il y ait des perſonnes ſimples qui ſe laiſſent emporter ſans diſcernement dans les conteſtations preſentes par l'apparence de l'autorité exterieure de l'Egliſe. S'il y a quelque faute pardonnable, & à laquelle les bonnes ames puiſſent ſuccomber, il me ſemble que c'eſt celle là ; & pour moy ie vous aſſure que bien loin de conceuoir de l'indignation contre ces perſonnes, ie ne reſſens pour elles que des mouuemens d'une compaſſion pleine de tendreſſe. Il eſt bien dur à des ames vraiment humbles de ſe voir oppoſées à celuy qu'elles regardent comme leur pere, & que Dieu a établi au deſſus d'elles pour les conduire. Et l'on ne doit pas trouuer étrange, que dans cet état les unes ſe laiſſent abattre, & les autres qui reſiſtent ſoient neanmoins remplies de crainte & de tremblement. Qu'y a til en effet de plus foible que noſtre eſprit, & de plus venerable que l'autorité de l'Egliſe ? Ne luy auons-nous pas ſoumis toutes nos lumieres par la profeſſion que nous faiſons d'eſtre catholiques, & n'eſt-ce pas un grand ſujet de frayeur que nous nous voyons obligez de rentrer en quelque ſorte ſous noſtre propre conduite, en diſtinguant entre les commandemens qui nous ſont faits de la part des miniſtres de l'Egliſe?

Il faut reconnoiſtre que ces raiſonnemens ſont éblouïſſans, & qu'ils forment une tentation tres-ſubtile. Mais plus elle eſt ſubtile, & plus elle eſt dangereuſe. Et c'eſt pourquoy il eſt neceſſaire de conſiderer de prés ce qu'ils ont de veritable, & ce qu'ils ont de trompeur, pour pratiquer en meſme temps & la ſimplicité de la colombe, en ſe ſoumettant quand il faut, & la prudence du ſerpent, en diſcernant par la lumiere de la verité l'autorité à laquelle on ſe doit ſoumettre, les occaſions où cette ſoumiſſion nous eſt commandée, & les bornes qu'elle doit auoir. C'eſt, Monſieur, ce que ie me ſuis propoſé d'eclaircir dans cette lettre, en l'appliquant à la diſpute preſente : mais pour le faire auec ordre, i'ay beſoin de reprendre la choſe de plus haut, & de vous repreſenter par quelles démarches la raiſon nous porte elle meſme à nous ſoumettre à l'autorité de l'Egliſe pour trouuer la verité, & juſqu'où cette autorité nous doit conduire.

Les hommes ont deux qualitez qui ſont des ſuites de leur nature & de leur eſtat dans ce monde. Ils ſont foibles, ils ſont raiſonnables. Comme foibles ils ſont communément incapables de trouuer par examen & par étude les veritez qui ont beſoin de longues diſcuſſions, & qui dependent d'un grand nombre de principes, qu'il faut reünir pour en tirer une concluſion iuſte & veritable. La multitude des connoiſſances les accable, la ſubtilité les éblouït. Ainſy dans toutes les choſes obſcures, embaraſſées, & qui ſont éloignées des ſens & de l'imagination, ils s'euaporent dans leurs penſées, & ils ſe partagent en diuerſes ſectes. Mais comme cette foibleſſe ne les empeſche pas d'eſtre raiſonnables, ils voient bien auſſy qu'ils ne doiuent pas choiſir au hazard leurs opinions, & principalement celles de la religion, & qu'ils doivent avoir quelque fondement solide pour preferer les unes aux autres.

Toutes les fausses religions ont peché contre l'une ou l'autre de ces deux qualitez inseparables de l'homme. Car ou elles ont voulu luy faire trouuer des veritez obscures par de longs examens, comme s'il n'eust pas esté foible, ou elles ont voulu le conduire à la verité par une autorité destituée de preuves & de raisons, comme s'il n'eust pas esté raisonnable.

Le premier egarement est celuy des philosophes, & de tous ceux qui ont entrepris de discerner la religion veritable par une discussion particuliere de ses dogmes. Les philosophes payens, par exemple, ont voulu apprendre à l'homme par leurs raisonnemens en quoy consistoit son veritable bonheur; mais s'ils eussent esté vraiment raisonnables, ils auroient reconnu d'abord que c'estoit une entreprise folle & ridicule. Qui auroient esté ceux qui seroient paruenus à ce bon-heur? Auroit-ce esté les artisans, les laboureurs, les soldats, les marchands, les femmes, les ignorans, qui composent presque tout le monde? Nullement. Il falloit plusieurs années d'étude & de meditation pour sçavoir seulement en quoy il consistoit, & ces gens n'ont ny le temps d'y penser, ny l'esprit de le comprendre. Il n'eust donc esté propre qu'aux philosophes, & entre les philosophes à ceux qui auroient trouvé la veritable opinion; & entre ceux qui l'auroient trouvée à ceux qui se seroient efforcez de pratiquer exactement les preceptes qu'elle donnoit; & entre ceux qui les auroient voulu pratiquer, à ceux qui auroient vescu assez longtemps pour se dépoüiller de toutes les mauvaises habitudes qu'ils auroient contractées au temps qu'ils n'estoient pas encore philosophes. C'est à dire que ce bonheur philosophique quand mesme il auroit esté solide, n'estoit que pour des personnes qui auroient vescu deux ou trois cens ans, comme Lucien le montre agreablement dans l'un de ses dialogues.

La voye de la raison toute pure & sans l'aide de l'autorité ne nous conduit donc qu'à la folie, ou au desespoir de trouver la verité. Mais la seconde voye, qui est celle de l'autorité sans raison, ne nous engage pas en de moindres égaremens, & c'est aussy proprement la voye des imposteurs & des faux prophetes. Mahomet se vantoit deuant ceux qu'il abusoit, qu'il auoit des communications avec Dieu, & qu'un Ange luy dictoit son Alcoran. Mais estoit-il raisonnable de le croire sur sa parole? Il ne faisoit aucuns miracles: il disoit des choses ridicules: on ne voyoit rien en luy qui ne luy pust estre commun avec tous les autres fourbes. Il y auoit donc de la folie à l'écouter seulement; & c'est le plus prodigieux exemple de la foiblesse de l'esprit humain, que de voir la troisiéme partie du monde embrasser les réveries de cet imposteur comme la religion veritable, sans qu'elles aient aucuns signes ny aucunes preuves de verité, & quoyqu'elles soient conuaincües de fausseté par une infinité de raisons.

Vne des plus grandes marques de la vraye religion que IESVS-CHRIST est venu apprendre aux hommes, est le soin qu'il a eu d'eviter ces deux voyes d'egarement, & de se proportionner tout ensemble à leur foiblesse & à leur raison. Il n'a point entrepris d'instruire les hommes de ses regles & de ses dogmes par de longs raisonnemens, & par des disputes embarassées. Il n'a point soumis sa doctrine à leur examen. Il ne s'est point arresté à faire voir par des argumens la fausseté des autres religions, & des sectes de philosophie. Mais aussy il n'a point voulu estre cru sur sa parole. Sa venüe a esté predite par un grand nombre de prophetes, qui nous en ont avertis, & qui en ont marqué le temps & les principales circonstances. Il a prouvé par ses miracles qu'il estoit celuy qui estoit predit. Apres cela il a decidé avec une autorité souveraine toutes ces grandes questions, qui ont occupé les philosophes pendant toute leur vie, sans qu'ils aient jamais pu par tous leurs raisonnemens en trouver la verité. Demandez aux philosophes en quoy consiste le bonheur de cette vie, ils vous renvoiront à une infinité de volumes qui ne se terminent à rien. Mais demandez-le à IESVS-CHRIST, & il vous l'enseignera en deux mots: *Heureux les pauvres d'esprit, parceque le royaume des cieux est à eux.* C'est ainsy que des hommes foibles devoient estre instruits. Il n'y avoit que cette voye d'autorité qui pust arrester l'agitation de leurs pensées. Mais afin qu'ils pussent raisonnablement se soumettre à cette autorité, IESVS-CHRIST leur en offre luy mesme les preuves, & il leur fait voir les boiteux qui marchent, les muets qui parlent, les sourds qui entendent, les aveugles qui voient, & les morts qui ressuscitent. Ce qui fait dire à S. Augustin au l. de l'util. de la creance, ch. 14. *Que* IESVS-CHRIST *apportant le remede pour guerir les hommes, s'estoit acquis l'autorité par ses miracles, & s'estoit ensuite fait croire par autorité:* MIRACVLIS *conciliavit autoritatem, autoritate meruit fidem.*

Il est impossible que l'on considere l'estat & la nature des hommes, qu'on ne reconnoisse que c'estoit là l'unique moyen pour les conduire à la verité, pour former vn corps de religion, dans lequel les ignorans & les simples pussent avoir place, sans qu'ils fussent exposez ny aux erreurs des philosophes, ny aux tromperies des imposteurs. L'autorité les exempte de la voye philosophique qui est impossible à la plusparc du monde, & les preuves de l'autorité les preservent des fourberies des imposteurs.

Mais comme l'homme est toujours foible, & toujours raisonnable, il est visible qu'il ne suffisoit pas que IESVS-CHRIST eust proportionné sa religion dans sa naissance à ces deux qualitez de l'homme, en l'etablissant par la voye d'une autorité raisonnable; mais qu'il falloit qu'il la conseruast, & qu'il nous la rendist toujours reconnoissable par cette mesme voye. Autrement il seroit necessaire que les hommes retombassent dans les mesmes embarras, & que les vns s'engageassent à chercher la verité par leur raisonnement, sans pouvoir esperer de la trouver; & que les autres suivissent sans raison ceux qui leur diroient sans preuve qu'ils l'auroient trouvée.

Car c'est s'aveugler volontairement que de ne pas reconnoistre que l'esprit humain est si foible & si aisé à embroüiller & à éblouïr, que s'il n'avoit point d'autre lumiere que celle de la lettre de l'Ecriture, il luy seroit impossible de distinguer son vray sens qui contient la verité de la foy, de tous les faux sens qu'on luy peut donner, & qui sont la source des erreurs & des heresies.

Il y a de faux sens qui sont apparens, il y a de vray sens qui ne le sont pas d'abord & à la premiere veüe. Il faut conferer les passages, & éclaircir l'un par l'autre; & dans cette conference l'esprit se broüille, & prend souvent le faux pour le vray; & quand il s'est une fois égaré, il employe ensuite toute son adresse pour colorer son erreur, & pour obscurcir la verité.

C'est ce qui produit autant d'opinions sur le sens de l'Ecriture, qu'il y en a sur toutes les autres matieres de philosophie les plus embroüillées ; & l'on ne voit pas que la seule lettre de l'Ecriture ait esté plus capable de les unir dans un mesme sentiment touchant la foy, que la lumiere de la raison l'a esté d'unir les philosophes dans la connoissance de la vraye beatitude. Châque opinion a fait sa secte, & châque secte crie qu'elle possede le vray sens de l'Ecriture, & que les autres sont dans l'erreur. C'est le langage commun des anciens & des nouveaux heretiques, comme c'estoit le langage des philosophes, que d'assurer qu'ils avoient seuls la connoissance de la verité.

Dans cette multitude de voix confuses qui nous appellent de tant de divers costez, & qui crient avec une egale assurance qu'ils entendent le vray sens des Ecritures, où en seroient les hommes s'ils n'avoient point d'autre lumiere & d'autre secours que celle de leur miserable raison, dont ils voient la foiblesse dans la diversité de tant d'opinions differentes, parmy lesquelles il n'y en peut avoir qu'une veritable ? S'attacheront-ils à un party sans raison, & sans preuve? Et croiront-ils sans examen les premiers venus qui leur diront que l'Ecriture est entierement pour eux ? Qu'y a-t'il de plus ridicule & de plus deraisonnable? Suivront-ils leurs premiers mouvemens & leur instinct, c'estadire les premieres impressions qui se forment en eux sur une veüe legere des Escritures, sans les examiner avec soin & écouter les raisons de ceux qui sont dans un autre sentiment ? Qu'y a t'il de plus temeraire & de plus sujet aux illusions que cette voye ? S'engageront-ils à examiner le sens des Ecritures avec le soin que merite une recherche si importante? Ecouteront-ils les raisons des uns & des autres, pour choisir celles qui leur paroistront les plus solides ? Qui entreprendra cet examen, & qui en sera capable? Seront-ce les femmes, les enfans, les artisans, les soldats ? Faut-il quitter tous les emplois de la vie humaine, pour n'en avoir plus d'autre que celuy d'examiner les articles de la religion par l'Ecriture?

Mais quel succés peut-on esperer dans cet examen ? Vne seule question produit des ambaras infinis, & est la matiere de plusieurs volumes. Le seul article de la Trinité est capable d'occuper plusieurs vies, s'il faut examiner tous les livres des Arriens & des Sociniens sur ce point. Quand on se seroit resolu sur cet article, il y en a cent autres qu'il faudroit examiner en suite, & qui souffrent d'aussy grandes difficultez.

Cependant les necessitez de la vie nous occupent & nous dissipent, & la mort nous presse, & elle nous surprendroit tous sans religion, si nous n'avions point d'autre voye pour la choisir, que celle de ces discussions & de ces examens, que la foiblesse de nostre esprit nous rend impossibles.

Ce n'est donc pas se souvenir qu'on est homme, qu'on est foible, qu'on est prest de mourir, que d'entreprendre de trouver la vraye religion par cette voye; & ce n'est pas se souvenir qu'on est raisonnable, que de choisir une religion sans raison. Et ainsy il faudroit desesperer de la trouver, ou au moins de s'assurer raisonnablement de l'avoir trouvée, si Iesvs-Christ ne nous avoit point donné dautre voye que celle de la lettre de l'Ecriture, de la simple raison, ou de quelque instinct aveugle qu'il seroit impossible de distinguer de l'entousiasme des Phanatiques.

C'est donc une extrême consolation pour une ame qui est penetrée du ressentiment de sa foiblesse, qui sent ses tenebres, qui est pressée du poids de ses miseres & de sa mortalité, d'aprédre dans ces Ecritures mesmes, que Iesvs-Christ a voulu se proportionner à sa foiblesse, à ses tenebres, & à sa mortalité; & qu'apres avoir instruit les hommes par son autorité divine pendant qu'il conversoit visiblement avec eux, il a voulu continuer de les en instruire de la mesme sorte apres qu'il est monté dans le ciel: que c'est pour cela qu'il a établi un corps visible de religiõ, qui subsistera jusqu'à la fin des siecles, qu'il anime par son Esprit saint, & dans le sein duquel il conservera & il enseignera toujours la verité; & qu'il rendra toujours ce corps reconnoissable à tous les esprits sinceres par des marques exterieures qui sont si sensibles, qu'il y a bien moins de peine à les appercevoir, qu'il n'y en a à les cacher à ses yeux, & à s'empescher de les voir.

S'il faut que les hommes s'unissent en un corps de religion, comme il le faut sans doute, il faut que ce soit par la voye d'une autorité raisonnable. S'il faut choisir la religion par une autorité raisonnable, il faut se soumettre à celle de l'Eglise catholique. Quel autre corps de religion entre celles qui font profession de croire en Iesvs-Christ, l'egale en antiquité, en perpetuité, en succession, en etendüe, en miracles, en sainteté? Quel autre corps a un eclat si reconnoissable & si different des autres?

Ainsy la raison aussy bien que la foy nous conduit à l'Eglise catholique. Elle nous abbat à ses pieds pour luy soumettre toutes nos lumieres & tout nostre esprit. Elle nous la fait reconnoistre comme la depositaire de la verité. Elle nous fait embrasser sans reserve tout ce qui compose sa foy, & qu'elle propose à tous ses enfans; & elle nous empesche d'opposer jamais nos foibles raisonnemens à ces saintes decisions.

Que ce desaveu de nostre raison est raisonnable, & qu'il est aimable aux ames qui sont assez eclairées pour connoistre leurs tenebres, & assez fortes pour sentir leur infirmité! Il n'y a que des phrenetiques qui se croient forts dans l'extremité de la foiblesse, & des aveugles qui ne sçavent pas seulement ce que c'est que la lumiere, qui puissent preferer leurs vaines raisons à cette autorité si venerable & si sainte, & qui est si conforme à la nature des hommes, & à la bonté de Dieu.

L'autorité de l'Eglise est donc comme une montagne exposée à tous les peuples, qui leur sert d'addresse pour trouver la verité; de sorte que ceux qui ne la voient pas, sont aussy aveugles, comme dit S. Augustin, que des gens qui ne verroient pas une haute montagne dans une platte campagne. Il estoit de la providence & de la misericorde de Dieu, que comme cette union à l'Eglise, & la profession des veritez de foy necessaires au salut, doivent estre communes à tous les chrestiens, on y pust arriver par une voye droitte, courte, seüre, & facile; & qui ne fust pas moins propre aux simples & aux petits, qu'aux sages & aux sçavans: puisque le royaume de Dieu est encore plus pour ces simples & pour ces petits, que pour les sages & les sçavans: *Autoritati credere magnum compendium, & nullus labor*, dit S. Augustin.

Mais apres que l'autorité nous a conduits jusqu'à ce port salutaire, & nous a fait embrasser avec cette heureuse facilité toutes les veritez de foy que l'Eglise catholique reçoit generalement, comme d'une part les autres veritez ne sont pas si generalement necessaires, & que de l'autre il est de l'ordre de Dieu que la vie des chrestiens soit une tentation continuelle, & que le jour où ils marchent soit meslé d'obscurité, afin qu'ils soient éprouvez en toutes manieres, il ne leur a point aussy donné d'addresse ny si seüre ny si facile pour les trouver; & il permet qu'elles soient souvent enveloppées de tenebres, & qu'elles ne se découvrent que par une recherche laborieuse.

C'est pourquoy il faut extremement distinguer la voye de trouver la verité de l'Eglise, & celle de trouver la verité dans l'Eglise. La premiere est courte & facile. Elle n'a point besoin de discussions. Il ne faut que suivre la veüe & le sentiment qui nous fait facilement distinguer la veritable Eglise de toutes les autres societez. Mais quand cette soumission sainte nous a établis dans l'Eglise, & nous a fait embrasser toutes les veritez communes qu'elle propose à tous ses enfans, & qui sont decidées par l'autorité de ses conciles, & qu'il s'agit de questions plus cachées, sur lesquelles le sentiment de l'Eglise ne paroist pas clairement à tout le monde, son autorité n'estant plus alors si visible, il est tres aisé que les hommes s'y trompent, & qu'ils prennent l'erreur pour la verité.

Il est vray que ce danger est infiniment moindre que celuy où les hommes seroient exposez, si l'Eglise mesme leur estoit cachée. Car les simples y estant une fois establis, peuvent demeurer en repos sans penetrer plus avant, en se contentant des veritez communes, dans lesquelles ils trouvent assez de lumiere pour se conduire, pourveu qu'ils n'entreprennent rien au delà de leurs forces & de la mesure de leur grace. Et les personnes plus eclairées peuvent se preserver de l'erreur, en suivant les regles de l'Eglise dans l'examen des veritez. Et quand il arriveroit mesme qu'ils y tombassent, la soumission qu'ils conservent pour l'Eglise fait que cette erreur ne leur est pas imputée comme une heresie, & qu'ils peuvent dire avec un Saint: *Errare possum; hereticus esse non possum: Je puis errer, mais je ne puis estre heretique.*

Toute erreur neanmoins ne laisse pas d'estre dangereuse en quelque sorte, & principalement celles qui sont des sources d'actions, & sur lesquelles on regle sa conduite dans des occasions importantes; & rien n'est plus capable de nous engager dans ces erreurs, que de prendre pour la doctrine de l'Eglise toutes les opinions que des particuliers luy attribuënt.

Pour connoistre les veritez communes il suffit de connoistre l'Eglise. Mais pour trouver ces veritez obscurcies par les contestations & par les cupiditez des hommes charnels, il faut connoistre l'estat de l'Eglise dans ce monde, & principalement dans ces derniers temps.

Or l'estat de l'Eglise est que tous les Pasteurs ne sont pas saints: que tous leurs commandemens ne sont pas justes: que la doctrine de tous les docteurs n'est pas saine & veritable: qu'il y en a qui avancent des erreurs pernicieuses dans le sein mesme de l'Eglise, & qui sont si temeraires que de les vouloir autoriser de son nom: qu'il y a des seducteurs & de faux prophetes: que la verité y est quelquefois comme étouffée: que l'iniquité semble triompher: que la paille couvre le froment, en sorte qu'on croit presque qu'il n'y en a point. Ce qui fait dire quelquefois aux Saints que Dieu frappe fortement de la veüe de ces desordres, *Qu'il n'y a point de verité; qu'il n'y a point de misericorde; qu'il n'y a point de science de Dieu dans la terre:* Non *est veritas, non est misericordia, & non est scientia Dei in terra.*

Ces faux prophetes contre qui les vrais prophetes parlent avec tant de force, & qu'ils representent comme la cause de tous les maux de Ierusalem, ne sont pas seulement les faux prophetes de la Synagogue, mais aussy les faux docteurs qui se trouvent dans l'Eglise : *In prophetis Ierusalem*, dit Ieremie, *vidi similitudinem adulterantium, & iter mendacij.* I'ay veu des personnes qui font profession de conduire les ames à Dieu, & de les avertir des maux qui les attendent dans l'autre vie, corrompre la verité par leur fausse doctrine. I'ay veu que la voye qu'ils enseignoient estoit une voye de mensonge, & fondée sur le mensonge. Cependant par ces malheureuses instructions ils affermissent les ames dans leurs crimes, & ils appaisent les remors qui pouvoient les aider à s'en retirer : *Et confortaverunt manus pessimorum, vt non converteretur unusquisque à malitia sua.*

Quelle sera donc la punition de ces prophetes ? *Ie les nourriray d'absynthe,* dit le Seigneur, *je les abreuveray de fiel : CIBABO eos absynthio, potabo eos felle.* Ils ne gousteront point la douceur de mes saintes veritez, ny de cette eau pure dont i'arrose mon Eglise par ses saints docteurs. Ils se nourriront des productions ameres de ceux qui leur ressemblent. Ils rassembleront tout ce qu'il y a d'impur dans l'Eglise, comme le fiel rassemble tout ce qu'il y a d'amer dans le corps ; & ils répandront ensuite ces eaux corrompües sur tout le corps de l'Eglise : *A prophetis enim Ierusalem egressa est pollutio super omnem terram.*

Il ne faut pas s'imaginer que ces faux docteurs soient toujours condamnez par les pasteurs, ny detestez par le peuple ; au contraire dit le Prophete, les pasteurs les favorisent souvent, & le peuple abusé ecoute avec joye leurs instructions, parcequ'elles s'accommodent à ses passions : *Stupor & mirabilia facta sunt in terra ; prophetæ prophetabant mendacium, & Sacerdotes applaudebant manibus, & populus meus dilexit talia.*

Il est vray qu'à la fin toutes ces fausses doctrines sont détruites, & consumées par le feu & par la force invincible de la parole de Dieu : *Numquid non verba mea quasi ignis vorans, & quasi malleus conterens petram.* Mais cet effet n'arrive pas tout d'un coup, & ces erreurs ne laissent pas d'avoir leur cours pendant quelque temps, & de servir de piege & de tentation à ceux qui ne se défient pas de ces faux prophetes. Et c'est pourquoy Dieu nous avertit de ne les pas écouter : *Hæc dicit Dominus : nolite audire verba prophetarum, qui prophetant vobis, & decipiunt vos ;* parcequ'ils proposent leurs imaginations & leurs pensées, & non les regles de Dieu : *Visionem cordis sui loquuntur non de ore Domini :* & qu'ils donnent une fausse assurance à ceux qui demeurent dans leurs pechez : *Omnis qui ambulat in pravitate cordis sui, dixerunt, non veniet super vos malum.*

Il y a toujours eu dans l'Eglise de ces faux prophetes, de ces docteurs d'erreur. Mais comme c'est l'obscurcissement de la verité, & le refroidissement de la charité, qui leur donne le moyen de semer leurs mauvaises maximes, il ne faut point douter qu'il n'y en ait beaucoup plus dans les derniers temps où nous sommes, que dans les premiers siecles de l'Eglise ; puisque c'est de ces derniers temps dont il est dit, que la charité s'y refroidira, & qu'à peine le Fils de Dieu y trouvera de la foy. Ainsy c'est particulierement nous que ce danger regarde, & qui devons dire avec le Prophete : *Væ nobis, quia declinavit dies ;*

quia longiores factæ sunt umbræ vesperi : Malheur à nous, parcequ'à mesure que la naissance du soleil de justice s'éloigne de nous, les tenebres s'accroissent, & les docteurs de l'erreur se multiplient.

Il faut donc craindre d'estre trompez ; mais cette crainte ne diminuë en rien la docilité & la soumission que l'on doit avoir pour la voix de l'Eglise, quand elle parle veritablement. Elle nous fait seulement eviter la voix trompeuse de ceux qui la contrefont. Et ainsy la disposition d'une ame vraiment catholique renferme egalement & cet assujetissement parfait de l'esprit à l'autorité de l'Eglise universelle, & cette sage precaution par laquelle on se tient sur ses gardes pour n'estre pas abusé par ceux qui se couvrent injustement de son nom.

Qui se seroit par exemple laissé surprendre aux premieres apparences, & aux assurances trompeuses de ceux qui publient hardiment que leur doctrine estoit celle de toute l'Eglise, il n'y a point d'abominations de Casuiste que l'on n'eust esté obligé d'approuver. Il est vray que d'abord qu'elles parurent au monde, elles furent apperceües par quelques gens de bien qui en gemirent dans leur cœur, & qu'un General mesme des Iesuites nómé Viteleschi voyant la licence des theologiens de sa Compagnie à inventer ou à favoriser ces opinions relâchées, en fut tellement touché, qu'il se crut obligé d'en écrire en ces termes à tous les superieurs de sa Compagnie : *Il est bien à craindre que les opinions trop libres de quelques-uns de nostre Société, principalement dans les matieres des mœurs, non seulement ne la renversent elle-mesme de fond en comble, mais ne causent de tres-grands maux dans toute l'Eglise de Dieu. C'est pourquoy que les superieurs donnent ordre avec toute sorte de soins que ceux qui enseignent ou écrivent ne se servent point de ces regles dans le choix de leurs opinions. On peut soutenir ce sentiment : Il est probable, il y a des docteurs qui l'enseignent. Mais qu'ils embrassent les opinions les plus seüres, qui sont autorisées par les docteurs les plus considerables, qui sont plus conformes aux bonnes mœurs, & qui peuvent le plus nourrir & augmenter la pieté, & non pas la corrompre & la ruiner.*

Mais cette opposition de ce General n'ayant point eu de suite, & les Casuistes s'estant fortifiez & rendus plus hardis par l'impunité, ils ont passé jusqu'à ce point d'insolence, qu'ils n'ont pas craint d'accuser d'heresie ceux qui s'elevoient contre leurs maximes, & de dire hautement qu'elles n'avoient jamais esté combattues que par des heretiques. Il y avoit donc déja fort longtemps qu'ils regnoient dans l'Eglise presque sans contradiction. Ceux qui les avoient attaquez avoient eu peu de succés. Les Evesques les souffroient. Le Pape sembloit les autoriser, en employant dans les plus importantes fonctions de l'Eglise les plus relaschez d'entr'eux, comme Diana, qui estoit à Rome examinateur des Evesques. L'auteur celebre qui les avoit decriez par des lettres si pleines d'esprit, n'en avoit point receu d'autre recompense que de voir mettre ces lettres au catalogue des livres defendus. Les Iesuites se vantoient partout que l'Eglise se declaroit pour les Casuistes, & qu'elle faisoit sa cause de la leur. Mais il ne faut pas juger si legerement du sentiment de l'Eglise. Les Iesuites ne sont pas l'Eglise : l'Inquisition n'est pas l'Eglise : le silence des Pasteurs n'est pas une marque infaillible du sentiment de l'Eglise. Et en effet voyez la suite de ce different. Les theologiens de l'Eglise s'estant comme réveillez, ont combattu ces abominables maximes : les Curez les ont decriées : les Evesques de France &

des

des Pays-bas y ayant fait reflexion, les ont condamnées. Rome a longtemps balancé, mais enfin elle s'est declarée premierement en general contre l'Apologie des Casuistes, qui contenoit l'abregé de leurs erreurs, & ensuite en particulier contre un grand nombre de leurs corruptions ; & le Pape témoigne dans son dernier decret qu'il en est sensiblement touché.

C'est avec un extrême douleur, ce sont les termes de ce decret, *de N. S. Pere le Pape, que plusieurs opinions qui vont au relachement de la Morale chrestienne, & qui sont capables de causer la perte des ames, estoient renouvellées en ce temps après avoir esté abolies, ou estoient inventées mesme de nouveau ; & que cette licence des esprits à suivre leur caprice augmentoit tous les jours, & introduisoit insensiblement dans l'Eglise une maniere de decider les cas de conscience par des opinions probables entierement eloignées de la simplicité evangelique, & de la doctrine des SS. Peres; & telle que si les fidelles la suivoient dans la pratique comme une regle droite de leurs actions, il en naistroit necessairement une corruption extrême dans les mœurs des Chrestiens.*

Ce sont les premiers sentimens que la veuë de ces desordres a causez dans l'esprit du Pape, & il y a de l'apparence que lorsque ses grandes ocupations luy auront permis de penetrer le fond de cette effroyable corruption, il ne se contentera pas de faire censurer foiblement une tres petite partie de ces detestables opinions par un decret de l'Inquisition, mais qu'il employera utilement son autorité apostolique contre toutes ces maximes monstrueuses, & contre tous les auteurs qui les enseignent : puisque c'est particulierement dans ces rencontres qu'il est necessaire de joindre à la condamnation des opinions la condamnation des livres où elles sont notoirement contenuës, estant assez peu utile sans cela de les defendre par un decret peu connu, & dont on ne parlera pas d'icy à six mois, pendant que des livres qui sont entre les mains de tout le monde les retablissent, & les inspirent à toutes les personnes simples, qui ne sont pas assez éclairées pour en reconnoistre le venin.

Mais cette douleur qui ne commence que de naistre dans l'esprit du Pape, parceque ceux qui sont dans ces dignitez eminentes sçavent d'ordinaire les derniers les maux de l'Eglise, afflige depuis tres longtemps plusieurs theologiens, qui avoient assez de lumiere pour reconnoistre combien ces opinions estoient eloignées de la sainteté du christianisme. Ils voyoient clairement l'effroyable opposition qu'elles avoient avec la doctrine des Peres & les regles de l'Evangile ; mais ils ne voyoient presque personne qui y prist garde. L Eglise estoit dans un profond silence à cet egard, & cette zizanie croissoit à veuë d'œil pendant le sommeil de ceux qui estoient plus obligez de l'arracher.

Que falloit-il donc qu'ils fissent dans cette rencontre ? Devoient-ils se laisser tromper par ce silence de l'Eglise, & par la hardiesse de ceux qui assuroient qu'elle approuvoit ce qu'elle ne condamnoit pas formellement ? Leur soumission pour l'Eglise devoit-elle leur persuader que c'estoit eux-mesmes qui se trompoient ? Nullement. Ils ont deu faire ce qu'ils ont fait. Ils ont deu considerer les choses de plus prés, & examiner avec soin l'esprit & les sentimens de l'Eglise touchant ces maximes ; & par cet examen il leur a esté facile de reconnoistre qu'elle les condamnoit encore, comme elle les a toujours condamnées.

b.

Et leur jugement s'est trouvé si juste & si bien fondé, qu'on les voit maintenant condamnées par le commun consentement de toute l'Eglise.

J'ay voulu vous proposer, Monsieur, & cette doctrine generale, & cet exemple particulier, pour vous donner en mesme temps la regle & le modele de la conduite que l'on doit garder à l'égard des contestations presentes. Elles consistent, comme vous sçavez, en ce qu'on veut obliger les Ecclesiastiques & les Religieuses de signer que cinq propositions heretiques sont dans le livre d'un Evesque catholique. Quelques Evesques l'ont ordonné dans deux Assemblées en prescrivant la signature de leur formulaire. Le Pape l'a ordonné de son costé en envoyant en France un formulaire tout semblable. Cependant il y a des gens qui disent qu'ils ne les y ont pas veües, & qui à cause de cela refusent d'attester qu'elles y soient. Il n'en faut pas davantage. Cela suffit pour arrester un homme sage & judicieux, & pour luy faire conclure d'abord que cette matiere n'est point du nombre de celles, où l'autorité de l'Eglise regle tout d'un coup nos sentimens avec cette heureuse assurance qui nous exemte de tout examen. Car cette assurance, comme nous avons dit, ne regarde que les points de foy, qui sont decidez par les Conciles, ou receus par le consentement general de toute l'Eglise. Or ce n'est point icy une matiere de foy, & ce consentement ne paroist pas. Il n'est donc plus question de cette soumission aveugle. Il faut ouvrir les yeux. C'est une matiere de precaution & d'examen. On nous dit que c'est l'Eglise qui parle, & qu'on nous propose ses sentimens. Mais peuteftre qu'elle ne parle point en effet, & que l'on emprunte son nom & sa voix pour nous porter à une injustice. C'est une chose bien surprenante que ce commandement. On ne voit rien de pareil dans tous les autres siecles. Il faut donc l'examiner, & voir s'il est conforme en effet au sentiment de l'Eglise, comme on le publie, & si la soumission que nous luy devons nous oblige d'y obeïr.

Il faut signer, dit-on, que cinq propositions sont dans un livre. Il le faut donc croire; la consequence est necessaire. Et c'est aussy ce que les Jesuites pretendent. Foy humaine, foy divine, il n'importe au P. Annat; mais il le faut croire. C'est, dit-il, ce que veulent le Pape & les Evesques, c'est le sens du formulaire. On persecute ceux qui distinguent, & qui refusent cette creance. L'Eglise se taist, & laisse agir les Jesuites. Ainsy à juger de son esprit par son silence, par l'oppression de ceux qui refusent cette creance, par le credit des Jesuites, on seroit porté à croire qu'en effet l'Eglise la demande, & que ceux qui ne l'ont pas, & qui ne l'ayant pas refusent de la témoigner, resistent à son autorité, & s'eloignent de ses sentimens. Mais ce n'est pas icy une chose dans laquelle il faille juger sur les apparences. Il faut aller jusqu'au fond, & examiner par les moyens que nous avons pour decouvrir l'esprit de l'Eglise, s'il est vray qu'elle demande la creance pour les faits qu'elle decide.

Or le premier pas qu'il faut faire dans cette recherche est de considerer ce qu'on a cru dans l'Eglise avant cette contestation ; & dans cet examen on trouve aussitost qu'avant les dernieres dix années il n'estoit pas seulement venu dans l'esprit d'aucun theologien, qu'on fust obligé de croire les faits decidez par les Papes & par les Conciles, ny qu'il fust deffendu d'en douter. On trouveque les Papes & les Conciles ont toujours laissé cette liberté : que les theologiens en ont usé sans craindre d'offenser l'Eglise, & qu'ils en usent encore presentement dans des matieres toutes semblables.

Cette doctrine constante de l'Eglise dans tous les temps est une conviction entiere qu'elle n'en a pas d'autre aujourd'huy. Car si la discipline de l'Eglise peut recevoir quelque changement, son esprit & sa doctrine sont invariables; & si elle n'a pas cru autrefois avoir droit d'obliger les fidelles à cette creance, elle ne le croit pas encore à present.

Pour dissiper neanmoins plus fortement ces apparences qui sembloient persuader le contraire, il faut encore considerer, que quoyque l'on ait veu des signatures presque par tous les dioceses de France, il n'y a pourtant eu que M. l'Archevesque de Paris qui ait declaré expressément qu'il exigeoit la foy humaine du fait, & qu'ayant esté le premier qui ait osé faire cette avance, il a esté aussy le seul qui l'ait faite, n'ayant esté suiui de personne.

Cela merite sans doute qu'on y fasse beaucoup de reflexion. Car qu'y a t'il de plus étrange, que de voir que l'Archevesque de la premiere ville de France, dans son plus grand credit, appuyé de plus de toute la faveur des Iesuites, estant engagé d'honneur à soutenir une opinion contre des personnes qu'on avoit rendu odieuses, n'ait pû porter aucun Evesque de France à parler expressément comme luy, & à entrer dans le mesme engagement. Il faut bien qu'on ait cru qu'il s'estoit trop avancé.

On dira que ce ne sont encore là que des conjectures. Ie veux donc vous rapporter des preuves positives du sentiment de l'Eglise; & il me semble qu'il est difficile d'en trouver de plus conuainquantes que celles-cy.

Qu'on considere quels sont les Evesques de France les moins suspects de passion & d'interest dans les affaires presentes, les plus exemplaires dans leurs mœurs, & les plus dignes d'estre deffenseurs de la doctrine de l'Eglise, & que l'on peut prendre le plus justement pour les organes du S. Esprit; & l'on les verra tous unis dans ce sentiment, qu'il est injuste d'exiger la creance du fait. L'on verra qu'ils ne se contentent pas d'en estre persuadez dans leur cœur, mais qu'ils le publient & de viue voix & par écrit par leurs mandemens, par leurs procés-verbaux, par leurs lettres, par leurs instructions pastorales.

On verra cette verité attestée par les mandemens de M. l'Evesque d'Alet, de M. de Pamiez, de M. de Beauvais, de M. d'Angers, de M. de Noyon, de M. de Comenge, de M. de Rieux, de M. de Xaintes, de M. d'Agde, de M. de Couserans.

On la verra juridiquement & solennellement autorisée dans des assemblées ecclesiastiques par des Archevesques & des Evesques des plus considerables du Clergé de France, qui ont fait rediger dans leurs procés-verbaux la decision qu'ils en ont faite en presence de leurs eglises.

Il y en a qui ne se sont abstenus de garder ces formalitez que parcequ'ils ont cru que cette doctrine estoit si certaine que personne n'en doutoit. M. l'Evesque de Boulogne entr'autres a témoigné à M. l'Evesque de Beauvais par une lettre expresse, qu'approuvant entierement tout ce qui est contenu dans son mandement, qui est le mesme que celuy de M. d'Alet, il n'avoit esté empesché de faite la declaration qu'il n'exigeoit point la creance, que parcequ'il croyoit cette doctrine si constante, qu'elle n'avoit pas besoin d'estre confirmée par le témoignage des Evesques.

Ce qui est le plus considerable en cecy est, que tous ces grands Evesques ne parlent point en doutant de cette matiere, & ne proposent point leur sentiment comme leur estant particulier; mais ils l'attribuent à l'Eglise, & à tous les theologiens. *Tous les theologiens*, disent MM. les Evesques d'Alet & de Beauvais, *conviennent que l'Eglise peut estre surprise quand elle juge si des propositions ou des sens heretiques sont contenus dans un livre; & que partant la seule autorité ne peut point captiver nostre entendement, ny nous obliger à une creance interieure.*

L'Eglise, dit M. de Pamiez, *a toujours fait une si grande difference entre les dogmes revelez, & les faits non revelez, qu'exigeant une soumission de foy pour les premiers, elle se contente d'une deference respectueuse pour les seconds, qui dependent de l'information & du témoignage des hommes.*

Ce devoir de foy & de creance, dit M. l'Evesque d'Angers, *est renfermé dans les veritez revelées, & ne regarde nullement les faits que l'Eglise joint quelquefois à ses decisions, tous les theologiens demeurant d'accord que l'Eglise n'est point infaillible dans le jugement des personnes, ny du sens de leurs escrits. C'est pourquoy aussi ces sortes de decisions touchant les personnes & le sens de leurs escrits sont sujetes à revision.* Et plus bas: *L'Eglise est trop juste pour exiger par autorité la creance d'une chose, sur laquelle elle n'a point de revelation divine, qui peut seule etouffer tous les doutes de l'esprit.*

Il est clair que ces Evesques ne rendent pas seulement témoignage à cette doctrine en leur nom, mais au nom de l'Eglise universelle. Et M. l'Evesque de Couserans, qui avoit esté Agent du Clergé dans l'assemblée mesme où le premier formulaire a esté fait, s'est cru obligé de plus de témoigner que c'estoit le sentiment de cette Assemblée, & qu'elle n'a jamais cru qu'on pust exiger la creance du fait de Iansenius.

Enfin M. l'Evesque de Rieux croit cette explication de ces grands Evesques si generalement approuvée par tous les autres, qu'il declare dans son mandement qu'apres les eclaircissemens qu'ont donnez tant d'illustres Prelats sur la differente maniere de soumission deüe au droit & au fait contenus dans le formulaire, on ne peut plus opposer qu'on veüille obliger par cette signature à une creance interieure, qui rende captive toute nostre pensée sous la decision d'un pur fait, telle que nous la devons seulement aux veritez revelées que Iesvs-Christ nous a laissées, dans l'ordre desquelles on n'a jamais mis le fait de Iansenius.

S'ils avoient imposé ou à l'Eglise de France ou à l'Eglise universelle, il n'y a pas un Evesque qui ne fust obligé en conscience de les contredire, & de rendre à l'Eglise un témoignage contraire. Car il n'est point permis à aucun Evesque de souffrir que non seulement on avance des erreurs dans l'Eglise, mais qu'on les luy attribüe, & qu'on l'en rende participante en les autorisant de son nom.

C'est donc par le silence, ou par l'opposition des Evesques, qu'on doit juger de leur sentiment en cette occasion. Il ne faut que voir de quelle sorte ils ont agi. Y a-t'il un seul Evesque qui ait mis expressément dans son mandement qu'on estoit obligé de croire le fait? Non. M. de Paris mesme, qui l'avoit expressément declaré dans le premier mandement, a tâché de biaiser dans le second.

Il faut donc conclure qu'ils n'on pas cru pouvoir exiger cette creance, & qu'ils approuvent la doctrine de ceux qui ont declaré que l'Eglise ne l'exige jamais par autorité.

J'avoüe que l'argument que l'on tire ou des paroles ou du silence des Evesques n'est pas toujours concluant, parcequ'estant hommes ils sont sujets aux foiblesses des autres hommes, & que des considerations d'interest peuvent souvent avoir part ou dans leurs paroles ou dans leur silence. Il y a un silence de terreur & de lascheté, lorsque les Evesques sont emportez par la puissance temporelle, ou par la veüe de leurs interests. Il y a un silence de negligence & d'oubly, lorsqu'ils ne prennent pas garde à la zizanie que l'ennemy seme dans l'Eglise. Il y a un silence de simple inapplication, qui peut convenir quelquefois aux Saints, à qui Dieu cache certains desordres pour les appliquer à d'autres objets. Il n'est pas étrange qu'on ne s'oppose pas au P. Annat & aux Iesuites, lors qu'il semble qu'on s'y devoit opposer. On en voit la cause. On ne veut pas se commettre. Il n'est pas étrange qu'on ait souffert si longtemps les Casuistes. C'est un effet de negligence dans quelques-uns, de foiblesse dans les autres, & d'inapplication dans quelques personnes plus eclairées, que Dieu n'avoit pas destinées à rendre à l'Eglise ce service. Mais toutes ces raisons n'ont point de lieu dans cette rencontre. On ne se commettoit point en declarant expressément qu'on estoit obligé à la creance du fait. On s'en faisoit plutost un merite & en France & à Rome, où l'on ne refuse guere les nouveaux privileges, quelques extraordinaires qu'ils soient. La question estoit tellement emeüe, que l'ignorance, l'oubly, la negligence, l'inapplication, n'y pouvoient avoir de lieu. Qui a donc empesché MM. les Evesques d'imiter M. de Paris, de favoriser le P. Annat, & de flatter la Cour de Rome, en declarant dogmatiquement qu'on estoit obligé à la creance du fait, sinon l'evidence mesme de la verité, qui leur a fait craindre de se deshonnorer eux-mesmes devant l'Eglise, s'ils se declaroient contr'elle.

C'est cet interest d'honneur, qui a obligé quelques-uns de ceux qui sont les moins suspects d'estre contraires aux Iesuites, comme M. de Roüen, de declarer aux Ecclesiastiques à qui ils proposoient la signature, qu'ils ne demandoient la creance ny divine ny humaine touchant le fait. M. d'Amiens a fait le mesme, & le fait tous les jours dans ses entretiens, aussybien que MM. de Valence, de Digne, de Glandéves, de Soissons, de Laon, de Coutance, de S. Pont, de Lodéves, d'Angoulesme, de Rennes, de Carcassonne, de S. Brieux, de Limoges, & plusieurs autres.

Il y en a qui ne se sont pas contentez de témoigner leur sentiment par des paroles, mais qui ont voulu le marquer dans leurs mandemens mesmes par les termes qu'ils ont cru assez intelligibles aux personnes habiles, & moins odieux aux Iesuites. C'est pour cela que quelques-uns comme M. l'Archevesque de Vienne, M. de Chalons sur Marne, M. de Meaux, & MM. les Grands Vicaires d'Orleans, ont dit qu'ils ne demandoient sur le fait que la soumission que l'Eglise peut demander, supposant qu'il estoit clair qu'elle ne pouvoit demander la creance : Que les autres, comme M. l'Evesque de Senlis, les Grands-Vicaires de M. de Troyes, ont declaré qu'ils n'exigeoient la signature que pour estre un témoignage public, qu'on condamnoit les 5. propositions sans parler du fait, afin de n'engager personne à le croire ny à signer qu'on le croit. Et les autres, comme MM. les Grands-Vicaires de Bourdeaux, se sont mis si peu en peine de s'informer de cette question de fait, comme estant en soy de nulle importance, qu'ils prennent mesme par une assez plaisante erreur le nom d'Augustin pour le surnom de Iansenius, au lieu que ce n'est qu'un titre qu'il a donné à son livre : *Le Pape Innocent X.* disent ces MM. *ayant presque opprimé l'heresie naissante de Cornelius Iansenius surnommé Augustinus*, qui est la mesme chose que si on disoit que Virgile est surnommé l'Eneide. Aprés cela il est bien difficile de s'imaginer qu'ils voulussent obliger les autres de croire un fait, dont ils ont si peu de soin de s'instruire eux-mesmes.

On peut faire une reflexion assez semblable sur le mandement de M. l'Evesque de Seez. Car il paroist qu'il l'a fait avec si peu d'application, qu'il n'a pas pris garde qu'il s'y sert de quelques expressions qu'il auroit peine à exempter d'heresie. Le preambule de ce mandement est composé d'une longue allegorie qui est exprimée en ces termes : *L'Eglise qui selon le langage des Peres est la robe mysterieuse de* IESVS-CHRIST, *semble quelquefois prendre des plis peu favorables pour faire paroistre la beauté de son union & de sa tissure. Mais quand il est question* D'ESTENDRE *cette robe sacrée, & que le S. Esprit qui la gouverne, la laisse agiter par quelque vent impetueux qui vent diviser ses parties, c'est alors que l'on connoist la force de son union, & que s'il y a quelque fil qui s'en separe, c'est qu'il n'a jamais entré dans sa tissure, qui est indivisible.* Il semble que ce soit dire bien nettement, que toute personne qui se separe de l'Eglise, n'a jamais esté membre de l'Eglise, c'est à dire qu'il n'a jamais eu la foy & la charité. Or dire cela, c'est dire nettement une heresie. Ce n'est pas qu'il y ait lieu de croire que M. de Seez ait veritablement cette erreur dans l'esprit. On doit juger bonnement qu'il a esté emporté par *la tissure* de sa figure, & qu'il n'en a pas voulu rompre *le fil.* Mais sans doute qu'on demeurera d'accord, qu'il seroit extraordinairement injuste s'il obligeoit à attribuer de mauvais sens à Iansenius, dont les paroles estant prises de S. Augustin, ne fournissent guere d'idée de ce mauvais sens, en mesme temps qu'il a besoin luy-mesme qu'on explique favorablement ses paroles, quoy qu'elles paroissent peu susceptibles d'un bon sens.

Toutes les personnes raisonnables qui considereront le procedé de MM. les Evesques, n'en pourront juger autre chose, sinon qu'il n'y a que l'interest de la verité qui ait obligé plusieurs d'entr'eux d'exclure formellement la necessité de creance du fait, & qu'il n'y a eu que l'evidence de la verité qui ait empesché les autres de les contredire ; & ils seront encore fortement confirmez dans ce sentiment par les efforts mesmes qu'on a faits pour decrier ces mandemens.

Car il est bien visible que ces mandemens ou procés verbaux contienent formollement & en termes clairs, qu'on n'eſt point obligé à la creance des faits decidez par l'Egliſe, on ne peut contredire raiſonnablement cette doctrine, qu'en ſoutenant que l'Egliſe a droit d'obliger à la creance des faits. Cependant ce n'eſt jamais par cette voye qu'on a pretendu les attaquer. On s'eſt toujours reduit à des accuſations vagues, comme de dire qu'ils ruinoient les Conſtitutions, ſans oſer toucher à ce point qui en fait l'eſſentiel. Les Ieſuites meſmes qui ſoûtiennent ſi hardiment dans leurs livres qu'on eſt obligé à croire le fait, reduiſent neanmoins leurs ſollicitations à taſcher d'obtenir quelque decret ambigu, qui accuſe en l'air ces mandemens *d'ambages & de cavillations*, qui eſt une voye dont on ne peut conclure autre choſe, ſinon que ceux qui l'embraſſeroient haïſſent la verité, mais qu'ils en connoiſſent la force, & ne l'oſent attaquer ouvertement.

Enfin c'eſt une choſe admirable, que la paſſion la plus animée & la plus déraiſonnable ne s'eſt pas encore emportée juſqu'à cet excés de ſoutenir dogmatiquement qu'on eſt obligé de croire le fait de Ianſenius; & il ne faut que lire pour cela les mandemens de M. de Clermont, & des Grands-Vicaires d'Evreux. On y verra toutes les injuſtices dont la haine la plus envenimée & la plus cruelle ſemble eſtre capable. On y verra toutes les expreſſions les plus terribles que les Ieſuites ayent pu choiſir. Mais on n'y verra pas qu'on y ait ſoûtenu formellement & en termes precis, que l'Egliſe a droit d'obliger à la creance du fait. On a mieux aimé y obliger reellement par violence, en defendant toutes ſortes de diſtinctions & d'explications, que d'y obliger par dogme & par maxime.

Il n'eſt donc point queſtion de preferer ſes lumieres à l'autorité de l'Egliſe, & d'obliger les fidelles à faire violence ou à leur raiſon, ou à leur humilité. L'autorité, la raiſon, l'humilité, s'accordent parfaitement, pourveu que la raiſon ſoit aſſez eclairée pour diſcerner l'autorité à laquelle elle doit aſſujettir ſon eſprit. Soûmettons-nous aux ſentimens de l'Egliſe. Ne nous conduiſons point par nos phantaiſies. Ne nous elevons point audeſſus d'elle. Il n'y a rien de plus juſte. Mais voyons entre les perſonnes qui nous parlent en ſon nom, qui ſont ceux ſont mieux inſtruits de ſes ſentimens. Ceux qui me diſent qu'on n'eſt pas obligé de croire le fait, parlent clairement & preciſément. Les autres biaiſent, & ne s'étudient qu'à chercher des termes qu'on n'entende pas. Ils commandent de croire par leur formulaire, & ils n'oſeroient ſoûtenir publiquement que l'on ſoit obligé à cette creance. Y a-t'il lieu de douter aprés cela qui ſont ceux qui ſoûtiennent la doctrine de IESVS-CHRIST & de l'Egliſe, & ceux qui ne tendent qu'à établir leurs opinions particulieres par une injuſte domination.

Si c'eſt donc un ſcrupule juſte que de craindre de n'eſtre pas ſoûmis à l'Egliſe, ce ſcrupule ne regarde que ceux qui favoriſent en quelque maniere que ce ſoit l'exaction de cette creance ſi contraire à ſon eſprit. Ce ſont ces perſonnes qui doivent craindre de tomber dans un orgüeil inſupportable, en preferant leur ſentiment particulier au ſentiment univerſel de l'Epouſe de IESVS-CHRIST. Ce ſont eux qui ſe conduiſent par leur propre eſprit, & par des imaginations ſans fondement. Mais pour ceux qui n'ont point cette creance, & qui soutiennent qu'ils n'y sont point obligez, ils demeurent dans la soumission qu'ils doivent à l'Eglise, ils reverent ses sentimens, ils se conduisent par ses lumieres ; ils font l'usage qu'ils doivent de leur raison, en la soumettant sans hesiter à l'autorité de l'Eglise dans les choses où elle parle clairement, en s'en servant pour reconnoistre de quel costé est cette autorité dans les matieres obscures, & en la prenant pour la regle de leurs actions & de leur conduite aprés l'avoir reconnüe. Desorte que si on leur demande, pourquoy ils ne se rendent pas au commandement qu'on leur a fait de signer, ils peuvent répondre en un mot, que c'est parce qu'ils sont entierement soumis aux sentimens de l'Eglise catholique, qui leur enseigne qu'on n'est point obligé à la creance des faits ; d'où il leur est aisé de conclure, que ne croyant pas celuy de Iansenius, il leur est deffendu de le signer.

Ce 20. Novembre 1665.

L'HERESIE IMAGINAIRE,

LETTRE XI.

OV

PREMIERE VISIONNAIRE.

MONSIEVR,

Ie ne suis pas du sentiment de ceux qui croyent qu'on doit negliger entierement le liure que le sieur Desmarets vient de publier contre l'Apologie des Religieuses de Port Royal : & il me semble au contraire qu'il y a plusieurs choses dans la personne & dans le liure de cet Auteur, sur lesquelles on peut faire des reflexions tres-utiles & tres-serieuses. Le commerce continuel qu'il a auec M. de Paris fait assez voir, qui sont ces personnes *de sçauoir & d'authorité*, qui l'ont porté, comme il dit, à entreprendre cet ouvrage. Il paroit de plus par diuers endroits de cet écrit, qu'il a de grandes communications avec la sœur Flauie, qu'elle l'instruit de tout ce qu'elle a crû pouuoir décrier dans le monde la conduitte de ses meres & de ses sœurs ; qu'elle confere auec luy de l'oraison mentale, & des matieres les plus interieures & les plus spirituelles ; qu'elle luy écrit souuent des billets, & qu'elle luy dit des choses qu'elle ne peut luy écrire ; & enfin qu'il agist & qu'il parle comme l'un des directeurs de la maison de Port Royal de Paris.

C'est donc une chose assez curieuse, que de sçavoir qui est cet homme choisi par M. de Paris pour estre le defenseur de sa cause, & qui succede à M. Singlin & à la Mere Agnés dans la direction de ce Monastere : & c'est par où je croy qu'il est necessaire de commencer, parce que c'est comme la clef de son liure, sans quoy il n'est pas possible d'entendre son langage, ny de penetrer ses sentimens. Et qu'on ne s'imagine pas, que l'examen, qu'il y a à faire sur ce point, soit de peu de consequence. Car il ne s'agist de rien moins que de reconnoistre si le sieur Desmarets est un Prophete, un saint, & un homme extraordinairement éclairé de Dieu ; ou si c'est un visionnaire & un phanatique.

Qu'il pretende estre un Prophete & un saint, il n'y a rien de plus clair. Et il ne faut que voir pour cela la maniere dont il parle de luy mesme dans tous ses liures. Car le sieur Desmarets, selon le sieur Desmarets, est un homme, *à qui Dieu par sa bonté infinie a enuoyé la clef du tresor de l'Apocalipse qui n'a esté connuë que de peu de personnes auant luy ausquels il a pleu Dieu de la decouurir pour leur usage seulement.* Desorte qu'il est le seul à qui Dieu l'ait decouuerte pour l'usage de toute l'Eglise. C'est un homme qui se décrit luy mesme, en disant: *Que ceux qui entendent ces hautes matieres (qui n'ont encore esté découvertes que par luy) ne sont pas les plus sçavans ny les plus grands esprits, mais que ce sont les*

Delices de l'esprit. 3. part. p. 2.

Ibid. dans l'Ep. de la 3. part.

A

plus humbles, les plus simples, les plus persuadez de leur foiblesse & de leur ignorance, les plus dépouillez de toute propriété d'esprit, les plus resignez à l'Esprit & à la volonté de Dieu. C'est un homme, qui sans estre sçavant prend les sçavans par la main pour les ramener jusques dans eux mesmes. C'est un de ces fidelles, qui se sont devouez à Dieu, comme victimes à sa colere, à qui il a donné la force pour combatre contre Sathan & les siens, & la lumiere pour découvrir leurs ruses, & pour les découvrir au Roy & à tous les Chrestiens par l'explication des veritez contenuës dans les Propheties de l'Apocalipse, & pour declarer sensiblement les marques de cette derniere & dangereuse heresie des Iansenistes. C'est un fidelle, à qui Dieu a fait connoistre que ceux qui sont en cette damnable Secte, sont au plus haut degré de l'impieté. C'est un spirituel qui a des lumieres tres claires & toutes divines, qui découvre des choses que nul esprit humain n'avoit encore jamais considerées. C'est un homme qui par l'ordre de Dieu *leve une Armée de cent quarante quatre mille combatans*, dont il y en a déja une partie d'enrollée pour faire la guerre aux Impies & aux Iansenistes. C'est un humble ignorant, à qui Dieu par une lumiere semblable aux instincts qu'il donne à certains animaux découvre le venin caché dans des livres, que de plus doctes que luy n'auroient pas découvert. C'est un David, qui n'aspirant qu'aux biens éternels, & ne craignant rien dans le monde, est le seul qui n'a point craint d'attaquer & de poursuivre les secrets ennemis de Dieu & de leur Prince, qui a entrepris de les combattre seul avec sa seule fronde & ses prieres, qui ose lutter contr'eux & deffier tout l'enfer, qui anime & soutient ses supots. Enfin c'est un homme qui dit avec une confiance prophetique; *Que quiconque est spirituel & a une oreille interieure pour l'intelligence des sens divins, entendra bien ce qu'il écrit, & que ceux qui n'ont des oreilles que pour entendre les choses exterieures & vaines ne le comprendront pas.*

Mais nonobstant tous ces témoignages qu'il se rend à luy-mesme comme à un Prophete, je ne laisse pas d'entreprendre de prouver, qu'il est au contraire un Entousiaste & un Phanatique. Et ce qui est certain d'abord, est qu'il faut necessairement qu'il soit l'un ou l'autre, n'y ayant point de milieu à son égard; puisque tout homme qui parle comme le S. Desmarets est un phanatique, s'il n'est pas un veritable prophete.

La question est donc assez belle & assez importante. Mais avant que de la traiter par les preuves particulieres que son dernier livre nous fournit : ce qui sera le sujet des autres lettres que j'ay dessein de vous écrire, il m'a semblé necessaire d'expliquer en celle cy en quoy consiste l'esprit phanatique, & de quelle maniere on y tombe; & de faire ensuite une petite reveuë sur la vie, sur les ouvrages, & sur quelques actions particulieres du S. Desmarets, qui peuvent beaucoup contribuer à nous le faire connoistre.

On sçait qu'une des plus dangereuses Sectes du monde pour la Religion & pour les Estats, est celle des Trembleurs, des Illuminez & des Phanatiques, & qu'il ne s'en rencontre pas seulement dans les communions separées de l'Eglise, comme celle d'Angleterre, & parmy les Caluinistes de Holande & d'Allemagne, mais qu'il s'en trouve aussy plusieurs qui font exterieurement profession d'estre Catholiques. On a découvert depuis peu les excés horribles d'un nommé Morin, & de sa cabale. On sçait les extravagances inouïes des Hermites de Caen. Le livre de l'ancienne nouveauté contient des erreurs d'une autre sorte,

---

Ibid.

Avis du S. Esprit au Roy.

Ibid.

Ibid.

Ibid.

Rép. à l'Apol. Ep. au Roy.

Ibid. p. 338. & dans l'Ep. au Roy.

Ibid. ch. 24. p. 310.

mais qui viennent du mesme déreglement d'esprit. Et si l'on faisoit recherche des autres visionnaires, on en trouveroit de plus d'especes que l'on ne croit. Car leurs visions & leurs phantaisies ne sont pas toutes d'une mesme sorte. Elles sont au contraires tres differentes entr'elles; & il n'y a rien de si commun, que de voir un visionaire persecuter un autre visionnaire, & l'accuser d'erreur & d'illusion.

Mais si leurs imaginations se détruisent & se combattent les unes les autres, elles s'accordent neanmoins dans certains principes & certains defauts communs, qui sont les sources de tous leurs égaremens.

Le 1. est la liberté qu'ils se donnent d'expliquer l'Ecriture à leur phantaisie sans consulter la tradition & la doctrine de l'Eglise, dont ils sont la pluspart tres-ignorans, & dont ils méprisent de s'instruire avec une incroyable temerité.

Le 2. est une foiblesse presomptueuse d'esprit, qui leur fait prendre pour lumiere & pour instinct de Dieu, tous les effets d'une imagination échauffée.

Et le troisiéme est un desir orgueilleux de s'élever à une vie interieure & surnaturelle, qui ouvre l'entrée au demon pour les seduire.

On peut dire que ce dernier defaut est la source de tous les autres. Et pour comprendre de quelle sorte le demon les y engage, il faut considerer, qu'encore que toute la vie chrestienne soit au dessus de la nature, puis qu'elle dépend toute de la grace toute puissante de Dieu, sans laquelle on ne fait jamais aucun bien; neanmoins cette grace agit en deux manieres fort differentes. Car elle se cache souvent de telle sorte dans les ames, & les mouvemens qu'elle inspire sont si semblables à ceux qui ne naissent que de la nature, que ceux qui les ressentent ne discernent point par une connoissance & une penetration vive & sensible, qu'ils sont surnaturels & divins. Ils pratiquent toutes les bonnes œuvres; ils ont la Foy, l'Esperance, & la Charité, & ils peuvent méme les avoir dans un degré éminent: mais ils ne distinguent pas pour cela leur estat de l'estat naturel & commun; l'amour qu'ils ont pour Dieu estant presque semblable à celuy qu'ils ont pour d'autres objets, & souvent méme estant moins vif en ce qui regarde le goust & le sentiment; quoy qu'il soit plus efficace & plus fort, puis qu'il emporte leur cœur, & leur fait abandonner toutes les choses du monde, lors qu'il s'agit d'obeïr à Dieu.

Ainsi Dieu est à l'egard de ces ames, un Dieu caché; comme l'appelle Isaïe: *Verè tu es Deus absconditus*; puis qu'il se cache à elles, non seulement dans sa nature, qui est incomprehensible; mais aussy dans les effets de sa grace, qu'il ne leur rend pas sensibles, & qui ressemblent en elles aux mouvemens que la nature produit.

Ce n'est pas que ceux que Dieu conduit par cette voye ordinaire, n'ayent une juste confiance qu'il agit en eux, & qu'il est l'auteur de tous leurs bons mouvemens. Car ils connoissent en quelque sorte, qu'ils ont de l'amour pour Dieu, & qu'ils craignent de l'offenser; & la foy leur apprenant, qu'ils sont incapables d'eux mesmes d'avoir une seule bonne pensée, ils concluent de là, que c'est Dieu qui leur inspire ces sentimens. Mais ils le concluent par une reflexion tirée de la foy, & non par une veüe qui leur fasse distinguer que leur estat est surnaturel.

C'est la maniere dont il agit ordinairement dans le commun des justes, & il les peut conduire par cette voye à une charité tres pure & tres élevée, sans qu'ils ayent jamais une connoissance sensible de la grace qu'ils possedent, autrement que par cette reflexion de la Foy.

Mais l'autre maniere par laquelle Dieu agit sur les ames, est non seulement surnaturelle en soy, mais aussi à l'égard de ceux à qui Dieu donne ces graces singulieres, en ce que ceux à qui il les fait sentent & connoissent qu'ils sont en un estat extraordinaire, où ils voyent bien qu'ils sont incapables d'arriver par les efforts humains. C'est ce qui fait dire à S. Gregoire, que la joüissance de cette lumiere interieure, n'est pas une chose qui se puisse acquerir par le travail & par l'industrie, mais qu'elle depend toute de la bonté de Dieu : *Non est nostri conaminis, sed divinæ gratiationis.*

Ibid.

Souvent, ajoute ce Saint, nous demandons d'estre admis dans la gloire de cette lumiere interieure par un long silence, par des prieres ferventes, par de frequens gemissemens; & cependant nous ne meritons pas d'y estre receus. Quelquefois au contraire la grace de Dieu nous previent & nous éleve en haut sans que nous l'ayions mesme demandée.

Serm. 1. in Cant.

Il y a un Cantique, dit S. Bernard, que je puis nommer justement le Cantique des Cantiques, parce qu'il contient le fruit de tous les autres. Il n'y a que l'Onction qui nous le puisse enseigner. Il n'y a que l'experience qui soit capable de nous en instruire. Que ceux qui l'ont éprouvé entendent ce que je dis; & que ceux qui ne l'ont pas éprouvé desirent non de le comprendre, mais de l'éprouver. Ce n'est pas un bruit de la bouche, mais c'est un ravissement du cœur : ce n'est pas un son des levres, mais un mouvement impetueux de joye. Ce même Saint asseure au même lieu, que personne ne peut sçavoir ce que c'est que cette grace, que ceux mêmes qui l'ont receuë.

Le nom que S. Gregoire & S. Bernard donnent à cette élevation extraordinaire & sensiblement surnaturelle, est celuy de contemplation, laquelle ils distinguent de l'oraison commune. Et comme Dieu peut diversifier ces sentimens en mille manieres, il n'est pas étrange que Sainte Therese & d'autres Saints à qui Dieu les a fait éprouver, les décrivent fort diversement, les distinguent en divers degrez ou diverses demeures, & leur donnent divers noms; la nature de ces sentimens interieurs estant de ne se pouvoir exprimer par des paroles que tres imparfaitement.

La difference de ces 2. manieres dont Dieu agit sur les ames dans l'oraison est ce qui a donné lieu à la distinction d'oraison naturelle, & d'oraison surnaturelle, que l'on voit dans quelques livres de devotion, comme entr'autres dans la note de M. de Palafox Evêque d'Osme, sur les lettres de Sainte Therese; non que toute Oraison ne soit surnaturelle dans son principe, & qu'elle ne nous éleve au dessus de la nature, mais parce, comme dit S. Bernard, que dans l'une, Dieu ne nous éleve que peu au dessus de nous mesmes, ensorte que nous ne distinguons pas cette élevation : mais dans l'autre il nous éleve beaucoup au dessus de nous :

S. Bern. in Cant. Serm 52.

Virumque excedere, virumque se ipsum transcendere est, sed longe unum, alterum non longe.

Il ne faut donc pas attribuer purement à la nature les Oraisons communes, sous pretexte que nous ne sentons pas quels sont des effets de la grace : & il ne faut pas nier ces autres Oraisons surnaturelles, sous pretexte que nous ne les éprouvons pas.

Mais

Mais ces Saints mesmes que Dieu avoit plus favorisez que personne de ces graces singulieres, nous ont donné plusieurs avis importans pour nous empescher de tomber dans l'illusion, en voulant nous élever à ces estats surnaturels, lors que Dieu ne nous y éleve pas. Et l'vn des principaux, est celuy de S. Bernard, qui avertit les Religieux : *Que ce n'est pas à une ame, qui n'est encore que dans l'enfance spirituelle, qui est neophyte dans la grace, qui ne vient que de quitter la vie du siecle, à pretendre chanter ce divin Cantique, mais que cela n'appartient qu'aux ames avancées, & qui ont fait de grands progrés dans la verité.* Qu'une ame, dit-il ailleurs, *qui ressemble à la mienne, qui est chargée de pechez, & qui est encore sujette à ses passions, n'ait pas la presomption de s'attribuer ces faveurs extraordinaires.*   Serm. cant.

    Serm. 8.

S. Gregoire nous avertit par la mesme raison, que le temps de l'action doit preceder celuy de la contemplation, comme l'union de Iacob auec Lia preceda celle qu'il eut ensuitte auec Rachel. Et il nous dit encore, que pour entrer dans cette haute contemplation, qui est comme le sepulchre de l'ame, il faut estre mort à toutes les choses du monde, & s'estre remply des richesses spirituelles selon cette parole de Iob : *ingredieris in abondantia sepulchrum.*

Ces sages avertissemens de ses grands Saints, n'ont pas pour but de borner les graces de Dieu, qui peut se communiquer comme il veut à ses creatures, mais ils tendent seulement à borner la cupidité des hommes, & à les empescher de s'élever temerairement, non à des graces surnaturelles, ce qui leur est impossible, mais à des estats d'illusion, qu'ils prennent pour des estats surnaturels & divins.

C'est ce qui arrive ordinairement à certains esprits foibles & orgueilleux tout ensemble, qui estant chargez de crimes, comme dit S. Bernard, & ayant conceu quelque leger desir de changer de vie, au lieu de songer à se connoistre, à pleurer leurs fautes, à gemir devant Dieu, à s'humilier, & à se guerir par les remedes d'vne penitence laborieuse, ne font que donner un autre objet à leur vanité & à leur orgueil, qui pour estre plus spirituel, n'en est que plus criminel & plus dangereux. Ces personnes ayant ouï parler dans quelques livres spirituels de vie interieure, d'operations divines, de recueillement, de pur amour, se laissent surprendre par l'éclat de ces mots, & conçoivent vn desir presomptueux d'éprouver l'estat qu'ils voyent d'écrit dans ces livres, non par vn amour veritable de la Iustice de Dieu, mais par un orgueil secret qui leur fait desirer d'estre grands & élevez dans la grace, aussi bien que dans le monde. Ainsi ils se forment des idées à leur mode de tous ces estats divins, que l'on ne conçoit jamais bien sans les avoir éprouvez. Ils en font l'objet de leurs speculations & de leurs raisonnemens. Ils en apprennent les principes par memoire comme ceux d'une autre science. Ils arrangent en mille manieres ces mots & ces idées extraordinaires, dont ils se sont remplis l'esprit. Ils s'échauffent l'imagination pour les comprendre, & la foiblesse de leur esprit jointe à l'impression du demon qui s'y mesle, leur persuade bientost qu'ils les comprennent & qu'ils les éprouvent.

Rien n'est plus dangereux & plus irremediable, que cette sorte d'illusion, parce qu'il est presque impossible d'en retirer ceux, qui y sont engagez. Ils abusent de tout, & ils s'élevent de tout. Ce qui sert aux autres, leur nuit & les empoisonne : la verité & l'erreur leur sont également pernicieuses, parce qu'ils

B.

ne se servent du peu de verité qu'ils connoissent, que pour se confirmer dans l'erreur.

S'ils sont ignorans, comme ils le sont d'ordinaire, ils se glorifient de leur ignorance ; parce, disent-ils, que c'est aux ignorans, que Dieu aime à communiquer ses lumieres.

S'ils ont esté plongez dans toutes sortes de vices & de desordres, ils en parlent librement & sans aucune confusion, ne se servant de leur vie passée, que pour montrer qu'ils en aiment Dieu d'avantage ; & qu'ainsi leurs pechez n'ont servy qu'à les faire monter à un plus haut degré de grace.

S'ils se sont formé quelques notions d'une vertu, & s'ils y ont un peu occupé leur imagination, ils se persuadent aussi-tost qu'ils en sont remplis, ne distinguant jamais entre la pensée & le sentiment du cœur ; & ensuitte ils tirent à leur avantage toutes les consequences, que la raison fait tirer en faveur de ceux, qui en sont effectiuement remplis.

Il est vray, par exemple, qu'il n'y a rien de plus grand & de plus haut que l'humilité ; que les humbles sont infiniment plus estimable ques les sçavans ; que Dieu n'ayme que les humbles, & qu'il ne se communique qu'aux humbles ; mais il est vray aussy, comme le dit S. Bernard, que ceux qui sont veritablement humbles ne se croyent pas humbles, mais vils & abjets ; & qu'aucontraire, pour se mettre au dessous des autres, ils se croyent plus orgueilleux que les autres.

Mais ces faux spirituels ne vont pas si avant. Ils se contentent de sçavoir que l'humilité est en effet une grande chose ; & ensuitte, aprés quelques pensées & quelques speculations sur cette vertu, ils s'imaginent qu'ils la possedent, & que Dieu l'a répand abondâment dans leur cœur ; ce qui fait qu'ils ne craignent pas de dire, qu'ils sont de ces humbles à qui Dieu fait les plus grandes graces, qui est la plus haute & la plus superbe loüange qu'un homme se puisse donner.

Ainsi s'estant élevez sur le trosne de cette fastueuse humilité, ils regardent tous les autres de haut en bas, & principalement ceux qui s'appliquent à l'étude de la Theologie, ou Scholastique, ou positiue, & qui se rendent disciples des Saints. Ils sont tous à leur égard, *des sçavans orgueilleux, qui n'entendent rien aux choses de l'intérieur*. Ce sont *des hiboux, que le clat de ces hautes lumieres eblouït*, & qui ne peuuent juger sans temerité de ces faveurs, que Dieu ne fait qu'aux ames humbles, du nombre desquelles ils nous avertissent qu'ils sont.

Pour pratiquer de mesme la reconnoissance, ils attribuent à Dieu tous leurs discours, toutes leurs pensées, & toutes leurs actions. Ils ont tout receu de Dieu. Dieu leur inspire tout. Ils se regardent eux mesmes comme les organnes vivans du S. Esprit, ne s'appercevant pas, qu'il n'y a rien qui flatte plus l'orgueil humain, que cette pensée d'estre éclairé & conduit de Dieu en toutes choses.

Il est vray que l'Ecriture nous enseigne, que Dieu est auteur de toutes nos bonnes actions ; mais elle ne nous enseigne pas que toutes nos actions soient bonnes : aucontraire la disposition des Saints est d'avoir de la defiance de toutes leurs œuvres, & de dire avec Iob : *verebar omnia opera mea*. Il est certain aussi, comme dit S. Paul, que nous ne sommes pas capables d'avoir de nous mesmes une seule bonne pensée. Mais cela ne se doit entendre que des pensées de graces qui sont jointes à la charité ; estant veritable aucontraire, que l'on peut raisonner naturellement, & par un simple effort de l'esprit humain, sur les matieres les plus Spirituelles & sur l'Ecriture Sainte, comme l'on fait sur les sciences humaines; & que l'on peut tirer des conclusions des principes que l'on a dans la memoire, sans qu'il soit besoin que Dieu nous éclaire d'une maniere particuliere. C'est pourquoy c'est une illusion manifeste de prendre toutes ses speculations pour des revelations de Dieu. Et c'est une insolence pleine d'orgueil de proposer aux autres toutes ses pensées comme des Propheties & des revelations.

C'est neantmoins le procedé ordinaire de ces spirituels entousiastes. S'il leur arrive de trouver quelque sens nouveau sur l'Ecriture, ils s'imaginent aussi-tost que c'est Dieu qui le leur a revelé, & qu'ils sont du nombre de ces petits à qui il découvre ce qu'il tient caché aux sages & aux sçavans. Ils s'appliquent donc avec ardeur à cet exercice de trouver des sens allegoriques. Ils s'attachent de plus en plus à leurs pensées. Ils deviennent adorateurs de leurs imaginations; & au lieu *de s'avancer de clarté en clarté*, comme ils se l'imaginent, ils ne font qu'avancer d'erreurs en erreurs, de visions en visions, & de folies en folies.

Ce n'est pas que l'on puisse condamner generalement cette maniere d'expliquer l'Ecriture en des sens allegoriques, puisque les SS. Peres s'en son servis tres utilement, & principalement S. Augustin, S. Gregoire, & S. Bernard: mais quand on s'y applique à l'exemple de ces Peres, il le faut faire dans leur esprit & avec les precautions qu'ils y ont gardées; & c'est ce que ces faux spirituels ne font pas.

Les SS. Peres ont taché que leurs allegories fussent naturelles, justes, fondées sur la lettre, & autorisées par d'autres passages de l'Ecriture: & si elles paroissent quelque fois un peu éloignées, elles ne laissent pas d'estre toûjours utiles, parce qu'ils ne les appliquent qu'à des verités claires, certaines, & établies sur d'autres passages évidens: de sorte que si la figure ne semble pas juste, la verité figurée ne laisse pas d'estre édifiante. C'est pourquoy ces allegories des Saints sont toujours tres utiles; & sans considerer avec tant d'exactitude si le S. esprit a eû veritablement intention de signifier telle ou telle verité par une figure, il nous suffit que la figure nous aide à contempler cette verité avec plus de plaisir, & à la retenir plus facilement, en nous servant de l'allegorie comme d'une memoire artificielle pour retenir certaines veritez, qui s'échapperoient aisement de nostre esprit, si elles n'estoient attachées à ces images sensibles.

Mais les allegories des visionnaires ne sont pas de cette sorte. Ou ils les appliquent à certaines pensées extraordinaires, & qui n'ont aucune utilité solide: ou ils s'en servent pour établir de nouvelles opinions, & pour prouver des choses fausses ou incertaines. Voila le bon & le mauvais usage des allegories, & ce qui les rend utiles ou dangereuses.

Ainsi encore que cette qualité d'esprit, qui fait trouver des rapports dans l'Ecriture, soit estimable, quand elle se rencontre avec quelque solidité de jugement & de pieté; on peut dire au contraire, que c'est la qualité du monde la plus sujette à l'illusion, quand elle se trouve dans des esprits foibles & presomptueux; & l'on peut dire que c'est le propre caractere des illuminez & des phanatiques.

Car ces gens-là sont d'ordinaire des esprits remuans, qui ont l'imagination assez vive, qui leur presente diverses images: de sorte que quand ils s'appliquent à la lecture de l'Ecriture, ils font facilement de ces enchaisnemens de rapports. Mais comme il manquent de lumiere & de jugement, ils ne s'apperçoiuent pas des erreurs qui se glissent dans leurs pensées; & comme ils sont presomptueux, ils s'y attachent avec orgueil; ils deviennent admirateurs des ouvrages de leur esprit; & pour se justifier envers eux mesmes & envers les autres de cette attache, ils les font passer pour des illuminations de Dieu C'est par cette voye, que plusieurs d'entre les anciens heretiques, comme Cerinthe, Montan, les Messaliens ou Euchites, se sont engagez dans l'erreur, & y ont engagé les autres. Et c'est aussy celle dont le demon s'est servi pour seduire, dans le dernier siecle, une infinité de personnes dans toutes les Provinces de l'Europe.

Moncer, chef des Anabaptistes, ne parloit que d'Allegories, de spiritualité, de Propheties, & de vie interieure. *Mes chers freres,* disoit-il aux Lutheriens dans une de ses lettres, *travaillez a devenir spirituels & Prophetes; autremēt vostre theologie ne vaudra pas une obole. Considerez vostre Dieu de prés & non pas de loin.* Tous les autres Anabaptistes, qui l'ont suiuy, & qui se sont separez en tant de sectes differentes, les Familistes, les Loïstes, les Trembleurs, ne sont pleins que de visions & de preuves fondées sur les sens allegoriques, qu'ils donnent à l'Ecriture. C'est la voie qu'ont prise Dauid Georgius, Henry, Nicolai, Valentinus Veigelius, Svvenckfeldus, pour établir leurs impietez abominables. Il y a encore eu depuis peu des Calvinistes entousiastes dans l'Allemagne, qui ne parloient que d'union, de transformation en Dieu, & de sens mystiques. Les nouveaux millenaires ne fondent leurs réveries du regne temporel de IESVS CHRIST, que sur les allegories qu'ils tirent de l'Ecriture à leur phantaisie, & principalement de l'Apocalypse. Enfin l'on sçait que c'est la voie commune des Illuminez, & le moyen par lequel ils repandent leur doctrine.

On verra dans la suitte qu'il n'y a qu'à faire l'application de ce discours general, pour reconnoistre l'illusion du S. Desmarets. Ie ne pretends pas neantmoins presentement qu'on en conclue autre chose, sinon que quand un homme parle continuellement, comme il fait, d'allegories, d'applications mystiques qui luy ont esté données de Dieu, de sommeils spirituels, d'union, de liquefaction de vie interieure, ce n'est pas une marque qu'il soit veritablement spirituel: mais que c'en peut estre une, qu'il est un visionnaire & un phanatique: qu'ainsi c'est un esprit qu'il faut éprouver, afin de reconnoistre par des marques plus certaines, si c'est l'Esprit de Dieu, ou l'esprit du Diable qui agit en luy.

Cet examen est quelque fois difficile à l'égard de certaines personnes dans lesquelles le demon agit avec plus d'adresse & d'artifice. Mais à l'égard du S. Desmarests, il n'y en eut jamais de plus facile; son illusion est grossiere, & il suffit presque de considerer en gros ce que tout le monde sçait de sa vie, & ce que l'on peut connoistre de son esprit, en iettant les yeux en passant sur les livres qu'il a donnez au public.

Chacun sçait que sa premiere profession a esté de faire des Romans & des pieces de theatre, & que c'est par où il a commencé à se faire connoistre dans le monde. Ces qualitez qui ne sont pas fort honorables au jugement des honnestes gens, sont horribles estant considerées selon les principes de la Religion Chrestienne, & les regles de l'Euangile. Vn faiseur de Romans & un poëte de theatre, est un empoisonneur public, non des corps, mais des ames des fidelles, qui se doit croire coupable d'une infinité d'homicides spirituels, ou qu'il a causez en effet, ou qu'il a pû causer par ses écrits pernicieux. Plus il a eu soin de couvrir d'un voile d'honnesteté les passions criminelles qu'il y décrit, plus il les a rendûes dangereuses, & capables de surprendre & de corrompre les ames simples & innocentes. Ces sortes de pechez sont d'autant plus effroyables, qu'ils sont toujours persistans, parce que ces livres ne perissent pas, & qu'ils repandent toujours un venin, qui s'accroist & s'augmente par les méchans effets qu'ils continuent de produire dans ceux qui les lisent.

Ie ne parle point du reste de sa vie : elle ne m'est pas connüe, & je n'ay nul dessein de m'en informer. Mais il avoüe luy méme, en quelques endroits où il se décrit, qu'elle a esté semblable à ses livres, & qu'il a esté engagé dans le libertinage & dans le desordre.

Cependant cet homme pretend s'estre converty : & ce seroit un sujet de joye pour l'Eglise, aussi bien que pour les Anges du ciel si la conversion avoit esté veritable & solide, & que l'on y eust veu les marques d'une penitence serieuse. Mais on peut dire sans temerité qu'en considerant les regles & l'Esprit de l'Eglise, la conversion du Sr Desmarets n'est pas moins dereglée ny moins scandaleuse, que sa vie.

S'il eust esté touché d'un veritable regret de ses déreglemens passez, il eust esté ravi de le témoigner à Dieu, en punissant par le silence, la vanité qui l'avoit porté à se signaler par tant de méchans écrits : il se seroit reduit au dernier rang de l'Eglise : il auroit crû que ce luy estoit encore trop de faveur, de ce qu'on luy en permettoit l'entrée, dont il meritoit d'estre exclus pour plusieurs années, selon la discipline de l'Eglise : il auroit tâché de flechir la misericorde de Dieu par les gemissemens & par ses larmes : il auroit reconnu son ignorance dans les choses de Dieu : il se seroit rendu disciple des Saints que Dieu a donnez à son Eglise pour l'instruire de la science des Saints & de la voye du salut : il se seroit defié de son esprit propre & de ses propres pensées : il se seroit jugé indigne de parler & d'écrire dans l'Eglise, puisque ces fonctions sont interdites aux penitens, qui ne doivent édifier l'Eglise que par leur humilité & par leur silence : & il auroit dit, à l'imitation de S. Bernard: *Docere nec indocto est in promptu, nec laico in ausu, nec pænitenti in affectu.*

Mais voicy une penitence d'une nouvelle espece, & inconnue jusqu'à cette heure dans l'Eglise. On n'y entend pas plutost parler du changement du Sr Desmarets, que l'on entend dire en mesme temps qu'il est déja monté au plus haut degré de la spiritualité ; qu'il ne parle que *de vie interieure, d'amour parfait, de haute contemplation, d'aneantissement, de sommeil spirituel, de tressaillement de l'ame, de gousts divins, de douces larmes, d'ivresse spirituelle, de mortelle blessure, de langueur d'amour, d'extase, de ravissemens, de liquefactions;* qu'il distingue tous les degrez de la vie surnaturelle ; qu'il penetre les mysteres les plus cachez de l'Apocalipse, & du Cantique des cantiques.

S. Bernard qui sçavoit apparemment autant de spiritualité que le Sr Desmarets, enseigne qu'avant que la chair ait esté domptée & assujettie par les exercices d'une exacte discipline, qu'avant qu'on ait renoncé & foulé aux pieds la pompe du siecle, c'est une presomption de s'appliquer avec une ame toute impure à la lecture du Cantique de l'amour divin. Le méme Saint nous avertit, comme nous avons déja-dit, que ce n'est pas à une ame nouvellement convertie, à pretendre à ces hautes faveurs de l'Epoux celeste. Tous les Saints nous témoignent generalement, que ces estats élevez sont d'ordinaire la récompense d'une grande innocence, ou d'une longue penitence. S. François de Sales en avoit une telle defiance, que lors qu'il conduisoit des ames que Dieu favorisoit de quelqu'une de ces graces extraordinaires, il les éprouvoit plusieurs années sans leur permettre de s'y arrester, en les appliquant à des exercices bas & communs, pour les empescher de tomber dans l'illusion.

Mais ces avis de ces Saints ne sont pas pour un homme comme le Sr Desmarets. Non seulement il s'est engagé, sans crainte, dans cette sorte de spiritualité si dangereuse & si exposée aux tromperies du diable; mais il a pretendu en instruire toute l'Eglise, non comme d'une voie extraordinaire, mais comme d'une voie commune qu'il falloit suivre pour s'approcher de Dieu, & pour arriver en peu de temps à une haute perfection.

Il a falu forcer les Saints & les Saintes, qui ont esté veritablement éclairez de Dieu, comme Sainte Therese, pour écrire quelque chose de ces matieres si hautes, encore ne la t-elle jamais fait dans la veüe qu'on publiât ce qu'elle en a écrit. Et il est même rapporté dans les avis qu'elle donna après sa mort à l'une de ses principales filles: *Qu'elle n'approuvoit pas, que les Religieuses s'appliquassent trop à la lecture des livres qu'elle a composez, & principalement à celuy qui traite de sa vie, de peur qu'elles ne viennent à croire que la perfection consiste dans ces revelations, ce qui pourroit les leur faire desirer, & ensuite rechercher dans la pensée de l'imiter.*

A la fin des lettres de sainte Therese.

Mais l'esprit qui agit dans le Sr Desmarets est bien éloigné de ces precautions & de ces veües. Car il a porté, lors qu'il ne faisoit encore que commencer à changer de vie, non seulement à écrire, ce qui est déja bien étrange pour un Peniten, mais à écrire de la Theologie mystique & de la plus haute contemplation, ce qui est encore plus étrange; & enfin à en écrire un gros volume, & à expliquer l'Apocalypse, & le Cantique des Cantiques, ce qui est le comble de la hardiesse.

Pour justifier cette entreprise si contraire à l'esprit & à la conduitte de tous les Saints, il est certain qu'il ne falloit rien moins que des miracles, afin qu'on fût obligé de reconoistre qu'il avoit esté dispensé des regles ordinaires par une conduite particuliere de l'esprit de Dieu. Et en effet, il semble que le Sr Desmarets ait entreveu la necessité d'autoriser sa conduite par un miracle. Car il commence son ouvrage par une espece de prodige qu'il pretend luy estre arrivé, qui est, dit-il, *que Dieu l'a si sensiblement assisté pour luy faire finir le grand ouvrage de son Clovis, pour le rappeller plus promtement à des choses bien plus utiles, plus delicates & plus relevées, qu'il n'ose dire en combien peu de temps il a achevé les neuf livres de ce Poëme qui restoient à faire, & repoli les autres.*

Preface des Delices de l'esprit.

Ainsi selon le Sr Desmarets, c'est l'esprit de Dieu qui luy a fait composer ces neuf livres, qui luy a fait repolir les autres, & qui a approuvé qu'il publiast le tout C'est l'esprit de verité qui a approuvé qu'il entretint les ames des Chrestiens de tant de fables impertinentes & ridicules. C'est l'Esprit de Dieu, qui l'a porté à les tenter par tant d'images contagieuses, & par la representation de tant de passions criminelles. C'est l'Esprit de Dieu qui luy a fait faire un Roman, qui n'est different des autres, que parce qu'il est plus extravagant.

Peut-on nier qu'il n'y ait de l'impieté & du blasphême dans cette pensée du Sr Desmarests, qui ose attribuer à l'Esprit de Dieu un amas de tant d'impertinentes fictions? Que s'il est vray, comme il l'avoüe luy même, qu'il a fait ces *Delices de l'esprit*, par le même esprit qu'il a fait son Clovis, il ne faut point d'autre preuve pour montrer que c'est un ouvrage d'illusion, puisque, comme dit S. Bernard, l'Esprit de Dieu estant l'esprit de verité, ne peut avoir d'alliance auec la vanité du monde; *Sed nec erit ei pars cum mundi vanitate, cum veritatis sit Spiritus.*

Quelle étrange spiritualité que celle du Sr Desmarests, qui sçait tellement partager son esprit entre Dieu & le diable, qu'il peut en même temps y loger les images de tant de passions infames, dont son Roman est remply, & l'Oraison de recüeillement & d'union: qui presente au même temps aux Chrestiens les idées des vices les plus dangereux, & des graces les plus élevées, comme y estant poussé par le même esprit: qui pour acquerir la reputation d'estre intelligent dans la Theologie mystique, ne veut pas perdre celle qu'il avoit acquise par ses vers & par ses Romans, mais qui se rend témoignage dans le même livre: *Qu'estant une personne interieure, il ne laisse pas d'estre aussy sçavant que les autres dans tous les gousts de la spiritualité mondaine.* Qui a jamais oüi parler d'un spirituel de cette sorte? Ep. de la 3. partie des Delices de l'esprit.

Mais il n'est pas besoin de preuves étrangeres pour reconnoistre l'esprit qui la poussé à écrire les *Delices de l'esprit*, il n'en faut que considerer le dessein, pour en conclure, qu'il n'y eust jamais de temerité pareille à la sienne. La vanité y paroist jusque dans le titre. Car il y marque qu'il dedie ce livre *aux beaux esprits du monde*, comme si en qualité de beaux esprits, ils estoient plus propres à entrer dans les voyes surnaturelles, où il plaist au Sr Desmarets de les appeller. C'est à ces beaux esprits qu'il pretend découvrir les secrets de la vie mystique; au lieu que IESVS CHRIST déclare que c'est à eux que son pere les a cachez. Et afin de faire mieux voir la force de ses paroles & l'utilité de ses instructions, il suppose que celuy, à qui il parle, est un athée, un libertin, un homme abandonné aux plaisirs des sens. Ensuitte aprés luy avoir prouvé tres-foiblement la Religion par quelques argumens, ou communs, ou impertinens, il le fait entrer dans peu de jours dans les plus hauts estats de la vie interieure. Si on l'en croit, c'est la chose du monde la plus aisée; il n'y a qu'à se laisser conduire au Sr Desmarets pour y parvenir. Voulez vous, par exemple, entrer dans le sommeil spirituel, qui est, selon luy, une suspension des puissances de l'ame, pendant laquelle l'entendement cesse d'agir l'espace d'une demy-heure, & la volonté consiste dans un acte imperceptible, il vous en apprendra le secret comme s'il s'agissoit d'une recette de medecine, eussiez vous esté abysmé dans l'atheïsme & dans les plus infames débauches huit jours seulemét auparavant

Il explique, dans la p. 66. de la 3. partie de son livre à un athée converty depuis huit jours, les effets du sommeil spirituel. Puis il feint que son athée luy répond: *O Euzebe, que ces biens doivent estre grands, & que tu me donne un grand desir d'estre dans ce sommeil spirituel, afin que Dieu endorme les puissances de mon ame.* Alors Euzebe, c'est à dire le Sr Desmarets, prenant la parole, luy répond decisivement & comme un directeur experimenté: *Pour obtenir*, dit-il *un si grand bien, tu dois demander à Dieu la grace, laquelle il te donnera sans doute, de te pouvoir detacher de toute passion & de toute pensée pour toute chose creée. Tu dois ensuitte faire un acte de contrition, de foy & d'amour; puis abandonne toy à Dieu sans faire aucun nouvel acte; & Dieu te remplira aussi tost. Car en quittant pour Dieu les choses de la nature, Dieu infailliblement agira en toy surnaturellement, & t'attirera par sa grace dans le sommeil des puissances.*

Il est difficile de comprendre, combien il y a de temerité dans ce discours, & dans les autres semblables dont ce livre est tout remply. C'est un article de Foy, que nous devons reconnoistre la tradition, comme la regle de nos mœurs, aussi-bien que de nostre Foy; & que c'est de la conduitte de l'Eglise, & des livres des Saints Peres, que nous devons apprendre la voye pour aller à Dieu, & pour y conduire les autres. Or il est inoüy que jamais aucun Pere, ny aucun Directeur éclairé, ait excité les pecheurs nouvellemēt convertis, à pretendre à ces estats surnaturels, ny qu'il leur ait donné des regles pour y parvenir. La pluspart n'en ont pas seulement parlé, parce que les discours mesme en sont dangereux au commun du monde. Et ceux qui en ont parlé, les ont toujours representez comme la récompense d'une vertu consommée. Ainsi ce n'est pas seulement blesser la modestie; mais c'est mesme blesser la Foy, que de proposer aux pecheurs ces voies extraordinaires, en quittant la conduite commune de tous les Saints.

Il y a aussi de la folie à croire que Dieu fasse ces graces singulieres, à tous ceux qui feroient ces pretendus actes de contrition, qui ne sont ordinairement que des pensées: & il faut n'avoir aucune experience des choses spirituelles, pour ne pas sçavoir qu'elles sont tres-rares dans l'ordre meme de la grace; qu'il y a une infinité de personnes tres-innocentes & tres-saintes qui n'ont jamais éprouvé ces sommeils spirituels, pendant lesquels *l'ame cesse d'operer l'espace d'une demy-heure*, comme le dit le Sr Desmarets. Enfin c'est blesser les principes de la foy, que de supposer que Dieu se soit obligé de les accorder à qui que ce soit, lors même qu'il les luy demanderoit, parce qu'elles ne sont point necessaires au salut, & qu'elles y sont souvent dangereuses. Mais c'est la coustume de ces gens, qui ont l'imagination blessée, de se figurer que les choses sont en effet, selon qu'ils s'imaginent qu'elles devroient estre. Ils ne soumettent pas seulement à leurs caprices, la volonté des hommes, qu'ils font agir comme il leur plaist; mais ils reglent aussi à leurs phantaisie, la volonté de Dieu, & la divine medecine qu'il exerce sur les ames. Ils en parlent comme s'ils avoient assisté à ses conseils. Ils en décrivent les effets comme certains & veritables. Si vous faites telle & telle chose, disent-ils, Dieu agira en vous de telle & telle maniere: le Sr Desmarests en est caution. Et

ils

ils excitent ainsi par ces promesses temeraires dans des ames impures, à qui ils parlent, un desir presomptueux de connoistre ces choses & d'en joüir, ou par curiosité, ou par l'amour du plaisir, qui est la seule idée, qui les frappe, & qu'ils entendent dans tous ces discours.

Ie n'ay encore parlé que du dessein general de cet ouvrage, mais il faudroit un volume pour en faire voir en particulier les extravagances. Il n'y a qu'à l'ouvrir pour y en trouver ; car il y en a de toutes sortes. Si vous y voulez voir, par exemple, des allegories ridicules, vous n'avez qu'à lire le 2. chapitre de son explication de la Genese, où vous rencontrerez celle de la coste de l'esprit humain changée en femme, & devenuë la nature humaine, qui est mariée à l'esprit humain. Il avoit dit auparavant, qu'Adam signifioit l'esprit humain : & il poursuit son allegorie en cette maniere. *Dieu tira donc du costé d'Adam une coste*, c'est à dire, *une compagne, & Dieu en fit une femme, c'estadire, une chose infirme. Cette femme infirme ou compagne de l'esprit humain est la nature humaine foible & infirme, que l'esprit humain épouse, & avec laquelle il travaille par les facultez que Dieu luy a données.* Mais parce que c'est une idée assez extraordinaire, que celle d'une nature humaine mariée à l'esprit humain, il prévient cette objection, & il y répond à sa mode : *Bien, dit-il, que l'esprit humain & la nature humaine ne soient qu'une mesme chose ; neanmoins il est certain que Dieu a donné à chaque chose qu'il a crée la nature particuliere avec laquelle elle agit. & l'on dit que l'esprit fait telle ou telle chose par sa nature. Ainsi il avoit besoin d'une nature pour agir.* C'est à dire en un mot qu'il avoit besoin de luy mesme, & qu'il est marié avec luy mesme. Voila ce que c'est que ces allegories que le Sr Desmarets a receües du ciel. Car afin qu'on ne s'imagine pas que cette nature humaine mariée à l'esprit humain soit seulement la partie inferieure de l'ame, il veut qu'elle ait, aussi bien que l'esprit, sa partie superieure & inferieure : de sorte que c'est la mesme chose sous differens noms, qui est mariée à soy mesme.

Si vous y voulez voir des erreurs contre la doctrine de l'Eglise, vous n'avez qu'à lire 5. ou 6. lignes plus bas où il parle du premier hôme dans son innocêce, & decrit de qu'elle sorte il est tombé, & vous trouverez qu'il met nettemét la concupiscence & le dereglemét de la nature dans le Paradis terrestre. *Le sentiment d'orgueil*, dit-il, *qui est le tentateur de l'homme, qui se glisse comme un serpent, & qui est le plus fin & le plus subtil de tous les sentimens, qui sont animez dans la partie inferieure de l'ame, vient attaquer par ses artifices la nature humaine compagne de l'esprit, & luy dit. Pourquoy vous a-t-il defendu de manger du desir de penetrer dans les choses hautes, & dans les secrets, pour sçavoir les causes du bien & du mal en toutes choses? Ne craignez pas de mourir si vous en mangez.*

La nature estant foible se laisse donc corrompre par le mouvement de la tentation de l'orgueil. Voyant que ce desir est beau & relevé, & croyant qu'il sera bien savoureux, elle cüeille le fruit de ce desir audacieux, puis elle le donna à l'esprit, qui en gousta. Et ainsi aprés que la nature est corrompuë, aussi-tost elle corromp l'esprit.

Ie ne diray rien des autres impertinences de ce discours. Mais il est clair qu'il pretend que dans l'estat d'innocence, il y a eu une tentation interieure d'orgueil, qui a prevenu la raison & la volonté, puisqu'elle y a consenty, &

D

que ce mouvement naissoit de la partie inferieure de l'ame. Or tout mouvement d'orgueil, qui prévient la volonté, est un mouvement de concupiscence, c'est un mouvement corrompu, c'est un desir de peché, selon la doctrine de S. Augustin & de l'Eglise. Et par consequent le Sr Desmarets admet la concupiscence dans le Paradis terrestre. C'est pourquoy S. Augustin le refute, aussi bien que l'heretique Iulien par les principes generaux, dans lesquels il renferme la doctrine de l'Eglise sur ce point : *Que dittes vous*, dit-il à cet heretique, *ne comprenant pas mesme le sens de ce que vous dittes ? Quoy donc, selon vous, avant que le serpent eût répandu son venin dans le cœur d'Eve, avant que sa volonté eût esté corrompue par les paroles Sacrileges du demon, elle sentait déja les desirs du fruit defendu : & ce qui est de plus insupportable ces desirs la portoient au mal, & neanmoins, selon vous, ils ne laissoient pas d'estre bons & innocens. Ces premiers hômes en voyant le fruit defendu, avoient une inclinatiō sensuelle d'en manger, mais l'inclination de l'esprit reprimoit cette inclination sensuelle. Ainsi dans le sejour de cette felicité, ils n'avoient pas en eux la paix ny du corps ny de l'esprit. Il est impossible que vous soyez assez insensé pour croire des choses si déraisonnables, & assez impudent pour les avancer. Comprenez donc la verité, ou cessez d'importuner par vos vains discours ceux qui l'a comprennent. La mauvaise volonté, par laquelle Adam & Eve ont crû le serpent, a précedé. La concupiscence, qui a fait desirer avec ardeur le fruit defendu, a suivi cette mauvaise volonté. On ne doit donc pas concevoir qu'aucun mouvement de cupidité se soit apposé dans cet estat à la volonté. Et ainsi l'une & l'autre estant mauvaise, c'est neanmoins la volonté qui a attiré la cupidité, & non la cupidité qui a attiré la volonté.* NON *cupiditas voluntatem, sed voluntas cupidatem duxit*.

Oper. perf.
lib. 1.

La doctrine de l'Eglise est donc, selon ce grand Saint, que la volonté a precedé toute sorte de mouvement de cupidité soit sensuelle, soit spirituelle : & la doctrine des Pelagiens est au contraire, que la concupiscence a precedé la volonté & la portée au peché. Ainsi le Sr Desmarets en admettant ce mouvement d'orgueil, qui a attiré au peché la nature humaine, s'est declaré pour les Palagiens contre S. Augustin & contre l'Eglise.

Ce sont là les precipices où s'engagent ceux qui se mélent d'écrire des plus hautes matieres de Theologie, sans avoir jamais consulté les sources de la vraye Theologie, & qui par une presomption qui blesse la Foy, font profession de ne tirer tout ce qu'ils écrivent, que de leur imagination, que leur orgueil leur fait prendre pour des lumieres de Dieu.

Enfin si l'on veut voir des spiritualitez presomptueuses, inintelligibles & erronnées, on n'a qu'à lire l'oraison par laquelle il finit tout son ouvrage, où entreprenant de contempler les perfections divines, il dit que *Dieu luy inspira d'agir comme un chef de guerre, qui pour conquerir un place, tente de tous costez, & fait diverses attaques*. Il décrit ensuitte les divers assauts qu'il donna inutilement à divers attribus. Mais estant venu à la bonté, il s'écrie tout d'un coup; *Ie la voy, je la connois vostre bonté infinie dans tout son étendue, non seulement en ses effets, mais aussi en elle mesme.* C'est ce que les bienheureux même ne pourroient pas dire; puis qu'encore qu'ils voyent la bonté de Dieu, il est certain neanmoins qu'ils ne la comprennét pas. Cependant la lüeur de cette pensée l'a tellement ébloüy, qu'il l'a repette plusieurs fois dans la même page, en ajoûtant toûjours cette fausse difference, entre la bonté & ses autres attributs, que la bonté de Dieu se voit en elle même, & que les autres attributs ne se connoissent que par les effets: ce qui n'a aucun sens raisonnable, puisque la bonté de Iesvs-Christ ne s'est pas fait voir à nous plus immediatement, que sa sagesse & ses autres perfections, quoy qu'on puisse dire qu'il en a exposé des effets plus sensibles a nos yeux. Aprés ces raisonnemens en l'air, le Sr Desmarests ne laisse pas de dire par une expression aussi ridicule qu'orgueilleuse; *Qu'il va se rendre maistre du fort de toutes les connoissances divines, & les conquerir toutes.* Et enfin il conclut par cette exclamation; *ô mon Dieu ô mon Dieu, soyez beni à jamais de ce que vous avez daigné m'élever de clartez en clartez jusqu'a la connoissance de vos perfections infinies, par la sensible & demonstrative connoissance de vostre bonté infinie, pour élever infiniment mon amour envers vous, & de ce qu'il vous a plû cacher ces nobles & riches connoissances aux sages du monde, & les reveler aux humbles & aux moindres esprits de la terre.* C'est l'humilité de ce pretendu Prophete, & l'idée qu'il voudroit bien que l'on eust de luy. Il témoigne qu'il ne se soucie pas qu'on l'estime le moindre esprit de la terre, pourveu qu'on l'estime humble, & que l'on croye, qu'en cette qualité, *Dieu l'a remply de nobles & de riches connoissances, & l'a fait monter de clartez en clartez pour l'élever infiniment dans son amour,* c'est à dire au plus haut point de la sainteté. Mais je pense, Monsieur, que vous connoissez déja assez le Sr Desmamarests pour estre persuadé, qu'il n'y a de vray dans ce témoignage qu'il rend de luy même, que ce qu'il dit de la foiblesse de son esprit: & encore est-il bien éloigné de la connoistre telle qu'elle est. Ie pourrois ajoûter une infinité d'autres choses tirées de ce même ouvrage, qui est un fonds inépuisable d'erreurs, qui ruïnent la grace, la penitence, & toute la vie chrestienne, si je n'apprehendois de vous accabler par la multitude des choses, & de vous lasser par la longueur de mes lettres.

I'ayme donc mieux abandonner presentement ces *Delices de l'esprit,* & remettre même à la premiere fois à vous entretenir de quelques circonstances tres-importantes de la vie du Sr Desmarests, & d'un autre de ces écrits, dont je ne puis me dispenser de vous parler avant même que de venir à sa *Réponse à l'Apologie.* Ie vous diray seulement par avance, que si cette lettre a déja fait voir que le Sr Desmarests est visionnaire & phanatique par des consequences necessaires, celle que je vous écriray bien tost le prouvera directement & demonstrativement.

Ce dernier Decembre 1665.

ERRATA

P. 3. l. derniere est entierement manquée en plusieurs feüilles, & il faut lire: les peut conduire par cette voye à une charité tres pure & tres élevée sans qu'ils.

Page 4. à la marge vis à vis de la ligne 9. mettre Gregorius in lib. 1. cap. 1.
Page 4. l. 34. dans la note lisez dans les notes.
Ib. l. 39. lisez virumque divini muneris virumque excedere &c.

Ib. l. 43. quels, *lisez* quelles
P. 3 *marge lisez* Sermo, 1. in cantica.
Ib. marge Sermo 8. *lisez* Sermo 3.
P. 7. *l.* 41. on peut dire au contraire *lisez*, il est vray au contraire.
P. 8. *l.* 18. Henri, Nicolaï, *lisez* Henri Nicolai,
P. 9. *l.* 14. si la conversion, lisez si sa conuersion.
P. 12. *l.* 44. certains & veritables, *lisez* certains & invariables.

L'HERESIE IMAGINAIRE.

LETTRE XII.
OV
SECONDE VISIONNAIRE.

Monsievr,

Ie vous ay montré dans ma lettre precedente que le Sr. Desmarets s'estoit reuestu de la devotion, sans se dépoüiller de la qualité de Poëte profane & de faiseur de Romans, & que pour faire voir qu'il estoit aussi intelligent dans tous les gouts *de la spiritualité mondaine*, que dans les gouts divins de la vie interieure & surnaturelle, il avoit presenté aux Chrestiens vn roman en vers plein de fables scandaleuses, & un volume de theologie mystique, en les asseurant qu'il avoit esté poussé à faire l'un & l'autre par le mesme esprit. Mais ie vous veux montrer maintenant que cet esprit qui l'anime a fait une alliance bien plus difficile. Car il a voulu joindre en la personne du Sr. Desmarets la reconnoissance d'un faux Christ avec le plus haut degré de la prophetie; ensorte neantmoins, comme il arrive toûjours dans l'alliance des choses incompatibles, que le crime est tres-réel, & la prophetie au contraire tres-vaine & tres-chimerique, quoyque l'une & l'autre découvre également son esprit phanatique & visionnaire. Ie voy bien que ces mots vous surprennent & vous étonnent. C'est pourquoy ie me haste d'en venir aux preuves, qui distinguent seules les reproches legitimes, des injures & des calomnies.

On n'en peut pas desirer de plus convainquantes que celles que je vous allegueray. Car elles seront toutes prises, ou d'une déposition juridique qu'il a faite devant Mr. le Lieutenant Criminel, ou d'un Ecrit qu'il publia en mesme temps sous le titre d'*Avis du S Esprit au Roy*, lequel il ne peut pas desavoüer, puisqu'outre qu'il n'y a qu'à le lire pour en reconnoistre l'autheur, Mr. de Paris a dit à des personnes d'honneur, qui le luy soûtiendroient s'il en estoit besoin, que le S. Desmarets luy avoit presenté cet Ecrit pour l'approuuer mais qu'il l'avoit refusé, ce qui fit qu'il se contenta de l'approbation de Mr. de Rennes à present Archevesque d'Auch.

Vous jugerez sans doute que la rencontre de cette déposition avec cet Ecrit est tres considerable, lorsque je vous auray fait l'histoire de l'vne & de l'autre. Ie commenceray donc par celle de cette déposition.

A

Tout le monde sçait la fin malheureuse d'un nommé Morin. Et le mesme bruit qui a publié son supplice par toute la France, l'a informée aussi des erreurs detestables de ce phanatique. Mais il y a peu de gens qui sçachent la part que le Sr. Desmarets a prise dans cette affaire, & de quelle sorte il s'y est conduit: & c'est ce que j'ay dessein de vous apprendre.

Ie ne tireray tout ce que j'en diray que de sa deposition mesme, sans pretendre le faire plus coupable qu'il ne s'y fait, & sans luy imputer que ce qu'il avoüe. Il declare donc dans cet acte: *Qu'au commencement du mois de Decembre 1661. ayant oüi dire que Demoiselle Margueritte Langlois dite la Malherbe estoit Sorciere & mariée au Diable, & avoit commis plusieurs malefices*, il en donna avis à MM. les Evesques de Rennes & de Rhodez, & au R. P. Annat, comme estant du Conseil de conscience, lesquels l'exhorterent à verifier cette affaire par de bons témoins. Ensuitte il rapporte les entretiens qu'il eut avec cette Malherbe, & une autre nommée Mademoiselle de la Chappelle, & il dit que d'abord elle craignoit de se découvrir, mais que peu à peu il l'apprivoisa à se communiquer à luy, & qu'elle commença à luy parler de ce Morin & de sa femme qu'elle luy dit qu'il estoit certain que l'esprit de Iesus Christ estoit incorporé & resuscité en M. Morin pour son 2. avenement en terre; qu'il estoit le fils de l'homme à qui Dieu avoit donné tout iugement sur la terre.

Aprés cela il décrit son entreveuë avec Morin, qui se fit le lendemain, & il dit que d'abord *Morin luy voulut paroistre un homme fort sainct & de grand recüeillement, mais qu'aprés quelques discours, voyant que s'il s'humilioit tant devant luy, qui vouloit paroistre si haut, il pourroit le traitter long-temps en novice, & qu'il n'avoit pas tant de temps à perdre, il ne feignit point de luy dire ce qu'il sçavoit des estats interieurs selon leurs degrez & de la spiritualité: Qu'alors Morin tout ravi luy prit la main & la serra entre les deux siennes, & luy dit qu'il voyoit bien qu'il estoit spirituel & dans l'estat de grace, & qu'il s'en falloit peu qu'il ne fut parfait & dans l'estat de la gloire.*

On voit par ce discours qu'il y avoit quelque rapport entre la spiritualité du S. Desmarets & celle de Morin. Ie ne pretend pas neantmoins l'accuser par là de toutes les folies de cet homme; les siennes peuvent estre d'un autre genre. Mais on en peut neantmoins conclure qu'on peu estre un fou & un phanatique comme Morin, & avoir beaucoup d'entrée dans la spiritualité du Sr. Desmarets.

Il rapporte dans la suitte de sa déposition plusieurs erreurs qu'il apprit de la bouche mesme de Morin dans un autre entretien qu'il eut avec luy, comme, *qu'il ne faut plus penser à la mort de Iesus Christ, que l'impeccabilité est en ceux qui sont divins & parfaits, que toutes sortes d'œuvres sont indifferentes.*

Pendant toutes ces visites que le Sr. Desmarets rendoit à Morin & à ces Demoiselles abusées, il feignit toûjours de vouloir estre son disciple: ce qu'il ne pouvoit faire sans approuver ses erreurs, au moins par quelques paroles equivoques, sans témoigner pour luy de l'estime, & sans confirmer ces Demoiselles dans l'illusion. Mais Morin pour s'assurer de luy davantage, luy envoya, comme il est dit dans cette déposition, *une lettre le 21 Decembre iour des Thomas qui luy fut apportée par sa fille aînée, par laquelle ledit Morin desiroit de luy une soumission aveugle & sincere, pour aveuglement suivre & sincere-*

ment obſerver tout ce qu'il luy ordonneroit ſans reſerve de temps ny de choſe, ſelon qu'on le peut voir dans ladite Lettre.

I'ay peur que le Sr. Deſmarets, qui n'aime pas les longues hiſtoires, & qui les reproche aux autres comme un grand crime, ne prenne pas plaiſir à celle-cy. Nous ne laiſſerons pas neanmoins de la continuer ſans avoir égard à ſa mauvaiſe humeur. Il dit donc *que cette demande de Morin fit naiſtre quelque doute dans ſon eſprit, ne voulant donner aucun conſentement pour choſe qui puſt eſtre mal.* C'eſt déja vn horrible aveuglement que d'avoir pû entrer dans ce doute. Il y a des doutes criminels, & qui ne peuvent tomber que dans des ames qui n'ont aucune veritable lumiere. Mais enfin à quoy ſe reſoudra-t-il dans ce doute? *Iugeant*, dit il, *que s'il ne feignoit d'adherer à quelque choſe pour découvrir tous les ſecrets de la cabale, tout commerce ceſſeroit entr'eux, il ſe reſolut de luy envoyer par écrit ſon conſentement, pour aveuglément ſuivre & ſincerement obſerver tout ce que Simon Morin luy ordonneroit;* à quoy il ajoûta ces mots *de la part de Dieu & ſelon Dieu,* par leſquels il témoignoit qu'il ne ſe ſoûmettroit qu'à ce qui ſeroit de la part de Dieu & ſelon Dieu.

Reſolution deteſtable par laquelle il trompoit un miſerable & ſe trompoit luy meſme par une méchante équivoque, dont les plus relaſchez Caſuiſtes n'ont jamais permis de ſe ſervir en matiere de religion, & qui eſtoit détruite par l'acte meſme qu'il ſigna; puiſque promettant de faire aveuglement tout ce que Morin luy diroit, il s'oſtoit la lumiere pour diſcerner ſi ce qu'il luy ordonneroit eſtoit ſelon Dieu ou contre Dieu. Qui s'étonnera apres cela que le Sr. Deſmarets trouve mauvais que les Religieuſes de Port-Royal refuſent de ſigner un formulaire dreſſé par le Pape, pour ne pas aſſurer avec ſerment ce qui leur eſt inconnu; puiſque ſa conſcience luy a bien permis de ſigner le formulaire de Morin. Et il pouſſera meſme la choſe plus avant quand il luy plaira. Car par la meſme ſubtilité rien ne l'empeſchera, s'il va jamais en Turquie de promettre *d'obeïr aveuglement* au Muphti, en tout ce qu'il luy ordonnera de la part de Dieu & ſelon Dieu. Et il pourra paſſer juſqu'à promettre obeïſſance au diable avec la meſme equivoque; puiſque toutes ces choſes ſont auſſi permiſes, que de promettre une obeïſſance aveugle à vn phanatique, qu'il conſideroit comme un organe vivant du demon.

Il ajoûte au meſme lieu de ſa dépoſition, qu'il communiqua ce qu'il avoit écrit à Monſieur de Rennes, & au P. Annat, & qu'ils l'exorterent de continuer de feindre. C'eſt à eux à voir s'ils trouvent bon qu'on les rende complices & approbateurs de ce procedé. Mais leur autorité n'eſt pas ſuffiſante pour juſtifier une ſi abominable conduite.

Ce ne fut pas là la fin des déguiſemens du Sr. Deſmarets. Il eut encore pluſieurs entretiens avec Morin dans le meſme eſprit de diſſimulation & de tromperie. Il luy écrivit pluſieurs lettres comme ſon diſciple. Il en receut pluſieurs comme de ſon maiſtre. Il ſouffroit que cet illuminé & ces Demoiſelles abuſées le conſideraſſent comme eſtant entierement à leur cabale. Et enfin il en vint juſqu'à cet excés prodigieux, que je vas rapporter en ſes propres termes. *Pour faire que Morin & ſa femme qui eſtoit tourmentée par ſon diable ſur ſon ſujet ne le ſoubçonnaſt pas, il ſe reſolut de luy donner par la premiere lettre qu'il luy écrivit une declaration qu'il le reconnoiſſoit pour le fils de l'homme,*

& pour le Fils de Dieu en luy, sçachant bien que Morin est fils d'un homme, & que le fils de Dieu est en luy comme un tout. Cette lettre, dit-il, du premier Fevrier 1662. fut si agreable à Morin, que pour le reconnoistre de cette declaration qu'il croyoit fort nette, il luy écrivit une réponse du 2. Fevrier, par laquelle il luy donne comme par une grande grace, la qualité de son precurseur, le nommant un veritable Iean Baptiste resuscité. Ie voudrois bien sçavoir en quel degré d'oraison & de vie interieure le Sr. Desmarets croyoit estre, lors qu'il écrivit cette declaration, & pendant tous les trois mois qu'il a continué dans cette feinte : Si c'est dans la vie illuminative, ou dans la vie d'intelligence, ou dans la vie d'union & d'insensibilité ? Mais pour moy ie tascheray de luy faire voir en quel degré de tenebres & d'illusion il estoit veritablement, non en luy proposant mes propres pensées, mais en rapportant seulement celles de S. Augustin.

Ce grand Saint n'a pas traitté cette matiere en passant. Il en a fait un livre exprés qu'il a intitulé contre le mensonge, dont le principal sujet est de refuter l'erreur de quelques uns qui disoient, que pour découvrir les heretiques Priscillianistes il estoit permis de feindre qu'on estoit de leur parti. Mais il ne faut pas s'imaginer que par ces déguisemens, dont ces personnes croyoient qu'il leur estoit permis d'user, ils entendissent une abjuration solemnelle de la foy. Ils se reduisoient, comme le marque S. Augustin dans le mesme livre, à loüer un certain Evesque Dictinnius, à loüer Priscillien & ses écrits, & à parler avec estime de ses sentimens. Et il ne faut pas croire aussi qu'ils fussent si malhabiles en ce temps là, qu'ils n'eussent pas l'addresse de se couvrir par quelque equivoque. Voyons donc quel jugement S. Augustin porte de ce procedé.

Il fait voir premierement que c'est une des heresies des Priscillianistes d'enseigner qu'il est permis de cacher la verité par un mensonge ; & qu'ainsi il ne les falloit pas imiter dans une erreur par laquelle ils estoient pires que tous les autres heretiques. *Nec in eo malo debemus Priscillianistarum esse participes, in quo cæteris hereticis convincuntur esse peiores.*

Il fait voir que cette doctrine détruit la gloire de tous les martyrs, puisque s'il estoit permis de déguiser sa religion de cette sorte, les martyrs auroient pu ne pas confesser qu'ils estoient chrestiens, de peur que cette confession ne rendist leurs persecuteurs homicides. Il dit que celuy qui feint d'estre heretique ne l'estant pas, est pire que celuy qui l'est veritablement, parceque l'un blasphême sans connoissance, l'autre blasphême avec connoissance : *Ille enim blasphemat nesciens, ille autem sciens.* Il montre que celuy, qui pour découvrir les Priscillianistes parle conformement à leur sentiment, renonce Iesus Christ devant le monde, & est compris dans cet arrest du Fils de Dieu : *Qu'il desavoüera devant son Pere ceux qui l'auront desavoüé devant les hommes.*

Il deteste toutes ces voyes de feinte & de déguisement, qu'on peut employer pour découvrir des heretiques. Et il enseigne que c'est par la verité qu'il faut éviter les erreurs, que c'est par la verité qu'il les faut faire connoistre, que c'est par la verité qu'il les faut détruire : *veritate sunt cavenda, veritate capienda, veritate occidenda sunt mendacia.* Et il conclut enfin que s'il n'y a point d'autre moyen de faire paroistre au jour l'impieté des heretiques,

ques, qu'en s'éloignant de la verité dans ses paroles, il vaut mieux souffrir qu'elle demeure cachée. *Il vaut mieux*, dit-il encore, *que ces renards demeurent dans leurs tanieres, que non pas que ceux qui les en voudroient faire sortir se precipitent dans le blasphéme: Tolerabilius in suis foveis delitescerent vulpes, quàm propter illas capiendas in blasphemia foveam caderent venatores.* Ainsi le jugement que l'on doit porter, selon S. Augustin, du procedé du Sr. Desmarets, est qu'il ne peut estre fondé, que sur l'heresie des Priscillianistes; que le blasphéme qu'il fait, en avoüant que le Fils de Dieu estoit en Morin, & qu'il estoit le fils de l'homme, est pire que l'illusion qui avoit persuadé Morin de cette extravagante impieté; que cette declaration qu'il luy envoya estoit un renoncement de Iesus Christ, qui merite que Iesus Christ mesme le renonce devant son Pere, s'il n'en fait penitence avant sa mort.

Et qu'il ne pense pas s'échapper en disant qu'il entendoit un bon sens dans ces paroles, *puis qu'il est vray que Morin estoit fils de l'homme & que le fils de Dieu estoit en luy.* Car qui avoit-il de plus facile aux Martyrs que de se délivrer de la mort & d'épargner à leurs persecuteurs les crimes qu'ils commettoient par le meurtre de tant de Saints, en se servant d'une pareille subtilité. Ne pouvoient-ils pas penser aussi bien que le Sr. Desmarets, que Dieu estoit par essence dans les Idoles & luy rapporter ainsi interieurement l'adoration qu'on vouloit les obliger de leur rendre? Mais ils ne se sont jamais avisez de ces addresses, parce qu'ils estoient pleins de l'esprit de verité, qui leur faisoit voir qu'ils devoient parler conformement à l'intention de ceux qui les interrogeoient; & qu'ainsi il ne leur eust de rien servi de retenir la verité dans leur cœur s'ils l'eussent trahie devant les hommes.

Si le Sr. Desmarets a donc cru que cette conduitte fust permise, il est Priscillianiste. S'il ne l'a pas cru, & qu'il ait agi contre sa conscience, il s'est rendu coupable d'un blasphéme volontaire. Et en quelque disposition qu'il ait esté, il a fait voir clairement qu'il n'avoit point l'esprit de Dieu, puisque le S. Esprit s'éloigne des fourbes, comme dit l'Ecriture: *Spiritus sanctus disciplinæ effugiet fictum*; & qu'il ne connoissoit point l'esprit de l'Eglise, puis qu'elle ne deteste pas moins la trahison que l'heresie, & qu'elle ne veut point connoistre les heretiques par la perfidie de ses enfans.

Ie ne pense pas qu'il y ait personne fort disposé à croire qu'au temps que le Sr. Desmarets renonçoit *Iesus Christ* en reconnoissant Morin pour le Christ, *Iesus Christ* luy ait découvert ses plus hauts mysteres, & se soit servi de luy comme d'un prophete pour annoncer aux hommes ses volontez. Cependant c'est dans ce temps là mesme qu'il a fait les plus hautes fonctions de sa pretenduë prophetie, & qu'il a declaré avec plus de confiance qu'il estoit poussé & éclairé de l'esprit de Dieu. Il ne s'est pas contenté de dire dans ses écrits, comme les Apostres assemblez dans le Concile de Ierusalem: *visum est Spiritui sancto & nobis.* Mais pour faire mieux paroistre qu'il estoit depoüillé de toute proprieté d'esprit, & qu'il n'y avoit plus que l'esprit de Dieu qui parloit & qui agissoit en luy, il crut devoir attribuer entierement au S. Esprit un Libelle qu'il publia dans ce temps là mesme & qu'il fit presenter à Sa Majesté sous ce titre plus que prophetique: *d'Avis du S. Esprit au Roy.*

B

Toute la suitte de l'Ecrit est pleine d'un pareil entousiasme. Ce ne sont qu'explications de propheties, *que Dieu, dit-il, a données à ses fidelles qui se sont devoüez à luy comme victimes à sa colere.* Ce ne sont que *preuves infaillibles fondées sur des allegories, que Dieu a fait connoistre à l'un de ses fidelles,* c'est-a-dire au Sr. Desmarets. *Ce sont des lumieres tres-claires & toutes divines qui découvrent des choses que nul esprit humain n'avoit encore jamais considerées.* Ce sont de vastes projets d'vne armée nombreuse composée de cent quarante-quatre mil hommes dont le Roy doit estre le chef & dont, si on l'en croit, vne partie est déja levée.

Il s'agit seulement de sçavoir si c'est vn entousiasme prophetique, ou un entousiasme phanatique : Si c'est l'esprit de verité qui propose ces avis, ou si c'est l'esprit du demon qui prend le nom du S. Esprit par un étrange blaspheme. Et pour decider cette question il sufiroit de dire que c'est le mesme esprit qui portoit le Sr. Desmarets à promettre une obeïssance aveugle à Morin à le reconnoistre comme *estant le fils de l'homme & ayant Iesus Christ en luy :* c'est à dire que c'est un esprit de blaspheme & d'impieté. Mais il n'est pas besoin d'en chercher ailleurs des preuves que dans cet Ecrit mesme : car il n'est pas possible d'en trouver de plus claires ni de plus démonstratives, n'estant rempli que de folies, de blasphemes & de falsifications de la parole de Dieu.

Le Sr. Desmarets explique d'abord dans cet Ecrit trois propheties de l'Ecriture qu'il pretend s'entendre des Iansenistes.

La 1. est celle de Ieremie : *Ecce dies veniunt, dicit Dominus, & suscitabo David germen justum, & regnavit Rex & sapiens erit, & faciet indicium & justitiam in terra.*

Son esprit luy a dicté que cette prophetie s'entendoit du Roy, & qu'il la failloit expliquer ainsi : Les iours viendront, dit le Seigneur, que ie susciteray mon bien aimé le fils du iuste, & il regnera en vray Roy, & il sera sage & il fera iustice & iugement sur la terre : & ce iugement consiste, selon le Sr. Desmarets, à destruire les Iansenistes.

Il y a une impieté manifeste dans cette explication puisque ces paroles de Ieremie s'entendent de *Iesus Christ* selon toute la tradition de l'Eglise, & qu'elles contiennent une des plus claires propheties de la venuë du Messie, qui est ce fils de David, cette race iuste qui est venuë sur la terre pour y faire iugement, comme il l'a dit luy mesme dans son Evangile : *In indicium veni in hunc mundum.* Et cela n'est pas seulement reconnu par les Chrestiens, mais mesme par les Iuifs ; de sorte que la paraphrase Caldaïque porte expressement : *Suscitabo Davidi Messiam* Et l'on ne peut pas dire qu'encore qu'elle s'entende de I. C. elle se peut encore entendre d'un autre Car quoy qu'vne mesme prophetie puisse s'entendre à la lettre de quelque personne de l'ancien testament comme de David, de Salomon, & d'autres, qui ont esté des figures de I. C. & se rapporter neanmoins à I. C. comme estant representé par ces personnes il est inoüi neanmoins qu'vne prophetie qui regarde manifestement le Messie, & qui a esté clairement accomplie en luy, ait iamais esté rapportée à quelqu'autre événement, & à quelqu'autre personne depuis I. C. non par vne simple allusion ou application, mais en pretendant expliquer le veritable sens qu'elle enferme.

Mais ce qu'il y a de plus étrange dans cette explication temeraire, est que pour y donner quelque couleur le Sr. Desmarets n'a pas craint d'alterer les paroles du S. Esprit par deux falsifications. Car au lieu qu'il y a dans le Prophete *Ie susciteray à David*, comme il paroist par l'hebreu *Ledavid*; ce mot *à David* incommodant le Sr. Desmarets, parce qu'il est clair que le Roy n'est pas de la race de David, il a trouué à propos de le changer & de traduire: *Ie susciteray mon bien-aimé*, en substituant l'explication du nom pour le nom mesme, & l'accusatif pour le datif, comme s'il y eust eu, *suscitabo Davidem*, au lieu qu'il y a *suscitabo Davidi*, à David.

Il y a dans le mesme Prophete: *Ie susciteray un fils iuste*: *Germen iustum*. Mais parce que ces mots ne se rapportoient pas davantage au Roy qu'à tous les Saints Roys qui ont esté ou qui seront, le Sr. Desmarets par une autorité prophetique y a mis ce rapport qui n'y estoit pas, en traduisant: *Ie susciteray le fils du iuste*, comme s'il y eust eu *Germen iusti*, afin qu'il parust que Ieremie avoit clairement designé le Roy, qui est fils de Loüis le Iuste, ayant mis en capitales ces mots *le fils du iuste*, comme l'essentiel de la prophetie. Et aprés avoir ainsi corrompu l'Ecriture, il ne craint pas de dire que l'explication impie, qu'il fonde sur ces falsifications, luy a esté revelée de Dieu, & de la faire passer pour un *Avis du S. Esprit*.

La 2. des propheties qui composent cet avis, est celle qui est contenuë dans ce passage de l'Apocalipse: *Ecce draco rufus magnus, & cauda eius trahebat tertiam partem stellarum cæli, & misit eas in terram*, & le reste. *La queuë de ce dragon infernal*, dit le Sr. Desmarets, *represente la derniere, la plus subtile, & la plus dangereuse malice de Sathan, qui est l'heresie des Iansenistes*. Mais coment le prouve-t-il? C'est, dit-il, qu'il a voulu abbatre avec cette queuë la 3. partie des étoiles, c'est a-dire quatre articles du symbole representez par les étoiles qui composent la couronne de la femme dont il est parlé auparavant, & qui figure l'Eglise. Et ces quatre articles, sont selon luy, l'article de l'Eglise catholique, parce, dit-il, *que cette heresie veut faire croire qu'il n'y a plus d'Eglise de Iesus Christ*.

L'article de la communion des Saints, *parce qu'elle veut faire croyre que l'on peut se separer du chef & de la commune creance de l'Eglise*.

L'article de la remission des pechez, *voulant faire croire que Dieu ne pardonne pas les pechez, quoiqu'on les confesse, & qu'on en ait regrets, sinon apres de longues penitences*.

L'article de la vie eternelle, *disant que Dieu n'a pas crée tous les hommes pour leur donner la vie eternelle; mais qu'il en a créé & en crée plusieurs pour les damner, les laissant dans la masse de perdition &c.*

Voila, dit-il, *les quatre articles du symbole qui sont la 3. partie des douze que le demon vouloit abbatre par sa plus fine & derniere malice qui est l'heresie des Iansenistes*.

Ie ne diray rien de ces 4. articles qu'il pretend que les Iansenistes ont renversez qui ne sont que quatre impostures abominables du Sr. Desmarets meslées d'ignorances & d'erreurs. Il ne meritte pas qu'on s'arreste pour luy à des matieres dogmatiques. Mais pour le convaincre d'estre un faux prophete, il suffit de dire que cette application qu'il fait des paroles de S. Iean aux pretendus Iansenistes, est encore fondée sur deux faussetez evidentes.

Car 1. il n'est point dit dans S. Iean, que le dragon ait fait tomber la 3. partie des 12. étoiles qui composoient la couronne de la femme ; mais il est dit generalement qu'il entraina la 3. partie des étoiles du Ciel. Or il y a au Ciel plus de douze étoiles.

2. Le Sr. Desmarets ne trouve ces quatres articles, qui font le tiers du symbole, qu'en divisant en deux un mesme article. Car l'article de la communion des Saints & celuy de l'Eglise catholique, ne font qu'un mesme & unique article selon tous les cathechismes, ausquels il suffit de le renvoyer : & si on le divisoit en deux il y auroit plus de douze articles au symbole, ce qui renverseroit encore davantage son allegorie.

A ces deux propheties il ajoûte l'explication prophetique de ce verset du Pseaume 93. *Nunquid adhæret tibi sedes iniquitatis, qui fingis laborem in præcepto.* Et il la propose avec son entousiasme ordinaire. *Dieu, dit-il, a fait conoistre à l'un de ses fidelles, que ceux qui sont dans cette damnable secte sont au cinquiesme & plus haut degré de l'impieté. Dequoy voicy la preuve infaillible par l'Ecriture.*

Voions donc cette preuve infaillible & revelée de Dieu, & jugeons par là si le Sr. Desmarets est un prophete ou un phanatique.

Les 3. premiers degrez de l'impieté, dit-il, *sont declarez dans le premier verset du Pseaume* : *Beatus vir qui non abijt in consilio impiorum, & in via peccatorum non stetit, & in cathedra pestilentiæ non sedit. Celuy qui s'en va dans l'assemblée des impies est au premier degré de l'impieté : celuy qui s'arreste dans leur voye est au second degré : & celuy qui est assis dans la chaire de pestilence ou de l'impieté pour la prescher, est au troisiesme.*

Il passe de là au Pseaume 93. où il dit : *Nunquid adhæret tibi sedes iniquitatis, qui fingis laborem in præcepto.* Voila, dit-il, *le quatriesme degré.* Car le sens de ce verset est : *N'es-tu pas attaché pour iamais à la chaire d'iniquité, toy qui veux faire croire qu'il y a du travail à faire les commandemens de Dieu ?* Ainsi en plaçant au quatriesme degré d'impieté ceux qui rendent les commandemens difficiles, il s'ensuit que ceux qui les rendent impossibles ; c'est à dire, selon luy les Iansenistes, *sont au cinquiesme & dernier degré d'impieté,* comme il l'appelle. Cela paroist concluant & demonstratif au Sr. Desmarets, & c'est ce qu'il appelle *une preuve infaillible par l'Ecriture.*

Qui n'admirera, Monsieur, les effets étranges d'une imagination blessée, en voyant le Sr. Desmarets prendre ses visions & ses chimeres pour une preuve infaillible revelée par le S Esprit, que des Theologiens plus catholiques que luy sont au cinquisme degré de l'impieté.

Ie ne m'arresteray point à refuter cette noire calomnie, que ces Theologiens rendent les commandemens de Dieu impossibles. Ie passe aussi cet étrange aveuglement qui luy fait condamner d'impieté l'expression mesme du Fils de Dieu touchant le salut des riches : *Quam difficile qui pecunias habent intrabunt in regnum cœlorum*, & celle du sage touchant la conversion des méchans : *Perversi difficile corriguntur.*

Il suffit pour faire voir que cet homme est un visionaire, qui debite ses réveries pour des *Avis du S. Esprit*, de considerer l'abus qu'il fait des paroles

roles de l'Ecriture dans l'explication du verset, où il pretend auoir découuert son quatriesme degré d'impieté.

Car 1. le *Nunquid* de ce verset ne se doit point traduire, comme a fait le Sr Desmarets : *N'es-tu pas attaché?* Mais selon tous les Peres, tous les Interpretes, & toutes les versions, il se doit traduire en un sens tout opposé: Estes-vous attaché, estes-vous assis dans le throsne de l'injustice ? De mesme que quand Iob dit à Dieu : *Nunquid oculi carnei tibi sunt?* cela ne veut pas dire, N'avez vous pas des yeux de chair ? mais au contraire : avez vous des yeux de chair ? Et c'est ainsi que dans toute l'Ecriture, ce mot, *Nunquid*, se prend en toutes les interrogations figurées.

2. La suitte du Pseaume fait voir, ce que reconnoissent aussi tous les Peres & tous les Interpretes ; que c'est à Dieu que David parle dans ces paroles, & que le sens est: *Vous n'estes point assis, ô mon Dieu, dans le throsne de l'injustice.* De sorte que l'esprit d'erreur, qui a revelé au Sr Desmarets l'explication de ce verset, luy a fait mettre en la place de Dieu, non seulement l'homme, mais l'homme impie.

Et enfin il n'y a rien dans ce verset, qui luy ait donné lieu de traduire : *N'es-tu pas attaché pour jamais à la chaire d'iniquité.* Mais ce, *pour jamais*, est une addition prophetique du Sr Desmarets, qui tend à établir une heresie qu'il marque en plusieurs endroits, sçavoir que la pretendue heresie des Iansenistes est un crime irremissible. *Puisque Dieu*, dit-il dans la Preface de la Réponse à l'Apologie, *n'envoyera pas une seconde fois son Fils pour les rachetter de ce crime horrible* : comme si le premier avenement du Messie n'estoit pas suffisant pour expier ce pretendu crime. Et c'est pourquoy il les appelle ailleurs *heretiques sans retour.*

Et ce qui est assez plaisant, est que par là le Sr Desmarets se met luy-mesme dans le degré d'impieté, où il veut mettre les autres, à qui il impute faussement de rendre les commandemens impossibles, puisqu'il tend la conversion impossible à *ses heretiques sans retour*, à qui il ne peut pas nier que Dieu ne commande de se convertir. Et c'est ce qu'il fait encore dans l'explication du mesme verset, lors que pour distinguer le quatrième degré d'impieté du 3. il dit, qu'estre attaché à la chaire d'iniquité, est pis que d'y estre seulement assis, puisque celuy là n'en peut plus sortir. Il enseigne donc qu'il y a des impies qui ne peuvent plus sortir de leur estat. Et par consequent, rendant la conversion impossible à ces impies du 4. degré, il se met luy-mesme au cinquiesme. Que s'il répond qu'on prend ces paroles trop à la rigueur, & qu'il a voulu dire seulement, qu'il leur est bien difficile de sortir de cette chaire d'iniquité, où ils sont attachez; tout ce qu'il gagnera, est que pensant se sauver du cinquiesme degré d'impieté, il retombera dans le 4 où il met tous ceux qui disent, *que les commandemens sont difficiles à quelques uns.*

Ainsi ces preuves infaillibles, & ces veritez revelées se reduisent encore à falsifier l'Ecriture, à prendre le non pour le oüy, & à appliquer aux hommes ce qui est dit de Dieu mesme.

Considerez donc je vous prie, Monsieur, l'étrange progrés de l'illusion du

Sr Desmarets. Il se remplit l'esprit d'imaginations fausses & sans fondement: il donne des sens ridicules à l'Ecriture pour les appuyer, & il l'a falsifié afin d'y trouver quelque petite apparence: Ensuitte il admire cet ouvrage phantastique: & cette admiration luy fait conclure, qu'il faut que ce soit Dieu qui luy ait donné ces belles explications; & ainsi il se fait saint & Prophete. Mais pour trouver ce qu'il est veritablement, il n'y a qu'à monter par les mesmes degrez, & en conclure qu'il est visionaire & phanatique. La preuve en est claire & demonstrative; puisqu'on ne peut mieux définir un phanatique, qu'en disant, que c'est un homme qui s'attache fortement à des faussetez évidentes, qui n'ont de fondement qu'en son imagination, & en de faux sens qu'il donne à l'Ecriture & qui par une illusion presomptueuse pretend faire passer ses phantaisies pour des revelations de Dieu.

Mais il auroit manqué quelque chose au Sr Desmarets pour pouvoir estre le modele d'un parfait entousiaste; s'il ne nous eust donné lieu d'y ajouter encore un caractere, qui est comme la marque populaire des phanatiques. Car si vous y predez garde, quelque spirituels que ces gens là taschent de paroistre; neanmoins leur spiritualité aboutit d'ordinaire à quelque effet exterieur & sensible: & ils ne sont jamais satisfaits qu'ils n'ayent poussé leurs imaginations & leurs allegories jusqu'à quelque grand évenement exposé au sens, dont ils se figurent devoir estre non seulement les spectateurs; mais aussi les ministres. Ainsi les visions des Anabaptistes se terminerent à tascher de renverser l'estat politique, & d'établir un nouveau regne qu'ils appelloient le regne de Iesus-Christ. Ainsi les Trembleurs pretendent établir une Monarchie universelle & abolir tous les Roys. Ainsi les Millenaires se repaissent d'vn regne temporel de Iesus-Christ sur la terre. Ainsi les speculations de l'auteur de l'Ancienne nouveauté auoient pour objet un Lieutenant visible de Iesus Christ, qui devoit rétablir la Iustice dans le monde. Ainsi Morin preparoit des combattans de gloire pour le second avenement du Fils de l'homme.

Il estoit donc juste en quelque sorte que les imaginations du Sr Desmarets estant du mesme genre, que celle de ces autres visionnaires dont nous venons de parler, se terminassent à quelque chose d'exterieur, & qu'il voulut comme les autres jouïr dés ce monde du fruit de ses propheties.

Il est vray qu'il semble n'en estre pas venu là tout d'vn coup. Car au commencement il a fait tout ce qu'il a pû pour s'en éloigner en spiritualisant toutes choses, & en reduisant les bestes les plus furieuses de l'Apocalipse en *chimeres*, ou en quintessences de Theologie mystique. Mais enfin il s'est lassé de ces spiritualitez si déliées; & la pente naturelle de l'imagination phanatique l'a porté à former, comme les autres, un dessein vaste pour ce monde mesme, à l'execution duquel il a cru qu'il estoit choisi de Dieu.

L'idée en est tout-a fait belle, noble, & relevée. Mais afin que vous ne croyez pas que je luy impose, je ne vous le representeray que par ses propres paroles. Ce dessein donc est de dresser *une armée pour combatre & exterminer par tout les impietez & les heresies*. Le nombre de ceux qui la composeront, *doit estre, selon la prophetie de S. Iean, de cent quarante quatre mille*

Avis du S. Esprit au Roy.

qui auront la marque du Dieu vivant sur le front : c'est-a dire qui feront voir à découvert par leur vie, que Dieu est vivant dans leurs cœurs.

Et comme toute armée à besoin d'un General, il y a pourueu, en offrant cette charge au Roy, afin que le zele & la valeur de sa personne sacrée, qui sera le general de cette belle armée, comme fils aisné de l'Eglise & principal Roy de tous les Chrestiens, anime tous les Soldats. Pour les moindres charges, il declare à sa Majesté, qu'elles sont destinées pour les Chevalliers de l'Ordre. *Vostre Royalle compagnie*, dit-il, *de Chevalliers du S. Esprit doit marcher à leur teste, si elle est aussy noble & aussy vaillante comme elle se persuade de l'estre*. Et pour les piquer d'honneur il ajoûte, *qu'elle le sera beaucoup, si elle est aussy preste que le reste de cette Sainte armée à tout faire & à tout souffrir*. Pour les moyens que l'on doit employer dans cette guerre, & dont cette nombreuse armée se doit servir, il ne s'en ouvre pas encore, mais il se reserve à les declarer en temps & lieu, comme les ayant appris du S. Esprit. Il dit seulement en passant, *qu'elle doit exterminer toutes les impietez, non par la force des armes temporelles, mais par la force des armes spirituelles, selon les moyens & les remedes tout celestes, que Dieu en a donnez, & qui seront declarez en particulier*.

Mais afin que l'on ne crût pas que ce ne fût qu'une vision, & de peur que l'attente d'un évenemét éloigné ne frappast pas assez l'esprit de sa Majesté il declare que la plus grande partie de cette armée est déja levée. *Deja Sire*, dit-il, *Dieu a preuenu vos pieux desseins, & vous à composé: és il y a long temps une armée de personnes qui luy sont fidelles & qui sont devoüez à luy, comme victimes à sa colere justement irritée pour tant d'abominations, pour le prier sans cesse & pour souffrir toutes choses, afin qu'il luy plaise convertir les faux chrestiens & exterminer par vostre authorité tant de sectes & de vices detestables, qui regnent dans la France. Cette armée n'est composée que d'ames vaillantes & à toute épreuve, qui combattent sans cesse Sathan & ses supports*. Et dans le vœu d'union il assure, *qu'elle est déja de plusieurs mille ames*. Neanmoins comme elle n'a pas encore atteint le nombre Prophetique de cent quarante-quatre mille, le Sr Desmarests a commission du ciel de faire publier par tout que ceux qui veullent s'y enroller le peuvent faire par son moyen ; & c'est à quoy les *Avis du S. Esprit* sont particulierement destinez. *Il faut* dit-il *faire part de ces saints avis à tout le monde, afin d'animer plusieurs ames fidelles à s'offrir à Dieu comme victimes pour estre de cette sainte armée*. Et comme c'est la coustume de faire prester le serment aux soldats, le Sr Desmarets en a dressé un pour ceux qui composeront son armée, qu'il a fait imprimer à la fin de ces avis sous le titre d'*Vnion & vœu de chaque Chevallier ou Soldat de l'Armée de Iesus-Christ*. Il leur a mesme prescrit un exercice pour la journée, dans lequel il paroist que ces gens sont tous CHEVALLIERS DE L'INFAILLIBILITÉ DV PAPE, & qu'ils l'a trouvent Prophetiquement dans des versets des Pseaumes, où personne ne l'avoit jamais apperçûe. *Donnez*, disent-ils, *vostre force au chef visible de vostre Eglise, qui est en terre le Lieutenant de son chef invisible, & lequel par la parole de vostre*

Dans les prieres que le Sr Desmarets leur presente.

Fils, donnée à S. Pierre pour tous ses successeurs, VOUS AVEZ CONFIRME' DANS LA GRACE DE L'INFAILLIBILITE'. Et plus bas : *Asseurez de vostre puissance le Pere des Chrestiens que vous avez* CONFIRME' DANS L'INFAILLIBLE VERITE' DE LA FOY. C'est la Paraphrase, que doivent faire ces Chevalliers, de ces paroles: *Et super filium hominis quem confirmasti tibi*, que S. Augustin & les autres Peres, qui n'avoient qu'une lumiere commune & non Prophetique, comme le S. Desmarets, ont crû simplement s'entendre de Iesus-Christ.

Mais comme c'est une armée Prophetique & formée par un Prophete, le St Desmarets ne nous a pas seulement avertis du nombre qu'elle devoit avoir & des autres circonstances que nous avons remarquées, mais il a predit aussi tous les exploits qu'elle doit faire. Car il marque expressément qu'elle doit emporter *la victoire sur les ennemis de Dieu par la destruction des impietez, & des heresies; & qu'alors on verra un nombre innombrable de toutes sortes de nations & de peuples s'unir à l'Eglise, qui seront en oraison devant le Trosne de Dieu en eux mesmes*. Et tout cela doit arriver sous le regne de Loüis XIV. qui sera le Iosué de cette armée, c'est à dire le chef & le general conduisant & animant les troupes & combattant valeureusement avec elles.

Il n'y eut jamais sans doute de plus haute & de plus vaste entreprise ; aussi le Sr Desmarets qui en connoist la difficulté, a bien veu qu'il falloit un secours extraordinaire du ciel pour la faire reüssir. C'est pourquoy il ne s'est pas contenté du bel ordre de son armée, ny de la valeur de ces chefs visibles, & des armes de ses victimes, qui auront. dit-il. Lettre 23. de la 4 partie, *des fleches ardentes, allumées du pur amour*; mais il a crû qu'il avoit encore besoin de la protection & de la conduitte particuliere de quelques Anges. Vn seul méme ne suffisoit pas : il a jugé qu'il en falloit quatre des principaux avec toute leur milice? ou plustost Dieu a inspiré luy méme *cette pensée* à une des victimes, qui l'a communiquée au St Desmarets. Et comme, selon luy, il n'y a pas à douter, que tout ce qu'une victime pense ne soit une inspiration de Dieu, il en assure bien positivement celle à qui il écrit: *Croyez*, dit-il, *ma chere sœur, que ce n'est pas de vous, mais de cette divine source, que sont sorties ses pensées de dresser en terre une armée, pour combattre les quatre demons de l'impieté, de l'orgueil, de l'impureté, & de l'intemperance, & d'avoir pour chef de cette armée les quatre Princes des bandes celestes. S. Michel, S. Gabriel, S. Raphael, & S. Vriel.*

Ce S. Vriel n'est que dans les livres Apocriphes d'Esdras. Mais le S. Desmarets ny sa victime ne s'en mettent pas en peine. Ils ont une authorité Prophetique. Tout ce qu'ils disent est assez authorisé, parce qu'ils le disent. Si c'est un évenement passé, on est asseuré qu'il est veritable. Si c'est un évenement futur, on est asseuré qu'il arrivera. Et c'est pourquoy le Sr Desmarets ayant sceu que sa victime avoit eu la pensée de deferer à ces quatre Anges la conduite de l'armée, il en conclut que cela a esté executé à l'instant & il l'en assure elle méme par ces paroles: *Croyez*, dit-il encore à cette fille, *qu'au méme temps que Dieu vous donna cette divine pensée, il a envoyé en terre ces qua-*

tre

tre Princes des Anges, pour conduire la sainte armée & avec eux toute leur milice. Ainsi comme il y a déja long-temps que cette lettre est écrite, il faut que ces Anges & cette milice celeste ayent employé tout ce temps à faire les preparatifs de l'armée, qui ne paroissent pas neantmoins estre encore fort avancez.

Hé-bien, Monsieur, avez-vous jamais entendu parler d'une vision plus accomplie. Vne armée de cent quarante-quatre mil hommes: Le Roy general: Les Chevalliers de l'ordre Capitaines: Le Sr Desmarets donnant les ordres de la part de Dieu: Vne partie de cette armée déja enrollée: *Les avis du S. Esprit* destinez à en faire les récrües: Le vœu & les exercices de cette armée tout dressez: ses exploits, ses progrez predits en particulier en marquant le temps ou cela doit arriver. N'est-ce pas pour occuper agreablement l'imagination d'un visionnaire?

Vous étonnerez vous aprés cela que le Sr Desmarets soit si fier, & qu'il ose defier tous les Iansenistes, luy qui dispose comme il veut d'une si redoutable armée? Ie pense plutost que cette découverte qu'il nous fait de ses forces diminuëra quelque chose de l'idée qu'il s'est efforcé de donner dans son dernier livre de sa generosité guerriere. Car ce n'est pas estre trop brave que d'attaquer, comme il il dit, un orgueilleux inconnu quoy qu'il ait le casque en teste & la visiere abbattuë, lorsqu'on est suivi de cinquante ou de soixante mil hommes.

Et il ne luy sert de rien de dire, comme il fait dans sa lettre à sa Majesté pour rendre ses ennemis plus redoutables: *Qu'ils ont dessein de gagner partout des esprits foibles & amoureux de la nouveauté pour en faire sourdement des levées, afin de les mettre un jour en campagne quand ils pourront en composer une armée capable de les maintenir contre la puissance royalle*. Car ce n'est donc encore qu'un dessein que le Sr Desmarets prevoit en qualité de Prophete, & qu'il ne les rend pas effectivement plus forts Mais pour les troupes du Sr Desmarets, il y a long-temps qu'elles sont prestes en parties, comme il en assure le Roy mesme. Et depuis qu'il a publié cet *Avis du S. Esprit*, à moins qu'on en ait peu profité, elles doivent estre beaucoup augmentées. Ainsi la force est toute du costé du Sr Desmarets, & il n'y a que luy de formidable à l'estat. Mais il faut qu'il avoüe que la generosité est toute du costé de ces chimeriques Iansenistes, puisqu'estant encore sans forces & sans troupes ils osent attaquer un homme soutenu d'une si puissante armée.

Voila comment les visions s'entr'incommodent les unes les autres. Car le Sr Desmarets pour estre trop puissant ne sera plus genereux. Que si je voulois Monsieur, faire aussi le Politique à l'esgard du Sr Desmarets, que ne pourrois-je point dire contre un homme qui avoüe froidement, que son intention & celle des autres visionnaires de sa cabale, est de former un corps de cent quarante quatre mille personnes unies ensembles par un vœu & par un serment, & devoüées à tout faire & à tout souffrir pour l'execution d'un dessein aussy vaste qu'est celuy d'exterminer tous les impies & tous les heretiques de France? Qu'y a-t-il en soy de plus terrible que ce dessein? Et que ne pourroit-on point

D

craindre d'une troupe de phanatiques difpofez à tout faire felon les ordres du Sr Defmarets, qui prendroient pour une revelation de Dieu tous les fonges qu'il auroit fur l'Apocalipfe ; qui employeroient, contre ceux qui feroient l'objet de leur zele, tous les moyens qu'il trouveroit bons, jufqu'à la trahifon & à la reconnoiffance d'un faux Chrift; qui n'auroient nulles regles & nulles mefures; qui difcerneroient des heretiques, non par des preuves réelles, mais par des inftincts; qui feroient une profeffion particuliere d'eftre ATTACHEZ A L'INFAILLIBILITÉ DV PAPE, & qui prendroient pour Ianfeniftes & pour heretiques, qu'il faut exterminer, tous ceux qui témoigneroient par quelques fignes n'eftre pas favorables à cette doctrine. Et qu'on ne dife pas que cette armée ne doit fe fervir que de moyens tout fpirituels & tout divins, & qu'elle ne doit agir que fous les ordres du Roy, à qui le Sr Defmarets en defere la conduitte. Car c'eft la coûtume de tous les vifionnaires de tafcher d'abord d'engager les Princes dans leurs vifions, & de s'élever enfuitte contr'eux lors qu'ils ne s'y montrent pas favorables. Les combattans de gloire de Morin devoient auffi marcher fous la conduitte du Roy, & enfuitte il n'euft pas tenu à luy qu'il ne les euft armez contre le Roy mefme, s'il avoit trouvé des gens qui fuffent entrez dans fes réveries, comme le Sr Defmarets fe vante d'en avoir trouvé, qui font entrez dans les fiennes. Tous les factieux mefme commencent par là; & ils ne pretendent jamais rien faire fi on les en croit que fous les ordres du Roy. Ie veux croire que le S. Defmarets n'a point encore de tels deffeins, & que fon armée eft encore toute fpirituelle & toute extatique : mais il ne fçait pas luy mefme ce qu'il voudra demain, parce qu'il ne fçait pas à quoy fon imagination fe portera, ny ce qu'elle luy découvrira dans l'Apocalipfe. Quand on prend, comme luy, toutes fes penfées pour des revelations de Dieu, on ne peut plus répondre à perfonne de foy mefme. Les figures de l'Apocalipfe changent fouvent dans la tefte, & elles fignifient tantoft une chofe & tantoft une autre, & toûjours par infpiration de Dieu. Cette befte furieufe, qui avoit une de fes teftes couppée, n'eftoit que la chimere des pechez paffez, lors qu'il fit fes Delices de l'efprit; & maintenant elle eft devenuë le Ianfenifme, qui y eft clairement marqué, felon que Dieu luy a revelé depuis. Qui fçait fi cette mefme befte ne fera point la Sorbonne dans peu de temps, & fi cette playe de la befte qui a efté guerie, ne fera point la nouvelle vigueur qu'elle a reprife pour deffendre fon ancienne doctrine contre les nouveautez *des Vltramontains* ? ou plutoft qui ne fçait que la Sorbonne, les Parlemens & tous ceux qui ont témoigné quelque force à foutenir les libertez de l'Eglife Gallicane font déja figurez par cette befte, & doivent eftre figurez par l'armée du Sr Defmarets; puifque tous les foldats qui la compofent, font SOLDATS DE L'INFAILLIBILITÉ; qu'ils font tous les jours profeffion DE L'INFAILLIBILITÉ dans leurs prieres; & qu'ils prennent pour une marque d'herefie de dire la moindre chofe contre les pretentions de la Cour de Rome.

Ie ne fuis point des plus timides, mais je ne trouve rien de bon en tout cela. Car quoique cette armée, comme armée, ne foit qu'une chimere, qui ne peut faire de mal à personne, & qu'il n'y ait rien à craindre du Sr Desmarets s'il ne combat jamais qu'à la teste de cent quarante-quatre mil hommes; il n'est pas besoin de tant de monde pour faire beaucoup de mal, & l'on peut craindre avec raison un plus petit nombre de phanatiques dévoüez à tout faire, suivant les explications qu'il plaira au Sr Desmarets de donner aux propheties de l'Apocalipse. Aprés tout on ne sçait pas en quel nombre ils sont. Il nous assure luy-mesme que cette armée est déja de plusieurs milles ames. Cette sorte de folie est un mal contagieux, & qui se répend plus qu'on ne peut croire.

Ainsi il ne seroit peut-estre pas indigne du soin & de la vigilence des Magistrats de penetrer un peu le fond de cette caballe, & de s'informer du nombre de ces CHEVALLIERS DE L'INFAILLIBILITÉ dévouez à tout faire selon les ordres du Prophete Desmarets. Mais en laissant cette recherche à leur prudence & à leurs soins, je me renfermeray simplement dans les maux qu'il fait effectivement à la religion & à l'Eglise. Et ces maux ne sont point imaginaires, quoiqu'ils ne soient fondez sur des imaginations & des visions. Car quelque visible que soit son illusion, il y a neanmoins une infinité de gens qui ne la veulent pas voir. M. de Paris le prend pour son Apologiste, le reçoit à sa table, luy donne retraitte chez luy. M. l'Archevesque d'Auch approuve le dessein de son armée. On luy permet de se faire fondateur d'vn ordre nouveau, de s'établir, tout Laïque, qu'il est, en directeur d'vn grand nombre de femmes & de filles, de leur faire rendre compte de leurs pensées les plus secrettes, de leur écrire des lettres de conscience pleines d'une infinité de choses tres-dangereuses & tres-imprudentes, pour ne rien dire davantage; de se glisser en plusieurs Convents de filles pour y debiter ses réveries & ses nouvelles spiritualitez. Et enfin c'est sur luy que Monsieur de Paris a jetté les yeux pour l'ayder à reformer le Monastere de Port Royal de Paris. On y reçoit avidement ses instructions: on y confere avec luy de l'oraison mentale: on luy rend compte de l'estat où l'on s'y trouve; si on y est consolé; si on y est *miserable*.

Que ne doit-on point attendre du progrés que la Sœur Flavie fera sous ce nouveau directeur, puisqu'on en voit déja de si beaux commencemens. S'il enseigne bien à des Athées convertis depuis huit jours ses revelations sur l'Apocalipse & sur la Genese, & ses hauts secrets de la vie mystique; que ne fera il point à une Religieuse *à qui Nostre Seigneur se communique, & revele les choses de son esprit sage & humble, lesquelles il cache aux ames qui se croyent sçavantes*, selon l'eloge qu'il luy a déja donné. On la verra bien tost plongée dans le sommeil spirituel, & dans la suspension des puissances, à condition qu'à son réveil elle écrira des billets pleins de calomnie contre ses sœurs. Il la conduira *de clartez en clartez, par la connoissance demonstrative de la bonté de Dieu jusqu'à celle de tous les attributs divins. Il la fera monter à la cime de son entendement*: & il n'y a point d'estat surnaturel auquel il ne l'eleve en peu de temps, pourveu qu'elle veuille bien estre une victime dévouée aux visions du Sr Desmarets, comme elle témoigne y estre fort disposée.

Quel étrange jugement de Dieu, Monsieur, sur cette pauvre fille de la voir tombée en de si étranges mains. Il est bien vray, selon S. Augustin, qu'il est necessaire que dans les plus saintes compagnies, il se rencontre de faux chrestiens & de faux freres: *Necesse est in omni congregatione reperiri ficlos*. Mais il n'arrive pas toujours que Dieu donne des marques sensibles du déreglement interieur de ceux qui ne luy sont pas fidelles : & l'on peut dire qu'il n'en donna jamais guere de plus claires ny de plus terribles que celles qu'il expose presentement à nos yeux, en nous faisant voir une fille, qui a ruiné une sainte maison par ses intrigues & ses calomnies, & qui a abusé de toutes les instructions qu'elle y a reçues, abandonnée à l'esprit d'erreur, & étroitement liée avec un visionnaire, afin qu'on pust voir en elle l'accomplissement de cette menace de l'Ecriture: *Mittet illis Deus operationem erroris, ut credant mendacio, ut judicentur omnes qui non crediderunt veritati, sed consenserunt iniquitati*.

Ce 8. Ianvier 1666.

L'HERESIE IMAGINAIRE,
LETTRE XIII.
OV
TROISIESME VISIONNAIRE.

MONSIEVR,

Ie ne veux pas differer d'avantage à vous entretenir du Livre que le sieur Desmarets vient de publier contre les Religieuses du Port-Royal. Car en verité il est inutile de chercher ailleurs que dans ce livre mesme dequoy vous faire connoistre son esprit. Il s'y montre tout entier, & jamais il ne se déguisa moins. Suivez donc hardiment toutes les impressions, que mes autres Lettres vous ont pû donner de luy. Figurez-vous tout ce que la fantaisie d'vn visionnaire peut produire contre des personnes, qu'il a prises pour l'objet de son zéle & de sa colere; & attendez-vous de voir encore quelque chose de plus, que tout ce que vous avez conceu.

C'est-pourquoy je ne trouve rien de plus favorable que ce Livre pour détromper ceux qu'il pourroit avoir seduits par ses fausses spiritualitez, & pour le desabuser luy-mesme, s'il luy reste encore quelque éteincelle de raison. Ie consens qu'on juge de son esprit par cét ouvrage, & je veux bien remettre encore une fois en question, s'il est un Prophete, & un Saint, comme il le pretend; où s'il est au contraire un entousiaste & un phanatique, comme je croy l'avoir bien prouvé.

La vie des justes est une vie de foy, selon l'Ecriture: *Iustus ex fide vivit*, parce qu'ils se conduisent par les lumieres de la Foy. La vie des honnestes gens du monde est vne vie de raison, parce qu'ils reglent leurs actions par la raison. Et la vie des phanatiques est proprement une vie d'imagination, c'est à dire, qu'ils s'attachent fortement aux phantosmes qu'elle leur presente, qu'ils les prennent pour des realitez, & qu'ils se conduisent par ses caprices. Mais cette imagination a des effets extraordinairement differends dans ces personnes selon les divers objets ausquels elle s'attache. Car lors qu'ils s'appliquent à se considerer eux-mesmes, comme elle est alors conduite par l'amour propre, elle ne leur represente le plus souvent, que des idées nobles, illustres, magnifiques & favorables à celuy qui les contemple. Les vns se font riches, Princes, Rois; les autres se transforment en Prophetes & en Saints; toutes leurs pensées sont des revelations de Dieu; ils se donnent liberalement toutes les vertus en vn degré éminent ; & ils se repaissent interieurement de l'idée presomptueuse d'une sainteté imaginaire.

A

Mais comme ces gens se destinent d'ordinaire dans leurs visions à des emplois relevez, & qu'ils s'imaginent que Dieu veut faire de grandes choses par eux, il leur faut aussi des ennemis à combattre & à terrasser; & ils ne manquent jamais de s'en faire tout exprés, qui sont tels qu'il est necessaire pour rendre leur victoire plus éclatante. C'est la source d'une autre sorte de visions qui sont bien differentes des premieres. Car leur imagination ne leur produit alors que des images affreuses. Elle ne leur fait voir que Spectres, que Demons, que Monstres. Elle charge ces prétendus ennemis de l'Eglise, qu'elle leur represente, de crimes, d'heresies, d'abominations, afin qu'ils soient une plus digne matiere de leur zele. Ainsi ils excitent contr'eux toute leur colere; ils les accablent d'imprecations & d'injures; & il ne tient pas à eux qu'ils ne soulevent toute la terre contre ceux, qui ont le malheur de n'avoir pas leur fantaisie favorable.

C'est l'enchainement naturel de ces deux sortes de visions: & on en peut voir un exemple dans le sieur Desmarets. Car il a passé de l'un à l'autre de ces degrez, & il s'est signalé dans tous les deux. Premierement il s'est élevé en *Delices* luy-mesme par la contemplation de sa propre excellence. Il est monté *de clar-* *de l'esprit* *tez en clartez jusqu'à la connoissance de tous les attributs divins.* Il a crû que Dieu *à la fin.* l'avoit *soudain illuminé & gueri de tous maux, qu'il voyoit clair en toutes choses,* *Dans les* *qu'il connoissoit certainement la verité de Dieu, dont il avoit un sentiment surna-* *Lettres 3.* *turel & infaillible.* Il admire luy-mesme combien Dieu l'avoit élevé *en un* *part. Lettre* *haut estat.* Il s'est imaginé avoir trouvé une Philosophie indubitable & infail- *27.* *Ibid.* lible pour ne souffrir aucun mal, & pour gouter sans cesse un plaisir divin: & cette Philosophie consiste à faire quelques speculations sur le neant de la creature; comme si en meditant le *rien* & le *neant* de l'homme par la pensée, on estoit aussi-tost aneanti devant Dieu, & dépoüillé de tout amour propre, de tout orgueil, & de tout vice. Et ensuite s'attribuant tout ce qu'il concevoit par l'imagination, il s'est fortement persuadé que son ame estoit *détachée de* *Ibid.* *toute chose créé, qu'elle estoit toute liquefiée en Dieu, & toute plongée en son éter-* *nité, sentant incessamment que c'est Dieu seul qui fait tout en elle, & qui souffre* *tout en elle.* C'est ainsi qu'il décrit luy-mesme la disposition de ces ames aneanties en se l'attribuant: ce qui luy fait dire, en marquant expressément les sentimens *qu'il éprouve, que cét ame nage à son aise dans la pleine mer de son tout,* *comme dans son noble élement, où elle vit, & est remplie de la plenitude de Dieu* *mesme, & où elle sent un secret & tranquile boüillonnement d'amour continuel &* *Ibid.* *divin, & un perpetuel flux & reflux d'elle en Dieu, & de Dieu en elle, qui la plon-* *ge dans une joye incessable & inexprimable, qui luy fait oublier tous les gousts &* *toutes les miseres du monde;* aprés quoy il declare qu'il ne dit que *ce qu'il pen-* *se, & qu'il éprouve en luy-mesme.* Et enfin il assure que par cette voye, *Dieu* *Ibid.* *retablit les ames dans le premier estat de la premiere innocence.* C'est la peinture qu'il fait de luy-mesme, & qu'il repette sans cesse dans ses Lettres.

Comme il n'estoit pas juste que tant de tresors de graces demeurassent inutiles, il a crû estre destiné, non seulement à découvrir au monde tous les mysteres de l'Apocalypse, qu'on avoit auparavant ignorez; mais aussi à faire une reformation generale du genre humain, en dressant une armée de cent quarante quatre mille victimes dévoüées à tout faire & à tout souffrir selon ses ordres.

Mais comme cette armée ne pouvoit pas demeurer sans rien faire, & qu'il falloit qu'elle signalast sa valeur par de grands exploits, il luy falloit aussi de redoutables ennemis, & il n'en a point trouvé de plus propres que les Iansenistes. Ainsi les ayant pris pour l'objet de son zele, & pour la matiere de ses victoires, il a fait ensuite des merveilles pour les rendre horribles par leurs crimes, & formidables par leur puissance.

Et il faut avoüer qu'il s'est surpassé luy-mesme en ce poinct, & qu'il a fait voir que son imagination est encore plus fertile à produire des monstres, & à transfigurer ses ennemis en Demons, qu'à le transformer luy-mesme en Ange, & à lever des armées de Saints.

Il sera necessaire d'expliquer quelques-unes de ces noires visions plus en detail pour éclaircir quelques faits dont il abuse. Mais je croy qu'il est utile de donner auparavant une idée generale de ces chimeriques Iansenistes, tels que le sieur Desmarets les a dépeints en divers endroits de son Livre, parce qu'il y a quelque chose qui n'est pas humain dans l'extravagance de l'image qu'il en a formée.

Il y a certaines pieces de Poësie, dans lesquelles les Poëtes estant en colere contre quelqu'vn, le chargent au hazard de tous les crimes qui leur viennent dans la fantaisie.

> *Ille & nefasto te posuit die,*
> *Quicumque primum, & sacrilega manu*
> *Produxit arbos, in nepotum*
> *Perniciem opprobriumque pagi.*
> *Illum & parentis crediderim sui*
> *Fregisse cervicem, & penetralia*
> *Sparsisse nocturno cruore*
> *Hospitis: ille venena colchica,*
> *Et quidquid usquam concipitur nefas*
> *Tractavit.*

Horat. l. c. od. 13.

Le sieur Desmarets, qui est un Poëte Theologien a justement suivi ce modele pour former ce corps d'ennemis de l'Eglise, qui doit estre exterminé par son armée. Il entasse indifferemment toutes sortes d'erreurs, d'heresies, de blasphemes; & de tout cela il a composé un monstre effroyable, auquel il a donné le nom d'Iansenisme. Et ayant pris pour une realité cet ouvrage de son imagination, il le propose au monde comme veritable, & il veut faire passer ceux à qui il donne le nom de Iansenistes pour coupables de tous les crimes qu'il a attribué à ce phantosme qu'il a formé. C'eust esté trop peu de chose pour luy que de faire simplement à ces Iansenistes pretendus les reproches qui leur ont déja esté faits par d'autres, & qu'ils ont cent fois refutez: comme de dire, *qu'ils ont soutenu à Rome la doctrine condamnée; qu'ils ont avoüé que les cinq propositions estoient de Iansenius.* Le sieur Desmarets repete bien ces calomnies en divers endroits, afin de n'oublier rien; mais il ne s'y arreste pas; & ce n'est point dans ces accusations communes qu'il fait consister les lumieres particulieres qu'il pretend avoir receuës de Dieu sur cette heresie. Il a bien découvert d'autres abominations de cette malheureuse secte. Car si on l'en croit, *elle a pretendu rendre Dieu son justiciable, & mesme elle a voulu*

Réponse, Preface.

Ibid. p. 2. p. 3.

l'aneantir, quoy qu'aprés elle luy ait fait grace.

Mais comme il a trouvé que ces erreurs estoient encore trop speculatives, & que pour toucher le monde sensiblement, il avoit besoin d'en alleguer d'autres plus grossieres, il a jugé à propos pour cela, que les Iansenistes ne creussent pas la presence réelle du Corps de Iesus Christ dans l'Eucharistie : & c'est ce qui luy a fait dire, *Que le dessein de cette secte est d'exclure finement la realité du Corps de Iesus Christ dans l'Eucharistie, & de ne laisser qu'une communion d'esprit par la foy :* & ensuite poussant plus loin cette pensée à son ordinaire : *En abolissant ainsi,* dit-il, *le Sacrement de l'Eucharistie, ils pretendent abolir les Messes frequentes, & les reduire à une seule en chaque Parroisse au seul jour du Dimanche, dans laquelle on adorera & on mangera seulement par la foy le souvenir, ou la commemoration de Iesus Christ avec la seule pensée du passé, croyant qu'il est mort; du present croyant qu'il est au Ciel ; de l'avenir croyant qu'il viendra.*

Voila desja des gens bien abominables, & qui sont infiniment pires que des Calvinistes, puis qu'ils font tant d'actions contraires à leurs sentimens, & qu'ils commettent ainsi tous les jours une infinité de sacrileges. Mais ils ont encore bien d'autres desseins dans la teste du sieur Desmarets. *Car ce sont,* dit-il, *des loups affamez, qui veulent devorer la Sainte Vierge avec une rage furieuse : & s'ils avoient toute la puissance sur la terre, ils seroient les Ministres des Demons pour abbatre tous les Autels, & ruïner tous les lieux, où l'on invoque Dieu par l'intercession de la Sainte Vierge. L'on connoist,* dit-il encore, *de plus en plus que si les heretiques Iansenistes pouvoient, ils détruiroient Dieu, la Vierge, le Pape, les Rois, les Reines, les Prelats, les Constitutions Ecclesiastiques, la Religion & l'Eglise.* En voulez-vous d'avantage. Mais que feroient-ils aprés avoir détruit toutes ces choses ? Le sieur Desmarets vous l'apprendra. *Ils feront,* dit-il, *comme Dieux nouveaux, un autre Pape, d'autres Rois, d'autres Prelats, d'autres Constitutions, d'autres loix, une autre Religion, & une autre Eglise.*

Et qu'on ne s'imagine pas que ce soit un pur emportement; il en parle serieusement, & comme d'une entreprise trés-réelle, & qui est desja executée en partie. Et premierement pour ce dessein de se faire Dieu, il le reproche continuellement à l'Apologiste, & generalement à tous les Iansenistes. *Les Docteurs Iansenistes,* dit-il, *se sont élevez au dessus des Apôtres & des Prophetes, & des autres grands Saints, jusqu'à vouloir se faire estimer comme des Dieux, ayant la science du bien & du mal pour l'éternité.* Car c'est en cela que consiste cette usurpation de la Divinité qu'il leur attribuë : & il le confirme par des histoires bien precises. *Il n'est que trop vray,* dit-il, *que les Iansenistes asseurent ceux qui les suivent, qu'ils connoissent par des marques certaines les ames qui sont éleües, & celles qui sont reprouvées, & qu'ils en donnent aux uns & aux autres des Lettres d'assurance, lesquelles elles croyent comme la verité mesme. De sorte qu'ils mettent les unes dans une effroyable presomption les élevans par des louänges excessives, & par l'assurance qu'ils leur donnent de l'onction interieure; & ils precipitent les autres dans un effroyable desespoir de leur salut, & dans des peines si terribles, que quelques-unes en sont devenuës folles, d'autres en sont mortes, d'autres se sont desesperées, & d'autres se sont abandonnées au libertinage. L'on sçait,* ajoûte-t-il, *plusieurs exemples pitoyables & publics d'hommes qu'ils vouloient attirer parmi eux*

eux comme des Dieux, & qu'ils ont fait separer d'avec leurs femmes, comme estant reprouvées & indignes d'estre touchées de leurs maris, lesquelles en sont mortes de douleur. Comme aussi de quelques meres ausquelles ils ont fait abandonner leurs filles, apres avoir fait serment de ne les revoir jamais.

Voila la conduite des Iansenistes comme Dieux, selon le Sieur Desmarets. Mais pour cette nouvelle Eglise qu'ils veulent fonder, il en sçait encore bien plus de nouvelles. Il en décrit en particulier tout le projet en plusieurs endroits de son livre. Et c'est particulierement par la peinture qu'il en fait, qu'il a caché de divertir agreablement ceux qui le liroient.

Il est vray qu'il represente d'abord ce dessein comme estant abandonné, & comme une simple idée. *Si les Iansenistes*, dit-il, *eussent pû joindre à leur grande & riche cabale quelque puissant & vaillant Prince qui eust eu dans la France quelque grande province à sa devotion, & des places & des villes, ils eussent hautement declaré leur grand dessein, qui estoit d'establir une Eglise nouvelle sans commandemens impossibles, sans sacremens incommodes à la nature & à la raison, sans honorer la sainte Vierge, & d'abolir le Pape & les Prelats, & tous les ordres religieux. Mais l'emprisonnement de l'Abbé de S. Ciran étourdit & assomma tous ces grands projets, & depuis ce coup, cette heresie n'a fait que ruser & que donner sans cesse le change.* p. 13.

Ils ne se sont pas encore declarez sur ce dessein; & si le sieur Desmarets l'a découvert il faut que ce soit par une lumiere prophetique, comme c'est aussi par la mesme lumiere qu'il nous en apprend les particularitez. *Ceux d'entr'eux,* dit-il, *qui sçavent le grand secret pour s'establir comme Dieux sçachant le bien & le mal, & comme plus justes que Dieu, ont eu le dessein de faire les commandemens plus justes & plus naturels en les rendant possibles. C'est pourquoy ils ont dit qu'il y a des commandemens de Dieu impossibles mesme aux justes, quoy qu'ils veuillent & s'efforcent de les faire. Or s'ils eussent pû faire croire,* dit-il, *les commandemens impossibles, c'estoit les renverser & les abolir. De sorte que s'estimant plus justes que Dieu, ils vouloient faire des commandemens possibles, qui eussent esté de travailler chacun dans quelque métier, d'aimer la science & les questions curieuses pour se delecter l'esprit; de traitter son corps delicatement; d'avoir grand soin de ses aises & de sa santé; de s'abstenir des sacremens de penitence & d'Eucharistie pour toute penitence; de n'entendre la messe qu'une fois la semaine: & si l'on tomboit en quelque faute de ne s'en mettre point en peine, mais de s'en excuser sur le manque de la grace, & de se tenir en repos de tous sur la predestination, attendant en paix que sentir en eux la grace efficace & victorieuse.* p. 134.

Mais parce qu'un dessein non executé, auroit pû passer pour une imagination, il a esté frappé en d'autres endroits de son livre d'une autre pensée, & il a mieux aimé representer cette nouvelle Eglise, comme estant toute formée, & ayant tous ses Ministres establis & exerçant leurs fonctions.

Ces nouveaux Docteurs, dit-il, *ont tellement persuadé ces Religieuses qu'ils ont fait une Eglise nouvelle, qu'ils ont établi d'entre eux des Prelats de creation nouvelle, ausquels seuls elles obeïssent, & un Pape ou Moyse, car le nom de Pape leur est trop odieux. Ce Pape ou ce Moyse fait leurs constitutions, leurs catechismes, leurs oraisons, & les canonisations de leurs Saints sans aucune information de miracles, & elles les appellent les Saints modernes, comme leur Eglise est* p. 230.

l'Eglise moderne. Il en approuve les reliques, il ordonne qu'il en soit fait des reliquaires.

p. 235. Et pour découvrir l'origine & la succession de cette Eglise, il dit, que feu Mr. l'Abbé de S. Cyran est reconnu par elles pour leur grand Apostre, le chef & le Pere de leur nouvelle Eglise ; que c'est luy seul qui de son autorité & par le pouvoir de sa pretenduë mission immediate de Dieu avoit donné mission aux Prelats & Cardinaux de sa nouvelle Eglise, lesquelles à sa mort éleuront un autre Pape, auec pouvoir de canoniser le Pape ou le Moyse son predecesseur, & tous ceux de l'un & l'autre sexe qui mourroient dans leur nouvelle Eglise. Car cela seul, d'en estre, & d'y mourir, suffit pour estre sauvé, & pour estre canonisé par leur Pape sans autre information de sainteté ni preuve de miracles.

C'est a peu pres l'idée de ce monstre horrible que l'imagination du sieur Desmarets a formé pour estre terrassé par son armée victorieuse. Mais parce qu'elle doit estre composée de Chevaliers de l'ordre & d'autres braves, qui songent encore plus aux armes corporelles qu'aux armes spirituelles, il a pensé qu'il estoit bon de donner aussi de l'exercice à leurs bras, & de les preparer à d'autres combats, que ceux qui se font par leurs prieres. Et c'est pourquoy il suppose que ces Iansenistes taschent de faire sourdement des leuées afin de

Lettre les mettre en campagne quand ils pourront en composer une armée capable de les
au Roy. maintenir contre la puissance royalle, & de les établir au milieu de la France.

Afin de leur en faciliter les moyens, il leur donne liberalement de l'argent en abondance pour soustenir cette guerre. C'est, dit-il, une grande & riche cabale. Et pour animer les Chevaliers à une forte resistance, en leurs faisant

p. 132. connoistre à quels ennemis ils ont affaire, il décrit leurs forces d'une maniere épouvantable. Satan, dit-il, a donné à cette heresie sa force pour toute sorte

p. 303. d'impudence & de malice, de mensonge, de subtilitez & d'artifices. Toute la terre en est entrée en admiration a cause de cette puissance & des merueilles apparentes

p. 304. qui eblouissent les esprits sujets a illusion. Le plus part ont adoré la beste, en disant:
305. 308. y at'il quelqu'un qui soit comparable à la beste. Ainsi elle a eu la puissance d'en seduire beaucoup en toute famille, en toute ville, en toute province de diuerses langues, & en toute nation ou le venin de cette heresie s'est repandu.

Enfin pour monstrer que les Iansenistes ne manqueront pas de troupes, & qu'ils en auront mesme un nombre prodigieux, il declare nettement, que cette heresie a esté admirée & suivie par tous ceux qui ne conuersent point par la foy dans le ciel, & qui n'aiment que les choses de la terre. Si cela est comme le

p. 309. S. Desmarets nous asseure qu'il en a receu reuelation du ciel par la découverte qu'il luy a esté faite des propheties de l'Apocalipse, on doit s'attendre que les Iansenistes auront dans peu de temps deux ou trois cent mille hommes en campagne. Car ils trouveront encore, s'il est besoin, un grand nombre de ces gens, qui n'habitent pas par la foy dans le ciel, & qui n'aiment que les choses de la terre, qui sont tous Iansenistes selon le S. Desmarets. Ce sera alors qu'il faudra que les cent quarante quatre mille hommes paroissent & se preparent à une vigoureuse defence ; ce qui doit produire une infinité de grands

Auis du evenemens dont le S. Desmarets est déja apparemment informé, & dont il
S. Esprit instruira le public quand il le jugera a propos. Tout ce qu'il luy a plu de nous
au Roy. en dire, est que cette heresie sera la derniere, qu'il n'est plus en la puissance

du diable de faire de nouveaux dogmes, & que les Iansenistes seront défaits par l'armée des victimes.

Ne pensez pas, Monsieur, que ie veuille m'arrester à refuter serieusement cette folle vision, n'y que j'aye si mauvaise opinion de l'équité du public, que de supposer qu'il ait besoin qu'on l'eclaircisse sur ces abominables calomnies. Mais comme mon dessein est de convaincre le sieur Desmarets d'estre un visionnaire & un phanatique, ie n'ay pas crû en pouvoir apporter des preuves plus convainquantes. Et il m'a semblé que ces sortes de visions y sont encore plus propres que les autres, parce que la fausseté en paroist plus clairement. Car quand on leur parle de leurs fausses spiritualitez, & de leurs erreurs speculatives, l'illusion se cache plus facilement; & ces visionnaires mystiques ont accoustumé de traitter sur ces points les gens avec desdain, comme n'ayant pas de connoissances des choses interieures. Mais quand leurs réveries se portent à des choses grossieres, & qui sont hors de leur teste, il est tres facile de les mettre à bout en les obligeant de prouver ce qu'ils avancent.

Il est defendu selon toutes les Loix divines & humaines d'imputer à des personnes un crime, & encore plus une multitude de crimes horribles sans avoir des preuves certaines. Il faut donc que le sieur Desmarets soustienne tous ces faits qu'il avance, & sur lesquels il fonde ses accusations. Il faut qu'il en produise des preuves. Il faut qu'il nous dise qui sont ces personnes à qui les Iansenistes ont donné des lettres d'asseurance qu'elles estoient éleuës ou reprouvées. Ce seroit estre fou & heretique que de pretendre qu'il y ait des marques certaines en cette vie pour connoistre l'élection ou la reprobation des ames; mais c'est un crime digne des plus grands supplices dans ce monde & dans l'autre, que d'imputer faussement cette heresie intentée à des Theologiens Catholiques. Que le sieur Desmarets declare donc hautement, s'il le peut, qui sont ces personnes que l'on a precipitées dans un si effroyable desespoir, en les assurant qu'elles estoient reprouvées, que *quelques unes en sont devenuës folles, d'autres en sont mortes, d'autres se sont desesperées, & d'autres se sont abandonnées au libertinage*; qu'il publie ces exemples pitoyables & publics d'hommes que les Iansenistes vouloient attirer parmy eux comme des éleus, & qu'ils ont fait separer d'avec leurs femmes, comme estant des reprouvées, lesquelles, dit-il, *en sont mortes de douleur*: Qu'il nomme ces meres que l'on a portées à abandonner leurs filles apres avoir fait serment de ne les revoir jamais. Et comme on est assuré qu'il est dans l'impuissance de le faire, il faut qu'il reconnoisse luy-mesme qu'estant convaincu d'estre un imposteur public, il l'est en mesme temps d'estre un enthousiaste & un faux prophete, puisqu'il ose bien attribuer à Dieu mesme ces diaboliques inventions.

Mais ce n'est pas seulement par la conviction manifeste des calomnies du sieur Desmarets que l'on conclut necessairement qu'il est un visionnaire: c'est par la nature mesme des calomnies qu'il avance, parce que ce sont des calomnies phanatiques, & qui ne peuuent tomber que dans l'imagination d'un phanatique.

Les gens d'esprit lors qu'ils sont meschans sont capables d'avancer des calomnies, mais ils les colorent tousiours avec addresse, de peur qu'elles ne retombent sur eux. Les gens emportez disent souvent le contraire des choses sans apparence par un transport de colere, mais aussi ne les croyent ils pas eux mesmes. Celles du sieur Desmarets ne sont, ny de l'un, ny de l'autre genre. Car elles sont d'une part sans apparence, & de l'autre il ne laisse pas d'en estre serieusement persuadé. Or ce sont la proprement des calomnies de phanatiques, parce qu'elles n'ont point d'autre fondement que la forte impression d'une imagination abusée qui attache l'esprit à des choses évidemment fausses, & ne luy permet pas d'avoir aucun égard aux raisons claires qui le pourroient détromper.

Rien n'est plus étonnant que de considerer les raisons qui l'ont porté à former ces jugemens si horribles des pretendus Iansenistes, & à leur imputer ces detestables erreurs: car on y voit un étourdissement d'esprit qui paroist incomprehensible. Il accuse l'Autheur de l'Apologie de se dire independant de toute creature, & d'assurer qu'il est donné immediatement *de Dieu aux Religieuses de Port Royal*. Sur ce fondement il fait de cette independance un caractere particulier de la secte des Iansenistes : ce qu'il pousse jusqu'à soutenir, qu'ils se disent *Dieux & independans, & qu'ils pretendent qu'en eux seuls consiste toute l'Eglise, comme ils font bien connoistre*, dit il, *par leur pretendue independance qu'ils declarent hautement par leur Apologie*.

p. 288.
p. 248.
p. 222.

Il n'y a rien de plus effroyable que ce reproche. Car accuser des Prestres de se dire independans, c'est les accuser d'heresie, de schisme, d'apostasie & de folie. Et si le sieur Desmarets n'en a des preuves bien claires, il s'est rendu coupable d'un crime énorme par ce reproche temeraire. Voyons donc celles sur lesquelles il s'est fondé, car il ne nous renvoye pas cette fois à ses visions & à ses revelations.

1. Partie
p. 28.

Il nous marque un passage de l'Apologie, où il dit que cette pretension d'independance est clairement exprimée, & il le cite en cette maniere: *Les nouveaux ouvriers (c'est à dire les nouveaux Directeurs de Port Royal) n'ont sinon pour fin au moins pour effet que d'empescher que ceux qu'ils ne pouvoient pas ravir aux ames à qui Dieu les donne independemment des creatures, ne servissent à l'utilité & à l'édification de l'Eglise.* Mais si l'on prend la peine de consulter ce passage dans l'Apologie mesme, on y trouvera ces paroles : *Tout le travail & toute l'industrie de ces nouveaux ouvriers qui y sont entrez n'ayant eu sinon pour fin, au moins pour effet, que de ruiner la pluspart des biens solides de ce Monastere, ou d'empescher que ceux qu'ils ne pouvoient pas ravir aux ames à qui Dieu les donne independemment des creatures ne servissent à l'utilité & à l'édification de l'Eglise.*

Il ne faut qu'avoir un peu de sens commun pour reconnoistre que le sens de cette periode est que ces nouveaux ouvriers ont ruiné la pluspart des biens solides du Monastere de Port Royal, & qu'ils ont empesché que ces biens, c'est à dire les graces qu'ils ne pouvoient pas ravir aux ames à qui Dieu les donne independemment des creatures ne servissent à l'edification de l'Eglise, en éteignant cette maison autant qu'il leur est possible, & en empeschant ces Religieuses de recevoir des filles, & d'élever des pensionnaires comme il est expliqué dans la suite, & comme il paroist assez de soy-mesme.

Mais le sieur Desmarets qui lit les livres avec un esprit plein des impressions dont son imagination est frappée, y voit ce qui n'y est pas, & n'y voit pas ce qui y est. Il n'a point veu dans ce passage ces mots qui determinent le sens, *que ces nouveaux ouvriers ont ruiné la pluspart des biens solides de ce Monastere*: & il y voit ce qu'il n'y est pas en transformant ridiculement *ces biens solides & ces graces que Dieu donne aux ames, independement des creatures,* en *hommes independans,* ce qu'il applique à l'auteur de l'Apologie.

En suitte entassant songes sur songes, & calomnies sur calomnies, il conclut que puisque l'Apologiste est *independant*, les autres Iansenistes le sont aussi; & qu'estant *independans*, ils ne reconnoissent point le Pape ny les Prelats, & par consequent qu'ils font une nouvelle Eglise dont ils sont les Papes & les Prelats.

Voicy une autre folie de la mesme espece, dans laquelle il témoigne neanmoins une complaisance particuliere. Car il reproche sans cesse à ces pretendus Iansenistes, d'avoir un certain Superieur *qu'ils appellent*, dit-il, *Moyse parce que le nom de Pape leur est trop odieux.* Il parle par tout de ce *Moyse*, & il en fait une dignité fixe dans la pretendue societé des Iansenistes: & il se vante, comme d'un de ses plus grands exploits, d'avoir découvert les pernicieux mysteres de leur nouvelle Eglise, *& de leur Pape ou Moyse.*

p. 231.
Dans la Preface.

Mais si l'on examine ce qui peut donner lieu au sieur Desmarets d'attribuer à ces personnes une si bizarre imagination qui renfermeroit une heresie, on trouvera que tout cela n'est fondé que sur des consequences phanatiques.

On a dit dans la premiere partie de l'Apologie des Religieuses, que la principale cause de l'union des Religieuses de Port Royal estoit la parfaite confiance qu'elles avoient pour leurs meres. Et l'on a ajouté, en usant d'un langage allegorique fondé sur l'Ecriture, *que dans les seicheresses & les desolations interieures, elles ne manquoient point d'un Moyse qui leur faisoit trouver des eaux vives dans les deserts les plus arides*: ce qui s'entend encore des Meres & des Superieurs comme toute la suite les fait voir. Et cette expression n'a rien de choquant, puisque la parole de Dieu estant figurée par la manne, qui que ce soit qui distribue cette manne tient la place de Moyse. Mais le sieur Desmarets qui n'approfondit pas tant ces choses, s'est imaginé qu'on ne pouvoit pas exprimer la nourriture spirituelle que les Superieurs d'un Monastere donnent à des Religieuses par la comparaison de la manne & de Moyse. Et il a conclu de là, qu'il falloit necessairement que ce *Moyse* fut un homme; & de cet homme il en a fait *un Pape* à qui il a attaché le nom de *Moyse*, comme le titre ordinaire de sa dignité.

p. 20.

^ et qui faisoit tomber manne du ciel pour nourrir du pain &c.

La raison sur laquelle il fonde ce *Moyse*, n'est pas moins plaisante. M. de Ste Marthe fit une exhortation aux Religieuses de Port Royal des champs peu de temps apres que l'on eust obligé M. Singlin de se retirer de ce Monastere, & il la fit à son ordinaire sur le champ & sans preparation. Dans la suitte de son discours il se servit de cette comparaison pour les consoler d'une separation qui leur estoit sensible, que comme Moyse qui avoit tiré les enfans d'Israel de la terre d'Egypte, leur ayant esté osté par l'ordre de Dieu, ils ne laisserent pas d'entrer dans la terre promise apres qu'ils furent privez de sa conduitte; de même quoy que M. Singlin leur eust servi de Moyse en les retirant du monde figuré par l'Egypte, & les eust conduittes dans le desert de leur Monastere, elles ne laisseroient pas d'arriver sans luy à la perfection Chrestienne qui estoit la terre promise où elles aspiroient.

Il n'y a rien que de tres juste & de tres edifiant dans cette pensée; & le rapport si naturel de l'Egypte au monde, & du desert au Monastere portoit de foy. même à comparer à Moyse, celuy dont Dieu s'estoit servi pour attirer à la vie Religieuse presque toutes celles à qui cet Ecclesiastique parloit. Il n'y a personne qui ait jamais exigé une egalité entiere entre ceux que l'on compare: & d'ailleurs s'agissant dans cette comparaison du ministere & non des merites personnels, on pouvoit bien comparer M. Singlin à Moyse, puisque tout Pasteur de la Loy nouvelle est plus grand en cette qualité que tout Ministre de l'ancienne Loy, ainsi que S. Paul le decide formellement dans la 2. Epitre aux Corinthiens ch. 3.

Cependant c'est sur cette comparaison jointe à cet autre passage de l'Apologie pris à contre sens que le sieur Desmarets à fondé ce chimerique *Moyse* principal superieur de sa secte imaginaire de Jansenistes.

Voila quel est le genie des visionnaires. Les plus foibles lueurs frappent leur imagination & la penetrent: & quand ils sont une fois frappez ils n'en reviennent plus: rien n'est capables de les ramener. M. de Ste Marthe a comparé M. de Singlin à Moyse. Donc il le croyoit effectivement *Moyse*. Donc la qualité de *Moyse* est une dignité reglée & successive parmy les Jansenistes. Donc ce *Moyse* leur tient lieu de Pape. Donc ils font une nouvellelle Eglise. C'est ainsi que raisonne le sieur Desmarets; & c'est de cette sorte qu'il découvre *les pernicieux mysteres de leur nouvelle Eglise & de leur Pape ou Moyse*.

Surquoy croirez-vous encore qu'il ait fondé cette accusation épouvantable qu'il forme dans le chap. 11. de son livre, où il soutient & repete plusieurs fois que les Jansenistes veulent détruire la realité du Corps de Jesus-Christ, les accusant ainsi d'estre non seulement heretiques, mais des hypocrites & & des gens sans religion, puisque des Prestres qui diroient la Messe & qui feroient des livres pour la presence reelle sans en estre persuadez devroient passer pour des impies & pour des athées.

Le sieur Desmarets a bien veu en cette rencontre qu'il ne falloit pas avancer des choses de cette importance sans en produire en même temps des preuves; & il pretend l'avoir fait. Mais je vous prie de les considerer, car elles sont mêmes plus étranges que ces calomnies. D'abord il repete deux passages du livre de la Frequente Communion sur lesquels on a tellement confondu les Jesuites dans la 16. lettre provinciale, que c'est le comble de l'aveuglement & de l'impudence d'en avoir osé parler de nouveau. En suite pour faire *connoitre*, dit-il, *plus clairement les horribles desseins* de ces gens, il en apporte luy même deux preuves nouvelles. La premiere *qu'on a doné pour prieres dans les heures à l'élevation de l'Hostie: Je vous adore élevé en la Croix, au jugement general & a la droite du Pere eternel*: Et la seconde, *que l'on fait dire à l'élevation du Calice: O vin qui faites fleurir les Vierges*.

Pour mieux comprendre l'enormité de cet excez, il faut considerer que le Mystere de l'Eucharistie selon les Peres, estant essentiellement verité & figure, l'Esprit de l'Eglise n'est pas que nous nous arrestions à la seule presence de J. C. mais aussi que nous nous servions de cette presence pour retracer en

p. 144.

p. 147.

noſtre eſprit les principaux Myſteres de ſa vie & ſouffrante & glorieuſe. C'eſt ce qui eſt marqué par les paroles mêmes de l'inſtitution : *Faites cela en memoire de moy* ; & par celles de S. Paul : *Toutes les fois que vous mangerez ce pain, vous annoncerez la mort du Seigneur juſqu'a ce qu'il vienne* : ce qui comprend le ſouvenir de la mort de I. C. & celle de ſon dernier jugement : *donec veniat.* Ainſi comme c'eſt ruiner ce Myſtere & le reduire à la nature des Sacremens de l'ancienne Loy, que d'en bannir la preſence reelle de I. C. c'eſt auſſi l'entendre imparfaitement que de ne pas ſçavoir que l'Euchariſtie eſt l'abregé de ſes merveilles : *Memoriam fecit mirabilium ſuorum,* & qu'il veut nous renouveller par elle la memoire de tous ſes divins eſtats.

Et c'eſt pourquoy l'Egliſe qui eſt animée de ſon Eſprit, a eu ſoin de marquer dans les ceremonies de la Meſſe les principaux de ſes Myſteres. Elle ordonne, par exemple aux Preſtres de faire pluſieurs ſignes de Croix ſur le corps de I. C. non pour le benir, puiſqu'il eſt luy même la ſource de toute benediction, mais pour marquer ſon crucifiement : & elle leur fait faire expreſſement mention de la Paſſion, de la Reſurrection & de l'Aſcenſion avant & apres la conſecration, afin de leur en imprimer le ſouvenir.

Celuy qui a donc dreſſé ces prieres qui ſont dans les heures que l'on appelle de P. R. deſirant ſe conformer à cet Eſprit de l'Egliſe ; & conſiderant que l'elevation de l'Hoſtie pouvoit repreſenter celle de I. C. en trois eſtats, ſçavoir en celuy de ſa mort, en celuy de ſon dernier jugement, & en celuy ou il eſt a la droite de ſon Pere, il ajoint à l'adoration de I. C. preſent la memoire de ces trois myſteres. Il parle à des Catholiques qui regardent I. C. comme preſent, & il les en fait ſouvenir en diſant, que *le Preſtre prend le pain pour le changer par les paroles divines de I. C.* Il appelle l'elevation de l'Hoſtie, *l'elevation du Corps de Ieſu-Chriſt :* & en ſuitte il leur conſeille de dire en voyant le Corps de I. C. élevé entre les mains des Preſtre : *Ie vous adore élevé en la Croix, au jugement general, & à la droite du Pere Eternel,* en la même maniere que l'Egliſe leur fait dire dans une autre priere qu'elle leur met en la bouche pour ce même temps : *Ie vous adore vray Corps né de Marie qui avez ſouffert, & qui avez eſté vrayement immolé pour les Hommes.* Car comme l'Egliſe parlant à des Catholiques ſuppoſent qu'ils addreſſeront ces paroles à I. C. preſent & non pas à I. C. abſent, & qu'ils joindront le ſouvenir de ſa naiſſance & de ſa mort à l'adoration de ſon Corps preſent : de même l'auteur de cette priere ſuppoſe que les fideles l'adreſſeront à I. C. réellement preſent ſur l'autel, & qu'ils s'en ſerviront ſeulement pour joindre à l'adoration de leur Sauveur, le ſouvenir des trois autres de ſes eſtats repreſentez par l'élevation de l'Hoſtie.

Il faut avoir l'ame du monde la plus noire ou la plus phanatique pour donner un autre ſens aux paroles de cet autheur, quand il n'auroit dit que ce qu'en rapporte le ſieur Desmarets. Mais ſi l'on conſidere ce qu'il en ſupprime, on ne ſçait plus ce qu'on doit dire de cette inconcevable folie.

Le titre de cette priere eſt : *A l'élevation du Corps de Ieſu-Chriſt.* En ſuitte devant la priere ſur la conſecration du Calice, il y a pour titre : *A l'élevation du Sang de Ieſu-Chriſt,* & pour priere : *Ie vous adore ô vin celeſte qui faites fleurir les Vierges :* & immediatement apres ces paroles il y a ce titre : *Le Pre-*

ſtre ayant mis Ieſus-Chriſt ſur l'autel apres la conſecration, & cette priere : *Sanctifiez moy, mon Dieu par voſtre preſence.* On s'addreſſe donc à I. C. comme preſent ſur l'Autel, & on l'y adore comme ſon Dieu. Toute la ſuitte de ces prieres eſt pleine d'expreſſions ſemblables; & quand il n'y auroit que celles de l'élevation du Calice que le ſieur Desmarets a rapportées infidellement en ſupprimant : *Ie vous adore* & le mot de *celeſte*, elles ſuffiſent pour oſter tout lieu à la calomnie. Car en diſant, comme il y a dans les prieres : *Ie vous adore ô vin celeſte qui faites fleurir les Vierges*, on adore ce que l'on appelle vin celeſte, & par conſequent on le reconnoît pour le vray Sang de I. C. & pour n'eſtre pas du vin ny commun, ny ſeulement ſanctifié comme les heretiques le repreſentent : Car ils ſe donnent bien de garde d'adorer le vin ſanctifié, ne le reconnoiſſant pas pour le Sang de I. C. Il eſt clair d'ailleurs que ces paroles ſont priſes des Litanies du S. Sacrement, ou Ieſus-Chriſt eſt adoré ſous ce titre : *Vinum germinans virgines* ; mais en y joignant, comme on a fait le mot de *celeſte* il y a autant d'extravagance de dire qu'on a voulu marquer par là, qu'il n'y a que du vin dans le Calice, que d'accuſer S. Thomas & toute l'Egliſe apres luy d'eſtre Calviniſte, parce qu'elle chante : *Panis Angelicus fit panis Hominum* : De ſorte que c'eſt vn excez prodigieux d'ignorance & de temerité d'avoir pris ces paroles pour ſuſpectes, & même pour une preuve aſſeurée que des Catholiques ne croyent pas l'Euchariſtie.

Que ſi l'on ajoute à cela que non ſeulement le ſieur Desmarets a la hardieſſe de condamner ces paroles ſi catholiques, mais que les ayant miſes en balance dans ſon eſprit avec tout ce qu'on a écrit pour ce Myſtere; avec les Hymnes du S. Sacrement que l'on a traduites; avec les leçons du S. Sacrement que l'on a recueillies; avec un nombre prodigieux de paſſages, ou l'on a clairement témoigné ſa foy ſur ce Myſtere dont on peut voir quelques vns raſſemblez dans la 16. lettre provinciale, & avec des traittez entiers pour la preuve de la creance Catholique ſur ce point de noſtre Foy; avec l'adoration perpetuelle de I. C. preſent dans l'Euchariſtie établie dans PR; avec la profeſſion ouverte d'eſtre Catholiques qui ſuffit ſeule pour diſſiper tous ces damnables ſoupçons; & qu'ayant comparé toutes ces preuves enſemble ſon eſprit s'eſt porté à former cet horrible jugement, que ces deux prieres faiſoient voir qu'on ne croyoit pas la realité, & que toutes les preuves contraires n'eſtoient que des deguiſemens & des artifices; je croy qu'on demeurera convaincu qu'il n'y eut peut-eſtre jamais d'exemple d'un ſi eſtrange renverſement de raiſon; & qu'ainſi c'eſt traitter le ſieur Desmarets le plus favorablement qu'il eſt poſſible, que de le traitter de viſionnaire & de phanatique, n'y ayât que l'illuſion & la folie qui puiſſe un peu diminuer l'horreur de ſon crime.

Toutes les autres calomnies du S. Desmarets ſont fondées ſur de pareilles viſions. Si les Ianſeniſtes, dit-il, *avoient toute la puiſſance ſur la terre, ils ſeroient les Miniſtres des demons pour abbatre tous les Autels, & ruiner tous les lieux ou l'on invoque Dieu par l'interceſſion de la Ste Vierge.* Et pourquoy cela ? En voicy le ſujet. On a fait le recit dans la preface de la 4. partie de l'Apologie, de la perſecution que les Ieſuiſtes ont excitée en Eſpagne contre les Dominicains ſur le ſujet de la queſtion de la conception immaculée en leur voulant faire prononcer dans la chaire un certain formulaire conceu en ces termes;

Loüé soit le S. Sacrement de l'Autel, & la pure & immaculée conception de la Vierge Mere Dieu conceuë sans peché originel dans le premier instant de son estre; On s'est contenté de dire sur ces paroles en elles même; qu'elles estoient odieuses, puisqu'on y confond un mystere de nostre Foy avecune opinion tres incertaine. Mais ou s'est principalement arresté a montrer que c'estoit une tres grande injustice de vouloir obliger les Dominicains de les prononcer, puisqu'ils contiennent une faulseté dans leur esprit.

On a donc blasmé les Iesuistes de ce procedé, comme il est en effect tres-blasmable, & l'on a temoigné de plus ne pas approuver ny le zele amer de ceux qui se servoient de cette question pour persecuter un ordre Religieux, ny les sollicitations qu'on a faites a Rome pour obtenir la definition de la Conception immaculée, parce que n'y ayant rien de cette opinion dans l'Ecriture ny dans la tradition, on ne la pourroit definir que par entousiasme ou sur des revelations particulieres, & des convenances tirées par l'esprit humain qui ne peuvent point servir de fondement à la foy de toute l'Eglise. Mais pour la devotion à la Conception immaculée separée de toutes ces choses visiblemēt mauuaises, on n'a pas dit un seul mot qui pust la blesser en aucune sorte: & l'on a dit au contraire qu'on ne vouloit pas nier que quelques bonnes ames n'ayent favorisé ce sentiment par un desir pieux d'honorer la Ste Vierge.

Il n'y a point de personne sage qui ne juge en lisant cette preface qu'on n'y condāne que des defauts visibles & certains, & que pour le fond de l'opinion, on ne s'est point voulu declarer. Et ceux qui sçavent la retenue que I. C. veut que nous ayons à juger des autres, ne pretendront jamais auoir droit de deviner les sentimens interieurs d'une personne qui ne veut pas s'en ouvrir, & qui peut avoir diverses raisons de ne le pas faire. Mais le S. Desmarets qui suit d'autres regles dans la conduite que celle de la raison & de l'Evangile, non seulement a conclu de ce discours, que l'Auteur ne croyoit pas la Conception immaculée ce qui luy estoit incertain; mais il en a même tiré cette consequence impie & heretique, que n'estant pas favorable à la doctrine de la Cōception, il voudroit abolir entierement le culte de la Vierge, comme si l'on ne pouvoit estre contraire à cette opinion sans vouloir détruire le culte religieux de la Ste Vierge. On a fait des heures de la Vierge: On a traduit les Hymnes que l'Eglise chante à son honneur: Il y a des livres entiers de Meditations imprimées sur ses vertus qui sont recueillies des pensées de M. de S. Cyran: La devotion à la Ste Vierge estoit aussi établie dans P. R. qu'en aucune autre maison de France: Les Religieuses luy ont fait plusieurs vœux durant leur persecution: Mais tout cela ne fait point d'impression sur l'esprit du S. Desmarets. Le moindre ombrage qui frappé son imagination l'emporte, & luy suffit pour avancer les plus atroces calomnies; & il le fait avec un tel étourdissement qu'il ne s'apperçoit pas qu'il détruit luy même ses reproches par des cōtradictions visibles. Car au même lieu qu'il accuse ces pretendus Iansenistes d'estre impies envers la Mere de Dieu, parce qu'il suppose qu'ils ne sont pas favorables à la doctrine de la conception immaculée, il reconnoist que S. Bernard a eu une devotion tendre & affectueuse envers la Ste Vierge, quoy que tout le monde sçache qu'il a combattu cette doctrine, aussi bien que S. Thomas & tout l'ordre de S. Dominique, & plusieurs grands personnages de l'Eglise.

On ne sçauroit, Monsieur, considerer trop serieusement cet exemple terrible de l'illusion du Sieur Desmarets. Car on y découvre clairement l'artifice dont le demon se sert pour regner en paix dans l'esprit des illuminez, & qui fait le principal & le plus dangereux caractere de leur secte. Son adresse est de les engager en des actions criminelles & de leur faire violer la Loy de Dieu, & les devoirs essentiels du Christianisme : & en suitte quand il s'est rendu maistre de leur cœur par le moyen de ces crimes, il leur en oste la connoissance, il leur fournit des maximes pour les justifier, & il leur permet de s'evaporer en des pensées de spiritualité en se servant des lumieres trompeuses qu'il leur inspire, ou qu'ils produisent d'eux mêmes pour les tenir en asseurance & en paix dans ce malheureux estat. C'est ce qu'on voit comme de ses yeux dans le S. Desmarets. Le voila convaincu d'vn grand nombre de crimes inexcusables contre les plus claires & les plus indispensables loix de la justice : Il est jugé par l'Evangile qui defend de condamner temerairement le prochain : Il est jugé par S. Paul qui declare que les medisans ne possederont point le royaume de Dieu : Il est jugé par le Decalogue qui condamne tous les faux accusateurs comme luy. Il n'y eut jamais de calomnies plus grossieres & plus visibles que les siennes, & il n'y a point de Casuiste si relasché à moins qu'il ne soit aussi phanatique que luy, qui les puisse excuser. Cependant a quoy pensez-vous que s'ocupe cet homme durant qu'il est ainsi le joüet du diable ? Il communie presque

Delices de l'esprit. Lettres spirituelles 3. pa. lett. 25. Dãs les Allegories sur la Genese. Lettres spirituelles 3. pa. lett. 26. Ibid. lett. 17.

tous les iours pour entasser sacrilege sur sacrilege : *Il se plonge par imagination, dans l'immense Ocean de la divinité* : Il se promene *dans les Salons de la theologie mystique* : Il fait des commentaires sur S. Denis l'Areopagite : Il explique ce que c'est que *la cime de l'entendement, le verbe de l'entendement, la suspension des puissances, l'inseparabilité, l'insatiabilité, l'infatigabilité, la langueur qui fond l'ame, l'extase, l'uniformité, la conformité, la deiformité & tous les autres degrez de l'amour Seraphique* : Il medite sur les proprietez & les avantages du neant, il en écrit des lettres Spirituelles à des pauures filles abusées ; & apres avo'r fait la description de ces estats surnaturels, il s'y place luy même & il y place toutes celles qu'il luy plaist. *Estant bien perdus & aneantis en Dieu*, dit-il à une de ses victimes, *nous serons tout en luy, & luy tout en nous. Alors nous ne serons rien & ne souffrirons plus rien estant devenus un rien ; mais Dieu estant tout en nous sera tout & souffrira tout en nous. C'est alors que la pauure creature est capable de tout. N'estant plus rien le diable ne peut plus la trouver, ny en elle même, car elle est un rien, ny dans ses operations ny dans ses actes, car elle n'en fait plus. Ainsi,* dit-il, *peu a peu estant bien fondus & parfaitement disposez par un abandon total & par une dissolution entiere de nous mêmes, la vertu du S. Esprit s'écoulera en nous, & nous deviendrons tout Dieu en unité avec luy par une deiformité admirables.* C'est la perfection où le S. Desmarets aspire & où il porte les ames ; mais il ne sera pas long temps sans y arriver luy même avec elles, & il y est deja englouty trois lignes aprés sa victimes. *Ie vous embrasse donc,* luy dit-il, *Ma tres chere Colombe dans vostre rien, tout rien que je suis, & chacun de nous estant tout dans nostre tout par nostre aymable Iesus, qui nous a acquis une si grande puissance par le merite infini de son Incarnation.* Le voila donc *deiforme,* puisqu'il est *rien,* & que Dieu est *tout en luy.* Que si vous voulez sçavoir encore plus exactement ce que c'est que cet estat de *deiformité,* où il est plongé avec sa Colombe, il vous en

dira plus de nouvelles dans une lettre du mesme volume. C'est, dit-il, un estat **Ibid.**
approchant de l'estat des bienheureux, parce que l'ame dés cette vie est remplie & com- **lett. 26.**
blée de toute la plenitude de Dieu. C'est alors qu'il se fait en elle un deluge d'amour
mysterieux & adorable qui noye toutes les pensées humaines, qui engloutit toutes les
affections de la terre, & qui surpasse tout ce qu'il y a de haut dans les sciences, de relevé dans les vertus, de grand dans les pensées, & qui fait que l'esprit ainsi anneanti
s'oublie entierement de soy-même & ne voit plus que Dieu en toutes choses.

Il n'y a qu'a lire ces lettres pour voir qu'il s'applique sans cesse à luy même
toutes ces qualitez en vertu de ce neant imaginaire où il s'est reduit, le demon
l'entretenant dans cette effroyable illusion au même temps qu'il l'engage en
tant de crimes enormes. Et pour fermer la porte à toutes les lumieres qui le
pourroient détromper, il luy fournit en même temps des maximes qui le mettent à l'épreuve de tous les scrupules. Car il n'y a pour cela qu'a joindre quatre principe qu'il enseigne dans ses lettres à ses penitentes, Le 1. est que tout **1. part.**
ce que nous disons & pensons avec recueillement en Dieu, est de Dieu, ou plustost c'est **des lett.**
Dieu même. Le 2. que tout ce qu'on pense & fait avec tranquillité, c'est Dieu **p. 156.**
qui le pense & le fait en nous. Croyez, dit-il, que tout ce que vous penserez, ferez
& direz avec tranquillité, ce sera Dieu qui le pensera, le fera & le dira. Le 3. que **Ibid.**
pourveu qu'on se tienne dans ce rien, où l'on se reduit par imagination, & que **p. 37.**
l'on ne s'attribue rien de tout ce qui est bon, on doit croire sans presomption que tout **Suitte**
ce qui sortira de nous, soit pensées, soit paroles, soit action sortira de Dieu. Le 4. que **de la 3.**
c'est une marque infaillible à une ame qui à la connoissance & crainte de Dieu qu'elle **part. p.**
n'a point peché lors qu'elle n'en sçauroit avoir de remors. Ainsi parce que le demon **171.**
luy procure cette paix qu'il donne à ceux qu'il possede, & qu'il luy oste le re- **Ibid. p.**
mors dans les actions criminelles, il en conclud qu'il n'y peche point, & qu'il **207.**
peut avancer les plus noires calomnies contre des personnes qu'il ne connoist
point, parce qu'il les écrit froidement, et qu'il s'imagine le faire avec un recueillement en Dieu. Il ne craint rien: Il est assuré de tout : Ce n'est pas luy
qui parle ny qui agit, c'est Dieu qui fait tout en luy : Il connoist les pensées des
cœurs : Il penetre si les ames ayment Dieu. Asseurez ces Religieuses, dit-il,
que lors que j'auray le bon-heur de vous aller voir, Dieu me fera la grace de me faire
connoistre s'il regne dans leurs cœurs.

Enfin il attribue à Dieu jusqu'a ses songes ridicules. Et il a bien la hardiesse
d'écrire à une Damoiselle en ces termes : Il a pleu à Dieu me donner un songe **Ibid. p.**
qu'une perdrix que j'avois long-temps couvée sous mon aisselle droite, en estoit sor- **248.**
tie & avoit volé a terre, où elle me parut toute deplumée & fort hydeuse à voir. J'ay
cru que vous estiez cette perdrix que j'ay couvée long-têps ayât employé tous mes soins
pour échauffer & entretenir l'amour que vous aviez pour Dieu & qui estes sortie de
mon aisselle & estes volée a terre pour y vivre dans le desordre des sens. Mais j'espere que Dieu par sa misericorde vous rendra ces plumes & que vous retolerez sous
mon aisselle gauche qui est pres du cœur. Quel étrange langage d'vn seculier à
une fille ? Mais le sieur Desmarets ne s'en apperçoit pas, tant cette folie de
diviniser tous ses mouvemens luy a osté le discernement, non seul. ment
de ce qui est solide & veritable selon Dieu, mais de ce que l'on peut dire hon-
nestement selon le monde.

Apres cela il faut demeurer d'accord que c'est avec beaucoup de raison qu'il

3. part. propose luy même cette alternative dans ses lettres : *que ceux qui l'entendront*
p. 225. *parler de la sorte seront forcez de croire de deux choses l'une, ou qu'il est plus sage & plus habile que les autres, ou qu'il est un des plus grands fous du monde.* En effet il n'y a point de milieu, il faut necessairement dire l'un ou l'autre : & je m'imagine que dans cette alternative, il n'y aura personne qui soit empesché à prendre party, & qui ne le condamne de folie. Mais ce ne sera pas de cette folie dont il se flatte dans ses livres & qui fait dire à S. Paul : *Nos stulti propter Christum* : ce sera de celle que l'Ecriture rejette par tout, & qui ne convient qu'à ceux qui s'éloignent de la voye de la verité. C'est cette folie qui luy fait violer sans crainte & sans scrupule les plus claires loix de Dieu, selon ce que dit le Sage : *Stultus transsilit & confidit.* C'est cette folie qui le porte à cet excez insupportable de vanité qu'il témoigne dans ses livres selon cette parole : *In ore stulti virga superbiæ.* C'est cette folie qui fait qu'ils se repaist de songes & des réveries selon cet avertissement de l'Ecriture, *Os stultorum pascitur imperitia.* C'est cette folie enfin qui l'empesche de reconnoistre qu'il est engagé dans une voye malheureuse selon ce qui est dit : *Via stulti recta in oculis ejus.* Ce n'est point moy qui le juge, c'est la parole de Dieu même selon laquelle il sera jugé. Il nous veut faire croire, qu'il est *plongé dans l'eternité de Dieu,* qu'il *souffre le sacré martyre du Saint amour* ; qu'il *sent un boüillonnement d'amour continuel, un reflus de luy en Dieu & de Dieu en luy, une joye incessable & inexprimable.* Il nous dit qu'il *a une connoissance infaillible & surnaturelle de la verité de Dieu* ; mais nous voyons, & il le peut voir luy même s'il n'est entierement aveugle, qu'il est un calomniateur & un faux témoin, & qu'il publie sans crainte les plus horribles & les plus criminelles medisances : nous voyons qu'il viole sans crainte les Loix de Dieu les plus evidentes & les plus indispensables.

Qu'il écoute donc son arrest & qu'il tasche de le prevenir : *Qui dicit se Deum nosse, & mandata ejus non custodit, mendax est & in hoc veritas non est* : Celuy qui dit qu'il connoist Dieu, & qui ne garde pas ses commandemens est un menteur, & la verité n'est point en luy. Voila l'épreuve des phanatiques & le moyen de les reconnoistre. Il faut les rappeller à la Loy de Dieu, & voir de quelle sorte ils l'observent. Ce n'est point par *les boüillonnemens,* par *les liquefactions,* par *les tressaillemens,* par *les langueurs,* par *les extases,* par *les martyrs d'amour,* ny par tous ces autres sentimens qui peuvent estre ou feints, ou excitez par le diable qu'il en faut juger ; c'est par l'observation des commandemens de Dieu. Celuy qui fait la justice, dit encore le même Apostre, est juste : *Qui facit justitiam justus est* : & celuy qui peche est enfant du diable, *ex diabolo est.* Que le S. Desmarets examine s'il a pratiqué cette justice pour reconnoistre celuy qui l'anime, & à qui il appartient.

Ce 15. Ianvier 1666.

L'HERESIE IMAGINAIRE.
LETTRE XIV.
OV
QVATRIESME VISIONNAIRE.

MONSIEVR.

Ie ne sçay si ie me trompe, mais ie m'imagine qu'il y a bien des gens qui m'attendent sur les histoires dont ie vous ay promis l'eclaircissement, & qui abandonnant le sieur Desmarets en ce qui regarde ces noires calomnies, que i'ay refutées dans mes autres lettres, se retranchent à dire, qu'il ne s'ensuit pas qu'il ne soit croyable dans les faits qu'il rapporte, puis qu'il les accompagne de circonstances tres-particulieres, & qu'il témoigne les avoir appris de personnes qui en doivent estre fort bien informez.

Leur pensée seroit assez iuste au regard du commun du monde, mais toutes les mesures & toutes les regles se trouvent fausses dans les phanatiques. Ce sont des gens qui ne representent jamais les choses comme elles sont, parce qu'ils ne les voyent jamais telles qu'elles sont. Leur imagination altere tout, en rapportant tout à l'idée qui les occupe. Le sieur Desmarets est frappé d'un certain monstre d'une heresie qui veut faire une nouvelle Eglise & un nouveau Pape. Ce phantosme le poursuit partout, & il luy semble qu'il l'apperçoit dans toutes sortes d'actions & de paroles. Ainsi il n'est pas étrange qu'il soit toujours calomniateur ou avec dessein ou sans dessein. Il est peut estre souvent le premier trompé, mais certainement il trompe toujours les autres: & on a raison de le traitter de faux témoin dans tous les recits qu'il fait.

L'Euangile appelle de ce nom ceux qui déposerent contre Iesus-Christ au temps de sa passion, & qui l'accuserent d'avoir dit, qu'il pouvoit détruire le temple de Dieu, & le rebastir en trois jours. Cependant il avoit dit quelque chose d'approchant, comme il est marqué dans le second chapitre de S. Iean, où il dit aux Iuifs: *Abbatiez ce temple, & en trois jours je le rebâtiray*. Le changement ne paroist pas si considerable dans les paroles, mais il estoit grand dans l'intention de ceux qui les rapportoient, puis qu'ils vouloient faire passer une parole innocente du Fils de Dieu, pour un blasphême digne de mort.

On peut tirer de là cette regle de justice, qu'on est calomniateur, ou quand on avance des choses absolument fausses, ou quand on altere, par de fausses circonstances, celles qui sont veritables dans le fond, ou lors que l'on attri-

A

büe des intentions criminelles à des paroles & à des actions qui sont d'elles mesmes innocentes.

Il suffit pour estre faux témoin de l'estre en l'vne de ces trois manieres; mais il est rare de l'estre dans toutes les trois ensemble, & de ne raconter aucun fait sans tomber dans l'un de ces trois genres de calomnies. C'est neanmoins ce que l'on peut voir dans tous les faits, dont le sieur Desmarets fait le recit dans son livre. Il n'est pas possible de les traitter tous dans cette lettre, & peut estre seroit il assez inutile de le faire, puisque la fausseté paroist d'elle mesme dans la pluspart. Mais ceux que i'y examineray peuvent servir d'vn prejugé certain pour les autres; parce que je choisiray ceux qui peuvent le plus éblouir le monde, & dans lesquels le Sr. Desmarets s'imagine avoir le plus d'avantage.

Je ne puis mieux commencer cet examen qu'en justifiant la memoire de deux personnes mortes, qu'il a tasché de noircir, & pour lesquels il est bien étrange que celle, qui luy fournit ces memoires, n'ait point conservé quelque sorte de respect; l'un est feu Mr. Singlin Confesseur & Superieur du Monastere de Port Royal; l'autre est la feu Mere Angelique qui a reformé celuy des champs, & a fondé celuy de Paris.

Le Sr. Desmarets parle du premier en ces termes. *Ils ont, dit-il, p. 129. effacé du livre de vie & privé du ciel Mr. Singlin, parce que dans le conseil qui fut tenu entr'eux avec les Religieuses pour sçavoir ce qu'elles devoient faire si M. l'Archevesque venoit luy mesme leur commander de signer le formulaire, il dit & soutint qu'elles devoient luy obeir. Des lors il déchent de toute estime & n'eut plus de voix parmy eux: d'Elien, il devint reprouvé; & de leur Pape qu'il estoit, il fut declaré entr'eux excommunié. C'est pourquoy à sa mort il n'avoit point esté mis au catalogue des saints; & les Religieuses n'ont point gardé de ses reliques.*

Voila un recit fort bien circonstancié: Vn conseil tenu devant des témoins; un avis soutenu; une suite d'evenemens qui se rapportent les uns aux autres. Qui croiroit jamais qu'il ne contient rien de veritable? Cependant il est absolument faux dans toutes ses parties, dans le fond, dans toutes les suites. Il est faux que l'on ait jamais tenu conseil sur la signature en presence des Religieuses. Elles ont consulté separément qui elles ont voulu. On leur a fait le rapport de quelques consultations qu'on avoit faites avec des Docteurs qui y avoient interest: mais on ne s'est jamais assemblé devant elles, & on n'a pas pû mesme le faire, puisque Mr. Singlin avoit esté éloigné de Port-Royal près de trois ans avant sa mort, c'est à dire pendant toute la chaleur de ces signatures.

Il est faux que Mr. Singlin ait jamais crû qu'il fut permis de signer le Formulaire: Il est faux qu'il l'ait conseillé à personne: & la sœur Flavie elle mesme en peut rendre témoignage, puisque l'ayant consulté sur ce point peu de temps avant sa mort, il luy récrivit en ces termes, dont d'autres ont fait un meilleur usage qu'elle.

„ Si l'on vient interroger, il faut écouter humblement, ne raisonner point,
„ mais répondre que vous esperez de l'équité de Monseigneur vostre Arche-
„ vesque, quand il sera en place, qu'il sera satisfait de vostre foy, & de vostre
„ respect envers le S. Siege par la signature que vous avez faite; ne croyant
„ pas que l'on vueille, & que l'on puisse demander davantage à des filles sur

,, des questions qui ne les regardent point, ne pouvant leur attribuer de rete-
,, nir des sens cachez en ne condamnant pas un livre qu'elles n'entendent pas
,, & qu'elles sont incapables d'entendre, à cause qu'il est latin ; & que quand
,, il ne le seroit pas, il est infiniment au dessus de leur portée. De plus que ce
,, qui vous retient d'y prendre aucune part, est de sçavoir que tant d'habiles
,, gens sont partagez sur l'intelligence de cet auteur, vous estimant heureuses
,, d'estre de condition à ne faire aucun jugement là dessus, vostre partage
,, estant le silence & la prière pour toutes les difficultez qui naissent dans l'E-
,, glise, croyant tout ce qu'elle croit & rejettant tout ce qu'elle rejette.

Il est faux que l'on ait perdu dans Port Royal l'estime & la vénération que l'on y a toûjours eüe & que l'on y aura toûjours pour la vertu de Mr. Singlin ; & les Religieuses de la Visitation peuvent bien démentir en ce point le sieur Desmarets, puis qu'elles ont esté témoins, qu'à l'anniversaire de sa mort on luy rendit les honneurs que l'on a accoutumé d'y rendre aux principaux bien-faicteurs de ce Monastere, en récitant dans le Chapitre son Eloge, qui avoit esté dressé par celles que le Sr. Desmarets appelle rebelles pour estre inseré en suite dans le registre mortuaire, & qui contenoit ces termes.

,, Ce jour 1664. mourut Messire Antoine Singlin Prestre, qui a esté 26. ans
,, nostre Confesseur, & huict ans nostre Superieur ; lequel a pris des soins in-
,, fatigables pour le bien spirituel & temporel de ce Monastere, & a servi tou-
,, tes les Sœurs par ses avis & par sa conduite avec une charité si desinteres-
,, sée & si extraordinaire, qu'elle l'a rendu le Pere de toute la maison : & on
,, peut dire que Dieu s'est servi de luy pour nous combler de toutes sortes
,, de benedictions spirituelles & temporelles. Il l'a remply de ses graces pour
,, les faire couler sur nous. Il nous a éclairées par ses lumieres, animées par le
,, feu de sa charité, & nourries du pain de la parole divine qu'il nous a long-
,, temps distribué avec beaucoup de fruit, ses discours estant remplis de la
,, force du S. Esprit, Dieu luy ayant donné une intelligence toute extraordi-
,, naire, qui luy faisoit penetrer les plus saintes maximes de la morale chre-
,, stienne ; personne ne les concevoit d'une maniere plus relevée ; & personne
,, ne les rabaissoit avec plus de prudence pour les proportionner à la foiblesse
,, des ames. Ce qui a fait que tout le monde l'accouroit avec admiration,
,, ayant receu un don particulier de Dieu de toucher les ames. Car il n'y avoit
,, que la charité seule qui remüoit son cœur. C'est cette divine vertu qui en
,, faisoit tous les mouvemens. Il ne craignoit que la perte des ames : il ne de-
,, siroit que leur avancement : il ne s'affligeoit que des fautes de ses enfans ; &
,, il n'avoit de la joye que de les voir marcher dans la voye de la verité. Tous
,, les autres maux, ou biens temporels, ne pouvoient trouver aucune place
,, dans son cœur. Sa parfaite charité l'a rendu le Pere de toute la maison,
,, nous ayant toutes engendrées en Jesus-Christ & à la vie Religieuse. Ce qui
,, nous oblige de conserver sa memoire dans une benediction eternelle.

Enfin, quoy qu'il ne soit pas necessaire de garder des reliques de tous ceux dont on revere la pieté, il est faux mesme que l'on n'en ait point gardé de Mr. Singlin, les Religieuses ayant fait des pastes avec l'eau de vie dont on lava son cœur pour en garder des medailles.

Il semble que le Sr. Desmarets ait évité à dessein de mêler aucune verité dans ce recit. Car en entassant tant de choses fausses, il en eust pû dire une veritable qu'il n'a pas dite, mais que je ne veux pas dissimuler pour éclaircir entierement ce point. C'est qu'en effet il y a eu quelque diversité de sentimens entre feu Mr. Singlin & d'autres personnes, non sur le formulaire, qu'ils ont toujours également rejetté, mais sur d'autres modéles de signatures, que les uns trouvoient trop obscurs, & les autres trouvoient assez clairs. Mais cette diversité de sentiment n'a jamais alteré en rien la confiance & le respect qu'on avoit pour luy; & ceux mesme qui n'estoient pas de son sentiment sur l'intelligence de quelques termes, ne laissoient pas d'honorer sa vertu & sa lumiere. De sorte que cette contestation charitable ne peut prouver autre chose devant toutes les personnes équitables, sinon qu'il n'y avoit aucune cabale dans Port Royal, qu'il n'y avoit aucune liaison, que celle qui estoit formée par l'union des cœurs; que l'on y preferoit la verité à toutes choses, & que l'on y sçavoit conserver la charité dans la diversité de sentimens, qui arrive necessairement entre les personnes les plus éclairées par les tenebres & la foiblesse de l'esprit humain.

Il n'y a pas moins de malice en ce que le Sr. Desmarets rapporte de la feüe Mere Angelique dont il dit *qu'elle croyoit tellement cette nouvelle Eglise estre la seule Eglise, & leur Pape le seul Pape veritable, qu'elle dit un jour à ses Religieuses, se sentant déja une sainte à canoniser, qu'elle aimeroit mieux estre canonisée par Mr. de Singlin, que par le Pape.*

Je ne sçay si l'on peut concevoir rien de plus indigne, que le procedé de celle, qui a rapporté au Sr. Desmarets cette parole, qui sert de fondement à sa calomnie. On parle dans le commerce de la vie selon les rencontres, & selon les objets qui se presentent: & souvent par une veüe passagere dont on est frappé l'on ne peze pas tous ses mots, & l'on y commet quelque fois des fautes, puis que S. Jasques nous assure qu'il n'y a que les parfaits qui ne pechent point dans leurs paroles. Ainsi c'est violer toutes les regles de la charité, de l'équité & de l'amitié, & mesme de la societé humaine, que de choisir en toute la vie d'une personne une parole que l'on croit exposée à la calomnie pour la redire à des ennemis declarez qui en font un usage si criminel. Mais on sera encore bien plus étonné de l'injustice de ce rapport, & de l'extravagance des consequences que le Sr. Desmarets en a tirées, quand on sçaura ce qui y a donné lieu, dont voicy la verité.

La feüe Mere Marie des Anges, qui avoit esté tirée du monastere de Port Royal pour estre Abbesse de Maubuisson, ayant depuis quitté cette celebre Abbaye pour revenir simple religieuse à Port Royal, elle y mourut sept ou huit ans aprés en qualité d'Abbesse, sa modestie n'ayant pû s'opposer au choix que les Religieuses firent d'elle pour cette charge en deux élections consecutives. Mr. Singlin avoit une estime toute particuliere pour sa vertu, d'autant qu'elle n'avoit rien d'attirant selon le monde & qu'estant d'une naissance mediocre & d'un esprit qui n'avoit rien de brillant, il n'y avoit que sa sainteté, qui la pust faire honorer. Il se crut donc obligé de faire connoistre aprés sa mort quelques unes des graces particulieres qu'elle avoit receuës de Dieu & il en fit une conference expresse aux religieuses. Comme elles s'en entretenoient entr'elles, il y eut une sœur qui dit tout simplement

qu'on

qu'on ne pouvoit pas douter aprés cela de sa sainteté, & que cela valoit une canonisation. Et ce fut ce qui donna lieu à la Mere Marie Angelique de dire sans autre reflexion, qu'elle aymeroit bien autant estre canonisée de M. Singlin que du Pape, en ajoutant en mesme temps la raison, qui est qu'un Confesseur aussi éclairé que luy, & à qui on donne connoissance du fond de son cœur depuis long-temps, peut souvent mieux discerner la solidité de la vertu, que ceux qui n'en jugent que par le rapport d'autruy. Elle leur expliqua encore depuis par rencontre ce qu'elle avoit entendu par là, & elle leur dit qu'elle n'avoit nullement pretendu attribuer à une personne particuliere l'autorité de l'Eglise & du Pape pour prononcer sur ces sortes de choses; mais qu'elle avoit voulu dire seulement, qu'un confesseur, qui connoist une ame depuis long-temps, & qui en sçait le fort & le foible, peut souvent estre plus assuré de son estat, que ceux qui n'en jugent que par le dehors, & qui ne connoissent pas le dedans, ou il peut y avoir, comme elle le disoit d'elle mesme, bien de la misere qu'on ne voit pas.

Voila toute l'histoire, dont le recit suffit pour donner horreur de la calomnie du Sr. Desmarets, qui enprend occasion d'accuser la Mere Angelique de n'avoir pas reconnu l'Eglise, ni le Pape, & d'avoir voulu faire un Pape de Mr. Singlin; puis qu'il est visible, comme elle s'en est elle mesme expliquée, qu'elle ne pretendoit faire aucune comparaison entre l'autorité du Pape & celle d'un Prestre particulier, mais entre la certitude qu'a le Pape de la sainteté des personne qu'il canonise, & celle qu'un Confesseur experimenté, quel qu'il soit, en peut avoir. Or il est certain que l'on peut sans estre Pape, avoir quelquefois autant de certitude d'une chose que le Pape mesme: & l'on ne peut nier par exemple, qu'un homme en la personne duquel il s'est fait un miracle indubitable par l'intercession d'un Saint, ne soit aussi assuré de sa sainteté, que le Pape qui le juge Saint sur sa déposition, & qui ne sçait ce miracle que sur son rapport. Il n'y a donc aucun sujet de s'étonner que la Mere Angelique estant frappée de cette pensée, qu'un Confesseur connoist le dedans; mais que ceux qui font les informations de la vie d'un Saint, ne peuvent en connoistre que le dehors, ait pû laisser cette parole sans reflexion. Tout ce qu'on en peut dire est qu'elle n'est pas entierement exacte, puisque les Papes jugent de la sainteté sur les miracles, ce qui rend absolument leur jugement plus certain que celuy d'un Confesseur. Il n'y eust eu qu'à faire seulement entrevoir cette consideration à la feüe Mere Angelique pour l'en faire demeurer d'accord, & pour luy faire corriger ce qui paroist excessif dans son expression. Mais il n'y a rien de plus noir, que d'en tirer les consequences que le Sr. Desmarets en tire, & de prendre mesme sujet d'attribuer à cette Mere si judicieuse & si humble, une aussi grande folie qu'est celle de s'estre creüe une sainte à canoniser; au lieu qu'elle estoit toujours penetrée des sentimens qu'elle avoit de sa misere, & toute abbatuë & tremblante devant Dieu par la crainte de ses jugemens, & qu'elle pouvoit dire avec Iob: *Ego autem quasi tumentes super me fluctus timui Deum, & pondus ejus ferre non potui*; n'y ayant rien au monde de plus contraire à son esprit que la spiritualité du Sr. Desmarets, qui assure qu'il nage toujours dans les delices spirituelles, & qu'il goûte une joye incessable & inexprimable, en sentant un reflus continuel de Dieu en luy, & de luy

B

en Dieu. Parce, dit-il, *que Dieu s'accommode à son temperamment sanguin.*
Il n'est pas besoin de tant de discours pour éclaircir une autre histoire qu'il rapporte dans sa Preface en ces termes : *Nous sçavons leurs mysteres d'iniquité, & qu'apres la condamnation des cinq propositions faite à Rome, ils firent une assemblée dans Paris en laquelle plusieurs opinerent qu'ils devoient tous soutenir leur doctrine jusques à la mort: les autres furent d'avis qu'il falloit cedder au temps, & qu'en faisant semblant d'acquiescer sur ce qui est du droit, ils devoient disputer encore sur ce qui est du fait, & soutenir que Iansenius pouvoit avoir eu d'autres sens, jusqu'à ce que le temps fut venu de soustenir la question de droit: Et alors*, dit-il, *quelques Docteurs qui avec simplicité s'estoient engagez dans ce parti, leur dirent, que puisqu'ils agissoient sans sincerité ils se retiroient de leur doctrine & de leurs assemblées.*

Car il n'y a qu'à dire en un mot que c'est une pure fable que cette assemblée, & tout ce qu'il dit qu'on y a traitté. Que le Sr. Desmarets nomme ces Docteurs, qui y ont assisté, & qui s'en sont retirez, & tous ceux & celles qui luy ont fait ce rapport; ou qu'il souffre qu'on le traitte d'imposteur & de calomniateur.

On n'a jamais tenu d'autre doctrine que celle, que l'on tient, & que l'on declare à tout le monde. Et il n'y a que ceux qui n'entendent rien dans ces matieres, qui puissent trouver de la contrarieté dans la maniere dont on a parlé des propositions avant qu'elles fussent condamnées, & celle dont on en parle presentement. On a demandé au Pape qu'il en distinguast les divers sens, afin que la censure ne pust pas en retomber sur la doctrine de la grace efficace, qui y pouvoit estre enveloppée : *Vt distingui & examinari faceret varios sensus propositionum aequivocarum & ad fraudem fictarum,* côme il est porté dans le memoire presenté à sa Sainteté. Et le Pape les ayant condamnées en exceptant par diverses declarations & verbales & par écrit le sens de la grace efficace, on les a aussi condamnées absolument; parce que le seul bon sens auquel on les pouvoit rapporter avoit esté exclus par ces declarations du Pape & par le commun consentement de l'Eglise qui est maistresse de son langage. Mais cela passe l'intelligence du Sr. Desmarets ; & il seroit inutile de prendre beaucoup de peine pour l'en instruire. Il luy faut des matieres plus grossieres & plus sensibles. Et ces Saints decapitez ; ces morts deterrez ; ces processions nuds pieds ; ces reliquaires de Saints modernes sont infiniment plus à sa portée. Aussi c'est particulierement sur ces sortes de matieres qu'il triomphe. Il faut donc voir s'il en a quelque sujet.

Il propose l'accusation du Saint decapité dâs la p. 235. d'une maniere terrible. *Ces Docteurs nouveaux,* dit-il, *par l'ordre ou par la permission de leur Pape ont mesme decapité des Saints anciens pour mettre sur leurs corps la teste de leurs Saints modernes.* Qui ne seroit étonné d'une aussi étrange action, qu'est celle de decapiter un Saint. Il est facile neanmoins de rassurer le monde sur ce point, & de changer mesme l'étonnement qu'il en auroit eu, en un autre étonnement de l'impertinence du Sr. Desmarets : car voicy ce qu'il a voulu dire. Les Religieuses de Port Royal faisant faire un tableau de S. Iean Chrisostome par un peintre celebre, qui est fort de leurs amis, luy donnerent un plastre pris sur le visage de Mr. le Maistre mort, pour luy servir de modele comme ils se servent d'ordinaire ou de la teste de Mithridate, ou de quelque autre antique, ou mesme de la teste d'un homme vivant. Il n'y a gueres de Saint dans Paris qui ne soit decapité en cette maniere. Et si c'est decapiter les Saints que d'en vser de la sorte, il faut que tous les Peintres de l'Europe passent dans l'esprit du Sr. Desmarets pour de furieux tirans qui font mestier de decapiter les Saints, puis qu'ils ont tous accoustumé d'emprunter leur visage de quelque autre teste au defaut du visage naturel que l'on n'a pas d'ordinaire.

Ne vous effraiez pas non plus, Monsieur, de ce mort deterré. Ie n'ay qu'à vous en conter l'histoire pour vous donner de l'indignation contre le Sr. Desmarets, qui veut faire un crime à des Religieuses d'une action tres innocente. Ce mort est feu Monsieur de Bagnolx. Il y a plusieurs personnes qui sont informées de sa pieté extraordinaire, & de son affection pour les Religieuses de Port Royal : mais il y en a peu qui sçache jusqu'à quel point elle alloit. Comme il ne regardoit que Dieu dans les assistances charitables qu'il leur a renduës durant sa vie, on ne doit pas trouver étrange que ces Religieuses ayét joint à la gratitude, qu'elles luy devoient, une tres-grande estime pour sa vertu. Ceux qui estoient depositaires de ses plus secrettes pensées leur ayant donc témoigné, qu'il avoit desiré durant sa vie d'estre enterré dans leur Chœur, afin que la veüe de son tombeau les excitast davantage à prier pour luy ; & qu'il avoit de plus ordonné que son cœur fût porté au Monastere de Port Royal de Paris, elles eurent avec raison quelque sorte de passion que sa volonté fut executée. Ce pendant il arriva que le Chirurgien qui l'ouvrit à Paris remit par mégarde son cœur dans le corps apres l'avoir embaumé, & l'on ne s'en souvint jamais que lors qu'il fut porté à l'Eglise de Port Royal des champs. On prit de plus resolution en faveur des parens, de l'enterrer dans l'Eglise de dehors sans consulter les Religieuses. Ce qui leur ayant fait quelque peine auec raison, elles presenterent une requeste à Mr. Singlin leur Superieur, peu de temps avant l'enterrement, & lors que tout estoit prest pour la ceremonie par laquelle elles luy exposerent que l'on s'éloignoit de l'intention du defunt, dont il estoit plus informé que personne, & que l'on faisoit tort à leur Monastere & à ce luy de Paris par cette resolution que l'on avoit prise. Mr. Singlin jugea leurs raisons bonnes & leurs demandes justes ; mais on estoit hors d'estat d'en deliberer les choses estant trop avancées. Ainsi il ne trouva point d'autre expedient pour satisfaire à tous ces engagemens que de leur mander que l'on mettroit seulement le corps comme en depost dans la fosse qui avoit esté preparée, & que l'on le releveroit en suite pour le mettre de leur costé : Ce qui fut fait la nuit suivante avec toute la decence requise par les Ecclesiastiques qui estoient à Port Royal. Le Chirurgien fut obligé de r'ouvrir le corps pour en tirer le cœur, & en l'ouvrant il prit de plus quelques parties de son crane & de ses mains. Voila l'histoire separée de la fable : & il faudroit estre bien injuste pour blâmer ces Religieuses d'une action, où l'on ne peut remarquer autre chose qu'une reconnoissance tres-juste, & une pieté raisonnable.

Ie ne sçay quel avantage celles qui fournissent ces memoires au Sr. Desmarets trouvent dans ces contes, puis qu'il ne peut durer tout au plus que jusqu'au temps qu'on ait pû en detromper le monde, & qu'en suitte ils ne servent qu'à les exposer à en recevoir une confusion publique.

Peut-estre que celle qui a écrit le billet rapporté par le Sr. Desmarets à la fin de sa Preface croit estre plus en seureté par ce que les Religieuses de Port Royal deschamps sont hors d'estat d'éclaircir ce qu'elle leur impute, qu'elles ont fait plusieurs fois des processions nuds pieds, en portant les reliques de Mr. de S. Ciran, de Mr. de Bagnolx, &c. qu'elles chantoient les Hymnes des Confesseurs non Pontifes, & disoient au retour les Oraisons des Confesseurs non pontifes. Elle seroit peut-estre assez embarassée si on luy demandoit à elle mesme de qui elle tient cette histoire. Mais de qui que ce soit qu'elle la tienne, des personnes qui ont esté à Port Royal deschamps peu de temps avant qu'on y mit des gardes, assurent qu'elle est tres fausse, & qu'encore que ces Religieuses ayent fait des processions nuds pieds; ce qui est une mortification ordinaire dans les grandes necessitez comme celle où elle estoient, le reste neanmoins est une fable, n'ayant jamais chanté que des Pseaumes dans ces processions, & n'y ayant point porté d'autres reliques que les anciennes reliques du Monastere. C'est une chose fort odieuse que de vouloir décrier ses Sœurs par ces sortes de rapports. Il est encore plus odieux de le faire en se liant avec un phanatique. Mais c'est le comble de l'imprudence de le faire par des faussetez qu'il est aisé de faire retomber sur celles qui les inventent.

Il n'y a plus à éclaircir sur cette matiere des Saints modernes, que la question generale, qui consiste à sçavoir si lors qu'on connoist la vertu eminente de quelques personnes, qui ne sont pas canonisées par le Pape, il est permis de les honorer par un culte particulier, de garder de leurs reliques, de leur adresser des prieres, sans pretendre neanmoins avoir droit de leur rendre publiquement les honneurs qu'on rend aux Saints qui sont proposez par l'Eglise à la veneration de tous les fidelles.

Le Sr. Desmarets fait de ce point une accusation capitale contre les Religieuses de Port Royal, & il pretend que la devotion qu'elles ont eu à quelques personnes de pieté non canonisées, est une preuve convaincante qu'elle ne sont pas de l'Eglise, de sorte qu'il attribuë à une providence particuliere de Dieu la découverte qu'on a faite de cette pratique. *Ces pernicieuses folies*, dit-il, *qu'il a plû à Dieu de découvrir tant du presomptueux établissement & de la nouvelle erection de leur Pape ou Moïse, que des canonisations de leurs Saints modernes: pour lesquelles choses ils ont crû qu'il n'avoit pas besoin de nostre Pape, qui seul à le pouvoir d'autoriser la veneration des Saints, font manifestement voir de quel abisme d'erreurs Dieu à délivré le Monastere de Port Royal de Paris qui estoit le grand fort de Satan.*

Ainsi selon le Sr. Desmarets c'est estre dans un abisme d'erreurs que de rendre quelque honneur à des personnes non canonisées; & les Monasteres, où cette pratique est établie, sont des forts de Satan.

Mais si cela est qu'il y aura de personnes dans l'Eglise, & sur tout dans les Monasteres, qui sont abismées dans l'erreur, & à la conversion desquels Mr. de Paris doit employer le Sr. Desmarets.

Les RR. PP. Jesuites descendront des premiers dans cet *abisme*, puis qu'ils ont distribué à toute l'Europe des reliques de leur general Carafe non canonisé, & qu'il n'y a guere plus d'un an que le P. Damé, Iesuite François donna

une

une partie de l'un de ses doigts à un Gentilhomme de qualité, qui estoit à Rome, en presence d'un autre Iesuite François, nommé le P. du Thamel.

Messieurs de S. Sulpice auront bien de la peine de s'en retirer, parce qu'ils souffrent qu'on fasse des neuvaines au tombeau de Mr. Olier.

Les PP. de la Charité y seront des plus enfoncez pour tant de vœux & tant de neuvaines qui se sont faites dans leur Eglise au P. Bernard.

Les PP. de l'Oratoire y auront quartier, parce qu'il y en a plusieurs qui ont des reliques de Mr. de Berulle, & qui en donnent à ceux qui leur en demandent.

Les PP. de la Mission leur y tiendront compagnie, parce que l'on sçait qu'ils ont donné à diverses personnes des reliques du P. Vincent.

Tout le credit de M. Chamillard envers le Sr. Desmarets n'en pourra pas exempter Messieurs de la communauté de S. Nicolas; puisque l'on peut prouver qu'ils ont gardé des reliques de M. Bourdoise, & mesme qu'un d'eux s'en servi en exorcisant une possedée, comme l'on se sert des reliques des autres Saints.

Le Pere Carme qui a fait la vie de M. Queriolet Conseiller de Rennes s'y est precipité dés sa premiere demarche; puisqu'il loüe & approuve dés l'entrée de sa lettre à M. le Marquis de Pont-Caler, *le profond respect* & l'extreme veneration que ce Seigneur a pour les moindres parties des reliques de M. Queriolet, & sa ferme foy avec laquelle on le void aussi bien que plusieurs autres personnes de toutes sorte de condition recourir en toutes occasions à son corps comme à un refuge asseuré.

Il faudra qu'il y ait aussi dans cet abisme de fort grand departemens pour les RR. Meres Carmelites puisqu'elles ont quantité de nouvelles saintes qu'elles honnorent. Celles du grand Convent distribuënt à tout le Fauxbourg S. Iacques de l'eau qu'on appelle de la Mere Magdelaine, & elle souffrent qu'on en boive pour obtenir de Dieu la guerison de diverses maladies par l'intercession de cette Mere. Tout le monde fait aussi librement des vœux & des neuvaines à Ponthoise au tombeau de la sœur Marie de l'Incarnation, & elle est honorée avec raison dans tout leur ordre comme une sainte.

Le Convent des Carmelites de Beaune en particulier sera fort avancé dans *l'abisme* à cause de la sœur Marguerite du S. Sacrement. Et ce qui sera sans doute bien dur au Sr. Desmarets, il faudra que le R. P. Amelotte y descende aussi, quelque liaison qu'il ait avec luy, parce qu'il a contribué, par le livre qu'il a fait de la vie de cette Religieuse, à la faire honorer comme une sainte par plusieurs personnes.

Mais que fera la R. M. Eugenie & tout l'ordre de la Visitation pour se sauver de *l'abisme* du Sr. Desmarets, puisque cette pratique d'honorer de nouveaux Saints non canonizez y est fort commune, & qu'elles ne font pas difficulté de l'etendre à beaucoup plus de personnes qu'on n'a fait à Port Royal. On n'a qu'à lire pour cela les quatre tomes dans lesquels elles ont recueilly les vies de leurs premieres Meres, & l'on y verra qu'elles ont donné au peuple des reliques de plusieurs d'entr'elles.

Il est rapporté entr'autres dans la vie de la M. Claire Françoise de Cuisance que lors que le bruit de sa mort fut répandu dans la ville de Gray

C

chacun demandoit quelque chose qui luy eust appartenu pour en cherir la memoire. Et qu'ayant esté portée au monastere de l'Annonciade, parce que les Religieuses de la Visitation n'avoient point encore de lieu propre pour la sepulture, il fallut la laisser quelque temps exposée pour la consolation du peuple, & l'on n'eust sceu empescher que son habit n'eust esté mis en pieces si la Superieure n'en eust mis un autre qui luy avoit servi, pour satisfaire à la pieté de ce peuple, & distribué aux personnes de qualité tous les grains de son chapelet.

Dans la vie de la Mere de Brichart, celle qui a composé ces vies insere une lettre des Religieuses de la Visitation de Moulins qui finit par une invocation expresse de cette Mere. *Ils nous restent*, disent-elles, *seulement à la prier que comme elle a esté nostre bonne Mere elle nous obtienne d'estre ses bonnes & vrayes filles*. Ainsi à moins que le Sr. Desmarets ne pretende qu'il est deffendu de prier les Saints modernes en latin comme il dit qu'on a fait à Port Royal, mais qu'il est permis de les prier en François, il faut qu'il precipite dans son *abisme* & celles qui ont écrit cette lettre, & celle qui la rapporte & celles qui l'approuvent c'est a dire tout l'ordre de la Visitation.

Et pour montrer qu'on ne peut empescher ces Religieuses de tenir compagnie à celle de Port Royal dans cet *abisme*, j'ajouteray encore, que comme les Religieuses de Port Royal ont toujours mis entre leurs nouveaux Saints la feüe Mere de Chantail, fondatrice de la Visitation qui estoit tres particulieremét unie avec la feüe Mere Angelique; il y a eu de mesme des Religieuses de la Visitation, & des premieres de l'ordre, qui ont eu une semblable devotion pour la mere Marie Angelique, qui conservent ses lettres comme des reliques, & qui croyent avoir receu des graces tres-particulieres & temporelles & spirituelles par son intercession. Comme on le peut faire voir par des lettres qu'elles ont écrites.

Enfin il faudra y jetter en foule la plus-part des ordres de Religieux & de Religieuses, comme les Religieuses de Fonteuraud a cause de Robert d'Arbrisselles: les Religieuses de l'Annonciade, a cause de la bien-heureuse Ieanne de France: celles de la Congregation nostre Dame a cause du Pere de Mattincourt; l'ordre de la Trinité à cause du bien-heureux Iean de Martha: les PP. de la Doctrine Chrestienne a cause des PP. Vigier & le Fort. Et il sera difficile de trouver un seul monastere qui en soit exempt y en ayant peu ou l'on ne trouve quelque devotion particuliere envers les Saints non canonisez.

Ainsi comme l'armée des victimes du Sr. Desmares doit apparemment détruire les forts de Satan, il faut qu'elle ait conjuré la ruine de tous les monasteres de France, puisque selon sa theologie elle ne les peut considerer autrement que comme des citadelles du diable.

Ce sera particulierement dommage de ce beau monastere du Val de Grace qui ne sera pas épargné par le zele inexorable des victimes, puisque l'on y revere la Mere d'Arboüe non canonisée, & que l'on y fait ainsi une Eglise *moderne*, en usurpant les droits du Pape à qui seul, selon le Sr. Desmarets appartient d'établir la veneration des nouveaux Saints.

Ces renversemens sont sans doute bien terribles, & il est clair qu'il y va de l'interest public de rendre si l'on peut les victimes & le Sr. Desmarets raisonnables sur ce point. C'est pourquoy il faut tascher de luy faire voir que son zele est excessif, & qu'il n'y a pas tant de mal qu'il pense dans cette pratique.

Il est certain qu'encore que les Saints des premiers temps de l'Eglise ayent esté reverez par les fidelles sur la seule notorieté de leur martire, ou sur l'éclat extraordinaire de leur Sainteté sans une canonisation expresse du Pape, il s'est étably neanmoins depuis quelques siecles sur de bones raisons, une discipline contraire par laquelle on a remis au Pape l'examen de la sainteté des personnes que l'on revereroit publiquement dans l'Eglise. Tout le monde à reconnu la necessité de cet ordre, estant important de remedier aux abus qui pouvoient naistre de cette confusion de Saints que le peuple se seroit porté à honorer aussi tost par une devotion indiscrete, que par une veritable lumiere.

C'est ce qui a donné lieu aux deffences que les Papes ont faites d'honorer publiquement cóme Saints des personnes non canonisées, mais tous les Theologiens conviennēt que cette deffēse ne s'étend qu'au culte public, & ne comprend point & ne peut meime comprendre le culte particulier. C'est ce que le Sr. Desmarets peut apprendre du Cardinal Bellarmin, qui en a fait un article exprès dans ses controverses qui a pour titre : Que les Saints non canonisez peuvent estre honorez en particulier, & non en public.

Il forme d'abord la decision en ces termes : *Respondeo, licere privato cultu non publico.* Et il l'appuie sur le consentement de tous les Docteurs, *Vt Doctores communiter affirmant.* Et pour oster l'equivoque du culte public, il dit, que l'on n'appelle pas culte public, tout culte que l'on rend à des Saints en la presence du monde, mais celuy que l'on rend au nom de l'Eglise : *Vocamus autem publicum cultum non eum qui coram aliis exhibetur, sed qui nomine totius Ecclesiæ & tanquam ab Ecclesia institutus exhibetur.*

Il prouve ensuite que l'on peut invoquer ces Saints non canonisez mesme en la presence des autres, *etiam aliis audientibus,* & que quoyque l'on ne puisse pas exposer leurs reliques à la veneration publique, il est permis neanmoins d'en garder & de les reverer mesme à la veüe du monde, *etiam aliis videntibus,* pourveu qu'il n'y ait point de scandale ; que cette pratique est autorisée par l'usage de l'Eglise : *Id enim habet praxis Ecclesiæ ;* que l'on voit plusieurs personnes pieuses qui sont bien aises de garder quelque chose des habits de ceux qui meurent en odeur de sainteté; que jamais l'Eglise n'a pretendu interdire cet usage ; *nec id nunquam ab Ecclesia prohibitum fuit,* & que s'il est permis d'honnorer des personnes vivātes que nous croyōs saintes, il est encore plus permis de leur rendre cette veneration aprés leur mort ; *Si licet honoraré viventes quos credimus sanctos, cur non mortuos ?* Il a mesme eu peur qu'on ne creust qu'il avoit trop borné dans ce lieu la devotion des fidelles envers les Saints non canonisez, & c'est pourquoy il ajoute dans la reveüe de ses ouvrages une nouvelle sorte d'honneur qu'il est permis de leur rendre. On peut, dit-il, visiter avec devotion leurs sepulchres ; car c'est ce qui se pratique dans toute l'Eglise, d'où vient que dans l'information de leur canonisation on demande si leur sepulchre est frequenté par les fidelles.

Voila quelle est la doctrine de ce sçavant Cardinal qui ne fait que rapporter le sentiment commun des autres Theologiens. Et afin qu'on ne croye pas que la discipline de l'Eglise soit changée depuis son temps ; il n'y a qu'à lire le recit de ce qui se passa à la mort de Mr. Gault Evesque de Marseille pour s'assurer du contraire.

Le Sr. Marchetti auteur de sa vie raconte qu'on suitte de quelques miracles qui se firent sur son tombeau, chacun se pressa à Marseille pour en avoir des reliques, que *pendant qu'on l'embaumoit plusieurs tremperent des linges dans son sang ; que quelques uns emporterent de gros morceaux de chair qu'on luy couppoit.* Et qu'en suitte comme y il avoit dispute entre les Ecclesiastiques sur les honneurs qu'on luy pouvoit rendre, on envoya par l'ordre de la Ville vers Mr. le Legat d'Avignon pour s'en informer. Le Vice Legat répondit *qu'il n'estoit pas permis d'honorer d'un culte public un Saint qui n'estoit pas canonisé.* Mais afin qu'on ne s'y trompast pas, il declara comme le Cardinal Bellarmin, *que ce culte public & solemnel n'estoit pas celuy qu'on rend en la presence de tout un peuple, mais celuy qui est rendu au nom de toute l'Eglise, tels que sont les offices solemnels, les litanies, & les autres ceremonies publiques : mais que chacun pouvoit exposer, reverer, & baiser les reliques des Saints nouveaux en particulier, soit qu'il soit veu par d'autres particuliers, soit qu'il ne le soit pas, pourveu neanmoins qu'il n'y ait point de scandale, qu'on pouvoit mesme jeuner en leur honneur, leur offrir des vœux, & s'abstenir de toutes œuvres serviles le jour de sa feste quelque connoissance que d'autres personnes puissent avoir de ces devotions.*

A ce compte les Religieuses de Port Royal ont encore bien des choses à faire pour honnorer leurs Saints modernes, sans passer les ordres de M. le Vice legat. Et l'on ne les peut accuser que d'avoir esté trop scrupuleuses à cacher des pratiques dont elles pouvoient user avec beaucoup plus de liberté selon ceux mesme qui sont les plus exacts à conserver les droits du S. Siege.

Il n'est pas étrange neanmoins que le Sr. Desmarets ait ignoré cette doctrine & cette conduitte de l'Eglise, puisqu'il ne cherche pas à s'en instruire par la lecture des livres, & qu'il ne connoist point d'autres regles que celles qu'il forme luy mesme dans son imagination. Ce qui est étrange est que le sens commun ne luy ait pas dicté qu'il estoit impossible que l'invocation particuliere des personnes eminentes en vertu soit deffenduë par les loix de l'Eglise, puisqu'elle s'osteroit par là, toute voye pour connoistre leur sainteté. Car il est certain que la principale des preuves sur lesquelles elle se fonde pour les canoniser est celle qu'elle tire des miracles qu'ils ont faits apres leur mort. Or ces miracles ne peuvent rien prouver s'ils ne sont faits à la priere de quelque personne qui les ait invoquez, puisque c'est cette priere qui fait voir que Dieu a plutost fait ce miracle pour manifester la sainteté d'un Saint que celle d'un autre. Et par consequent l'invocation particuliere de ceux que l'on croit saints est un moyen qui doit necessairement preceder la reconnoissance public de leur sainteté. Et l'Eglise n'a garde de l'interdire, parce qu'elle se priveroit par là du principal moyen qu'elle a pour s'assurer de la sainteté des Eleus de ces derniers temps.

Le Sr. Desmarets devoit encore reconnoistre que cette pratique n'est qu'une suitte necessaire de la liaison qui est entre les membres vivans de l'Eglise que l'on appelle la communion des Saints. Car la charité qui les unit tous ensemble par la participation du mesme esprit à necessairement divers mouvemens

selon

selon les divers estats de ceux qu'elle embrasse & qu'elle regarde: Elle compatit aux souffrances de ceux qu'elle aime: elle se réjouit de leur bon-heur, & la mort qui nous ravit les personnes ne pouvant pas nous ravir la charité, qui nous tient unis à elles, ne peut pas aussi étouffer les mouvemens qui en naissent naturellement, selon l'idée que nous pouvons avoir raisonnablement de leur estat. Ainsi lors que la connoissance que nous avons de la sainteté de leur vie nous donne une juste assurance qu'ils jouissent de la felicité du ciel, il est impossible que nous ne nous en réjouissions pour elles: & cette joye mélée avec la reconnoissance de nostre misere, produit d'elle mesme un regard de veneration & d'invocation est aussi juste que nous les reverions en les croyant heureuses, & que nous les invoquions en nous voyant miserables.

C'est l'effusion naturelle de ces mouvemens de charité qui a fait que S. Jerosme s'est écrié sur la fin de l'Epitaphe de Ste Paule. *A Dieu grande Paule, & assistez par vos prieres la derniere vieillesse de celuy qui vous honore: Vale ô Paula & cultoris tui ultimam senectutem orationibus juva.*

S. Gregoire de Nazianze s'est addressé de mesme à S. Athanaze & à S. Basile le grand à la fin du Panegerique qu'il a fait pour eux. Et il ne faut pas croire que l'Eglise pretende gesner davantage en ce temps-cy la charité de ses enfans, en leur interdisant les mouvemens qu'elle excite d'elle mesme dans les cœurs qu'elle possede.

C'est donc une ignorance & une temerité prodigieuse au Sr. Desmarets d'avoir representé la veneration que les Religieuses de Port Royal ont renduë en particulier à quelques personnes de grande vertu apres leur mort comme un abisme d'erreurs, comme une entreprise contre le S. Siege & comme une preuve que leur Monastere estoit un fort de satan.

C'est une injustice horrible de leur avoir fait un reproche particulier d'une pratique si commune, d'autant plus que parmy ces nouveaux Saints qu'on les accuse d'honorer, on y trouve aussi ceux qui sont honorez par une infinité d'autres personnes, y ayant peu de ces reliquaires dont on a fait tant de bruit, ou il n'y ait des reliques de Mr. de Geneve, de Madame de Chantail, de Mr. Gault Evesque de Marseille. Enfin c'est une calomnie damnable & phanatique tout ensemble d'en avoir pris sujet d'accuser ces Religieuses de vouloir faire une Eglise moderne, & un Pape moderne. Elle est damnable parce qu'elle est notoirement fausse dans la matiere du monde la plus importante. Elle est phanatique parce qu'il n'y a qu'un phanatique qui puisse s'imaginer que le culte particulier qu'elles ont rendu à la Mere de Chantail, à M. l'Evesque de Marseille, à feu M. de S. Ciran, & a 4. ou 5. autres personnes soit une preuve qu'elles ne reconnoissent pas l'Eglise dans laquelle toutes ces personnes ont vescu & se sont sanctifiez, & qu'elles veulent faire une nouvelle Eglise, d'où l'on bannit le culte de la Vierge & de tous les autres Saints pour y substituer celuy de ces Saints modernes.

Cependant le Sr. Desmarets ne se contente pas de faire à ces Religieuses des reproches remplis de tant d'injustice, mais croyant avoir trouvé un sujet favorable pour les tourner en ridicules, il orne le recit qu'il fait de ces Saints modernes de circonstances ou fausses ou impertinentes avec une licence romanesque. Il semble à l'entendre parler qu'aussi-tost qu'une de ces person-

D

nes estoit morte le Superieur le canonisoit publiquement, & que c'estoit en vertu de cette canonisation qu'on la reveroit en suite. C'est pourquoy la premiere fonction qu'il a attribué à ce pretendu Pape ou Moïse, est de canoniser des Saints nouveaux.

Tout cela neanmoins n'est qu'une fable sans fondement. Car ceux qui ont eu plus de part à la direction de ce Monastere, ont si peu autorisé de leur approbation toutes ces devotions, qu'ils peuvent asseurer qu'ils n'en ont appris la plus part que du livre du Sr. Desmarets, & qu'ils ont esté obligez de s'en informer de diverses personnes qui en sont sortis. La verité est donc qu'elles ne s'y sont introduites que par la devotion particuliere de quelques Religieuses qui s'est communiquée insensiblement à d'autres comme il arrive d'ordinaire, sans que les Ecclesiastiques qui les ont conduittes y ayent eu aucune part, ceux qui les connoissent pouvant leur rendre témoignage qu'ils sont beaucoup plus portez à la reserve & à la retenue qu'à la licence de l'excés dans ces sortes de pratiques, & qu'ils craignoient autant que personne, les abus qui s'y peuvent glisser par une devotion indiscrette.

Il represente aussi comme une circonstance fort odieuse qu'on a changé les noms de ces nouveaux Saints dans les reliquaires, & il semble qu'il veut faire croire que c'estoit une des formes de leur canonisation, & neanmoins il est visible que ce changement de noms, n'est qu'une espece de chiffre pour empescher qu'on ne reconnust ceux dont on honore les reliques. Desorte que ce n'est qu'une precaution tres-respectueuse de ces Religieuses, pour éviter toutes sortes de scandale, & pour ne blesser pas mesme les personnes injustes & ignorantes. Que si cette precaution leur a esté inutile par la découverte qu'on a faite de ce chiffre, toute la faute en doit estre rejettée sur celles qui ont rendu public ce qu'elles ont tasché de tenir caché; & qui estant caché, estoit tres-juste & tres-legitime.

Enfin le Sr. Desmarets a si peu de jugement qu'il fait un Chapitre exprés d'une autre circonstance ridicule de l'Histoire des Saints modernes, qui est que quelqu'une de ces Religieuses sçachant assez de latin pour entendre les Oraisons communes, mais n'en sçachant pas assez pour en composer s'est servie pour invoquer la Mere Angelique de quelques Oraisons que l'Eglise applique à d'autres usages & à d'autres Saints, mais qui ne contiennent rien de particulier à ces Saints, qui ne puisse convenir à celle à qui elle l'appliquoit. Vn reproche de cette nature n'est digne que de pitié tant il marque une extréme foiblesse d'esprit, comme si l'Eglise ne faisoit pas tous les jours la mesme chose en se servant des mesmes Oraisons pour divers Saints en changeant seulement le nom. Tout ce qu'on en peut raisonnablement conclure est que ces Religieuses qui se sont servies de ces oraisons ne s'addressoient pas pour ces sortes de devotions aux personnes dont elles ont pris quelquefois avis en d'autres choses, puis-qu'ils sçavent bien assez de latin pour faire s'ils eussent voulu une oraison particuliere sans emprunter les termes d'une autre.

En verité Monsieur, j'ay un peu de honte d'entretenir le monde de ces bagatelles. Mais il est vray que le sieur Desmarets fait tellement un capital de ce culte des saints modernes, & que d'autres personnes plus considerables que luy, en ont pretendu tirer un tel avantage en montrant à tout le monde ces reliquaires, que je suis excusable de m'estre un peu arresté à vous faire voir l'injustice & la bassesse de ce reproche. Mais puisque la sœur Flavie a jugé qu'il estoit si important d'informer le public de l'histoire de ces Saints modernes, & qu'elle a bien voulu en écrire des billets à un visionnaire, je croy que pour en rendre le recit plus accomply, il est bon d'y ajouter quelques circonstances qui la regardent & qui peuvent y donner un grand éclaircissement. Elle ne peut nier que si on a commis quelque excés dans Port Royal sur ce sujet, elle n'en soit plus coupable que personne ; que ce ne soit elle mesme qui a fait ou fait faire la pluspart de ces reliquaires ; qu'elle n'ait excité les autres à ces sortes de devotions dont elle fait maintenant un crime à ses sœurs, & qu'elle n'ait plus contribué que personne à les rendre communes, son esprit ardant & entreprenant ne luy permettant jamais de rien faire avec retenüe & avec moderation. Ce n'est pas neanmoins à quoy je m'arreste. Ie veux donner la face qu'il se peut à sa conduitte. Elle dira qu'elle estoit alors trompée, que son zele l'emportoit trop avant, & que quand elle a esté desabusée par le Sr. Desmarets, ce mesme zele la portée à faire paroistre plus d'ardeur que personne à se deffaire de ces belles devotions. Mais il auroit esté bon qu'en nous instruisant de son changement elle nous eust aussi averti comment elle accorde dans son esprit certaines choses que les autres ont peine à alier. C'est qu'il n'y a presque aucun de ces nouveaux Saints par l'intercession desquels elle n'ait assuré toute la maison qu'elle avoit receu des guerisons miraculeuses. On feroit un livre des miracles qu'elle a dit & soustenu s'estre faits en sa personne par l'invocation de ces Saints modernes, non seulement dans Port Royal, mais lors mesme qu'elle estoit encore à Gif : car il y a plus de vingt ans qu'estant malade de la pierre en ce monastere, comme elle disoit, & ayant des douleurs insupportables, elle en fut parfaitement guerie ayant beu de l'eau, où l'on avoit fait tremper des reliques de M. de S. Ciran. Elle a raconté elle mesme ce miracle à un grand nombre de personnes du dedans & du dehors. Enfin ayant esté receuë dans Port Royal avec toute sorte de charité, il ne s'est guere passé d'années, où elle ne se soit voulu signaler par quelque guerison extraordinaire. Il sembloit que les Saints ne fussent faits que pour elle & ne songeassent qu'à elle. On la voyoit souvent malade à l'extremité, au moins en apparence. Incontinent on la voyoit remise dans son estat ordinaire, & toujours par quelques devotion à ces Saints modernes. Il n'y a mesme que 5. ou 6. ans que l'on n'attendoit que sa mort, estant enflée depuis long-temps & ne pouvant plus se soustenir : & pour cette fois la Mere Angelique, qui ne croyoit pas d'ordinaire tous ses maux, estoit elle mesme persuadée qu'elle n'en releveroit pas. Cependant ayant receu d'une de ses sœurs le Diurnal de feu Mr. le Maistre, à l'heure mesme elle se trouve guerie. Elle marcha sans ayde & sans baston & se porta bien fort long-temps depuis. Pendant que la maison a demeuré dans l'union tout ce qu'on a pû faire a esté de n'avoir aucun égard à ces pretendus miracles de la sœur Flavie, de ne les considerer ny comme des preuves de sa vertu, ny comme des marques de la sainteté de ceux a qui elle les attribuoit. Mais c'est un jugement si horrible que d'accuser une Religieuse d'une hypocrisie continuée 20. années durant, qu'il n'y avoit personne qui osast arrester son esprit à cette pensée. Les unes les croyoient simplement, d'autres craignoient qu'il n'y eust un peu d'imagination, & la feuë Mere Angelique estoit de ce nombre.

Ie ne pretens pas mesme en juger presentement. Ie remets absolument au jugement de Dieu ce qu'il ne nous découvre pas clairement. Mais ce qui est certain, est qu'ils sont vrays ou faux, & que vrays ou faux, ils sont également embarrassans pour la sœur Flavie.

S'ils sont vrays, elle est condamnée par le témoignage de Dieu mesme, & c'est une extréme infidelité jointe à une horrible ingratitude à elle de décrier comme superstitieuses des devotions par lesquelles Dieu luy auroit accordé tant de guerisons miraculeuses.

S'ils sont faux & qu'elle l'ait sçeu, quelle hypocrisie seroit égale à la sienne d'avoir voulu tromper tout un monastere par de faux miracles, & qu'elle penitence ne devroit elle point faire pour expier une vie si criminelle.

Et enfin si estant faux elle les a crûs vrays par la tromperie de son imagination, elle nous obligeroit de nous dire comment elle a reconnu presentement que ce qu'elle avoit crû vingt ans durant estre un effet de la puissance de Dieu, n'estoit qu'une vision de sa fantaisie. Car encore que cela puisse bien estre, on ne voit pas neanmoins de quelle sorte elle la pu reconnoistre. Mais il s'ensuit au moins de cet aveu qu'elle est la personne du monde la plus imaginative, puisqu'elle est malade par imagination, qu'elle guerit par imagination, & que les impressions de sa fantaisie sont si fortes sur elle, qu'elles durent pendant l'espace de 20. années. Qui nous assurera donc que tout ce qu'elle dit & qu'elle fait à present ne vienne d'une autre impression contraire d'imagination? Et comment s'en assurera-t-elle elle mesme, puisqu'elle n'estoit pas moins fortement persuadée alors de la verité de ces miracles qu'elle est maintenant persuadée de leur fausseté.

Il seroit sans doute digne du zele de M. l'Archevesque, d'approfondir un peu cette matiere des miracles & visions de la sœur Flavie, & découvrir tout ce que les sœurs luy pourroient representer sur ce sujet. Car peut estre luy en pourroit on dire de tels que l'imagination n'y pouvant avoir de lieu, il ne resteroit que deux partis à prendre pour la sœur Flavie: ou de les soutenir comme veritables, & de se condamner elle même d'infidelité & d'ingratitude: ou d'avoüer qu'ils estoient faux & supposez, & de se reconnoistre ainsi coupable d'une hypocrisie de 20. années. I'en rapporteray seulement un qui paroist assez étrange.

En l'année 1665. la sœur Flavie eut un mal fâcheux & qui luy donnoit de l'inquietude, parce qu'elle ne pouvoit se resoudre qu'on le pensast, ce qu'il luy causoit neanmoins beaucoup de douleur & d'incómodité, selon ce qu'elle en parloit: C'estoit quelque espece de méchant clou avec beaucoup d'inflamation, & de dureté. On ne sçait si elle avoit déja quelque doute sur les affaires. Mais tant y a qu'elle dit qu'elle eut mouvement de s'adresser à la Mere Des Anges, & de la supplier si c'estoit la volonté de Dieu, qu'elle luy donnast une marque qu'elles estoient dans la bonne voye en la guerissant de ce mal, qui estant tout sensible & exterieur, seroit aussi un signe sensible que Dieu auroit agi & non la nature; ces maux ne pouvant pas selon le cours ordinaire disparoistre en un moment. Elle fut pour ce sujet sur le tombeau de la Mere

des

des Anges auec la sœur Candide, où elle fit ses prieres selon cette intention. Apres quoy elle se trouua sans aucune douleur, la tumeur & la dureté estant entierement dissipées, comme s'il n'y eust iamais rien eu, & elle marcha sans peine, au lieu qu'auparauant elle boitoit fort. Il se faut fier de tout cecy à sa parole, car ce mal & cette guerison n'ont point eu d'autre témoin qu'elle, sinon que l'on sceut son mal dans le temps, & qu'on se mit fort en peine durant plusieurs jours de ce qu'elle n'en dormoit point de douleur, & ne pouuoit presque marcher, apprehendant que ce mal ne vint à consequéce, parce qu'elle ne vouloit pas qu'on y remediast. Ensuitte elle conta cette histoire & la redit vingt fois depuis, pour monstrer comme Dieu ne refusoit pas mesme de donner des signes exterieurs, afin d'affermir la confiance des Religieuses & les asseurer qu'elles souffroient pour la verité. Et quand on le luy a reproché depuis sa preuarication elle n'a osé le nier.

Ie ne voy pas bien ce qu'on peut répondre à cette Histoire. C'est un miracle ou une fourbe toute pure. Si c'est un miracle, on ne peut dire sans blaspheme, & sans rendre Dieu mesme auteur du mensonge, que la disposition des Religieuses confirmée par ce miracle exprés, indubitable & exterieur ne soit pas bonne; & par consequent que c'elle de la sœur Flauie ne soit pas mauuaise. Si c'est une fourbe, c'est une chose honteuse qu'on commette les plus importantes charges d'un Monastere à une Religieuse, à qui on feroit beaucoup de grace de la laisser dans le dernier rang pleurer une action si detestable.

En voicy une autre qui approche si fort de la fourbe, que c'est une extréme moderation que de n'asseurer pas que c'en est une, & d'en laisser le jugement à ceux qui la liront. Peu de jours auant l'enleuement des Meres la sœur Flauie estant déja gaigné par M. Chamillard comme il s'en est luy mesme vanté, on delibera dans la maison de ce que les Religieuses deuoient faire, au cas qu'on portast les choses aux extremitez dont on estoit menacé. L'auis commun fut qu'il en falloit appeller. Mais la sœur Flauie craignant qu'on ne trauersast ses desseins par des procedures qui sont toujours incommodes, elle se declara contre cet auis, disant que ce n'estoit pas souffrir assez humblement que de se deffendre autant qu'on peut. Et comme elle eut apperceu que d'autres auoient aussi peine qu'on appellast, & entr'autre la sœur Angelique Therese, elle en voulu faire sa confidente pour tâcher de cabaler auec elle, quelque peu d'union qu'elle eust auparauant auec cette sœur. Elle l'alla voir plusieurs fois dans sa cellule parce qu'elle estoit malade; & une fois entr'autres elle y vint apres auoir communié à la Messe de cinq heures. Apres luy auoir demandé des nouuelles de sa santé, elle luy dit en presence d'une sœur qui l'assistoit: Ma Sœur, il faut que je vous lise quelque chose de beau, & qui sera asseurement dans vos sentimens. En mesme temps, elle prit un papier qui contenoit enuiron 18. ou 20. lignes de son écriture. Celuy qui parloit, parloit comme un Directeur qui répond à une personne qui luy a demandé conduitte; car il commençoit, Ma Fille, & repettoit encore ce terme dans le discours. Le sens alloit à congratuler cette fille spirituelle de la fermeté qu'elle auoit à ne vouloir point prendre de part à l'oppression de la verité & de la justice. Mais il l'exhortoit en mesme temps à imiter l'humilité des Martyrs, aussi bien que leur constance à suiure en tout les maximes de l'Euangile, & à se souuenir que s'il

E

deffend de craindre les hommes, il deffend aussi de leur resister quand ils veulent nous faire du mal, & commande plutost qu'on presente l'autre jouë à celuy qui nous donne un soufflet. Quand elle eut achevé elle dit: He bien ma Sœur cela est-il pas admirable. Ensuite elle pria la Sœur qui estoit presente de se retirer, & elle dit à la sœur Angelique Therese: Ie vous veux donner une marque de ma confiance & de mon amitié. Ie vous diray mon secret, mais comme en confession, gardez le moy. Vous sçavez, Ma Sœur, que toute ma devotion est à M. d'Ipre. Ie luy ay dit ma peine & voila ce qu'il m'a dit en m'appellant toujours sa fille: Ie me suis levée & i'ay écrit cecy sous luy mot à mot. La sœur Angelique trouva ce recit fort étrange, & elle ne pût s'empescher de dire à sa sœur Angelique de S. Iean, qu'elle estoit en une extreme peine sur la sœur Flavie, qu'elle craignoit que le diable ne s'en meslast, mais qu'elle avoit la bouche fermée. Enfin la sœur Flavie, s'ennuya elle même qu'on luy gardast le secret, & elle conta sans façon cette apparition de M. d'Ipre devant la M. Agnes & quelques autres, & par ce moyen la chose s'est divulguée. On dissimula neanmoins cela, & on ne luy témoigna que du mépris pour sa vision, parce qu'on n'estoit plus en estat d'agir d'une maniere plus forte.

Voila quelle est cette Mere des Novices du nouveau Monastere de P. R. & la pierre fundamentale sur laquelle on l'établit. Peut-estre que celles qui l'ont soufferte si long-temps dans la charge des Pensionnaires, ne sont pas entierement exemptes de fautes, & qu'elles n'ont pas eu assez d'égard à tant de choses extraordinaires qui paroissent dans cette fille, & qui à la leur devoient rendre suspecte, mais leur faute est sans doute bien excusable puis qu'elle ne venoit que de leur bonté, qui les portoit à ne pas tout conner de fourberie, une personne qui sembloit tres ardante & tres zelée, & qui faisoit paroistre de grands sentimens de pieté. D'ailleurs il n'y avoit nulle contradiction dans ces miracles, puis qu'ils estoient tous favorables à ce que l'on prenoit pour la verité dans cette maison. Mais ceux qui conduisent presentement Port Royal n'en peuvent pas juger de la même sorte, & il faut par necessité qu'ils les condamnent comme des imaginations & comme des fourbes: & ainsi on ne void pas avec quelle conscience, ils peuvent écouter cette Religieuse & se servir d'elle dans les plus importantes charges de ce monastere puisque le jugement le plus favorable qu'on en puisse faire, est qu'elle est indigne de toute creance & de tout employ.

On pourroit ajouter vn tres grand nombre d'autres histoires tres certaines, & sur tout, de déguisemens si étranges & si surprenans qu'il seroit difficile qu'elle se fist jamais croire de personne. Mais on aime mieux supprimer encore toutes ces choses, & l'on souhaitte de tout son cœur, qu'elle n'oblige jamais à les publier, en mettant dans la necessité de répondre à ses billets. Car asseurement il y a peu d'honneur à acquerir pour elle dans cette affaire. Et plus elle s'y enfoncera, plus elle y trouvera de sujets de confusion, & devant Dieu & devant les hommes. C'est par le même mouvement que l'on n'a pas cru devoir s'arrester à ce que le Sr. Desmarests rapporte, que la sœur Dorothée luy a dit: *Qu'elle a toujours eu la force de detester les erreurs de ceux qui les conduisoient, & particulierement de ce qu'ils ne croyoient pas que Iesus-Christ fust mort pourtant*. Car on asseure qu'elle desavoüe en ce point le Sr. Desmarests, & qu'elle soutient qu'elle ne luy a jamais rien dit de semblable. On se contente de ce desaveu, & de cette conviction de l'imposture du Sr. Desmarests, quoy que l'on souhaittast pour le bien de la sœur Dorothée qu'elle rendist ce desaveu plus public, & qu'accordant ses actions avec ces paroles, elle ne souffrit pas qu'un homme tel que le Sr. Desmarests passast des journées entieres à la grille de P. R. : cette liaison avec un visionnaire, ne pouvant que la des honorer, & deshonorer avec elle toutes celles dont elle est chargée, de quelque maniere qu'elle le soit.

ADDITION.

LE bruit que l'on a fait dans Paris sur le sujet des nouveaux Saints ayant excité l'indignation de plusieurs personnes, il y en a eu d'assez charitables pour m'envoyer des memoires de la liberté avec laquelle plusieurs autres religions pratiquoient cette sorte de devotion, sans qu'on leur en fist un crime. Ces memoires en contiennent entr'autres un exemple qui est si singulier en ce genre que i'ay cru qu'il meritoit bien que ie l'ajoutasse à cette lettre. C'est que les Religieuses de la visitation ne se sont pas contentées de faire faire des litanies pour S. François de Sales, où elles luy donnent des éloges selon toute l'etendue de leur Zele jusqu'à l'appeller : *Le plus devot des saints : Fontaine de sagesse : Regle de justice*, sans apprehender ce qui arrive d'ordinaire, que l'humilité des Saints est un sujet d'elevement pour ceux qui pretendent leur appartenir, mais qu'elles ont cru avoir droit de faire aussi des litanies & des oraisons pour la Mere de Chantail leur fondatrice, qu'elles appellent la bien-heureuse Ieanne Françoise : & non seulement de s'en servir en particulier, mais de les faire imprimer par *Florentin Lambert* pour l'usage du public, ou du moins d'un grand nombre de leurs amis. Car il ne faut pas qu'elles soient bien rares puis qu'on m'en a envoyé deux copies imprimées de deux differents endroits, je ne diray rien sur cette devotion, mais il est visible que si ces bonnes filles ne sont pas blâmables, les Religieuses de P. R. ne le peuvent estre, & qu'il se pourroit faire qu'elles le fussent, sans qu'on pust faire aucun juste reproche aux Religieuses de P. R. qui n'ont jamais fait de litanies pour les personnes dont elles ont honoré la sainteté ; qui ne leur ont jamais composé d'oraisons, & qui ont tellement caché ces sortes de devotions, que personne n'en auroit rien sceu si la sœur Flavie ne les avoit découvertes : ce qui marque sans doute plus de reserue & plus de respect pour les ordres de l'Eglise.

ERRATA.

p. 9. l. 2. plusieur, lisez plusieurs. Ibid. l. 24. grand, lis. grands.
Ib. l. 27. elle, lisez elles. p. 10. l. 38. elles, lis. elle.
p. 11. l. 35. *nunquam*, lis. *vnquam*.

L'HERESIE IMAGINAIRE.
LETTRE XV.
OV
CINQVIESME VISIONNAIRE.

MONSIEVR,

Vous avez pu voir, par ce que ie vous ay déja representé de l'esprit du Sr. Desmarests, que la qualité qu'il affecte le plus, est celle d'avoir une haute connoissance des voyes interieures & mystiques. Si on l'encroit, il est le spirituel des spirituels, & il n'y a personne qui ait plus d'experience que luy, des moyens de conduire les ames par l'Oraison à une perfection sureminente. Ainsi on ne doit pas s'étonner, qu'un de ses principaux soins dans sa nouvelle direction de Port Royal de Paris, à laquelle M. Chamillard l'a associé, ait esté d'instruire celles qui luy parlent de l'Oraison mentale, & de se faire rendre compte de la maniere qu'elles la faisoient auparavant. Aussi a-t-il jugé cette matiere si importante, qu'aulieu qu'il ne fait qu'un chapitre contre chacune des parties de l'Apologie, il en fait deux entieres contre l'Oraison de P. R. & il commence le premier en disant: *Qu'outre tous les secrets de la doctrine Jansenienne, que les Religieuses obeissantes à l'Eglise, nous ont appris* (c'est à dire à M. Chamillard & à moy, ou à M. l'Archevesque & à moy, ou si l'on veut à tous les trois ensemble) *elles nous ont fait sçavoir la miserable maniere d'Oraison mentale, que leurs faux Prelats ou Superieurs leur avoient enseignée.*

Iusque-là, il n'y a rien encore de surprenant. Car il est clair que dans l'impression qu'avoit le Sr. Desmarests des dereglements de la Maison, il falloit bien qu'il trouvast des desordres dans leur Oraison mentale, qui est, selon luy, le fond de la vie chrestienne: la consequence estoit necessaire. Mais on ne devineroit pas facilement quelles sortes de desordre il devoit reprocher à ces Religieuses, & encore moins les faits sur lesquels il a pretendu les establir. Et c'est ce que j'ay dessein de representer dans cette lettre, pour pousser ensuitte la chose plus loin, en découvrant les desordres réels & effectifs de la spiritualité du Sr. Desmarests.

Comme il faut qu'il y ait du roman en tout ce qu'il fait, & que son imagination, au lieu de tirer ses impressions des objets, forme au contraire les objets sur ses impressions, en inventant, ou en ajustant les faits selon qu'il en a besoin. Il n'est jamais embarassé à trouver des preuves de ce qu'il veut. Il l'a bien montré en cette rencontre, où il s'agissoit de convaincre les Religieuses de P.R. d'une fausse spiritualité. Car il a disposé à peu prés des choses avec la mesme liberté, qu'il disposoit autre fois des avantures de ses heros. Il divise donc pour cela, ces Religieuses en deux classes, en sçavantes & en simples. Et voicy ce

A

qu'il dit de celles qu'il appelle les *sçavantes*.

Les sçavantes, dit-il, *ne gemissoient pas lon-temps ; car elles prenoient bien tost pour une grace efficace & pour une onction interieure, les belles pensées que l'esprit malin leur fournissoit sur le sujet de leur rebellion : & aussi-tost se sentant flatées par leur orgueil & leur amour propre, elles se croyoient favorisées d'une intime communication avec Dieu.*

On pourroit demander à un autre qu'au Sr. Desmarests, de quelle sorte il a esté informé de ce qui se passoit dans l'interieur de ces sçavantes, puisqu'elles n'ont jamais rendu compte de leurs mouvemens ny de leurs pensées, ny à luy, ny à aucun de ceux qui luy en ont pu parler. Mais cette question est inutile à son égard, parce qu'il a une réponce toute preste, qui est qu'il penetre le fond des cœurs par une lumiere surnaturelle & divine, dont il est si asseuré, qu'il en fait une des marques de sa prophetie & de son illumination miraculeuse. *Je répons*, dit-il, *aux personnes qui ne veulent pas croire, que J. C. ait produit une telle merveille, mais plûtost que quelque homme m'a instruit par des moyens naturels, que c'est le Fils de Dieu qui m'a instruit, parce que nul homme, s'il n'est prophete & plus que prophete, c'est adire Dieu, ne peut éclairer l'esprit, soit dans les choses passées, soit dans les futures, soit dans les presentes, qui sont cachées, comme sont celles qui me sont connuës dans mon interieur & dans le vostre. Car maintenant ie me connois bien mieux que ie ne me connoissois, & ie connois bien mieux vostre cœur, que vous ne le connoissez vous-mesme.*

On auroit tort de reprocher au Sr. Desmarests qu'il ne raisonne pas bien en cet endroit, car il fait icy un argument en forme, qui est tout à fait concluant, si toutes les parties estoient veritables comme il le suppose. Il n'y a que Dieu qui puisse instruire des choses passées, futures & presentes qui sont cachées. Or ie suis instruit des choses passées, futures & presentes qui sont cachées comme sont les pensées des cœurs. Ie suis donc instruit par J. C. mesme, & non par les hommes. Et par là on peut juger du moyen, par lequel il pretend avoir connu les mouvemens interieurs de ces sçavantes de P. R. Que si elles venoient à le desavoüer & à luy dire qu'elles n'ont jamais eu ces pensées & ces sentimens d'orgueil qu'il leur attribue ; au lieu de se tenir pour convaincu, il leur répondroit prophetiquement : *Qu'il connoist bien mieux leur cœur qu'elles ne le connoissent elles mesmes.*

Il ne faut donc pas esperer de le mettre à la raison par un simple desaveu. Mais par bon heur, il nous en fournit luy mesme un moyen, dont ie ne voy pas bien comment il se pourra defendre. C'est qu'à cette prophetie qu'il fait sur les mouvemens interieurs des sçavantes de P. R. il en ajoute une autre sur une chose passée exterieure & exposée aux sens, qui non seulement est fausse, mais qui est d'un genre de fausseté tout singulier & tout extraordinaire.

Au sortir de l'Oraison. dit le Sr. Desmarests, *elles se faisoient part les unes aux autres de leurs magnifiques pensées, qui estoient incontinent approuvées & admirées par leurs docteurs, comme inspirées de Dieu pour autoriser leur fermeté contre les ordres de nostre Eglise. Aussi-tost on travailloit à en faire un ramas pour en faire une belle Oraison & pour la faire imprimer.* Pour comprendre combien cette calomnie est rare dans son espece, vous remarquerez, s'il vous plaist, ce que tout le monde sçait, que c'est une pratique assez commune dans les

Lettres spirituell. 3 Port. lett. 15.

Monasteres reglez, que de rendre compte des pensées qu'on a euës dans l'Oraison, il ne faut que s'en informer aux Religieuses de la visitation & aux PP. de la Mission, où elle est fort en vsage. Neanmoins comme il est à craindre que cette obligation de dire ses pensées, ne serve d'amusement à l'esprit, & que celles qui font Oraison dans cette veuë d'en rendre compte, ne s'appliquent à rechercher de belles pensées par une vanité secrette qui se mesle dans les actions les plus saintes, on a toûjours eu dans P. R. quelque éloignement de cette pratique, & non seulement on n'y fait point profession de rendre compte des pensées qu'on a euës dans l'Oraison ; mais on y fait profession au contraire de n'en parler point ny en public, ny mesme en particulier, si ce n'est à la superieure & encore rarement, & lors que l'on a besoin de quelque instruction & de quelque avis. C'est pourquoy, non seulement il n'est point parlé de ces redditions de compte dans les Constitutions, mais il est marqué expressément dans un écrit imprimé avec les Constitutions, & qui contient l'esprit où l'on tend dans ce monastere ; *Que l'on y pratique la maxime d'un Prophete*, MON SECRET EST POUR MOY, *parce que l'épanchement des bonnes pensées les dissipe, comme la facilité de parler de celles qui ne sont pas bonnes, les imprime davantage dans l'esprit.*

Le Sr. Desmarests est donc si malheureux en reproches, & en propheties qu'y ayant tant de monasteres dās l'Eglise où cette pratique de s'entretenir des pensées qu'on a euës dans l'Oraison est ordinaire & receuë, & n'y en ayant peut-estre qu'un entre ceux qui sont reglez, où on l'évite à dessein, par la crainte des inconveniens qui en peuvent naistre, il choisit justement ce monastere & ces Religieuses pour les accuser, *qu'au sortir de l'Oraison, elles se faisoient part les unes aux autres de leurs magnifiques pensées, qui estoient,* dit-il, *incontinent approuvées & admirées par leurs docteurs.* Mais comme son imagination bastit aussi bien sur le vuide & sur le neant, que sur les fondemens les plus solides, il pousse encore plus loin cette imposture ridicule, & il ajoûte : *Qu'aussi-tost on travailloit à en faire un ramas pour en composer une belle Oraison & pour la faire imprimer, afin de faire connoistre la justice de leur cause, & de gaigner à leur parti tous les beaux esprits de France.*

Il faudroit à ce compte qu'il y eût bien des volumes de ces Oraisons imprimées, ou que ces sçavantes fussent bien steriles en pensées contre l'asseurance que le Sr. Desmarests nous donne, *qu'elles n'estoient pas lon-temps à gémir, & qu'aussi-tost l'esprit malin leur fournissoit de belles pensées.* Cependant il est reduit seulement à deux Oraisons imprimées. Et de ces deux Oraisons celle qui porte pour titre : *Priere à Iesus-Christ*, ne fut jamais des Religieuses de P. R. & ne leur a jamais esté attribuée par aucune personne tant soy peu iudicieuse. La sœur Flavie ne le peut pas ignorer ; & le Sr. Desmarests est bien imprudent s'il avance des choses de cette nature sans la consulter. Ainsi voila les preuves du Sr. Desmarests diminuées de moitié ; & toutes ces pensées que le diable fournissoit selon luy aux sçavantes de P. R. sur le sujet de leur rebellion, & dont on composoit avec grand soin des Oraisons, reduites à une demy feüille qui a couru dans le monde sous le nom d'Effusion de cœur.

Pour rendre cet Ecrit plus considerable, le Sr. Desmarests ajoûte que *l'Apologiste la vanté, comme estant plein de la science des Saints,* Il ne cite pas le

A ij

lieu, ce qui luy auroit esté difficile, puisque l'Apologiste ne dit pas un seul mot de cet Ecrit, qu'il n'en a pas mesme pû parler, n'ayant pas conduit son ouvrage jusqu'au temps auquel il a esté fait. Mais le Sr. Desmarests ne se met pas en peine de tout cela. Comme il est Prophete, le passé & l'avenir ne sont pour luy que la mesme chose. Si l'Apologiste n'en a point parlé, il en parlera dans la 7. ou 8. partie qui est déja presente au Sr. Desmarests. Et c'est de là, sans doute, qu'il tire cette citation qui ne se trouve point dans celles qui ont déja esté imprimées.

particulieres — Cela suffit pour faire voir l'esprit du Sr. Desmarests dans toutes ces calomnies. Mais parce qu'il témoigne un venin ~~passer~~ contre cet Ecrit, intitulé *Effusion de cœur*, & qu'il veut faire retomber les consequences qu'il en tire sur toutes les Religieuses, ie croy qu'il ne sera pas inutile, de representer de quelle maniere, il a esté fait, & de faire voir l'extravagance des reproches que le Sr. Desmarests fait à la Religieuse qui l'a composé.

Cette Religieuse n'est presentement âgée que de 26. a 27. ans. Elle a esté élevée dans ce monastere, dés sa jeunesse, & elle n'y a esté occupée comme les autres qu'à des travaux exterieurs. Si on y eût laissé les meres on n'auroit jamais sçeu apparemment ny audedans ny audehors, qu'elle eust esté capable d'écrire ny de parler. Ce n'est que le hazard & la necessité qui l'a fait connoistre, aussi bien que quelques autres. Si c'est un mal, M. l'Archevesque ne s'en doit prendre qu'à luy. Il en est l'unique cause. Car voicy l'occasion de tous ces écrits.

Aprés l'enlevement des meres & des autres Religieuses qui avoient esté nommées à M. de Paris, comme estant les principales, celles qui demeurérent dans Paris, se trouvérent dans l'estat du monde le plus terrible. Elles estoient sans conseil, sans conduite, sans autorité : Elles estoient assiegées de toutes parts, par M. l'Archevesque, par M. Chamillard, par la Mere Eugenie, par les autres Religieuses de la visitation, par la sœur Flavie, & par celles d'entre leurs sœurs qui s'estoient liées avec M. Chamillard. Il falloit resister sans cesse à des attaques si violentes. On tâcha d'attirer les anciennes par les menaces, & l'on voulut gagner les jeunes par des caresses : elles resistérent toutes avec une égale fermeté. Mais la maniere dont les unes & les autres se deffendirent, fit aisement connoistre celles qui avoient plus de facilité naturelle pour exprimer leurs sentimens, ou de vive voix ou par écrit.

Dieu qui se plaist, comme dit S. Paul, à confondre la force du monde par la foiblesse des instrumens dont il se sert pour la surmonter, voulut que ces talens exterieurs parussent davantage dans quelques jeunes Religieuses : & il se trouva de plus, que leur naissance ayant porté M. de Paris & M. Chamillard à faire plus d'effort pour les gaigner, elles furent aussi obligées de se signaler davantage par leur resistance. Ainsi les autres Religieuses qui estoient entierement exemptes des mouvemens ordinaires de jalousie que les anciennes ont contre les jeunes, & qui ne songeoient qu'au bien commun, ayant reconnu par experience la force & la sagesse, que Dieu avoit mise en elles, les engagérent à se produire beaucop plus qu'elles n'auroient desiré, en les faisant parler pour elles en diverses rencontres, & se reposant sur elles de tous les écrits qui ont paru au nom des Religieuses.

Ce fut alors que l'on vit un des plus étranges & des plus memorables spectaelles qui ait peut-estre paru dans l'Eglise. Il y avoit d'un costé tout ce qu'il y a de plus grand & de plus formidable dans le monde; vn Archevesque puissant dans la Cour & dans l'Eglise; un Docteur artificieux; vne commissaire imperieuse; Des Religieuses infideles qui ne travailloient qu'a broüiller & à diviser la communauté. Et de l'autre, il y avoit un grand nombre de pauures filles abandonnées sans appuy, sans esperance de soulagement, qui ne se soutenoient que par leur cœur & leur conscience, & qui estoient obligées de faire parler & écrire pour elles deux ou trois jeunes Religieuses de 22. de 26, & de 30. ans: & neanmoins Dieu les a tellement assistées dans cette effroyable extremité, que l'on peut dire avec verité, qu'autant qu'il y avoit de difference entre leur foiblesse & la force de ceux qui les attaquoient; Autant y en avoit-il entre la solidité & la sagesse de leurs réponses, & la vanité & la bassesse des raisons dont on se servoit pour les ébranler.

Pendant que les choses estoient dans cette chaleur, & que M. Chamillard, la Mere Eugenie, & la sœur Flavie témoignoient plus de violence & d'emportement, il y eut quelques-unes des sœurs qui prierent cette jeune Religieuse âgée de 26. ans, dont j'ay parlé, de faire un écrit qui representast leur veritable disposition, & qui leur pust servir de iustification dans le monde. Elle se rendit à la priere de ses sœurs avec simplicité: Mais au lieu d'adresser cet écrit aux hommes qui le liroient, elle crut qu'il estoit plus à propos de l'adresser à Dieu mesme, pour marquer davantage leur oppression qui leur ostoit toute esperance du secours des creatures.

Ainsi ce n'est pas une fort grande subtilité au Sr. Desmarests, d'avoir deviné que cet écrit avoit esté fait pour estre montré. En effet il faudroit estre bien grossier pour ne le pas voir: mais il faudroit être bien iniuste pour trouver mauvais que des filles opprimées & calomniées, ayent tâché de se iustifier devant l'Eglise, & d'étouffer par une sincere declaration de leurs sentimens, tous les faux bruits que l'on faisoit courir d'elles.

Que si cette Religieuse addresse cet écrit à Dieu, il ne s'ensuit pas qu'elle ne l'ait peu écrire en mesme temps pour les hommes, & le destiner à l'usage pour lequel elle l'avoit entrepris, qui estoit de iustifier ses sœurs. Ces deux veües ne sont pas incompatibles. Il y a cent ouvrages dans les Peres qui s'adressent à Dieu & qui sont faits pour les hommes. Et sans en chercher plus loin des exemples, S. Augustin s'adresse continuellement à Dieu dans ses confessions, quoy qu'il ait fait ce livre si plein d'onction pour l'édification de ses freres. Desorte que c'est manquer de sens commun que de confondre ces écrits, qui bien qu'adressez à Dieu, ne se font pas neanmoins sans étude, & sans application, avec les prieres que l'on fait à Dieu dans le secret, & dans lesquelles on ne veut avoir que Dieu pour témoin.

Il est vray que le stile en est grand & élevé, & qu'il est mesme fort different de la maniere d'écrire des autres Religieuses, & principalement de celle de la Mere Agnes, qui est beaucoup plus simple & plus conforme à l'humilité religieuse. Et c'est ce qui a fait que les iugemens ont esté beaucoup plus partagez sur cet Ecrit, que sur les autres, non seulement parmi les personnes de dehors, mais mesme parmy les Religieuses. Car sitost que celle qui l'avoit fait l'eut communiqué à ses sœurs, il y en eut qui declarérent librement qu'elles en trou-

A iij

voient le stile trop magnifique, & qu'il leur sembloit éloigné de la simplicité à laquelle on les avoit toujours portées, & qu'elles avoient remarquée dans les paroles & les écrits de leurs Meres. Il y en eut mesme qui trouverent moyen d'en faire sçavoir leur sentiment. La Mere Prieure de P. R. des champs en ayant esté consultée répondit avec beaucoup de sagesse, que puisqu'on vouloit bien luy en demander avis ; *elle se croyoit obligée de dire qu'elle aymeroit mieux que ses sœurs se contentassent de regarder leur cœur devant Dieu, que de les repandre avec tant d'effusion devant les hommes* ; Les personnes de dehors, qui le virent lon-temps avant qu'il fut imprimé, furent aussi divisez d'opinions. Les uns en avoient quelque peine dans l'apprehension que l'on ne le trouvast trop élevé : d'autres le croyoient fort juste & fort edifiant. Et dás ce partage d'opinions, on se seroit porté sans doute à le supprimer selon le desir des Religieuses, n'estoit que quelques personnes en ayant pris des coppies, elles se multiplierent de telle sorte que l'on n'en fut plus le maistre.

 C'est l'histoire veritable de cet Ecrit sur lequel le Sr. Desmarests commet d'abord deux injustices inexcusables. La premiere de le produire comme un exemple de la maniere d'Oraison de P. R. puisqu'il ne peut tout au plus que servir d'exemple de la maniere dont une simple Religieuse des moins âgées a cru devoir deffendre l'innocence de ses sœurs. La 2. d'attribuer à toute la communauté un Ecrit, auquel elle n'a rien du tout contribué, & dont elle a mesme témoigné de la peine en plusieurs rencontres.

 Mais encore qu'on ne puisse assez estimer la disposition de celles qui ont eu peur, qu'il n'y eust quelque chose de trop avantageux pour elles dans cet Ecrit, & qu'on doive reconnoistre qu'elle vient d'un amour de l'humilité tout à fait loüable, il est aisé neanmoins de faire voir que les peines qu'elles en ont elles, ne sont que de celles dont les justes sont ordinairement travaillez selon S. Hierosme, en apprehendant d'avoir fait des fautes en des choses où elles ne sont point effectivement coupables. Car qui a-t-il dans cet Ecrit qui ne puisse subsister avec une humilité tres sincere. Vne Religieuse est priée par ses sœurs dans l'estat le plus effroyable qui fut jamais, de les justifier devant l'Eglise. Elle ne se porte pas d'elle mesme à cette entreprise : Elle suit seulement avec simplicité l'inclination de ses sœurs en un temps où elle n'avoit point d'autre lumiere ny d'autre conseil. Elle s'applique à cet Ecrit dans la veüe de Dieu, & se trouvant l'esprit rempli d'expression de l'Ecriture, & de versets de Pseaumes qui estoient les seules idées qu'elle avoit dans sa memoire, elle s'en sert pour representer son affection. Que peut on conclure de là, sinon que sa langue a parlé de l'abondance du cœur, & que s'estant fait un tresor de la parole de Dieu, ses pensées se sont revestuës de ces saintes expressions, lors qu'elle a voulu les communiquer aux autres : *Bonus homo de bono cordis thesauro profert bona.*

 Mais dit le Sr. Desmarests, elle arrange ses pensées en figures & en antitheses. *Donc elle n'est point affligée, & elle n'a point d'autre dessein que de faire connoistre la gentillesse de son esprit : Les Saints n'ont jamais parlé ainsi à Dieu, & l'Esprit de Dieu, qui est simple, ne leur a jamais donné des paroles si enflées.*

 C'est la censure temeraire de cet homme, qui ne connoist ny les mouvemens de l'Esprit de Dieu, ny ceux de l'esprit de l'homme, & qui decide de tout, comme s'il penetroit le fond des cœurs, & s'il avoit assisté aux conseils de Dieu.

Qu'il nous dise donc aussi que le Prophete Iob, n'estoit pas effectivement affligé, qu'il ne cherchoit qu'à faire voir la pompe de son esprit, & qu'il n'estoit point animé de celuy de Dieu, lors qu'il exprime sa douleur par tant de metaphores, de periphrases, d'hiperboles & de figures extraordinaires. *Que le jour, dit ce Prophete, dans lequel je suis né perisse, & la nuit dans laquelle j'ay esté conceu; que ce jour soit changé en tenebres; que Dieu ne s'en souvienne pas d'enhaut, qu'il ne soit point éclairé de la lumiere; qu'il soit envelopé d'une obscurité profonde, & de l'ombre de la mort; qu'il soit couvert d'épaisses tenebres; qu'il soit comblé d'amertume & de douleur; qu'un tourbillon tenebreux remplisse cette nuit d'horreur; qu'elle ne fasse point partie du temps de l'année, ny des jours ny des mois; que toutes ses étoiles soient obscurcies; qu'elle attende vainement le jour, & qu'elle ne soit point suivie du lever de l'aurore,* & tout le reste qui est dans la mesme élevation.

Que le Sr. Desmarests efface des livres de l'Ecriture tous les Prophetes, qui ne sont remplis que de figures, & d'expressions si étranges & si relevées, qu'elles n'ont point d'exemples dans les écrivains prophanes. Qu'il dise que les lamentations de Ieremie, ne contiennent que l'image d'une douleur feinte, parce qu'elles sont toutes pleines de metaphores. Qu'il accuse S. Paul de vanité, lors qu'il entasse tant d'antitheses dans le 7. chapitre de la 2. Epitre aux Corinthiens. *Nous nous rendrons recommandables,* dit ce Grand Apostre, *en toutes choses par une grande patience dans les maux, dans les necessitez fascheuses, dans les extremes afflictions, dans les playes, dans les prisons, dans les seditions des peuples, dans les travaux, dans les veilles, dans les jeûnes, par la pureté, par la science, par une douceur perseverante, par la bonté, par les fruits du Saint Esprit, par une charité sincere, par la parole de verité, par la force & la vertu de Dieu, par les armes de la justice pour combattre à droit & à gauche, parmi l'honneur & l'ignominie, parmi la mauvaise & la bonne reputation; comme seducteurs, quoy que veritables; comme inconnus, quoy que connus; comme mourans, & vivans neanmoins; chastiez mais non pas jusqu'à estre tuez; comme tristes, & toujours dans la joye; comme pauvres, & enrichissans plusieurs; comme n'ayant rien, & possedant tout.*

Qu'il pretende de mesme, que S. Augustin n'estoit pas saint, ou qu'il ne songeoit qu'à faire admirer son bel esprit, l'ors qu'il adressoit à Dieu ces paroles figurées dans le 4. chapitre du 1. livre de ses Confessions: *Vous aimez Seigneur, mais vous aimez sans trouble & sans passion. Vous estes jaloux, mais vous estes exempt des craintes & des inquietudes de la jalousie. Vous vous repentez, mais vostre repentance est sans douleur & sans tristesse. Vous vous mettez en colere, mais il n'y a rien de plus calme ny de plus tranquille que vostre colere. Vous changez vos ouvrages, mais vous ne changez point vos desseins & vos conseils. Vous recouvrez ce que vous n'avez pas perdu. Vous estes comblé de richesses, & vous aimez les grands gains comme si vous estiez pauvre.*

Qu'il bannisse du nombre des Saints Papes, le grand S. Leon, parce qu'il ne sçauroit presque rien dire sans figure, sans antitheses & sans rime; & qu'il étende sa Censure sur S. Gregoire de Nazianze, sur S. Gregoire le grand, sur S. Fulgence, sur S. Pierre Chrisologue, sur S. Bernard, sur Sainte Therese, & sur une infinité d'autres Saints dont les discours sont dautant plus remplis de metaphores, d'oppositions & de figures, qu'ils sont plus vifs & plus animez.

Ce sont les excez où se precipitent ceux qui ne suivent que les caprices de leur phantaisie, & les mouvemens impetueux de leurs passions. Car si le Sr. Desmarests avoit tant soy-peu consulté le bon sens & la raison, il auroit reconnu que comme il y a des figures & des antitheses forcées, il y en a aussi de naturelles & de justes : & comme il y a des esprits qui se fatiguent inutilement à en chercher, il y en a qui en produisent au contraire sans art, sans étude, & sans recherche. Chacun conçoit les objets en sa maniere : & cette differente maniere de concevoir les objets, produit une varieté infinie dans le langage & dans le stile. Il y en a qui considerent toujours les choses toutes seules, en bornant leur veuë à un seul objet : d'autres au contraire ne les regardent jamais qu'en les comparant à d'autres qui leur ressemblent ou qui leur sont opposées. Et ces idées contraires ou semblables se presentent si naturellement à eux, qu'ils auroient autant de peine à les rejetter, que d'autres en auroient à les trouver. Ainsi toutes ces conjectures que l'on fonde sur ces manieres d'écrire, pour accuser quelqu'un d'orgueil, & de vanité, sont injustes & temeraires : & il est aussi peu raisonnable de juger par là du fond de l'humilité, que de la vouloir regler par la couleur du visage, ou par la vivacité des sens, en jugeant par exemple, que tous ceux qui ont bonne veuë sont orgueilleux, & qu'il n'y a d'humbles que ceux qui ont la veuë foible.

Ie ne m'arreste point à justifier en particulier les metaphores de cet Ecrit. Il suffit de dire qu'elles ne peuvent estre blasmées que par ignorance, si l'on ne reconnoist pas qu'elles sont empruntées de l'Ecriture ; ou avec impieté, si on ne laisse pas des les accuser d'excez, quoy qu'on sçache que c'est le langage mesme du S. Esprit dont cette religieuse s'est servie, par ce qu'elle l'avoit plus present qu'un autre. Et puis qu'on avoüe d'ailleurs qu'elles sont fort propres pour exprimer ce que cette religieuse à voulu faire comprendre, ie ne voy pas ce qu'on y peut trouver à redire.

Mais il est bien étrange, qu'apres que cette religieuse a reconnu devant Dieu, & en son nom, & en celuy de ses sœurs, *que leurs ames estoient malades, qu'elles estoient languissantes, qu'elles estoient blessées de plusieurs playes, & que leurs pechez meritoient bien que sa justice les affligeât par ces playes étrangeres*, le Sr. Desmarests ose la blasmer d'orgueil & de vanité, de ce qu'elle dit dans la suitte, que *Dieu voit dans leurs cœurs, une veritable foy, une humble esperance, une crainte chaste, & une charité sincere*. Car ces vertus estant essentielles à tout veritable chrestien & à tout enfant de Dieu ; avoir une juste confiance que l'on a ces vertus, n'est autre chose que d'avoir la confiance d'estre enfant de Dieu. Or non seulement ce n'est point un orgueil & un sentiment de vanité d'avoir cette confiance, mais c'est une extréme ingratitude, selon les Peres, de ne l'avoir pas : C'est faire iniure à sa grace & à sa bonté : C'est contrister le S. Esprit : C'est se priver du droit d'appeller Dieu son Pere, puisque ce droit n'appartient qu'à ses enfans.

Il est vray que cette confiance n'exclut pas toute sorte de crainte, & qu'elle ne donne pas une entiere certitude, comme les Calvinistes se l'imaginent ; mais elle suffit pour s'approcher de Dieu sans une crainte basse & servile. Elle suffit pour faire les actions des enfans de Dieu & pour parler en enfant de Dieu. C'est pourquoy

pourquoy S. Augustin veut que tous les Chrestiens disent qu'ils sont Saints, entendant par ce mot, cette Sainteté qui consiste dans la grace sanctifiante, & qui convient generalement à tous les justes.

Si l'Apostre, dit ce Saint, appelle les Chrestiens Sanctifiez, chaque fidelle peut bien dire: Ie suis Saint. Cette parole n'est pas un témoignage de l'orgueil de l'homme qui se veut élever au dessus de ce qu'il est, mais la confession d'un homme sincere & reconnoissant. Si vous dites que vous estes Saints par vous mesmes, vous estes superbes. Mais d'autre part, estant fideles en J. C. & membres de J. C. si vous ne dites pas que vous estes Saints en cette qualité, vous estes ingrats. Observez que l'Apostre reprenant l'orgueil & la presomption, ne dit pas: vous n'avez rien receu, mais qu'avez vous que vous n'ayez point receu? De sorte qu'il ne reprend pas l'homme superbe de ce qu'il s'attribue des qualitez qu'il n'a point, mais de ce qu'il presume avoir de luy mesme, les bonnes qualitez qu'il a receües. Dites donc à vostre Dieu: Ie suis Saint, parce que vous m'avez Sanctifié, parce que j'ay receu la Sanctification de vostre misericorde, & non parce que ie l'ay eüe de moy mesme: Ie suis Saint, parce que vous m'avez donné vos graces, & non parce que ie les ay meritées. Car si les Chrestiens estant revestus de Iesus-Christ, disent neanmoins qu'ils ne sont pas Saints, ils font injure à ce divin chef, de qui les membres doivent estre Saints.

Qui peut donc trouver mauvais, que des Religieuses qui ont joint pour la plûpart, la penitence à l'innocence : & la pratique des conseils du Fils de Dieu à l'observation inviolable de ses commandemens, reconnoissent devant Dieu, qu'il leur a fait, non des graces sureminentes, mais celles qui se doivent rencontrer dans tous les Chrestiens, & sans lesquelles on n'appartient point à Iesus-Christ.

Il en est de mesme de la qualité d'éleu. Nul Chrestien ne doit se l'attribuer avec une certitude entiere. Mais tout veritable Chrestien doit avoir une juste confiance d'estre de ce nombre heureux que Dieu a choisi pour regner avec luy eternellement, comme l'enseigne si souvent S. Augustin. Ainsi quand cette religieuse auroit parlé de ses sœurs comme d'éleües, elle n'auroit fait qu'imiter le langage de S. Paul, qui donne ce nom à tous les Collossiens, & celuy de S. Pierre, qui le donne à tous les Iuifs convertis, ausquels il adresse sa 1. Epitre. Et ce seroit une calomnie criminelle de leur imputer sur cela, comme fait le Sr. Desmarests, une orgueilleuse asseurance, qu'elles sont éleües ; puisque la charité, la justice & le bon sens, l'auroient obligé d'expliquer ces paroles en la maniere qu'elles s'entendent dans le langage de l'Ecriture & des Peres. Mais il est faux mesme qu'elle ait parlé de la sorte. Elle s'est seulement adressée à Dieu, comme au fidele témoin du cœur de ses éleus, parce que c'est une épithete qui luy convient selon l'Ecriture, qui appelle I. C. le témoin fidele ; mais elle ne s'est point appellée éleüe : & tout ce que l'on peut conclure de là, est qu'elle espere en estre du nombre, c'est à dire qu'elle n'est pas ingrate ny infidele.

Que si l'on ajoûte à l'injustice de ces reproches ; à l'énormité de ces calomnies, & à l'extravagance de ces consequences, que celuy qui fait un crime à une Religieuse, de s'estre attribué les vertus communes à tous les Crhestiens, s'attribué luy mesme par tout des perfections qui ne se sont peut-estre jamais ren-

B

contrées dans aucun Saint : *un bouillonnement d'amour continuel, une joye incessable & inexprimable, un reflus continuel de luy en Dieu, & de Dieu en luy, une plenitude de Dieu, un deluge d'amour mysterieux, une exemption de tout amour propre*, on sera sans doute forcé d'avoüer, qu'il n'y a gueres d'exemples d'une si estrange illusion & d'un si effroyable aveuglement.

Ie sens, Monsieur, que c'est une chose capable de vous lasser que de ne vous entretenir que de la refutation de ces impostures du Sr. Desmarests. I'en suis moy mesme fatigué : & j'ay dessein de vous remener bien-tost au pays de ses visions qui a quelque chose de plus agreable. Permettez moy seulement avant que de finir ce sujet de l'Oraison, d'y ajoûter encore deux calomnies du Sr. Desmarests qui regardent la mesme matiere, & qui sont aussi de ce genre extraordinaire qui luy est propre.

Comme il attaque les sçavantes de P. R. de la maniere que vous avez veu, il attaque aussi les simples, afin qu'il n'y ait rien dans cette maison qui n'ait besoin d'estre reformé par luy. Et il represente de cette sorte les defauts qu'il a remarquez dans leur Oraison. *Les simples*, dit-il, *estoient miserables dans l'Oraison, n'y pouvant pas toujours prier & gemir, en y attendant cette grace efficace, & cette onction exterieure qui ne venoit point. Cependant elles estoient sans cesse inquietées par leur imagination, qui produisoit malgré elles, mille resveries importunes, parce que leur volonté n'osoit attacher leur entendement à quelque sainte consideration, depeur de soliciter quelques graces moindres que l'efficace, lesquelles elles ne vouloient ny demander, ny recevoir, ny croire.* Et il dit un peu auparavant : *Qu'on a fait croire à ces Religieuses, que toute sorte de preparation, de meditation, ou de consideration, n'ont esté inventées par les directeurs de nostre Eglise, qu'a fin de soliciter Dieu de donner quelque grace qui souvent n'a pas son effet, mais que pour eux, ils n'admettent & ne connoissent autre grace que l'efficace.*

Ce discours est si insensé, qu'il faudroit bien du temps pour en remarquer toutes les folies, tant il a soin de les multiplier & de les entasser l'une sur l'autre. Mais ce qui regarde le sujet, est qu'il accuse ces Religieuses de rejetter toutes sortes de pensées, de considerations, & de preparations pour l'Oraison, & de laisser ainsi les ames sans secours, exposées à toutes les distractions. C'est à peu prés le reproche qu'il leur fait par l'embaras de ces paroles : & ce reproche est une insigne calomnie qui est convaincuë de fausseté par des Ecrits imprimez. Car tout le monde sçait que le livre imprimé des occupations interieures, est un ouvrage de P. R. & qu'il contient la conduitte que l'on gardoit dans ce Monastere à l'égard des novices. Ceux qui sont plus informez des choses sçavent que ce traitté a esté recüeilly des discours de la Mere Agnes par la sœur Euphemie Pascal, & qu'il a esté en suitte reveu & augmenté par la Mere Agnes elle mesme ; & sur tout, ce qui regarde l'Oraison mentale qui est entierement d'elle. Le Sr. Desmarests n'a pas manqué d'estre informé de ces particularitez par la sœur Flavie, & il n'a pas dû parler de l'Oraison des Religieuses de P. R. sans lire ce livre, qui contient leurs sentimens & leurs pratiques. Or il y a pu voir tout le contraire de ce qu'il leur attribuë. On y exhorte les Religieuses à porter toujours à l'Oraison quelque sujet pour s'en entretenir devant Dieu. On les avertit de s'y preparer par une attention serieuse à la presence de Dieu. On leur fournit de saintes considerations pour leur apprendre à en former de semblables. Et enfin évitant avec soin l'illusion & les égaremens qui naissent de l'attache à ses propres pensées, & à ses propres lumieres, on ne laisse d'y soulager les ames autant qu'il est possible, & de leur donner tous les secours qui les peuvent garentir des distractions & de l'ennuy.

On ne peut pas ce semble, estre plus convaincu d'imposture sur ce point, que par un Ecrit de cette sorte, dressé par celle qui a instruit toutes les Religieuses de ce Monastere dans la vie spirituelle. Neanmoins comme le Sr. Desmarests est un homme tout singulier, il nous fournit luy mesme une preuve de sa calomnie encore plus évidente que celle-là. Et ce qui est plus étrange est que cette preuve, est l'unique fondement qu'il a pris pour imputer à ces Religieuses de rejetter absolument toute sorte de preparation, de consideration & de pensées dans l'Oraison. Car tout ce qu'il allegue sur ce sujet, est tiré d'un Ecrit dans lequel il pretend, que l'Oraison où l'on s'applique à des considerations & à des lumieres, est condamnée comme une invention des directeurs de ce temps. Or tant s'en faut que l'Ecrit dont il parle ait esté fait par les Religieuses, ou qu'il contienne ce qui se pratiquoit en leur Monastere, qu'il a esté fait tout exprés par une personne de grand merite pour corriger les defauts de leur pratique, ou plutost pour les avertir de ce qu'elles y devoient apprehender. Car voicy en un mot l'histoire de cet Ecrit, que le Sr. Desmarests déchire d'une maniere si outrageuse & si injuste.

Les occupations interieures ayant esté recueillies, comme j'ay dit, pour servir de direction aux Novices & mesme à toutes les Religieuses, feu M. Singlin les donna à revoir à une personne dont il estimoit beaucoup la science & la pieté, mais qui n'avoit jamais eu part à la conduitte de ce Monastere. Cette personne s'arresta particulierement à ce qui y est dit de l'Oraison : & s'estant persuadé que certaines expressions dont on s'y estoit servi, pouvoient porter à s'attacher à ces pensées, & à rechercher les lumieres plûtost par curiosité, que par un desir sincere d'estre plus fideles à Dieu, il fit diverses observations, dans lesquelles il represente l'abus qu'on peut faire des pensées & des lumieres, & il fait voir que la veritable Oraison consiste dans le mouvement & le desir du cœur, qui doit estre excité par les pensées, & sans lequel les pensées ne sont qu'un vain amusement, plus propre à nourrir la curiosité qu'à édifier la charité.

C'est le but & l'abregé de cet Ecrit, par lequel il paroist que cette personne si judicieuse & si éclairée, trouvoit que s'il y avoit de l'excez dans P. R. c'estoit que pour soulager les ames, on les portoit trop à se soutenir dans l'Oraison par les pensées & les considerations saintes que leur memoire leur fournissoit, bien loin de les accuser, comme fait le Sr. Desmarests, de rejetter tous ces secours de l'infirmité humaine. il ne peut pas pretendre que cet Ecrit, ait fait changer l'esprit & la conduite de ce Monastere, puisqu'il avoüe luy mesme, que l'on ne l'a communiqué qu'à un trés petit nombre de personnes. Et s'il eust esté sincere, il eust ajouté que ces personnes y ayant trouvé quelque difficulté, & n'estant pas en estat de s'en éclaircir avec celuy qui avoit fait ces observations, elles resolûrent de n'en faire aucun visage. Et ainsi on le tient caché à tout le monde, excepté, peut-estre à la sœur Flavie, à la curiosité de laquelle rien ne pouvoit eschapper. On a fait depuis imprimer les Occupations interieures sans rien changer à ce qui y est dit de l'Oraison, parce qu'on n'avoit rien changé dans la pratique de P. R. & que l'on crut que les choses y sont exprimées avec une assez iuste moderation, pour ne pas donner lieu de tomber dans les abus qui estoient iustement repris par ces observations.

Cet Ecrit ne prouve donc autre chose, sinon qu'une personne trés-habile a soupçonné les Religieuses de P. R. de s'appuyer trop dans l'Oraison, sur les pensées & sur les considerations. Et il n'y avoit que le Sr. Desmarests au monde qui fût capable de s'en servir, pour montrer que l'on rejette dans P. R. toutes sortes de considerations & de pensées; parce qu'on les a reprises de faire tout le contraire.

L'autre calomnie dont j'ay dessein de vous éclaircir, n'est pas moins surprenante que celle-là. Et il la propose d'une maniere encore plus capable d'éffroyer le monde. *Aprés*, dit-il, *que les Jansenistes ont fait entre eux, une nouvelle Eglise, un Pape, des Prelats, des Saints nouveaux, & des Oraisons nouvelles, ils ont creu avoir droit & puissance d'anathematiser & de foudroyer l'Eglise que nous reconnoissons, & d'en traitter les Prelats, non seulement comme des reprouvez, mais encore comme des demons, & le Pape comme Lucifer, voulant faire croire que le Pape & les Prelats sont rebelles à Dieu.*

S'il y avoit quelque chose au dessus de Lucifer, il n'auroit pas manqué de le dire; car son imagination n'est jamais arrestée que par les bornes mesmes de la nature. Mais quelle preuve apportera-t-il de cet effroyable excez qu'il impute à ces Iansenistes? Elle merite bien qu'on la considere. *Ce nouveau Pape*, dit-il, *& ces nouveaux Prelats ont tellement trompé ces pauvres filles, que pour les tenir inseparablement attachées à eux & à leur Eglise nouvelle, ils les ont engagées à un vœu d'union, par lequel pensant se dévoüer à Dieu, elles se sont dévoüées à la revolte, à leurs docteurs, & à leur esprit propre, & se sont animées à se soutenir les unes les autres, n'y ayant, dit ce vœu, rien de plus invincible qu'un nombre de personnes qui n'ont qu'un mesme cœur & un mesme sentiment. Et à la fin de ce vœu, il y a ces paroles: S. Michel est le premier adorateur de Dieu, le premier chef des armées de Dieu, le premier qui nous a appris à obeïr à Dieu, en desobeïssant à nos superieurs qu'il a établis, lors qu'ils nous commandent des choses contraires à Dieu.*

Qu'est-ce que tout cela, me direz-vous? Ie vous répons en un mot que c'est un amas de fables & d'impostures, dont ie ne puis deviner le fondement, si ce n'est l'histoire que ie vas vous dire.

Le bruit du dessein que M. l'Archevesque avoit pris de disperser les Religieuses de P. R. estant répandu par tout; ces Religieuses, à qui tout le monde en venoit donner avis, s'attendoient à toute heure à cette triste separation: & elles s'y preparoient par toutes sortes d'exercices de pieté. Lors qu'elles estoient dans cet estat, la sœur Angelique de S. Iean pria M. de Sainte Marthe de leur écrire quelque chose sur la maniere dont elles se devoient conduire après leur dispersion. Il le fit, & il leur envoya peu de jours après un petit écrit qui contenoit en douze points, les principales choses qu'elles devoient observer dans leur exil. Les Religieuses l'ayant receu le trouverent si édifiant, que pour s'engager davantage à l'observation de ces choses, qui ne regardoient toutes que la pratique des vertus Chrestiennes, il y en eut qui proposerent de le signer; d'autres rompirent ce dessein, apprehendant qu'on ne fist passer cela pour une cabale, & ainsi la chose ne fut point executée. C'est tout ce qu'il y a de veritable. Pour cette pensée sur S. Michel elle ne fut jamais dans cet Ecrit. S'il a pleu à la sœur Flavie, ou à quelqu'autre de l'ajoûter dans la copie qu'elle en a prise, il est ridicule de l'imputer à celuy qui en est auteur, ou aux autres Religieuses. Et d'ailleurs elle ne contient qu'une doctrine qu'on ne peut combattre sans heresie; puisque c'est un article de foy, qu'il ne faut pas obeïr aux superieurs, quand ils nous commandent des choses contraires à Dieu? & qu'on ne peut nier, sans erreur, qu'il ne soit possible que le Pape commande des choses contraires aux loix de Dieu.

Que si le Sr. Desmarests pretend que feu M. de S. Cyran, qui est auteur de cette pensée, en l'envoyant aux Religieuses dans une meditation sur S. Michel, avoit en veüe le commandement qu'on leur devoit faire de signer le formulaire, & que par ce Lucifer, il entendoit le Pape, ou M. l'Archevesque de Paris, il faut qu'il pretende donc qu'il estoit prophete, puisque cette meditation est écrite avant mesme que le livre de Iansenius fut imprimé: & en ce cas, il ne rendroit pas un trop mauvais office à M. de S. Cyran, en le reconnoissant pour prophete; ny un trop bon au Pape, de vouloir qu'il ait esté comparé à Lucifer, par une personne qui auroit predit 25. ans auparavant tout ce qui devoit arriver. Ainsi ce vœu d'union est une chimere: Cette comparaison du Pape avec Lucifer est une imposture horrible: & tout cela ne peut servir qu'à faire voir l'emportement phanatique du Sr. Desmarests.

Ie pense, Monsieur, vous en avoir donné maintenant assez de preuves, pour estre dispensé de representer en particulier ce nombre effroyable de faussetez, d'impertinences & d'heresies qu'il mesle dans sa Réponce. S'il y avoit quelqu'un qui en doutast, j'en serois quitte tout auplus pour en donner une liste; mais ie ne croy pas que le temps soit assez vtilement employé à representer avec étenduë, les égaremens d'un homme sans raison & sans jugement, qui n'entend ny le François ny le Latin, qui ne sçait pas les plus communs principes de la Theologie dont il se mesle d'écrire, & qui prend tout de travers & à contre-sens. Ainsi le public luy a tellement fait justice sur ce dernier livre, qu'on peut dire qu'il n'a fait tort qu'à luy mesme; & à ceux dont il a voulu deffendre la cause; desorte qu'il seroit à souhaitter qu'il n'eust jamais fait d'autres ouvrages que celuy là.

Ses autres livres sont tout autrement pernicieux, parce que les erreurs qu'ils contiennent sont couvertes d'un certain air spirituel & mystique, qui fait que les personnes peu intelligentes ne s'en apperçoivent pas, & qu'elles sont mesme attirées à les embrasser par l'éclat de quelques termes, qui semblent enfermer une perfection fort élevée. Et c'est pourquoy j'ay dessein avant que d'abandonner le Sr. Desmarests, de vous faire voir en abregé, les prodigieux égaremens de la nouvelle spiritualité, dont il est l'inventeur, & de la nouvelle secte dont il est le Patriarche, dans l'esperance que la découverte que j'en feray, pourra peut-estre servir à quelques ames simples, pour se détromper de ses dangereuses illusions.

CE IX. MARS, M. D C. LXVI.

L'HERESIE IMAGINAIRE

LETTRE XVI.
OV
SIXIEME VISIONNAIRE.

MONSIEVR.

Ie vous avoüe que plus ie considere le Sr. Desmarests, plus il me semble qu'il merite que tout le monde le considere. Son illusion est d'un genre si particulier, que ie ne puis m'empescher de vous la representer plus à fond, comme un des plus terribles exemples des égaremens dont l'esprit humain est capable, quand il se détourne de la voye des Saints & des instructions de ceux que Dieu a donnez à son Eglise pour estre ses peres, & qu'il tâche de trouver par son imagination de nouveaux chemins & des moyens abregez pour aller à Dieu & pour arriver à la perfection chrestienne.

Vous verrez, Monsieur, que c'est là la source des erreurs de ce pauure homme, dont ie vous exhorte à déplorer le malheur, au mesme temps que ie vous le découuriray. Il n'a jamais pensé à apprendre les regles de la vie chrestienne dans les livres de ceux qui en sont les maistres, & qui sont comme les thresors de la morale de l'Eglise. Il n'a jamais compris que l'humilité qui nous fait renoncer à nos lumieres pour nous rendre disciples des Saints, faisoit une des principales parties de cet anneantissement de l'esprit humain, dont il parle tant, & qu'il entend si peu; mais il s'est entierement abandonné à ses phantaisies, & les prenant pour des lumieres infaillibles & surnaturelles, il a inventé une spiritualité toute nouvelle & entierement inconnuë à l'antiquité. Vous en avez déja veu les effets dans les effroyables emportemens contre la justice, la verité & la raison, qu'il a fait paroistre dans sa Réponce à l'Apologie: & ie veux maintenant representer les principes, que vous trouverez encore, sans doute, beaucoup plus étranges.

Ce qu'il emprunte de la doctrine de l'Eglise, est qu'il faut se confesser au Prestre, afin de rentrer en grace avec Dieu. Pour l'esprit de penitence qui porte les pecheurs veritablement convertis, à entrer dans le zele de la justice de Dieu, & à punir sur eux mesmes les fautes qu'ils ont commises, il n'en parle point: il ne va pas si avant, la confession luy suffit: & il veut sans distinction, qu'elle soit immediatement suiuie de l'absolution, parce que le refus de l'absolution, selon luy, est une caverne horrible, par laquelle on conduit les ames dans l'Egypte & dans l'Enfer. Desorte qu'il faut dire, que l'Eglise qui a pratiqué ce refus d'absolution jusqu'à la penitence accomplie l'espace de plus de 600. ans à l'égard de tous les crimes, & plus de douze cens ans à l'égard des crimes publics, ne conduisoit alors les ames qu'en Egypte & en Enfer. *Chemin de la paix, ch. 6.*

Il est clair que c'est un blaspheme horrible contre le Saint Esprit, qui con-

A

duit l'Eglise & qui a établi cette discipline par tant de canons. Mais les blasphemes ne coûtent rien au Sr. Desmarests. Il ne se met pas en peine de ce que l'Eglise ordonne, ou de ce qu'elle n'ordonne pas. Il ne juge des choses que par sa phantaisie, & cette conduitte n'y estant pas conforme il n'a fait aucun scrupule de la condamner, & de l'attribuer à une *nouvelle direction*.

Ayant donc de cette sorte adoucy la penitence, & fait passer les ames par quelques exercices de meditation & d'oraison, il bastit en suitte l'édifice d'une perfection sureminente, qui doit estre l'estat commun de toute l'armée des cent quarante-quatre mille victimes.

NOMS DE L'ETAT DES VICTIMES.

Cette perfection, ou ce moyen de perfection s'appelle de divers noms dans ses livres, & il le décrit en diverses manieres; Car il est abondant en descriptions. Il l'appelle *l'onguent composé de la toute puissance de Dieu & du rien de la nature; l'aneantissement de l'ame; l'état du pur amour; l'état de victime; le rien de l'ame noyé, perdu, abysmé, plongé dans le tout de Dieu; l'abandon total; la totale perte en Dieu; l'unité de Dieu; le renoncement à toute propre operation; la Deiformité; l'union du pur esprit*. Et il se sert ainsi de divers mots extraordinaires qui divertissent assez agreablement la curiosité des esprits foibles, & qui flattent assez delicatement leur vanité. C'est trop peu de chose que d'estre chrestiens; il faut estre *victimes du pur amour*. Estre *le rien de Dieu, abysmé dans son tout*, cela est tout autrement beau & relevé.

MANIERES D'ENTRER DANS L'ESTAT DES VICTIMES.

Mais ce ne seroit rien de nous avoir montré de loin tous ces haut états, s'il ne nous donnoit le moyen d'y parvenir. Et c'est aussi dequoy il s'est parfaitement acquitté; car il en prescrit la methode, qui ne paroist pas bien difficile. Cette methode consiste à aller devant le Saint Sacrement, ou simplement à se presenter devant Dieu, & à concevoir que l'on n'est rien; que toutes les creatures ne sont rien, que Dieu est tout, qu'il n'y a que luy qui est, & dans cette vüe, il faut, selon luy, faire un acte de renoncement à toute propre operation pour n'agir plus que par l'Esprit de Dieu, afin de devenir le rien de Dieu & se noyer dans son *Tout*. C'est tout ce qui est necessaire. Et ensuitte en vertu de cet acte qui est infiniment agreable à Dieu, Dieu s'empare de l'ame pour la posseder, desorte que ce n'est plus elle, mais c'est luy mesme qui agit, qui pense, qui parle & qui souffre en elle.

Vous croiriez peut-estre que ie luy impose: & c'est pourquoy j'aime mieux le faire parler luy-mesme. Vous verrez qu'il s'exprime encore plus nettement & plus precisement que ie n'ay fait sur le moyen d'arriver à cette perfection, & sur l'effet infaillible de ce moyen. *Donc*, dit-il à une Religieuse qu'il engage à

4. partie. Lettre X.

cette voye, *Ma tres chere sœur, ie desire que vous alliez devant le Saint Sacrement, faire de nouveau vostre sacrifice à Dieu. Je desire que vostre volonté qui est bien sacrifiée, amene aux pieds de I. C. vostre esprit qui s'estoit échapé du sacrifice & qui s'echappe encore souvent malgré elle, afin qu'il se sacrifie entierement; qu'il se renonce; qu'il s'aneantisse & qu'il proteste à Nostre Seigneur, qu'il ne veut plus faire de reflexion, puisqu'un rien ne se reflechit point sur soy, mais qu'il veut estre perdu en son Tout. Voila le moyen: & voicy l'effet: Alors vous joüirez pour toujours, de cette grande paix interieure dont vous goûtastes les douceurs aussi-tost que vostre sacrifice fut fait.*

Ibid. Lettre 23.

Il s'exprime encore plus clairement en un autre endroit *Lors*, dit-il, *que nous* avons bien reconnu que nous devons entierement renoncer nostre propre esprit & nous abandonner du tout à l'Esprit de Dieu, nous luy faisons un entier sacrifice de nostre esprit pour n'agir plus que par luy. ET AUSSI-TOST, nous devons estre asseurez que Dieu accepte ce volontaire sacrifice, comme la chose qu'il desire le plus de nous. EN MESME TEMPS, l'Esprit de Dieu s'empare de nostre ame pour y operer : & depuis cet heureux moment nous n'avons plus de propre operation. Car tout ce qu'il semble que nous faisons, est fait par l'Esprit de Dieu, qui agit par nostre ame, comme nostre volonté agit par nostre main.

 C'est parler decisivement comme vous voyez, & il ne le fait pas moins dans les paroles suivantes. *Donc, ma tres chere sœur, pour vous tenir en repos en tout ce que vous faites, vous n'avez qu'à considerer une fois pour toutes, si vous avez fait à Dieu un entier sacrifice de vostre esprit. Et si vous estez bien asseurée que vous l'avez fait, soyez bien asseurée aussi qu'il l'a accepté, & que c'est desormais son Esprit qui regne en vous au lieu du vostre, qui est devenu un rien devant sa Majesté infinie.* Cela est net, & ainsi selon le Sr. Desmarest on est asseuré que l'on a fait sacrifice d'anneantissement, & l'on sçait aussi asseurement qu'en vertu de ce sacrifice, c'est le S. Esprit qui pense, parle, agit en nous, & que l'on n'a plus de propre operation.

 Ce n'est encore la qu'une legere image de la perfection, où l'on parvient tout d'un coup par ce sacrifice d'anneantissement. Il en fait bien voir d'une autre maniere les merveilleux avantages. Car premierement, selon luy ; *c'est une philosophie indubitable & infaillible pour ne souffrir aucun mal & pour gouster sans cesse un plaisir divin.* Et il le prouve. *Car par où*, dit-il, *prendrez vous un rien pour luy faire souffrir quelque injure.*

 C'est un estat dans lequel l'ame estant toute en Dieu, est faite un mesme esprit avec luy ; comme une goutte d'eau jettée dans un fleuve, est une mesme eau avec ce fleuve.

 C'est un estat dans lequel la vertu du S. Esprit se coulant en nous, nous devenons tout Dieu par une deiformité admirable.

 C'est un estat approchant de celuy des bienheureux, parce que l'ame dés cette vie est remplie & comblée de toute la plenitude de Dieu.

 C'est un estat dans lequel il se fait dans l'ame un deluge d'amour mysterieux & adorable, qui noye toutes les pensées humaines, qui engloutit toutes les affections de la terre.

 C'est un estat dans lequel l'ame estant toute liquefiée en Dieu, & toute plongée dans son eternité, sent incessamment que c'est Dieu seul qui fait tout en elle, & qui souffre tout en elle.

 C'est un estat dans lequel l'ame nage à son aise dans la pleine mer de son tout, comme dans son noble element, où elle sent un secret & tranquile bouillonnement d'amour continuel, qui la plonge dans une ioye incessable & inexprimable.

 C'est par cet estat que le Sr. Desmarests goûte, comme il l'asseure luy-mesme, *en tout lieu un calme infiniement delicieux, que tous les vents, tous les bruits & toutes les fureurs du monde ne sçauroient troubler.* C'est ce qui fait comme il dit encore que *l'on remarque que dans les compagnies, il parle peu, goûtant en luy-mesme son divin Tout.* Mais parce qu'il y a des personnes qui

DESCRIP-
TION DE
L'ESTAT
DES VIC-
TIMES.

3. partie
Lettre 27

4. partie.
Lett. 46.

5. partie
Lettre 17.

Lett. 27.
ibid.

Ibid.

Ibid.

Ibid.

Ibid.

A ij

pourroient estre assez spirituelles pour ne desirer pas tous ces gousts dans cette vie, & qui ne cherchent que la seureté de leur conscience, & les moyens de plaire à Dieu, il a eu soin de ioindre à cet état tout ce qu'elles pourroient desirer pour ce regard.

I. PROPRIETÉ DE L'ESTAT DES VICTIMES
I. Exemption de scrupules & de fautes dis toutes les actions.

Premierement il les a delivrées de tous les scrupules qui ont inquieté tous ces bons Saints de l'antiquité, qui n'avoient pas encore trouvé ce secret. Ils s'examinoient dans toutes leurs actions. Ils ne s'asseuroient presque jamais d'avoir bien fait, & ils s'accusoient souvent d'y avoir peché. S. Augustin confesse qu'il faisoit des fautes dans le manger : *Seigneur* dit-il, *vous m'avez appris à ne rechercher les alimens que comme ie ferois les remedes, & à en user de la mesme sorte. Mais lors que ie passe de l'incommodité de la faim au soulagement que me donne le manger, la concupiscence me dresse des embusches sur ce passage . . . . Et ce qui sert à nous tromper en cela est, que la necessité n'a pas la mesme étendüe que le plaisir, y ayant souvent assez pour le necessaire lors qu'il n'y a pas encore assez pour l'agreable. Et souvent aussi nous sommes incertains si c'est le besoin de soûtenir nostre vie qui nous porte de continuer de manger, ou si c'est l'enchantement trompeur de la volupté qui nous emporte. Je m'efforce continuellement, Seigneur, de resister à cette tentation. J'implore le secours de vostre main toute puissante. Je vous represente les agitations de mon esprit, parce que ie ne sçay pas bien ce que ie dois faire en ces rencontres.* Neanmoins avec tous ces efforts, il confesse humblement qu'il ne laissoit pas d'y faire des fautes : & il demande à Dieu qu'il l'en garantisse pour l'avenir.

Aug. Confes. lib. 10. c. 31.

Mais c'est qu'il n'estoit pas encore monté dans l'état où le Sr. Desmarests éleve les ames & où il est élevé luy mesme. Car il tranche tous ces scrupules en un mot par le principe general que Dieu fait tout dans l'état d'anneantissement. *Sur la difficulté*, dit-il à une Victime, *où vous estes touchant le manger, ie desire que vous sçachiez une fois pour toutes, qu'estant toute abandonnée à la volonté de Dieu, c'est elle seule qui vit en vous & non plus la vostre ; desorte que vous ne devez plus estre en crainte d'avoir commis une infidelité quand vous avez fait ou n'avez pas fait une chose, parce que c'est Dieu seul qui agit en vous par vous. Et cela est manifeste, puisque ne consultant plus vostre volonté, & n'estant animée que de celle de Dieu, vous n'agissez plus avec reflexion . . . . Ainsi quand vous mangez vous le faites sans reflexion, parce que c'est Dieu qui le veut.*

3. partie Lett. 24.

II. PROPRIETÉ. incapacité d'orgueil.

Il en est de mesme de l'orgueil. On voit que S. Augustin se donnoit mille peines pour y resister, & declare mesme à son peuple, qu'il estoit dans un combat continuel, de peur de se laisser aller à la complaisance pour les loüanges qu'il recevoit d'eux.

S. Gregoire le grand reconnoist à la fin de ses morales, que la recherche de la gloire humaine se mêloit quelque fois avec l'intention qu'il avoit de plaire à Dieu ; que ce qu'il pouvoit avoir de bon, n'estoit point purement bon, & que ce qu'il avoit de mauvais estoit purement mauvais : *Mala nostra pura mala sunt, & bona quæ nos habere credimus pura bona esse nequaquam possunt.* Ce qui le porte à en faire une confession publique, & à demander les larmes de ses lecteurs en recompense des instructions qu'il leur donne. Mais tout cela fait voir seulement selon la doctrine du Sr. Desmarests, qu'ils n'estoient encore guere avancez dans la vie spirituelle, & qu'ils n'estoient point anneantis & perdus dans *le Tout de Dieu*. Car dans cet état on est incapable d'orgueil : & le Sr. Desmarests renvoye bien loin cette crainte, lors que ses victimes luy témoignent qu'elles en sont touchées. Cette crainte mesme, est selon luy, une tentation du diable.

Le demon, dit-il, *est si subtil, qu'il vous fait craindre l'orgueil & la vaine complaisance dans l'état d'anneantissement, parce, dites vous, que c'est un haut état. Or c'est craindre l'orgueil dans la parfaite humilité. Car il n'y a rien de plus bas que le neant : & quiconque est bien anneanti n'est plus susceptible d'orgueil.* Et il le prouve par son raisonnement ordinaire : *Puisque vous avez fait le bon choix de l'operation de Dieu en vous, vous ne devez pas craindre que Dieu opere en vous l'orgueil.* ╎ Suitte de la 3. Part. Lett. 4.

Et c'est pourquoy comme les victimes ne sont pas capables d'orgueil, on les peut loüer tant que l'on veut sans craindre de leur donner de la vanité. Aussi le Sr. Desmarests use avec toute sorte de liberté de ce privilege des ames abysmées dans le tout de Dieu. Car il comble ses victimes de loüanges selon toute l'étenduë de son imagination : *Vous estes*, dit-il à une d'elles, en la comparant à une autre, *elle & vous, comme en deux ames dont il est parlé dans l'Apocalypse, semblables à deux chandeliers brûlans, ou comme deux oliviers fructifians devant Dieu. Car vous estes toujours en la presence de Dieu, & vous jettez, comme eux de vostre bouche, un feu de pur amour qui devorera nos ennemis.* ╎ III. PROPRIETÉ. Se loüer les uns les autres tant qu'ō veut sās vanité. 4. Partie. Lett. 22.

Dieu sçait si les victimes iettent presentement des feux & des flames contre celuy qui attaque ainsi leur chef. Mais ie n'apprehende gueres d'en estre devoré, puisque c'est pour elles mesmes que ie travaille, afin de les desabuser, si ie puis, de la pitoyable illusion où elles sont engagées.

Il dit à une autre : *Qu'elle est plongée en un tel abysme d'amour, qu'il est bien au delà de toute pensée, & qu'elle n'a qu'à demeurer dans son abysme, qu'elle est toute plongée, consumée & anneantie en Dieu.* ╎ 4. Partie. Lett. 26.

On apprehende dans la vie Chrestienne, les passions, les illusions du diable, les tentations. C'est le sujet ordinaire des gemissemens & des prieres des Saints. Mais le Sr. Desmarests remedie sans peine, à toutes ces craintes, en faisant voir qu'elles sont frivoles dans l'état de victime. ╎ IV. PROPRIETÉ. Exemptiō des passiōs.

Car il enseigne, que l'on *n'y est point travaillé d'aucune passion*. Et il le prouve demonstrativement, *parce*, dit-il *qu'un rien n'a point de passion.* ╎ 3. Partie. Lettre 27.

Il dit qu'une ame dans cet état *n'a ny desir ny crainte, ny ioye, ny douleur, parce qu'elle est perduë en son Tout, qui fait tout en elle comme il luy plaist, & qui va luy mesme au devant de tout ce qui luy pouvoit nuire.*

Ainsi les victimes n'auroient garde de dire avec S. Augustin : *Les vaines ioyes qui meriteroient d'estre pleurées combattent dans mon esprit avec les heureuses tristesses dont nous devrions nous réjouir, & ie ne sçay de quel costé tourne la victoire. Helas, Seigneur, ayez pitié de moy. Les mauvaises tristesses combattent dans mon esprit avec les ioyes saintes, & ie ne sçay de quel costé tourne la victoire. Helas Seigneur, ayez pitié de moy. Vous estes medecin & ie suis malade. Vous estes tout bon & ie ne suis que misere.* Ces paroles sont bonnes pour un homme qui a encore des ioyes & des tristesses, & qui combat ses passions. Mais les victimes qui n'en ont point se feroient iniure de s'en servir. ╎ Confes. lib. 10. ch. 28.

A iij

V. Pro-priete'
Inaccessibilité au diable.
3. Partie.
Lettre 17.

Ibid. Let. 16.

VI Pro-priete'.
Seureté entiere contre les tentations
1. Parttie
Lettre 10.

VII. Pro-priete'
Exemptiõ de douleur pour ses fautes, ses imperfections, & ses miseres.

4. Partie.
Lettre 26.
3. Partie.
Lett. 13.

4. Part.
Lett. 15.

VIII. Proprie-te'.
Privation de propre operation
4. Part.
Lett. 22.

Ce n'estoit pas aussi aux victimes que l'Apostre S. Pierre parloit, lors qu'il avertissoit les Chrestiens d'estre dans la vigilance contre le diable qui cherche à les devorer. Elles n'ont rien à craindre ny de sa rage, ny de ses artifices, puisqu'elle luy sont inaccessibles, comme le Sr. Desmarests l'enseigne. *Le diable*, dit-il *ne peut trouver une ame anneantie, ny en elle-mesme, car elle est un rien; ny en ses operations ou dans ses actes, car elle n'en fait plus; ny dans ses souffrances, car elle ne souffre plus comme d'elle-mesme. Mais en pensant l'attaquer, il trouve par tout la force de Dieu, & Dieu mesme, qui fait tout & qui souffre tout en elle.* Et c'est sur ce fondement, qu'estant victime, comme il est, il fait ce compliment à une victime en langage de victime: *Je suis en ce pur amour, un pur rien purement & intimement uny à vostre rien, & dans cette union de deux riens le diable n'a rien à faire.*

Pour les tentations, il s'en moque, parce que dans cet état, on n'a plus de propre consentement. *L'ame*, dit-il *estant un rien, n'est plus en état de consentir ou de ne consentir pas . . . . Elle ne pense pas du tout, ny a ce qu'elle a fait, ny à ce qu'elle n'a pas fait, car elle n'a rien fait du tout . . . Et n'ayant point fait d'actes de consentement, elle n'a point peché: cela luy suffit: & demeurant en son rien, elle est en seureté & en repos en son tout, où elle se moque de la tentation, & du demon.*

Il n'y auroit plus que la veüe des pechez & des imperfections qui pourroient troubler ce *calme delicieux*, & cette *joye incessable & inexprimable*, en excitant des sentimens de penitence si ordinaires aux autres Saints. Mais ce n'estoient encore que des novices dans la spiritualité. Ces sentimens sont entierement indignes de l'état de victime où le Sr. Desmarests est placé, & où il place tous ceux qui le veulent suivre. Ses argumens sont invincibles pour bannir tous ces mouvemens tristes qui naissent de la veüe de nostre misere.

Le moyen qu'une victime s'affligeast pour ses miseres, puisqu'elle ne se sent coupable de rien. *Vn rien*, dit-il, *n'a ny dignité, ny indignité, parce qu'il n'est capable de rien, & n'est coupable de rien. Ce n'est pas merveille*, dit-il encore, *qu'un rien n'ait point d'inperfection, puisqu'il n'a rien.*

A la verité S. Paul en representant en luy-mesme, selon S. Augustin, un homme dans l'état de la grace, s'afflige de son impuissance, & il s'ecrie à Dieu: *Malheureux homme que je suis, qui me delivrera du corps de cette mort.* Mais il falloit qu'il ne fust pas encore bien spirituel, & qu'il n'eust pas fait l'acte du Sacrifice d'anneantissement. Car, selon le Sr. Desmarests, si-tost que l'ame *n'espere plus rien d'elle-mesme, elle n'aura plus d'affliction de son impuissance: & si-tost qu'elle sera plongée par pur amour en son tout qui est tout puissant, elle se trouvera en luy toute puissante.*

Enfin pour trencher toutes les craintes, & faire voir la sublimité de cet estat, il enseigne qu'il n'y a aucune propre operation. *Il n'y a*, dit-il, *aucune propre operation dans le rien, car il n'y a que Dieu qui puisse operer dans le rien. Il n'y a dans le rien qu'un secret & muet consentement à l'operation de Dieu.* Et pour le prouver il ajoûte ce raisonnement profond. *Car le rien, tout rien qu'il est, est toute fois si noble & si grand qu'il a esté de toute eternité avec Dieu prest & disposé à tout faire.* Et de là il conclut à son ordinaire, que

Dieu fait tout dans les victimes. *Vous demeurez*, dit-il, *toûjours le rien de Dieu, mais un rien preparé à tout, & Dieu demeure vostre Tout, faisant tout & souffrant tout en vostre Rien, qui doit se tenir un Rien trés content en son Tout, & qui ne doit ny ne peut rien faire de luy-mesme . . . . Dieu seul fait en son Rien ce qui luy plaist avec un amour infiny, se plaisant infiniement en son Rien, pleinement abandonné en son Tout.*

La cessation des propres operations fait cesser, par consequent la verité de toutes les instructions, & de toutes les saintes pensées. Et c'est pourquoy ces personnes n'ont plus besoin qu'on leur en donne, & le Sr. Desmarests condamne le desir qu'elles en pourroient avoir. *Vous desirez*, dit-il à une d'elles, *que ie vous écrive quelque chose sur la dignité que les Religieuses ont d'estre si souvent en la presence du Saint Sacrement; mais ie vous croy d'une classe au dessus de celles où l'on donne de telles leçons. Car vous estes dans la classe du saint anneantissement, où l'on perd toutes pensées, toutes reflexions, toutes instructions, & toutes dispositions. On y est bien au dessus de tout cela, puisque l'on y est abysmé en Dieu.*

IX Pro-
prieté
N'avoir
plus besoin
d'instru-
ctions.
Suite. de la
3. Partie
Lett. 14.

Et cela va si avant que l'on y perd mesme la memoire : & c'est pourquoy le Sr. Desmarests avoüe qu'il l'a perduë entierement. *I'ay*, dit-il *perdu toute memoire. Ie ne puis*, dit-il encore, *esperer de moy que ie puisse avoir la memoire d'observer aucune chose, soit à certains jours du mois, ou de la semaine, & quand ie l'aurois promis ie ne le pourrois tenir. Car mesme les meilleures resolutions s'enfuient de moy quant à la pratique.* Et pour montrer que cela vient de l'état de victime, & d'anneantissement, il conclut qu'il en est de mesme des autres, & que plus elles sont élevées dans cet état, & moins elles ont de memoire. *Ie croy*, dit-il, *Ma trés chere sœur qu'en vostre état d'anneantissement & de perte en Dieu, vous en estes de la mesme sorte, & sans doute bien plus élevée qu'un miserable pecheur inveteré. C'est pourquoy les Directeurs*, dit-il *dispensent de ces pratiques, les ames qui sont perduës en Dieu, où toutes les pratiques sont perduës aussi.*

X. Pro-
prieté
Perte de
memoire.
3. Partie.
Lett. 14.

Il faut avoüer que pour ce point si la cause n'est pas veritable, on ne peut au moins douter que l'éffet ne soit constant. Car jamais homme n'eut moins de memoire que le Sr. Desmarests. Il se contredit à tout moment, & il tombe continuellement dans les fautes qu'il reproche aux autres, d'une maniere si grossiere, qu'il est bien visible qu'il ne se souvient point en un lieu de ce qu'il écrit en un autre. Que s'il avoit encore ajoûté que cet état où il est, oste le jugement & la raison, il le pourroit prouver par une experience tirée de luy mesme, que personne ne pourroit luy contester : & ie m'asseure que c'est la proprieté des victimes dont les gens raisonnables demeureront plus facilement d'accord.

Voila ce que l'on appelle la philosophie du *Rien*, dont le Sr. Desmarests est le principal predicateur. C'est ce secret merveilleux qu'il a trouvé, ou plûtost qu'il se vante que Dieu luy a revelé pour le communiquer à ces cent quarante-quatre mille victimes, dont il est le chef, comme *le plus chetif neant du monde*, ainsi qu'il s'appelle luy-mesme, c'est à dire comme l'ame la plus élevée en Dieu par la connoissance de son neant.

C'est dans ce *Rien* & dans ce neant, qu'il plonge & qu'il abysme toutes les ames qui s'adreſſent à luy. Et apres les y avoir ainſi abyſmées, il leur preſcrit des regles qu'il croit conformes à la ſublimité de cet état, & que ceux qui ne ſont pas inſtruits dans cette Philoſophie, prendront, ſans doute, pour des erreurs & des hereſies. Ie m'en vas vous en rapporter quelques unes, & vous en penetrerez facilement les conſequences.

<small>REGLES DES VICTIMES.
1. Ne demander point la miſericorde de Dieu.

4. Part. Lett. 38.</small>

La 1. de ces regles, eſt de ne point demander à Dieu ſa miſericorde, cette demande eſtant indigne de l'état de victime. Et non ſeulement il eſt deffendu dans cet état de la demander pour ſoy, mais on ne l'a demande pas meſme pour aucune autre victime, de peur de faire iniure au pur amour qui les éleve à cette haute dignité: *Vous deſirez*, dit le Sr. Deſmareſts répondant à une victime, *que ie demande à Dieu, qu'il vous faſſe miſericorde: mais une victime d'amour ne demande point miſericorde, & elle s'abandonne à la juſtice. Car un criminel qui demande qu'on luy faſſe miſericorde, demande qu'on luy ſauve la vie. Vous me direz que vous ne demandez pas miſericorde pour cette vie, mais pour l'Eternité. Je vous répons qu'une victime d'amour ne ſe regardant point elle meſme, ne regarde point la miſericorde de Dieu, & elle s'abandonne à la juſtice de Dieu en ſacrifice de pur amour pour tous les pechez du monde, ne regardant que la ſatisfaction de Dieu. Ie ne demanderay donc point à Dieu qu'il vous faſſe miſericorde, mais qu'il faſſe de vous ſelon ſon bon plaiſir.*

<small>II. REGLE Ne demander point les vertus

4. Part. Lett. 4.</small>

Non ſeulement il ne veut pas que ſes victimes demandent à Dieu qu'il leur faſſe miſericorde, mais il n'approuve pas meſme qu'elles luy demandent aucune vertu. C'eſt un Avis important dans la direction des victimes.
Vne ame, dit le Sr. Deſmareſts, *bien anneantie dans ſon Tout, ne demande plus aucune vertu, ayant tout en ſon Tout, & elle n'en peut avoir en elle-meſme, eſtant un Rien qui n'a rien, & qui ne peut rien avoir, & qui ne penſe ny à vertu, ny à imperfection, ny à fidelité, ny à infidelité.*

Par ce meſme principe, il reſout qu'il ne faut pas demander a Dieu l'humilité, mais Dieu meſme. *Si Notre Seigneur ſe preſentoit à vous*, dit-il *& vous diſoit: Ma fille, demande moy ce que tu voudras & ie te le donneray, ſeriez vous ſi fole que de luy demander l'humilité. Il faudroit luy dire: Mon Seigneur, mon Epoux, ie ne vous demande que vous, & quand ie vous auray, toute vertu ſera en moy.* Et par là il luy fait connoiſtre l'imperfection de la priere qu'elle luy avoit faite, qu'il demandaſt pour elle la vertu d'humilité.

<small>III. REGL. Ne demander rien du tout. ib.</small>

Mais le plus court, ſelon luy, eſt de ne demander rien du tout. Et il en fait une regle bien preciſe. *Vn rien*, dit-il, *n'a ny vertu, ny imperfection*, ET NE DEMANDE RIEN.

<small>IV. REGL. Ne regarder jamais ſes miſeres.
b ij. lett. 57.</small>

Vne autre regle trés importante des victimes, eſt de ne regarder jamais ſes miſeres & ſes pechez, parce que cela trouble la paix de ce bien-heureux état. *Dans cette unité de Dieu*, dit le Sr. Deſmareſts, *il faut tellement nous perdre que nous n'en ſortions point pour reflechir ſur nous, & pour penſer, comme vous faites, à nos tiedeurs, à nos malices, à nos infidelitez paſſées, & à l'abyſme de nos miſeres. Car l'unité de Dieu eſt un lieu de paix & un abyſme infini, où tout abyſme de miſeres eſt abyſmé & perdu, & il ne s'en parle plus: autrement c'eſt ſortir de cet abyſme*, &c.

Et de

Et de là on tire encore une autre regle d'une grande commodité. C'est qu'on ne doit avoir aucun remors, & que la componction & la contrition sont des défauts & des imperfections notables dans cet état. Et c'est ce que le Sr. Desmarests enseigne formellement.

Quand il arrive dit-il, *à une personne abysmée de faire quelque faute sans reflexion (car ils n'en commettent point d'autres) il ne s'en étonne nullement: car il se croit plein de toute defectuosité, mais il se tient en Dieu, où il ne peut avoir de remors, parce que pour avoir du remors, il faudroit qu'il sortît de Dieu pour venir en luy-mesme & pour retourner à Dieu par* VN ACTE DE CONTRITION. Et appliquant cet avis general à la victime qu'il instruit. *Donc*, dit-il, *toutes les fois que vous aurez fait quelque faute sans reflexion, par promptitude de nature & non par habitude à quelque vice notable, & que vous n'en aurez point de remors, ne vous en étonnez point. Ce n'est point amour propre & au contraire, c'est signe que vous n'estes point sortie de Dieu, & de son pur amour. Car on ne peut pecher qu'en sortant de Dieu, puisqu'en Dieu on ne peut pecher.* Le Sr. Desmarests ne prend pas garde qu'il prouve par là que ces fautes sans reflexion ne sont pas des fautes, quoy qu'il les appelle ainsi, puisqu'il suppose qu'on les commet sans sortir de Dieu, où l'on ne peche point. Mais les victimes sont dispensées des regles communes du raisonnement, aussi bien que des devoirs communs du Christianisme.

On admire les Saints, qui ont tant pris de soin de fuir l'estime des hommes; qui ont recherché l'occasion de s'humilier & de souffrir le mépris. Mais cette vertu est si imparfaite dans la philosophie du neant, que le Sr. Desmarests fait une regle expresse de l'éviter comme un defaut. *Rechercher le mépris & fuir l'estime*, dit-il *c'est encore agir de nous-mesmes, & un rien ne recherche rien & ne fuit rien de luy-mesme*. Aussi le Sr. Desmarests agit en ce point avec une si haute perfection, qu'il ne dissimule aucun de ses avantages, & qu'il dit simplement de luy-mesme, tout ce que les gens du monde un peu modestes auroient peine à souffrir de la bouche mesme des autres.

C'est par cette humilité sublime qu'il se décrit luy mesme d'une maniere tout à fait galante comme un des foux de Dieu, faisant bien voir par là, qu'il est tout à fait exempt du defaut *de fuir l'estime des hommes & d'en rechercher le mépris*. C'est dans *son chemin de la paix*, où il fait une description romanesque du Palais de la charité qu'il prétend n'estre habité que par ceux en qui l'amour incréé a détruit & anneanti tout l'amour humain. La premiere gallerie du Château *est la gallerie de la folie du pur amour*, qui sont des gens si parfaits, qu'ils ne peuvent penser ny dire aucunes paroles que celles que la charité leur met en la pensée, & en la bouche. Le Sr. Desmarests n'a pas oublié de se loger des premiers dans ce Château: & parce qu'une seule peinture n'auroit pas pû exprimer toutes ses perfections, il s'est mis en deux diverses LOGES de cette gallerie dans la premiere & dans la quatriéme. Il s'est placé dans cette derniere sous la forme d'un homme qui *est estimé un des plus grands fous, parce qu'il n'écrit plus pour le monde, mais seulement pour la conversion des ames, & parce que pour l'amour & la gloire de Dieu, & pour empescher la perte de plusieurs ames, il s'est declaré l'ennemy des plus abominables ennemis de Dieu; & au mépris de toutes considerations humaines & de tout peril de sa vie, il a poursuivi divers*

V. REGL. N'avoir aucuns remors

ibid. lett. 46.

VI. REG. Ne point fuir l'estime & ne point desirer le mépris. 4. Partie lett. 46.

ch. 34. ch. 36.

ch. 38.

auteurs de sectes detestables : Mais le portrait qu'il fait de luy-mesme comme habitant de la premiere loge *des fous de Dieu* luy est encore plus avantageux. *l'Homme que vous voyez* (c'est ce qu'il fait dire à la charité) *est un fou de Dieu, & passe dans le monde pour fou achevé, parce qu'il n'ayme plus à visiter que les pauvres, que les malades, que ceux à qui il peut servir pour leur conversion. Quand il se rencontre dans les compagnies, on veut qu'il parle, & il ne le peut. Et sur cela on luy dit avec indignation: Est-ce là cet homme qui avoit tant d'esprit & tant d'inventions pour divertir, & maintenant il ne sçait rien du tout? Ainsi on le méprise, on le fuit, & l'on dit par tout qu'il est un fou. C'est là un de mes fous, & ie luy ay donné pour son mot:* DIEV EST. *Parlez, Mon frere,* luy dit alors la divine charité, *dites quelque chose.* DIEV EST, *luy répondit-il Cela suffit & pour luy & pour nous. l'Ame entendant ces paroles dit: O qu'il y a une profonde sagesse dans cette folie!* Vous voyez qu'il a grand soin d'empescher qu'on ne s'abuse sur son sujet, & qu'il sçait fort bien former le jugement des hommes, & leur inspirer les sentimens justes & équitables qu'il se persuade que l'on doit avoir de luy.

Il paroissoit de mesme fort peu important au public, que l'on sçeust qu'il avoit esté bien receu de la Reyne de Suede: & neanmoins il ne nous a pas voulu priver de cette circonstance de sa vie. Il a fait imprimer une lettre toute exprés, qui ne contient point d'autre instruction que celle des mépris interieurs qu'il a faits des applaudissemens qu'il pretend avoir receus de cette Princesse, afin que nous sçeussions en mesme-temps, & que l'on luy donne des loüanges, & qu'il les méprise.

VII. REG.
Nulle prevoyance sur ses act.

Il faut par necessité que les victimes croyent que tous les Saints n'ont rien entendu dans la spiritualité en voyant combien leurs avis sont differens de ceux de leur Directeur. Par exemple S. Gregoire & S. Bernard nous prescrivent comme une chose fort importante, de prévoir nos actions, de les considerer devant Dieu, de les regler en sa presence avant que de les faire, de peur de se laisser emporter aux impressions des objets presens. Cependant le Sr. Desmarests rejette par tout cette pratique, comme une imperfection & un defaut capital, qui fait sortir les ames de Dieu pour les attacher à eux mesmes.

4. Partie.
lett. 7.

Vne ame qui est rien, dit-il, *ne pense à faire aucune chose. Car pour son devoir elle le fait par habitude sans y penser. Et elle ne pense pas aussi à s'empêcher de faire quelque chose. Car si elle pensoit pour agir, ou pour s'empêcher d'agir, elle penseroit trouver la vertu en elle-mesme.*

Et c'est pourquoy, selon luy, il ne faut jamais rien faire par pratique, par regle, par premeditation : autrement on tombe dans le defaut de propre operation.

Suitt. de la
3. part.
lett. 13.

Vne pensée que Dieu nous donne n'est pas nostre propre operation, mais celle de Dieu en nous. Mais si vous faisiez cela par pratique reglée à certaine heure & à certains lieux, ce seroit vostre propre operation. Vous ne devez plus rien faire de vous-mesme, ny avoir rien de reglé, que les choses qui sont absolument de vostre devoir, encore les ferez-vous sans y penser & sans regle. Ainsi il donne generalement pour regle de ne s'assujettir à aucune pratique, à aucun reglement, & il se loüe luy-mesme d'estre incapable de tout exercice reglé.

VIII. REG.
Ne point songer à se

On croiroit de mesme que c'est une bonne chose que de penser à se corriger de ses defauts, & de tâcher de les prevenir. Les Peres ne nous parlent d'autre chose,

11

Et en effet nous sommes si naturellement portez à cette pensée, que mesme *corriger de* elle estoit entrée dans l'esprit d'une victime qui vouloit penser à se corriger de *ses defauts* ses imperfections, & ne goûtoit pas entierement sur ce point, la philosophie du Sr. Desmarests. Mais il l'en reprend avec autorité, & avec une seureté qui luy est extraordinaire ; car il est ordinairement fort carressant. Dieu est, dit-il, *Suitte de* (c'est le cri de guerre de l'armée des victimes) *& veut estre tout en vous & la 3. part.* operer tout en vous : *& toutefois ie voy, ma trés chere sœur, que vous retombez lett. 3.* dans les actes *& dans vostre propre operation. Et vous ne pouvez comprendre comment vous ne devez point faire de reflexion sur vous, pour prevenir ou corriger les pechez & les imperfections, où vous vous croyez sujette. Tout cela provient de ce que vous n'avez pas encore bien compris la merveille de l'état du saint anneantissement de l'ame perduë en Dieu, & devenuë un* Rien *dans le* Tout *de Dieu. Car cet anneantissement dans lequel vous vous sentez attirée, ne consiste pas seulement à ne plus faire dans le temps de l'oraison, ny de meditation, ny d'actes ; mais il consiste aussi à ne plus agir par reflexion sur soy dans tout le reste du jour, pour se munir contre les pechez & les imperfections.*

Et c'est pourquoy une des plus ordinaires leçons qu'il leur donne, est qu'il IX. Reg. faut qu'elles *fassent taire leurs paroles, leurs pensées, leurs actes d'adoration & Renoncer* d'amour, de peur de mêler leurs operations grossieres, à celles de Dieu, & qu'il *à tous act.* faut exclure generalement les meditations & les pratiques. *Ne croyez pas, meditat.* Mes trés cheres sœurs, dit-il, à des Religieuses, *que ie veuille vous donner, & pratiq. par ce discours, des meditations, des pratiques, & des exercices pour tous les* 4. Part. *jours de ce saint temps de l'Avent, afin d'occuper vostre imagination, & vostre lett. 13. entendement sur ce mystere ineffable. C'est ce que ie ne sçay point du tout faire, que de donner des meditations & des pratiques.*

Il ne veut pas mesme souffrir que les victimes redressent leurs intentions X. Regl. en Dieu, ny qu'elles pratiquent ce que dit David : *Confitebor tibi in directione Ne point cordis,* parce qu'il suppose que cela est fait en vertu de leur premier sacrifice, & *diriger de* qu'il n'est point besoin de le faire dans la suitte. *nouveau*

Dans cet estat d'anneantissement, dit-il, *& de perte totale de toute l'ame en son intent. Dieu, il n'est pas besoin aussi de diriger ses intentions ; car c'est chose faitte il y a à Dieu. long-temps & avant que d'estre à Dieu.... Quand on est en Dieu & que le pur amour nous y a établis, nous n'avons plus besoin de diriger nostre inten-* 4 Part. *tion, ny pour aller à luy, ny pour estre à luy, parce que la direction d'intention lett. 46. est pour une chose qui est à faire, & non pas pour une chose faite.*

C'est par une suitte du mesme esprit, qu'il defend absolument aux victimes XI. Regl. d'examiner les motifs de leurs actions, ny leurs actions mesmes. *Ne point*

Si vostre esprit, dit-il, *estoit bien sacrifié, il seroit anneanti, ou du moins examiner il seroit si bien simplifié, qu'il n'auroit plus d'égard sur luy mesme, ny sur le ses actions, motif qu'il a pour ses actions, ny sur l'avantage ou le desavantage que vous ny les moen pouvez avoir. Vous ne penseriez pas mesme à vos actions, tant s'en faut que tifs d'où el- vous puissiez penser à leur motif ny à leur avantage ou desavantage, pour regar- les naissent der ce qui les a devancées, & ce qui les peut suivre.*

Ces reflexions, prevoyances, preparations, premeditations sont si mauvai- 4 Part. *ses dans la philosophie du Neant, que c'est une des grandes fautes qu'une vi- lett. 10. ctime puisse faire, que de mediter ce qu'elle écrira quand elle doit écrire une*

B ij

lettre. Et cela seul suffit pour estre livré à la puissance du demon : & c'est pourquoy le Sr. Desmarests en avertit ceux qui s'adressent à luy comme d'une chose capitale.

Quand il vous viendra, dit-il, *une pensée pour me demander quelque éclaircissement sur le saint anneantissement, ou sur quelque autre chose de vostre état terrible, gardez vous bien de deduire cela en vous-mesme par vostre propre esprit, pour sçavoir comment vous me l'écrirez. Car de cette maniere vous sortez de Dieu pour revenir à vous, & aussi-tost vous voila livrée à la puissance du demon, comme vous l'avez éprouvé. Prenez la plume sans penser comment vous écrirez vostre demande, & écrivez-moy sans reflexion aucune ce que Dieu vous donnera, en vous abandonnant à son esprit & en renonçant le vostre : & soyez asseurée que vous ferez la lettre sans y penser & sans sortir de Dieu. C'est ainsi que les ames anneanties écrivent sans reflexion.*

On ne doit pas douter après cela que ce ne soit là la methode que le Sr. Desmarests suit luy-mesme en composant ses ouvrages. Aussi quand il a écrit de cette sorte sans reflexion, il est asseuré que c'est Dieu qui a écrit pour luy, & il en asseure les autres. *Ie ne sçay*, dit-il, *Ma trés chere sœur, comment ie vous écris cecy, n'ayant pas le bon-heur de vous connoistre. Dieu conduit ma plume & me fait écrire ce qui luy plaist.*

ib. let. 20.

3 Part. lett. 12.

Et la certitude qu'il a de cette operation divine est si grande, qu'il veut que l'on regarde ses lettres comme estant dictées par I. C. mesme. *Voila*, dit-il à une Religieuse, *Ma trés chere sœur, ce que N. S. me répond quand ie le prie pour vous & pour cette damoiselle ; & admirez encore la grace qu'il vous fait, de ce que pensant aujourd'huy vous écrire, c'est N. S. mesme qui vous parle & qui vous écrit dans cette lettre. Ainsi vous penserez recevoir une lettre de moy, & vous ferez bien surprise de voir que vous en recevrez une de Nôtre Seigneur mesme qui vous parle icy.*

Il rapporte dans cette mesme lettre, ce qu'il pretend que I. C. luy a répondu en le priant pour cette damoiselle & pour une autre : & il le fait parler en ces termes : *Dans leurs entretiens, elles n'ont garde de se communiquer l'une à l'autre, les lettres que tu leur écris par mon ordre & par mon esprit, ny d'aimer les pensées que ie te donne pour elles.* Et pour les corriger de ce defaut, il fait que I. C. leur ordonne de se communiquer ces lettres dictées par luy-mesme. *Pour cet effet* (c'est Iesus-Christ qui parle) *elles se doivent communiquer l'une à l'autre les lettres que ie leur écris par ta main, pour les instruire de ce qu'elles ont à faire. Elles y trouveront la leçon que ie veux leur donner.*

Ainsi on ne doit pas s'estonner que le Sr. Desmarests recommande souvent avec grand soin à ses victimes cette pratique de se communiquer ses lettres, & de ce qu'il veut qu'elles soient leües en pleine communauté, n'estant pas juste que des ouvrages du S. Esprit, soient supprimez, où que l'on en borne le fruit à l'utilité d'une seule personne.

XII. REGL.
Suivre toutes les pensées qui viennent sur le chäp.

Mais que feront donc ces ames anneanties, estant destituées de toute prevoyance & de toute reflexion sur leurs actions passées & futures. C'est le grand secret de la vie d'anneantissement : C'est qu'il faut que les victimes suivent tous les mouvemens & toutes les pensées qui leur viennent sur le champ, & qu'elles soient asseurées qu'elles sont de Dieu. *Pensez*, dit-il, *aux affaires de*

*Dieu, en vous abandonnant simplement à son Esprit; en suivant tous les mou- | comme étant
vemens qu'il vous donnera, en répondant aux demandes qui vous seront faites | de Dieu.
par les paroles qu'il vous donnera, sans penser presque à ce que vous aurez à dire.*
Ce qui est fondé sur la regle déja proposée, qu'une pensée que Dieu donne | Suitte de
sur le champ, n'est pas propre operation ; mais que quand on fait les choses par | la 3 partie
pratique reglée à certaines heures, & en certains lieux, c'est propre operation. | lett. 26.
C'est ce qu'il appelle ailleurs en termes mystiques, que ces pensées soudaines, *ne produisent point multiplicité*, c'est à dire qu'elles ne nous separent point de l'unité de Dieu, mais seulement les pensées de reflexion & de premeditation.

Or pour discerner ces pensées sans reflexion, qu'il faut suivre aveuglément, comme estant inspirées par le S. Esprit, jamais les victimes n'y sont embarassées, puisque c'est le fondement de l'état de victime, & que c'est Dieu qui fait tout en elles, & qui pense, parle & agit par elles. Desorte qu'encore que les calomnies, les jugemens temeraires, les falsifications de l'Ecriture, les erreurs, & les heresies, les iniures atroces, les blasphemes trouvent leur place entre ces pensées sans reflexion, les victimes n'en croyent pas moins fermement, que c'est Dieu qui a parlé par leur bouche. Et c'est pourquoy le Sr. Desmarests, après avoir mesme lû la conviction de ses abominables calomnies dans la troisiéme visionnaire, n'a pas laissé de faire afficher dans Paris, que Dieu l'a assisté à les écrire. Et comme il faudroit que toute sa theologie fût renversée s'il estoit obligé d'en faire une reparation publique, il se prepare à les soutenir.

Il est vray qu'en quelques endroits, il ajoute une restriction, qui est que tout ce que les victimes pensent, disent & font *de bon*, est de Dieu. Mais outre que cette restriction mesme est fausse, y ayant plusieurs pensées, plusieurs paroles, plusieurs actions, qui estant bonnes en soy, sont neanmoins corrompuës par une intention vicieuse; cette restriction n'empeche nullement l'illusion, puisqu'il suppose d'ailleurs que pourveu qu'on agisse sans reflexion, Dieu ne manque jamais de découvrir aux victimes, ce qui est bon ou mauvais dans les actions, dans les paroles, & dans les pensées; ou au moins d'en avertir après qu'elles sont faites : *Vous me dites*, Ma tres-chere sœur, dit le Sr. Desmarests: *Mais comment donc évitera-t'on de tomber dans les pechez & dans les imperfe-* | Suitte de
ctions si l'on n'a quelque attention sur soy, & si l'on ne fait reflexion sur ce qui est | la 3. part.
à faire & à éviter? La question n'est pas mal proposée. Et la réponse est aussi | lett. 3.
juste & aussi precise qu'on la pourroit desirer. *Voicy*, dit-il, *ce qui se fait dans l'état du saint anneantissement. Dieu dans lequel une ame est perduë & anneantie est si present & si intime à cette ame, quoy qu'elle ne sente pas actuellement cette presence, que si-tost qu'elle est preste ou de parler ou de faire quelque action, ou de juger de quelque chose, la presence de Dieu, qui sembloit comme endormie se réveille, & luy dit : Dieu est present : prend garde à ce que tu vas faire : L'ame aussi-tost sur cet avis parle selon Dieu, parce que s'abandonnant à Dieu il agit en elle avec elle, & ne peche point.*

Il arrive seulement quelquefois (Dieu le permettant ainsi pour nous humilier) que la promptitude de la nature fait dire une parole, ou faire une action, ou un jugement sans reflexion quelconque, sans avoir pensé si c'est bien ou mal fait, & avant que cette presence de Dieu se soit offerte à eux. Mais si-tost que la parole est dite, ou que l'action est faite, ou que le jugement est formé, Dieu dans lequel nous sommes & qui se tenoit caché, se fait connoistre comme s'il disoit : me voicy : que viens-tu de dire ou de faire. Aussi-tost nous luy avoüons nostre foiblesse & nostre infirmité, & que s'il nous laisse un moment à nous-mesme nous tombons.

PENITEN-CE DES VI-CTIMES.

Sur cela il prend sujet de l'instruire de la penitence des victimes qui n'est pas comme vous verrez, fort penible à la nature. Soudain, dit-il, nous en avons regret, & en mesme-temps nous reprenons nostre paix, estant asseurez que Dieu nous a pardonné si-tost que nous luy avons avoüé nostre infirmité. Et ces pechez qui se font sans reflexion sont si legers, n'estant pas volontaires, mais faits par une promptitude surprise de la nature contre la volonté, qu'un petit regret les efface : & c'est presque la seule matiere de confession des ames anneanties.

LES VICTI-MES.
ne passent point par le purgat.

Il estoit bien aisé de conclure de là, que les victimes ne passent jamais par le purgatoire. Car ne commettant que des pechez si legers, & les effaçant aussi-tost, elles n'ont rien à purger aprés cette vie. Le pur amour consume sans cesse, toutes les taches de leurs ames, & ne permet pas qu'il s'y en amasse aucunes dont ils ayent besoin d'estre purifiées par le feu. Aussi le Sr. Desmarests ne manque pas de tirer cette consequence. Car décrivant l'état des victimes dans l'avertissement qui est dans son chemin de la paix : L'ame, dit-il, qui ne vit plus que par l'Esprit & par la vie de Dieu (c'est l'état commun de toutes les ames anneanties) est continuellement unie à Dieu par pur amour sans inquietude quelconque, ne sentant aucun entredeux & milieu entre Dieu & elle : & ainsi elle passe de cette vie dans le Ciel sans passer par le purgatoire, parce que le pur amour a tout purifié, & qu'elle est déja en Dieu, lequel elle possede pleinement, & qui ne fait que tirer le rideau, ne restant à l'ame autre chose à posseder de son Epoux que sa veüe beatifique & sa gloire.

PROPHE-TIE DES VICTIMES

C'est aussi sur cette doctrine de la presence intime de Dieu, qui agit, parle & juge par les victimes, ou qui les avertit au moins des fautes qu'elles commettent sans reflexion, en leur disant : Que viens-tu de faire, que viens-tu de dire? qu'est fondé un nouveau genre de prophetie tout à fait commode pour découvrir les choses passées, ou pour predire les futures avec une certitude infaillible, supposé la verité des principes dont les victimes ne doutent point. Car s'il leur vient une pensée dans l'esprit, ou si elles disent quelques paroles, elles n'ont qu'à examiner si Dieu ne leur a point dit Que viens-tu de dire, que viens-tu de penser? Et par là elles sont pleinement asseurées que ces paroles & ces pensées sont divines, & par consequent qu'elles sont certaines & veritables quelques incroyables qu'elles soient.

C'est le fondement de cette prophetie si extraordinaire que j'ay déja rapportée touchant les celestes conducteurs de l'armée des victimes. Une victime pense & écrit qu'il en faut deferer la conduitte aux quatre Anges principaux. La lumiere divine ne luy dit point : Que viens-tu de faire, que viens-tu de penser ? Que faut-il conclure de là, selon le Sr. Desmarests ? Qu'en mesme-temps ces quatre Anges sont partis du Ciel, pour exercer cet employ, & qu'il n'en faut pas douter: car ce seroit douter des premiers principes de la theologie des victimes. Et l'on voit par là le moyen par lequel il se met en repos de conscience, aprés tant d'abominables calomnies qu'il avance dans son livre contre les Religieuses de Port

Royal, & contre ceux qu'il appelle Ianfenistes. Tout autre que luy en feroit bouselé, mais pour luy il n'en a aucun remors : il fe tient trés affeuré qu'il n'a rien dit que de veritable, & il fe le prouve à luy-mefme par cette demonstration. Ie l'ay écrit, ie l'ay penfé. Dieu ne m'a point dit : *Qu'as-tu écrit, qu'as-tu penfé?* Ie fuis abyfmé & perdu en Dieu. Toutes mes penfées font donc divines : elles font donc veritables. Donc les Ianfenistes ne croyent point le Saint Sacrement, & veulent devorer la Sainte Vierge.

Ainfi ayant un moyen fi facile pour ne fe tromper point fans avoir la peine de rien examiner, il parle de toutes chofes avec une hardieffe incroyable. Et plus il en parle au hazard en fuivant aveuglément fes impreffions : plus il croit avoir d'affeurance qu'il en parle veritablement. Il penetre le fond des cœurs. Il juge des plus fecrettes intentions : Il decouvre les deffeins cachez : Il predit des evenemens futurs, tantoft confolans, tantoft terribles.

Mais outre cette forte de prophetie, qu'on peut appeller la prophetie generale des victimes, parce qu'elle eft infeparable de ce reproche interieur que Dieu ne manque jamais de leur faire, lors qu'elles fe laiffent aller à quelques jugemens & à quelques paroles temeraires, en leur difant *Que viens-tu de penfer, que viens-tu de dire?* D'où il leur eft aifé de conclure que lors qu'elles n'ont point fenti ce reproche, il n'y à rien que de vray & de divin dans leurs jugemens & dans leurs paroles; le Sr. Defmarefts reconnoift encore une prophetie fpeciale par laquelle on eft établi prophete dans toutes les formes : & c'eft celle qu'il s'attribuë en un degré fi eminent, qu'on peut dire qu'il n'y eût jamais un tel prophete que luy.

Si on l'encroit, il n'eft pas feulement prophete prophetifant, mais il eft auffi un prophete prophetifé. Car il n'eftoit pas jufte que le monde ne fût pas averti de la venuë d'un homme auffi extraordinaire, que le grand Defmarefts de Saint Sorlin. Il a donc efté predit, & encore d'une maniere bien particuliere, & qui l'éleve infiniment audeffus des autres prophetes. S. Iean Baptifte le plus grand d'entre les enfans des hommes, felon le témoignage de I. C. mefme, a efté predit par deux prophetes, mais qui n'eftoient que de l'ancien teftament. Le Sr. Defmarefts eft bien audeffus de cela. Car il eft predit expreffement par Ifaye & par Daniel dans l'ancien teftament, & par S. Iean l'Evangelifte dans le nouveau, afin qu'il n'y eût rien dans la Religion, qui ne confpirât à dipofer la terre à le reçevoir.

C'eft le témoignage qu'il fe rend à luy-mefme dans un écrit qui court dans Paris fous le titre de *Portrait du Roy*, & qui eft divifé en deux *veües*, ou vifions, felon le ftile prophetique. Il eft remarqué dans cet Ecrit que la premiere veüe en a d'éja efté prefentée au Roy, qui l'a traitée de folie, parce que le temps où il doit eftre touché du Saint Efprit, pour approuver les propheties du Sr. Defmarefts, n'eft pas encore venu.

Celuy, dit-il dans cette premiere vifion, *qui annonce ces chofes au Roy, ne dira qu'à luy feul les claires veritez que Dieu luy a fait voir, & il fouffrira plûtoft mille fupplices, & la prifon perpetuelle & rigoureufe, que de les dire à aucun autre* (Voyez combien il eft genereux,) *nul que le Roy n'eftant digne ny capable de les entendre. Et celuy-là pour marque de fon envoy au Roy de la part de Dieu, a reçeu de fa divine Majefté, outre les lumieres dans toutes fes propheties le nom* D'ELIACIM MICHAEL, *dont il fera sçavoir au Roy le mystere admirable.* Le nom d'*Eliacim* est pris du 22.e ch. du Prophete Isaye, où Dieu dit. *J'appelleray mon serviteur Eliacim, ie luy donneray la clef de la maison de David. Ce qu'il ouvrira personne ne le pourra fermer; ce qu'il fermera personne ne le pourra ouvrir.* Et il paroist par l'Apocalypse, que cet *Eliacim* dont il est parlé dans Isaye, estoit la figure de I. C. mesme, puisque c'est luy qui a cette clef de David qui ouvre ce que personne ne peut fermer *Hæc dicit sanctus & verus, qui habet clavem David, qui aperit & nemo claudit, claudit & nemo aperit.*

Apoc 3.7.

Cependant le Sr. Desmarests nous asseure, & dans cette vision, & dans la seconde, qu'il est cet *Eliacim,* dont parle Isaye, *parce*, dit-il, *que Dieu luy a maintenant donné la clef de David selon l'aveu des hommes les plus saints & les plus doctes, pour entendre les mysteres de la revelation de S. Iean.* Et non seulement il est cet *Eliacim*, mais il est aussi *Michael*. Car c'est le Sr. Desmarests qui est clairement marqué dans ce verset du douziéme chapitre de l'Apocalypse : *Il s'est fait un grand combat dans le Ciel. Michael & ses Anges combattoient contre le dragon : & le dragon & ses anges combattoient contre Michel. Michael*, dit-le Sr. Desmarests, *c'est à dire l'humilité de Dieu, & ses Anges, c'est adire les ames humiliées qui l'assistent devant Dieu par leurs prieres, combattoient contre le dragon* (l'heresie des Iansenistes) *qui vouloit devorer le fils fort & valeureux que l'Eglise avoit enfanté, qui est le fils du juste* (c'est à dire le Roy) *promis par les anciennes propheties. Et Dieu ayant commandé à son serviteur,* (Desmarests) *de le prier & de le faire prier par toute la France, il a amassé & uny dans ses voyages, & par ses lettres, & par ses livres d'union qu'il a envoyez par tout, une grande armée de saintes ames qui se sont devoüées à Dieu pour le Roy, & qui offrent à Dieu pour luy toutes leurs prieres, leurs communions, & leurs mortifications dés il y a plus de cinq ans.* Que si l'on en veut sçavoir le nombre precis, il declare qu'elle est d'eja de douze mille ames, mais qu'elle sera bien-tost de cent quarante-quatre mille *Aprés quoy,* dit-il *Dieu luy a fait entendre qu'il estoit ce Michael qui combattoit pour l'Eglise, & pour le Roy contre Satan & ses Anges, & que toutes les saintes ames qu'il avoit amassées & unies dans le mesme zele de prier pour le Roy & pour l'Eglise, estoient ses Anges qui combattoient avec luy, les demons & les impies ennemis de l'Eglise.*

Cela nous découvre une autre grande qualité des victimes, c'est qu'elles sont les Anges du grand Prophete Saint Sorlin Desmarests Eliacim Michael, predit par Isaye, par Daniel & par S. Iean l'Evangeliste. Mais de peur qu'on ne l'accusast de s'attribuer trop legerement ces noms illustres, il a bien voulu prevenir nos scrupules, en nous découvrant de quelle sorte il s'est persuadé luy-mesme, que Dieu l'avoit élevé à ces hautes qualitez

Sur cela, dit-il, *il demanda à Dieu* (c'est de luy-mesme qu'il parle) *pourquoy tantost il luy faisoit entendre qu'il estoit Eliacim promis par la prophetie d'Isaye, & tantost qu'il estoit Michael promis par celle de S. Iean & par celle de Daniel, il luy répondit que celuy auquel il avoit donné la clef pour découvrir les mysteres de ces propheties, & qui devoit reveiller le monde endormi dans l'interest & dans les delices, & celuy qui combattoit le demon pour l'Eglise, estoit une seule & mesme personne ; & qu'il prist garde que dans le nom d'Eliacim se trouvoit celuy de Michael retourné* Il y a neanmoins deux lettres de difference entre ces deux noms. Car il y a un Iod dans Eliacim qui n'est pas dans Michael, & Eliacim s'écrit par un Cohp, & Michael par un Caph. Mais le Sr. Desmarests a crû qu'une telle difference ne valoit pas la peine d'en parler. Et cette découverte de la ressemblance de ces deux mots luy a suffi pour étouffer tous ces doutes sur sa mission.

Cette merveille mysterieuse, dit-il *de laquelle l'esprit humain ne s'aviseroit jamais luy fit connoistre que le tout estoit de Dieu, & revelé par son saint Esprit.* C'est ce qu'on peut appeller un raisonnement de victime. Car ie ne pense pas qu'avant qu'il y eût des victimes au monde, personne se soit jamais avisé de tirer une telle consequence. I'ay découvert que les lettres du mot de *Michael* se trouvoient dans celuy d'*Eliacim* à deux lettres prés. Donc ie suis le Prophete *Eliacim Michael* predit dans l'ancien & dans le nouveau Testament.

Mais aprés s'estre erigé de cette sorte en Prophete sureminent, il a soin de répondre dignement à un si haut ministere: & il faut avoüer qu'il n'y a rien oublié. Car ce qui releve les prophetes est premierement la grandeur des évenemens qu'ils predisent; & en second lieu la clarté avec laquelle ils expriment les circonstances particulieres qui font voir que ce sont des veritables propheties & non pas des discours en l'air, parmi lesquels il se peut rencontrer par hazard quelque parole qui sera conforme à l'évenement.

C'est ce que le Sr. Desmarests a soin d'éviter sur toutes choses. Il n'use point d'un langage obscur & enigmatique. C'est le plus clair des prophetes. Il semble qu'il nous conte une histoire du temps passé. Il en marque le temps, le lieu, les circonstances en termes precis & intelligibles. Il ne nous renvoye pas mesme à un temps fort éloigné pour verifier ses propheties: & ce pendant ce sont les plus grandes choses qu'un homme puisse jamais prophetiser. Il est bon de l'entendre parler luy-mesme, car il s'exprime fort nettement: *Ce Prince valeureux,* predit selon luy dans Ieremie par les mots de *Fils du juste,* qui ne sont point par malheur dans ce Prophete, *va detruire & chasser de son Etat, l'impieté & l'heresie, & reformer les Ecclesiastiques, la iustice & les finances. Puis d'un commun consentement avec le Roy d'Espagne, il convoquera tous les Princes de l'Europe avec le Pape pour reünir tous les chrestiens à la vraye & seule religion Catholique. Il mandera le Pape pour se rendre à Avignon, afin d'y conferer ensemble des moyens pour un si grand bien, parce qu'autrement,* voyez quelle circonspection, *il seroit,* dit-il, *obligé d'aller à Rome avec une grande armée digne d'un Roy de France, pour y conferer en personne avec luy, & le Pape aimera mieux se rendre en Avignon, que de se voir chargé dans Rome d'une grande armée.*

Voila déja de grandes choses & bien particulieres; la destruction de toutes les impietez; les heretiques & les impies chassez de France; les Ecclesiastiques, la iustice, & les finances reformées; la convocation des Princes & du Pape à Avignon, la reunion de tous les chrestiens à la religion catholique: Mais celles qui suivent sont encore plus grandes. *Aprés,* dit-il, *la reünion de tous les heretiques sous le S. Siege, le Roy sera declaré chef de tous les Chrestiens, comme fils aisné de l'Eglise, & avec les forces de la Chrestienté, il ira détruire par mer & par terre l'Empire des Turcs & la Loy de Mahomet, & étendre la Foy & le regne de J. C. par tout le monde,* c'est à dire dans la Perse, dans l'Empire du grand Mogol, dans la Tartarie, & dans la Chine.

Que peut-on defirer davantage finon que toutes ces grandes chofes foient marquées en particulier dans les Propheties ; & c'eſt dequoy le Sr. Defm. a. eſt nous affeure bien pofitivement : *Tout cela*, dit-il, *eſt fpecialement defigné par les Propheties, comme il fera fait voir au Roy, à qui feul Dieu a donné la force de fupporter un fi grand fecret, une fi grande nouvelle, & la veüe éclatante d'une vie fi glorieufe, pendant laquelle doit eſtre établi par tout, le regne de Dieu, qui doit durer jufqu'à la fin des fiecles.* Et pour nous rendre ces évenemens plus croyables, il en marque les moyens.

Pour de fi grands effets, dit-il, *Dieu doit donner au Roy la fageffe par le moyen de trois lumieres celeſtes. La premiere luy donnera des moyens faciles & puiffans, que la prudence humaine ne peut inventer, pour chaffer de fon Etat l'impieté qui s'eſt répanduë par tout, & l'herefie des Ianfeniſtes, & toute autre fecte, & perfonnes abominables dont la France eſt toute remplie.*

La 2. pour reformer toute l'Eglife, & reünir toutes les diverfes religions fous la vraye & feule religion Catholique & Apoſtolique.

La 3. fera pour conquerir tout l'Empire d'Orient & étendre par tout le monde l'Empire & le regne de I. C. lequel luy donnera par fa grace, tous les moyens neceffaires pour executer de fi grandes chofes.

Et de peur qu'on ne l'accufe de n'avoir pas affez preveu les obſtacles, qui pouvoient s'oppofer à ces grands deffeins, il fait bien voir qu'il ne les ignore pas.

Ces trois lumieres divines, dit-il, *font fi grandes, fi furprenantes, fi éblouïf-fantes que nul que le Roy feul ne les peut fupporter pour les raifons fuivantes. Il n'y a Prelat ny Ecclefiaſtique en toute la Cour, qui puiffe fouffrir que l'on parle de reformer les Ecclefiaſtiques, & de les reduire à leur principal & plus important devoir.*

Il n'y a nul Religieux d'aucun ordre qui veüille ny qui ofe confeiller au Roy de rien faire qui puiffe choquer les intereſts temporels de Rome.

Il n'y a Prince, ny Seigneur, ny Gentilhomme ; ou il y en a peu, qui veüillent qu'on les oblige à fervir Dieu, & à faire une veritable vie de Chreſtien.

Il n'y a point d'homme de juſtice, qui fouffre que l'on aboliffe les longueurs & les concuffions de la chicane.

Ces propofitions font terriblement generales, & on en pourroit tirer d'étran-ges conclufions. Mais tout eſt permis aux Prophetes. Il parle enfuite encore fortement contre les financiers. Et il ajoûte que *les Reynes mefmes ne pourroient fouffrir d'abord que le Roy parlât de quitter Paris & d'aller en Avignon, où il eſt appellé par une fpeciale prophetie pour s'y arreſter quelque temps avec le Pape, afin d'y reünir toute la Chreſtienté d'un commun confentement avec le Roy d'Efpagne, ainfi qu'il eſt marqué par une prophetie expreffe.*

Il y a fans doute quelque chofe d'incommode dans ces paroles, le bas âge du Roy d'Efpagne le mettant hors d'état de confentir de long-temps à ce grand deffein. De forte qu'il femble que le Sr. Defmareſts ait eu en veüe le feu Roy d'Efpagne, qui n'a pas laiffé de mourir nonobſtant la prophetie expreffe. Mais peut-eſtre que fi l'on preffoit fur ce point le Sr. Defmareſts, il s'en tireroit de la mefme maniere qu'un autre Prophete qui luy reffembloit affez, fe demêla d'une pareille objection.

Il s'appelloit le Prophete Iean, & il vint trouver la Reyne de Pologne, lors qu'elle estoit encore à Paris, & qu'elle estoit retirée au Monastere de Port Royal. Il essaya de luy prouver par l'Apocalypse, que l'Empire des Turcs devoit estre destruit sous le regne de Louys XIII. & le pontificat d'Vrbain VIII. Elle luy fit sur cela une objection assez naturelle, qui estoit que l'un & l'autre estoit déja mort. Mais le Prophete sans s'embarrasser de cette difficulté répondit gravement, qu'il ne disputoit jamais. Et sur cela il quitta cette Princesse.

Le Sr. Desmarests nous trouvera de mesme quelque réponse semblable sur les difficultez de sa prophetie. Et il nous dira qu'il a entendu la Reyne regente d'Espagne, qui agit au nom du Roy. Car de nous remettre à la majorité du Roy d'Espagne, il y auroit de trop grands incoveniens, puisqu'on ne sçauroit commencer trop-tost quand il s'agit de conquerir tout le monde, & d'en achever la conqueste durant sa vie. Outre qu'il faudroit que Dieu fist un miracle trop extraordinaire en conservant la vie de toutes les victimes, jusqu'a ce qu'on fust en etat de commencer ce grand dessein, où elles doivent avoir tant de part. Car c'est encore une chose qui est predite, qu'elles ne doivent point mourir avant que leur armée soit formée. La prophetie en est expresse dans l'une de ses lettres: *Nostre Seigneur*, dit-il, *a voulu que nous fussions aussi victimes d'amour pour tâcher d'appaiser la colere de Dieu son Pere iustement irrité à cause de tant d'horribles pechez, toutes les ames qui sont unies avec vous sont de mesme victimes d'amour. Et toutes les victimes avant que de mourir feront ensemble un corps d'armée pour combatre toutes les forces du monde & de l'enfer.* 4. *Partie* lett. 3.

Et par consequent il faut qu'elles ayent toutes lettres de prolongation de vie, ou que nous voyons bien-tost paroistre ces merveilleuses troupes, qui seront, comme dit le Sr. Desmarests, *toutes rouges d'amour*, qui auront pour armes *des fleches ardentes alumées du pur amour*; pour canons, *les merites de Iesus-Christ*, pour cry de guerre, *Dieu est*; & pour mot du guet: *Vive Iesus*. Il faut pourtant reconnoistre que cette prophetie n'est pas mal inventée. Car c'est toujours quelque chose pour l'amour propre de s'imaginer, qu'on ne mourra point avant que d'avoir veu un certain evenement qui paroist assez éloigné.

Mais il n'y a pas à rire pour tout le monde dans les propheties du Sr. Desmarests, & il y a bien des gens qui doivent en apprehender l'effet. Car non seulement les Iansenistes doivent estre chassez du Royaume; mais aussi tous les impies dont il assure que le Royaume est rempli. Et il luy sera facile de comprendre sous ce nom tous les Prelats de Cour, parce que selon luy, *ils ne veulent point ouïr parler de reformation*: tous les gens de justice, *parce qu'ils ne peuvent souffrir*, dit-il, *qu'on abrege la chicanne, & qu'on remedie aux concussions*; tous les financiers, *parce qu'ils n'aiment que le desordre des finances*; tous les princes, Gentilhommes, &c. à l'exeption de peu, *parce qu'ils ne veulent pas qu'on les oblige à servir Dieu*. Et pour ces derniers il s'explique nettement sur leur expulsion. *Quels sont* (c'est ce qu'il fait dire au Roy) *les esprits de ceux qui sont en foule au tour de moy? Y en a-il deux ou trois qui craignent I. C. qui le servent, qui l'aiment, qui le croyent, & qui y pensent? Ceux que ie voy sont-ils Chrestiens, ou payens, ou impies, ou sans religion*

C ij

aucune ? Est-ce icy la Cour d'un Roy tres-Chrestien ? Je ne veux plus souffrir que des Chrestiens autour de moy.

Et par consequent toutes ces personnes doivent se preparer à estre chassez du royaume : & ils ont beaucoup plus à craindre de la colere des victimes, que de la severité des Jansenistes, qui souhaittent de tout leur cœur, la conversion des pecheurs ; mais qui sont bien éloignez d'avoir des pensées si violentes.

On voit par tous ces beaux projets, que le dessein, ou au moins le souhait du Sr. Desmarests, est qu'on ne laissast plus en France que les victimes. Mais parcequ'il n'est pas entierement maistre des choses de ce monde, il ne s'en ouvre pas tout à fait, dans la crainte de faire de trop grands renversemens ; mais pour l'autre monde, il en dispose absolument : & c'est pourquoy il a exclut du ciel, au moins dans quelque temps, tous ceux qui ne seront pas victimes. C'est une de ses plus terribles propheties, & elle est contenuë clairement dans ses lettres.

3. part. lett. 15.

C'est à quoy, dit-il à une Superieure des victimes, *il faut autant que nous pourrons avec la grace de Dieu, élever les ames que Dieu nous donne à gouverner, lors qu'il les attire au pur esprit, & au sacré aneantissement. J'espere, ma tres-chere en N. S. que vous y en attirerez plusieurs, puisque nous allons entrer en un temps, auquel il n'y aura que ceux qui vivront de la pure foy au dessus des sens, en qui la foy sera maintenuë.* C'est à dire que tous les autres abandonneront la foy & seront damnez. Or cet état de foy au dessus des sens, est proprement l'état de victime & d'aneantissement. Et il l'explique plus clairement en une autre lettre, où il repete la mesme prophetie, tant il en est asseuré. *Il faut que ie vous die*, dit-il à une autre, *qu'il n'y aura que ceux qui vivront de la vie de l'esprit, ou de la foy au dessus des sens, qui pourront resister aux tentations & persecutions terribles dont l'Eglise doit estre affligée. C'est pourquoy il faut embrasser de bonne heure cette divine vie de foy de pur esprit & de saint aneantissement, c'est à dire la parfaite connoissance de nostre rien & du tout de Dieu.*

Il ne pouvoit pas sans doute proposer un motif plus pressant de s'enroller dans l'armée des victimes, que de damner tous ceux qui n'en seront pas. Cela ne s'entend neanmoins que lors que ces persecutions seront arrivées. Mais dés à present il ne reconnoist pour vrais enfans de Dieu, que les parfaits qui sont entrez dans la voye interieure & divine : c'est à dire ces ames aneanties & abysmées. Et quoy que ce soit une heresie formelle, il ne laisse pas de l'enseigner dans la réponse à l'Apologie p. 252. où il dit, que ces paroles de S. Paul, *Spiritus interpellat pro nobis gemitibus inenarrabilibus* ; c'est à dire, *le S. Esprit prie pour nous par des gemissemens ineffables*, ne s'entendent que *des parfaits & vrais enfans de Dieu, qui sont agis & meus par l'Esprit de Dieu, & non pas des autres qui ne sont pas encore vrais enfans de Dieu, n'estant pas encore entrez dans la vie interieure & divine.* C'est à dire en un mot, que tous ceux qui ne sont pas dans cet état qu'il décrit, ne sont pas vrays enfans de Dieu, & que le S. Esprit ne prie pas en eux. D'où il s'ensuit que tous les Peres n'entendoient point l'Ecriture, ayant étendu ces passages de S. Paul à tous les Chrestiens generalement ; & que toute l'Eglise est dans l'erreur, en reconnoissant pour ses vrais enfans, pour vrais membres de I. C.

pour vrais enfans de Dieu, tous ceux qui ont la charité dans le cœur, soit parfaits, soit imparfaits.

J'oubliois, Monsieur de vous rapporter un avis important, que le Sr. Desmarests donne à ses victimes, afin qu'on ne l'accuse pas d'estre ennemy des soulagemens de la nature. Vous trouverez sans doute qu'elles en peuvent tirer des consequences assez commodes. Et pour en connoistre la fidelité & la prudence, il faut sçavoir que nonobstant la joye incessable qu'elles ressentent, elles ne laissent pas d'estre privées ordinairement de tout goust, de toute douceur, de toute connoissance, de toute devotion & de tout amour sensible, Dieu se retirant sur la cime de l'ame au dessus de tout le sensible, l'intelligible & perceptible, & laissant l'esprit seul & desolé dans un desert qui est entre Dieu & la partie inferieure. Il est là comme suspendu entre le ciel & la terre, n'ayant aucune consolation celeste, & n'en voulant aucune de la terre.

Cet état s'appelle le desert de la foy; & les victimes, comme j'ay dit, sont ordinairement dans ce desert, qui est proprement le lieu des victimes. Mais que faut-il qu'elles fassent dans ce lieu? Le Sr. Desmarests le tire prophetiquement d'un verset du Prophete: *J'exauceray les cieux, & ils exauceront la terre.* C'est à dire, selon luy, que pendant que Dieu verse ses dons dans l'esprit des victimes, elles doivent exaucer la partie inferieure, en luy accordant les choses des sens qui sont necessaires à la vie, afin de la soutenir. *Car lors que je mortifie l'esprit par la desolation, je ne veux pas que l'esprit mortifie le corps, qui doit estre soutenu, afin qu'il soutienne l'esprit dans la desolation. Et quand je donne ma paix à l'esprit pour sa nourriture, je veux que l'esprit donne la paix au corps & de la nourriture selon ce qui luy est necessaire.*

Ce secret est sans doute excellent pour n'estre jamais incommodé des mortifications. Car par cette nourriture necessaire, il entend une nourriture abondante, qui entretient non seulement la santé, mais la vigueur & l'embonpoint, & qui exclut l'abstinence & la mortification: autrement il ne prescriroit pas cette conduitte seulement pour l'état des desolations, puisqu'en nul état il n'est permis de soustraire au corps ce qui luy est necessaire pour sa nourriture. Ainsi quand les victimes auront desir d'estre un peu mieux traittées qu'à l'ordinaire, elles n'auront qu'à s'enfuir dans le desert de la foy, où elles *exauceront* leur concupiscence selon l'avis de leur directeur, qui juge ce conseil si important, qu'il l'attribuë à Dieu même d'une maniere particuliere. *Vous voyez,* dit-il immediatement aprés ces paroles, *que c'est Dieu qui finit lui-même cette lettre, & qui m'assiste en vous parlant, aprés m'avoir donné de quoy vous répondre.*

Auriez-vous creu, Monsieur, qu'un homme comme le Sr. Desmarests, pust avancer dans un Royaume chrestien; dans la ville du monde la plus remplie de personnes intelligentes & éclairées, tant d'erreurs & tant de folies pernicieuses, sans exciter contre luy tous ceux qui sont chargez de veiller à la pureté des mœurs & à la conservation de la foy. Cependant bien-loin qu'on luy ait fait souffrir la juste punition qu'il merite, tous les convens de Paris luy sont ouverts pour y debiter ses songes. Il trouve des approbateurs pour ses livres: il en obtient des

Avis important donné aux victimes, ne mortifier pas la partie inferieure dans les desolatiōs.

4. part. lett. 12.

privileges. Tout visionnaire & tout marié qu'il est, il ne laisse pas d'estre directeur d'un tres-grand nombre de femmes & de filles, & de se faire rendre compte de leur interieur & de leurs tentations: Il entreprend de fonder un nouvel ordre, & il est chef d'une puissante cabale, qu'il assure luy-mesme estre de plus de douze mille ames: par cette troupe de personnes, ou phanatiques, ou abusées, il entretient un commerce de visions dans plusieurs villes du Royaume. Il n'y a rien sans doute de plus étonnant que l'indifference où le monde est en ce qui ne regarde que Dieu. Mais il faut qu'en ce point, il y ait quelque autre cause que l'indifference, qui ait fait que l'Eglise ne s'est point encore émeüe contre les erreurs de cet homme. Ce vice a ses bornes; & il n'y a point d'insensibilité qui aille jusqu'à souffrir de si prodigieux égaremens: ainsi il y a beaucoup plus d'apparece à croire qu'on n'a toleré jusqu'icy le Sr. Desmarests, que parce qu'on n'a point connu l'excés de ses folies: & cela n'est pas fort difficile à comprendre. Les gens de lettres ne s'amusent guere à lire ses livres, & entre ceux qui en ont pu lire quelque chose, il y en a peu qui ayent pris la peine d'en aller les principes; le commun du monde se laisse ébloüir par certains mots de spiritualité sans aller plus avant: ainsi ces erreurs sont demeurées cachées à l'égard de la pluspart du monde, & il estoit necessaire afin qu'elles fussent découvertes à l'Eglise, que l'on fût engagé à les examiner avec plus de soin qu'on n'examine d'ordinaire ces sortes de livres; ce qu'on a tâché de faire dans cette lettre, qui ne donne neanmoins encore qu'une legere idée des erreurs que l'on trouve dans ses livres, y en ayant une infinité d'autres que l'on a omises. Mais on a cru que celles qu'on a rapportées suffisent pour faire connoistre son esprit, & pour en donner de l'horreur à tout le monde: & l'on veut mesme esperer que M. l'Archevesque de Paris, apres avoir esté informé de ses opinions insensées, non seulement abandonnera sa protection, mais qu'il employera contre luy, l'autorité que Dieu luy a donnée pour l'obliger à les abjurer, & pour le porter à reparer par une penitence salutaire, le scandale qu'il a causé par ces noires calomnies, par ces folles visions, & par ces detestables erreurs.

Ce 28. Mars 1666.

Fautes à corriger.

Page 1. ligne 21. maintenant representer, lisez, maintenant en representer.
P. 5. l. 18. comme en deux, lisez, comme ces deux.
P. 6. l. 7. par consequent la verité, lisez, par consequent la necessité.
P. 16. l. 17. l'humilité de Dieu, lisez, l'humilié de Dieu.
P. 22. l. 20. ce qu'on a tâché, lisez, c'est ce qu'on a taché.

L'HERESIE IMAGINAIRE
LETTRE XVII.
OU
SEPTIEME VISIONNAIRE.

Monsievr.

La principale utilité que Dieu procure à l'Eglise par les erreurs qu'il permet que l'on y publie, est de donner un nouvel éclat à la verité par l'opposition du mensonge, & d'appliquer les hommes à la considerer avec plus de soin. Il y en a peu dont on ne puisse tirer cet avantage quelques extravagantes qu'elles soient. Elles font toujours faire quelque nouvel effort à l'esprit, & elles luy donnent lieu de mieux comprendre l'importance des veritez qu'elles combattent. Vous pouvez juger quelle idée i'ay des maximes de la theologie des victimes. Cependant j'avouë qu'elles m'ont servi en quelque sorte, & il me semble que ie n'ay jamais admiré davantage la sagesse & la solidité de la conduitte des Saints, qu'en la comparant avec la folie de cette nouvelle spiritualité.

C'est pourquoy je pense devoir profiter de cette occasion, non pour refuter le Sr. Desmarests, il n'en merite nullement la peine, mais pour vous faire considerer quelques maximes importantes de la morale chrestienne qui reçoivent un grand iour des égaremens de ce Phanatique. Et ie ne puis mieux commencer que par celles qui regardent la pratique, parce que c'est dans la conduitte de la vie chrestienne qu'il commet ses plus dangereux excez. Ie vous ay fait voir dans ma lettre precedente, que sous pretexte d'un chimerique estat d'anneantissement, il détruit en effet tous les exercices de la vie spirituelle, & tous les moyens ordinaires d'obtenir les graces de Dieu & d'avancer dans la pieté : qu'il ne veut plus qu'on fasse de reflexion sur ses fautes, qu'on s'efforce de les corriger, qu'on examine ses bonnes & ses mauvaises actions, qu'on les prevoie & qu'on les considere devant Dieu ; qu'on s'occupe de ses foiblesses, de ses miseres, de ses pechez ; qu'on excite en soy des sentimens de contrition ; qu'on s'astreigne à aucune pratique, à aucune regle ; qu'on demande à Dieu les vertus en particulier ny mesme sa misericorde en general ; Et enfin qu'il reduit toute la spiritualité de ses victimes à suivre les impressions & les pensées qui leur viennent sur le champ, & à s'asseurer que ce sont des inspirations de Dieu & des loix interieures ausquelles on ne peut desobeir sans un grand peché.

Ce que j'entreprens maintenant de vous montrer est que toute cette nouvelle conduitte est condamnée par ce seul precepte de l'Ecriture *Non tentabis Dominum Deum tuum:* Vovs ne tenterez point le Seigneur vôtre Dieu ; & que toute la conduité des Saints est établie au contraire sur l'observation de ce precepte. Ainsi le principal sujet de cette lettre sera d'expliquer ce que c'est que

A

tenter Dieu, à peine fera-t-il neceffaire enfuitte d'en faire l'application au Sr. Defmarefts, tant les confequences feront faciles à tirer à ceux qui auront compris le principe dont elles naiffent.

Dieu n'eft pas feulement fouverainement puiffant, il eft auffi fouverainement fage dans fa conduite. Comme puiffant il eft le principe de toutes chofes foit dans le monde corporel & vifible, foit dans le monde invifible & fpirituel. Comme fage il opere toutes chofes par certains moyens & dans un certain ordre qui n'eft pas moins effentiel à fa providence, que la puiffance mefme par laquelle il les produit.

L'orgueil & le dereglement des hommes tend également à fe fouftraire à la puiffance & à la fageffe de Dieu; comme la pieté folide tend à s'affujettir de plus en plus à l'une & à l'autre. Pour fe fouftraire à fa puiffance les uns ont nié entierement la providence & l'operation de Dieu, mefme dans les chofes naturelles, comme les Epicuriens. Les autres l'ont niée dans les chofes fpirituelles & dans les actions de noftre ame qui nous conduifent au bonheur & au malheur eternel, comme les Pelagiens; les autres n'ofant pas aller jufqu'à cet excez d'impieté, ne la veulent pas neanmoins reconnoiftre dans la determination de la volonté & dans le difcernement des bons & des méchans, des éleus & des reprouvez comme les Semipelagiens & les Moliniftes.

Mais la maniere dont on fe fouftrait à la fageffe de Dieu n'eftant pas moins criminelle, eft beaucoup plus inconnuë: car c'eft ce qu'on appelle tenter Dieu, qui eft un peché que peu de perfonnes comprenent.

Il confifte à fe retirer de l'ordre de Dieu & à pretendre le faire agir à noftre phantaifie en negligeant la fuitte des moyens aufquels il attache ordinairement les effets de fa puiffance divine. Et pour concevoir de quelle maniere on y tombe, en ce qui regarde la vie de l'ame, il ne faut que confiderer de quelle forte on y peut tomber, en ce qui regarde la vie du corps.

Il eft certain que c'eft Dieu qui entretient noftre eftre & noftre vie, & qu'il n'en eft pas moins proprement la caufe, que s'il la faifoit fubfifter par un miracle vifible independemment de tous les moyens exterieurs. Nous le foutenons par la nourriture; mais qui eft ce qui produit cette nourriture? Qui eft ce qui la prepare, & qui luy donne la force de nous conferver la vie, fi ce n'eft Dieu mefme? *Ce n'eftoit*, dit S. Auguftin, *ny ma mere ny mes nourrices qui rempliffoient pour moy leurs mamelles du lait qu'elles me donnoient: mais c'eftoit vous Seigneur, qui me donniez par elles, un aliment proportionné à mon enfance felon l'ordre de voftre providence & de vos richeffes infinies, qui s'eftendent au befoin de toutes vos creatures. Car c'eft de vous, Seigneur, que découlent tous les biens: & tout mon falut vient de vous feul ô Mon Dieu.*

Conf. lib. 1. c. 6.

Soit qu'il nous faffe viure de cette maniere commune, foit qu'il le faffe d'une maniere extraordinaire & miraculeufe, c'eft toujours luy qui agit & qui nous foutient. Et ainfi nous fommes obligez de reconnoiftre également fa main & fon operation toute puiffante, foit qu'il la cache, foit qu'il la découvre. Mais il y a neanmoins cette difference entre ces deux manieres dont il agit fur les corps & fur les ames, que la premiere eft la voye commune par laquelle il conduit fes creatures, & l'autre eft une voye extraodinaire dont il ne fe fert que rarement, & qui n'a point de regles certaines. C'eft dans la premiere que consiste l'ordre de la providence qu'il permet aux hommes de connoistre : & la seconde ne renferme que certains effets que nous ne pouvons jamais prevoir de nous-mesmes, parce que les conseils selon lesquels Dieu les produit en un temps, & ne les produit pas en un autre, sont trop éloignez de l'esprit des hommes.

Sa sagesse s'estant donc rabaissée à couvrir ordinairement son operation divine de moyens humains, il est juste que les hommes s'assujettissent a ces moyens : & c'est un extreme orgueil à eux de les negliger & de pretendre forcer Dieu d'agir de cette maniere extraordinaire dont il ne nous a pas rendus capables de penetrer les divins principes. Et c'est ce qu'on appelle proprement tenter Dieu comme I. C. nous l'apprend dans l'Evangile. Car le diable le pressant de se jetter du haut du temple en bas en luy alleguant qu'il est écrit *que Dieu a commandé à ses Anges de soutenir le juste & de l'empescher de se blesser contre les pierres.* I. C. le repoussa en luy disant qu'il est écrit. *Tu ne tenteras point le Seigneur ton Dieu*, supposant que ce seroit tenter Dieu que de pretendre qu'il deust faire soutenir par ses Anges un juste qui se seroit exposé temerairement à ce danger en quittant la voye commune, qui consiste a éviter le peril.

Ainsi ce seroit tenter Dieu que de refuser de prendre de la nourriture sous pretexte qu'il luy est aisé de nous conserver la vie sans le secours des alimens.

Ce seroit tenter Dieu au gouverneur d'une place, que de ne vouloir point faire de preparatifs pour la deffendre des ennemis sous pretexte qu'il est écrit, *que si Dieu ne garde la ville, c'est en vain qu'on veille pour la garder.* Car encore qu'il la puisse conserver en effet en la maniere qu'il conserva Ierusalem contre l'armée de Sennacherib ; neanmoins la voye ordinaire dont il conserve les villes, est d'inspirer la vigilance aux capitaines, & la valeur aux soldats. Et l'on peut dire generalement que tous les paresseux tentent Dieu en quelque sorte, parce qu'ils negligent les moyens par lesquels on obtient les graces & l'assistance de Dieu.

Il n'y a que Dieu qui sçache toutes les raisons de l'ordre sous lequel il cache ses operations. Il retire par ce moyen les hommes de la paresse, il les oblige à la vigilance & au travail : il les occupe ; il les exerce ; il les punit par ces emplois laborieux : il leur fait plus estimer les choses qui leur coutent plus de peine. Mais on peut dire qu'un de ses principaux desseins, est de se cacher luy-mesme, & de rendre sa conduitte inconnuë à ceux qui ne meritent pas de la connoistre.

S'il agissoit toujours d'une maniere miraculeuse, on seroit comme forcé de le reconnoistre en tout : & cette évidence ne seroit conforme, ny à sa iustice, ny à sa misericorde. Il est de sa iustice de laisser les meschans dans des tenebres qui les portent à douter de sa providence & de son estre : & il est de sa misericorde de tenir ses éleus à couvert de la vanité par cette obscurité salutaire.

La vie de la foy qui est la vie des justes en ce monde, consiste à servir Dieu sans le voir d'une maniere sensible. Or il est clair que des miracles continuels détruiroient entierement cet état. Estant donc necessaire d'une part que Dieu agisse ; & de l'autre que nous ne connoissions pas sensiblement son action, il falloit qu'il se cachast sous certains moyens qui parussent comme naturels, &

qui eſtant toujours expoſez aux yeux des hommes n'excitaſſent plus leur admiration, afin qu'il n'y fuſt découvert que par ceux à qui il ouvriroit les yeux de l'ame par une lumiere qu'il donne à qui il luy plaiſt.

Or s'il eſtoit neceſſaire que Dieu ſe couvriſt de cette ſorte dans l'ordre de la nature & dans les effets exterieurs qu'il produit ſur les corps, il n'eſtoit pas moins neceſſaire qu'il ſe cachaſt dans ſes operations interieures, ſur les ames, parce que l'évidence de l'operation divine dans ces ſortes d'actions ne tireroit pas moins les ames de l'état de foy par lequel il veut qu'elles operent leur ſalut en cette vie. Et c'eſt pourquoy il ne donne ordinairement ſes plus grandes graces que par une ſuitte de moyens qui paroiſſent tout humains & tout ordinaires, & qui ſemblent humainement proportionnez à la fin à laquelle on les deſtine.

Il veut que nous deſirions les vertus, que nous travaillions à les acquerir, que nous cherchions les occaſions de les pratiquer; que nous nous ſeparions des choſes qui nous peuvent porter aux vices contraires. C'eſt luy qui nous inſpire ce deſir, qui opere en nous ce travail, qui nous fait retrancher les empeſchemens.

Il luy ſeroit facile de nous donner les vertus ſans toute cette ſuitte de moyens, mais en nous les donnant dans cet ordre & par ces moyens, il ſe cache à nous & nous conſerve dans l'humilité.

Il pourroit de meſme nous avertir à chaque moment de ce que nous avons à faire, mais s'il le faiſoit de cette ſorte, ce ſeroit une conduitte viſiblement miraculeuſe. Il veut donc que nous prevoyions nos actions & nos paroles; que nous les conſiderions devant luy, à fin de les regler ſelon ſes loix, & que nous employions tout le ſoin qui nous eſt poſſible pour reconnoiſtre ce qu'il veut de nous en chaque rencontre. Il eſt luy-meſme l'auteur de ces preparations, de cette recherche, de ce ſoin; & il s'en ſert comme d'un moyen ordinaire pour nous communiquer la ſageſſe dont nous avons beſoin pour noſtre conduitte.

Il eſt vray que I. C. dit dans l'Evangile à ſes diſciples, qu'ils ne doivent pas ſe mettre en peine de ce qu'ils diront aux Roys & aux Princes lors qu'ils les forceront de paroiſtre devant eux, parce qu'il leur ſera donné à l'heure meſme ce qu'ils leur doivent répondre. Mais le deſſein de I. C. dans cet avertiſſement eſtoit ſeulement d'exclure les prevoyances & les reflexions de deffiances & d'amour propre: & il tendoit pluſtoſt à les dipoſer à ne ſe pas étonner quand on les obligeroit de parler aux Roys ſans y eſtre preparez, qu'à leur deffendre de s'y preparer; de meſme que quand I. C. deffend à ſes diſciples de ſe mettre en peine du vivre & du veſtement, il ne leur interdit pas ſelon les Peres les ſoins & les precautions raiſonnables, & il ne les oblige pas à attendre que Dieu leur procure l'un & l'autre par des voyes extraordinaires; mais il leur commande ſeulement de bannir de leur cœur les inquietudes & les deffiances qui ſont injurieuſes à ſa providence & à ſa bonté, & qui les empeſchent de chercher le royaume de Dieu avant toutes choſes.

Il y a ſouvent ainſi des contrarietez apparentes dans les veritez chreſtiennes, quand on ne les regarde que d'une veuë ſuperficielle, qui diſparoiſſent & s'évanoüiſſent quand on les penetre juſque dans le fond.

On pourroit croire par exemple, à ne ſuivre que la premiere lueur qui naiſt d'une connnoissance imparfaitte de la verité, que la vie chrestienne estant une vie surnaturelle & qui surpasse la force de tous les hommes, on ne doit pas plustost choisir un genre de vie qu'un autre, ny se mettre en peine d'eviter les occasions du peché. On peut tout avec Dieu, dira-t-on, & l'on ne peut rien sans Dieu. Ainsi avec l'aide de Dieu, ie puis demeurer inebranlable dans les plus dangereuses occasions, & sans cette aide ie ne puis me soutenir dans la retraite la plus asseurée.

Mais ceux qui parlent de cette sorte ne comprennent pas le secret de la conduitte de la grace. Il est vray que Dieu est capable de nous soutenir dans les plus grands perils, & il le fait quelque fois quand c'est luy-mesme qui nous y engage; mais il ne donne pas ordinairement sa grace d'une maniere si éclatante. Ainsi pour nous faire resister aux tentations, il nous inspire le soin de les éviter, c'en est le moyen ordinaire, & quiconque le neglige n'a pas droit de pretendre que Dieu le soutienne d'une autre maniere & l'empesche de tomber.

C'est sur cet ordre de la grace & sur cette suitte de moyens, sous lesquels Dieu cache ses operations surnaturelles, que sont établies toutes les regles & tous les avis spirituels que les Saints inspirez de Dieu ont donnez à ceux qu'ils ont conduits dans la voye de Dieu.

Ces grands Saints n'ignorent pas que c'est de luy qu'il faut attendre toutes les vertus, & qu'il est la cause de toutes les bonnes actions des chrestiens, ils estoient persuadez qu'il est le maistre des cœurs, & qu'il opere en eux tout ce qu'il veut par une force invincible & toute puissante. Cependant ils nous prescrivent des regles & des pratiques comme pourroient faire des philosophes qui pretendroient acquerir la vertu par leurs propres forces. Ils veulent que nous tenions toujours nostre esprit occupé de saintes pensées, que nous nous appliquions sans cesse à la lecture & à la meditation de la parole de Dieu; que nous vivions dans l'eloignement du monde; que nous reduisions nostre corps en servitude par le travail & la mortification; que nous évitions tout ce qui nous peut affoiblir & tout ce qui nous peut estre une occasion de cheute; que nous fassions un effort continuel sur nous-mesme pour resister à nos passions; que nous menions une vie vniforme, reglée, occupée, en passant par une suitte d'actions que l'on nous aura prescrites comme estant les plus conformes à nostre estat & a nos devoirs. Ce n'est pas qu'ils ne fussent tres asseurez que Dieu nous peut donner ses plus grandes graces sans nous faire passer par ces exercices; mais ils sçavoient en mesme-temps que l'ordre commun de sa providence, est de ne nous les accorder qu'en suitte de ces exercices & par ses exercices mesmes qu'ainsi il fait premierement aux ames la grace de les pratiquer, pour leur faire celle de parvenir aux vertus où il desire de les élever, estant aussi-bien l'auteur des actions qu'il leur fait faire pour acquerir les vertus, que des vertus mesmes qu'elles acquierent par ces actions.

Il n'y auroit rien de plus facile à Dieu que de nous faire connoistre nos fautes de temps en temps par l'infusion d'une lumiere qui nous les remettroit tout d'un coup devant nos yeux. Il pourroit mesme nous en corriger en nous donnant les vertus opposées, sans que nous fussions obligez de nous affliger continuellement par la veüe de nos miseres. Mais les Saints qui connoissent les voyes dont Dieu se sert ordinairement pour purifier les ames, nous recommandent cet examen & cette vigilance fur nous mefmes, comme un des principaux devoirs de la pieté qui ne doit finir qu'avec noftre vie. *Mes freres*, dit S. Auguftin *en attendant la venuë de ce jour heureux où nous ferons joints aux Anges du Ciel pour loüer Dieu dans toute l'Eternité; en attendant que nous foyons parvenus à cette joye ineffable que nous efperons, appliquons nous ce pendant autant que nous le pourrons à la pratique des bonnes œuvres; examinons tous les jours noftre confcience, & regardons avec foin s'il n'y a rien de rompu & de déchiré dans la robe fpirituelle de noftre ame; fi nous n'y avons point fait quelque tache par noftre intemperance; fi nous ne l'avons point bruflée par la collere ny divifée par l'envie; fi nous n'en avons point terni l'éclat per l'avarice. Haftons nous de guerir les bleffeures de nos ames pendant qu'il eft encore en noftre puiffance avec l'aide de la grace.*

Hom. ib.

Le grand S. Gregoire que Dieu a donné particulierement à fon Eglife pour l'inftruire des regles de la vie fpirituelle, ne recommande rien tant dans fes morales que cette vigilance fur foy mefme, & cet examen de fes bonnes & de fes mauvaifes actions. *Il faut*, dit-il *purifier les actions mefmes de vertu par une difcuffion exacte, de peur de prendre pour bon ce qui eft mauvais, & pour un bien parfait, ce qui eft defectueux & imparfait. C'eft ce qui nous eft marqué pur l'holocaufte que Job offroit pour chacun de fes enfans. Car c'eft offrir à Dieu un holocaufte pour chacun de fes enfans que de luy offrir des prieres pour chaque action de vertu, de peur que la fageffe ne nous éleve, que l'intelligence ne s'egare, que la prudence ne s'embaraffe & ne fe confonde, que la force ne degenere en prefomption. Et parce que l'holocaufte eft un facrifice qui fe confume tout entier, il eft neceffaire que noftre ame foit embrafée par le feu de la componction, & qu'elle confume dans ce feu tout ce qu'il y a d'impur dans fes penfées. Mais nul n'eft capable de le faire s'il n'a foin d'examiner tous fes mouvemens interieurs avant qu'ils puffent jufques aux actions. Il faut,* dit encore ce Saint, *broyer les parfums, c'eft à dire confiderer en détail tout ce qui fe paffe dans noftre ame & le reduire comme en pouffiere par cet examen. Il faut ofter la peau de la victime & la couper en morceaux, c'eft à dire qu'il faut ofter à nos actions cette furface exterieure qui nous les fait paroiftre vertueufes, pour les regarder jufque dans le fond.*

moral. lib. I.

Cette inftruction eft fi fouvent repetée dans les ouvrages de S. Gregoire que l'on peut dire que c'eft un des principaux fondemens de fa conduitte fpirituelle, & bien loin qu'il exempte les juftes plus avancez de cette pratique; qu'il met au contraire leur avancement dans l'accroiffemnnt de cette vigilance & de cette attention fur eux-mefmes.

S. Bernard a fait quatre livres exprés pour porter les ames à cet exercice d'examiner devant Dieu leurs actions & leur conduitte, & il en fait tellement le principal devoir de la vie chreftienne, que pour reprefenter en un mot l'idée qu'il avoit de la veritable pieté, il dit que c'eft s'appliquer à la confideration: *Quid eft pietas? vacare confiderationi,* & que cette confideration confifte à prevoir fes actions, à les regler devant Dieu, à corriger fes defauts, à penfer à fes devoirs, & à faire toute ce que le Sr. Defmarefts interdit à fes victimes. Et il est remarquable que ce Saint ne donne pas ces instructions à un novice, mais à un grand Pape qu'il devoit supposer estre dans l'estat de perfection, aiant esté élevé à cette premiere dignité de l'Eglise à cause de ses vertus eminentes.

Lors que les Philosophes, qui supposoient que la vertu n'a point d'autre source que la nature, prescrivoient des r gles pour l'acquerir, ils n'en prescrivoient point d'autres que celle-là. Ils ne ... commandent comme ces saints, cet examen & cette vigilance continuelle sur ... actions, comme on le peut voir dans les vers attribuez à Pitagore, & dans plusieurs endroits de Seneque. Est-ce donc que S. Augustin, S. Gregoire & S. Bernard ne sçavoient pas que la vertu est un pur effet de la misericorde de Dieu, & non pas de nos efforts & de nos reflexions ? Ils le sçavoient sans doute, puisqu'ils l'enseignent en tant d'endroits de leurs livres. Mais ils sçavoient aussi que Dieu ne la donne ordinairement aux hommes que par la pratique de certains moyens & de certains exercices, ausquels il les applique par la grace ; qu'ainsi le principal soin de ceux qui conduisent les ames est de les mettre dans la pratique de ces moyens par lesquels on obtient les graces de Dieu, & que c'est le tenter que d'agir autrement, & de vouloir qu'il nous les accorde par une autre voye que celle que sa sagesse a choisi, & qu'il nous a fait connoistre par l'exemple de tous les Saints.

Les richesses spirituelles sont toutes gratuites de la part de Dieu. Et neanmoins il est écrit, que la main de ceux qui travaillent fortement amasse les richesses : *Manus fortium divitias parat*. Et l'Ecriture attribuë au contraire, la pauvreté spirituelle au defaut de ce travail : *Egestatem operata est manus remissa*, c'est à dire que la negligence & la paresse causent la pauvreté & la misere des ames.

La priere est sans doute celle de toutes les actions chrestiennes, où le besoin de la grace paroist davantage : & c'est pourquoy l'Esprit de Dieu est appellé par un titre particulier l'Esprit de priere : *Spiritus precum*. Et il est dit de luy qu'il prie pour nous par des gemissemens ineffables. Il sembleroit donc que cet exercice si divin n'auroit point besoin de preparation ny de regle, & qu'il n'y auroit qu'à attendre l'inspiration & le mouvement de la grace. Et neanmoins le Sage nous avertit expressément qu'il faut preparer son ame avant la priere, depeur d'estre comme un homme qui tente Dieu : *Ante orationem prapara animam tuam, & noli esse quasi homo qui tentat Deum*, faisant voir ainsi que tous ceux qui prient sans preparation tombent dans le peché de tentation de Dieu, & qu'une des principales causes de la tiedeur de nos prieres, est le peu de soin que nous avons de nous y preparer par les moyens que l'Ecriture nous prescrit, qui consistent à retirer notre cœur & notre esprit de la dissipation & des vains amusemens, afin de le retrouver lors qu'il le faut presenter à Dieu dans la priere, estant impossible qu'il ne courre aprés son tresor, & qu'il ne s'occupe des objets qui le possedent, suivant ce qu'il est écrit : *Vbi erit thesaurus tuus, ibi est cor tuum*.

C'est ainsi que la verité allie ce qui paroist contraire à ceux qui ne la connoissent qu'imparfaittement. Tout dépend de Dieu : Donc il ne faut point travailler, disoient certains heretiques. Il faut travailler : Donc la vertu ne dépend point de la grace, disoient les Pelagiens. Mais la doctrine catholique consiste à unir ces veritez, & à rejetter ces fausses conclusions. Il faut travailler dit-elle : & neanmoins tout dépend de Dieu. Le travail est un effet de la grace & le moyen ordinaire d'obtenir la grace. Croire que le travail & les vertus qu'on obtient par le travail ne sont pas des dons de Dieu, c'est une presomption Pelagienne. Mépriser les moyens dont Dieu se sert ordinairement pour communiquer sa grace aux hommes, c'est tenter Dieu, en voulant renverser l'ordre de sa sagesse divine. Ainsi la pieté veritable consiste à pratiquer ces moyens, & à reconnoistre que c'est Dieu qui nous les fait pratiquer.

Ie sçay bien que l'Esprit humain qui s'éblouit par l'éclat des divines veritez & qui s'embarrasse dans ses raisonnemens peut trouver encore de la difficulté dans cette alliance du travail & de la grace. On dira peut-estre que si le travail, la priere & tous les autres exercices de pieté que l'on conseille sont des dons de Dieu, & que nous ne les pratiquions jamais utilement, s'il ne nous en inspire le mouvement par une grace efficace, nous n'avons donc qu'à demeurer en repos jusqu'à ce que nous sentions ces mouvemens, que lorsque nous les sentirons, nous ne manquerons pas de travailler ; puisque la grace nous y appliquera par une vertu toute puissante, & que ne l'ayant pas, il est certain que nous ne les pratiquerons jamais d'une maniere qui nous soit utile.

C'est une objection qui naist facilement dans l'esprit de ceux qui suivent leurs raisonnemens dans ces matieres qui regardent la conduitte de Dieu sur les ames. Les Peres qui ne l'ont pas ignorée, y ont répondu en diverses manieres trés-solides, en faisant voir de quelle sorte on peut dire qu'il est toûjours au pouvoir des hommes de satisfaire aux devoirs de la pieté chrestienne, & que c'est leur faute de ne les accomplir pas.

Mais pour y répondre d'une maniere plus proportionnée à la foiblesse de l'esprit humain, qui se croit perdu quand on ne luy marque pas precisement tout ce qu'il doit faire, il suffit de dire en un mot que le besoin que nous avons de la grace efficace pour pratiquer les moyens que Dieu nous prescrit pour obtenir les vertus, peut bien servir à humilier les hommes & à les tenir dans un estat de crainte & de tremblement ; mais qu'il ne les peut jamais justement porter, ny à la paresse, ny au trouble, ny au desespoir : & la raison en est que notre voye nous est toûjours assez clairement marquée, & que nous avons toûjours en nous un moyen d'y marcher, qui suffit pour nous tenir l'esprit en repos, & pour bannir de nous le trouble & l'inquietude.

Car il est vray que pour travailler selon Dieu, pour combattre nos defauts d'une maniere chrestienne, pour prier & pour pratiquer les bonnes œuvres par l'esprit d'une veritable charité, on a besoin d'une grace surnaturelle & efficace. Mais il est certain aussi que chacune de ces actions en particulier se peut pratiquer sans grace par un mouvement d'amour propre, de respect humain, & de crainte purement servile. Or encore qu'il y ait une difference infinie entre l'amour propre & l'amour de Dieu ; neanmoins les mouvemens & les actions qui en naissent sont quelquefois si semblables, & nous avons si-peu de lumiere pour penetrer le fond de notre cœur, que nous ne distinguons point avec certitude par quel principe nous agissons, & si c'est par cupidité ou par charité. Nous pouvons bien dire avec S. Paul, que nous ne nous sentons coupables de rien ; mais nous devons ajoûter avec S. Paul, que nous ne sommes pas pour cela justifiez, ftifiez, & que nous ne nous jugeons pas nous-mêmes, parce que nous ne nous connoissons pas parfaitement.

Nous avons donc toûjours en nous un principe divin ou un principe humain, pour accomplir ce qu'il y a d'exterieur & de sensible dans ces exercices de la vie chrestienne. Souvent nous avons tous les deux ensemble, mais il ne nous est pas permis de sçavoir certainement lequel de ces deux principes domine dans notre cœur & produit nos actions. Et quoy qu'il soit de notre devoir de nous purifier sans cesse de tout interest & de tout amour propre, nous ne sçavons pas neanmoins si ce desir mesme d'en estre purifiez ne vient point d'un autre interest plus spirituel & plus delicat. Car on peut desirer par amour propre d'estre delivré de l'amour propre : on peut desirer l'humilité par orgueïl. Il se fait un cercle infiny & imperceptible de retours sur retours, de reflexions sur reflexions dans ces actions de l'ame, & il y a toûjours en nous un certain fond & une certaine racine qui nous demeure inconnuë & impenetrable durant toute notre vie.

C'est l'état où Dieu veut que les hommes vivent dans ce monde. Nous sommes condamnez aux tenebres par sa justice ; & sa misericorde nous les rend avantageuses quand elle fait que nous nous en servons pour estre plus humbles: & ainsi il est visible que ces tenebres estans justes & inévitables d'une part ; & de l'autre nous estant utiles ; La raison mesme nous port à demeurer en repos, & à adorer en paix la bonté divine, qui les ordonne pour notre bien, & qui nous tient comme captifs dans cette prison obscure, jusqu'à ce qu'elle nous expose à sa lumiere, qui nous fera connoistre ce que nous sommes.

Toutes nos inquietudes ne nous tireront pas de cette nuit & de cette obscurité : elles ne feroient plûtost que l'augmenter & nous empécher d'en tirer du fruit. Il faut donc les éviter si nous le pouvons : & nous le pouvons toûjours, ou par grace, ou par un effort humain qui suffit pour nous procurer une paix humaine, qui ne se distingue pas sensiblement de la paix de Dieu, & qui vaut toûjours mieux que l'inquietude qui accable l'ame, & qui la reduit à la paresse & au desespoir.

Or la mesme raison qui nous fait preferer la paix à l'inquietude, nous doit faire aussi preferer la pratique de tous les exercices de la vie chrestienne à une vie molle, negligente & parresseuse. Car il est certain que ceux qui ne les pratiquent pas, ne sont pas dans la voye de Dieu, & qu'il y en a très-peu de sauvez de ceux qui passent leur vie dans le desordre, puisqu'ils ne le peuvent estre à moins que Dieu ne les convertisse par une misericorde extraordinaire, qui est tres-rare dans l'ordre mesme de la grace.

Au contraire ceux qui pratiquent ces saints exercices, sont tous en quelque sorte dans la voye de la paix : ils sont dans la compagnie de ceux qui vont au ciel, & ils ont mesme cette consolation, qu'il y en a peu de ceux qui les prattiqueront jusques à la fin pendant un long temps, qui n'arrivent au salut, la perseverance dans la vie reglée estant la plus certaine marque de la charité, parce que la cupidité est inconstante d'elle-méme, & ne demeurera pas d'ordinaire long-temps dans la poursuite d'un méme dessein.

Ainsi la connoissance du besoin de la grace efficace pour agir chrestiennement, n'embarasse jamais en effet ceux qui écoutent & suivent la raison. Car ils voient toûjours leur chemin, & ils peuvent toûjours en quelque sorte y marcher. Ils sçavent qu'il faut prier Dieu sans cesse ; qu'il faut mortifier sans cesse leurs passions ; qu'il faut veiller continuellement sur eux-mêmes ; qu'il faut combattre jusqu'à la mort ; qu'il ne se faut jamais lasser de pratiquer les bonnes œuvres & de se regler en toutes choses. Ils ont toûjours ou la charité ou la cupidité pour le faire : & quand ils n'auroient pas la charité, ils le devroient faire par cupidité ou par quelque autre motif. Faittes faittes ces choses, dit S. Augustin, par la crainte de la peine, si vous ne le pouvez pas encore par l'amour de la justice, c'est à dire par la charité. Ils les doivent donc toûjours prattiquer. C'est ce qui est certain & indubitable, & en les prattiquant ils ne doivent pas juger qu'ils n'agissent que par cupidité & par interest, puisque leur cœur leur est inconnu, & qu'il ne leur est permis de juger temerairement ny des autres ny d'eux-mêmes.

En un mot il faut prier, travailler, & demeurer en repos jusqu'à la mort, en s'abandonnant à Dieu, & en luy disant avec le Prophete : *In manibus tuis sortes meæ* : Mes avantures sont entre vos mains pour cette vie & pour l'autre, pour le temps & pour l'eternité. En marchant de cette sorte dans la voye de Dieu avec une fidelité perseverante, si nous n'avons jamais une certitude entiere que le S. Esprit habite en nous, & que c'est luy qui nous fait agir, nous en aurons neanmoins une juste confiance, qui s'augmentera de plus en plus à mesure que nous avancerons dans la vertu, & qui ne nous laissera qu'autant de crainte qu'il est necessaire d'en avoir pour resister à la tentation de la presomption & de l'orgüeil.

Voilà les principes de la morale chrestienne, qui conduisant également au travail & à la reconnoissance de la grace, sont aussi conformes à la raison qu'à la foy. On ne peut s'en éloigner sans s'engager dans l'erreur. Mais il estoit difficile de s'imaginer qu'on pust trouver le secret de joindre ensemble des erreurs toutes contraires. C'est en quoy le Sr. Desmarests s'est signalé d'une maniere toute singuliere. Car jusques icy ceux qui avoient combattu la grace avec plus de hardiesse, nous avoient au moins conduit au travail : & ceux qui avoient voulu nous dispenser du travail & des bonnes œuvres, en avoient cherché un pretexte dans la doctrine de la grace dont ils tiroient de mauvaises consequences. Il n'y a que le seul Desmarests qui ait entrepris de bannir tout ensemble, & la grace, & le travail, & de soustraire tout ensemble à la puissance de Dieu & à sa sagesse, quand il s'agit de sçavoir pourquoy les uns consentent à la grace, & les autres n'y consentent point, il raisonne en Semipelagien, & il ne reconnoist point d'autre cause du discernement des hommes que leur seule volonté. Il blasphéme sans cesse la grace efficace dans son livre. Il fait des prieres Pelagiennes, en supposant que l'on ne demande point absolument la conversion de ceux pour qui l'on prie, & que Dieu ne l'accorde point aussi absolument, mais qu'il s'en remet toûjours à leur volonté. De sorte qu'au lieu de prier Dieu avec l'Eglise de fléchir la volonté des pecheurs rebelles, il prie au contraire les pecheurs de rendre efficaces les prieres qu'il offre à Dieu pour leur conversion.

Part. 4.
lettr. 47.

Il semble donc que rendant ainsi les hommes maistres absolus de la grace, il devoit au moins les pousser à la pratique des bonnes œuvres : & si l'on eust blâmé son principe, on en eust au moins approuvé la consequence. Mais l'esprit d'erreur qui le possede ne luy a pas permis de demeurer dans aucune verité. Aprés avoir abandonné la grace il détruit encore avec plus de hardiesse tous les moyens ordinaires de l'obtenir, & tous les exercices de la vie chrestienne que les Saints nous ont le plus conseillez. Il ne faut plus selon luy, quand on est entré dans son état de victime, s'appliquer à se corriger de ses defauts. Il ne faut plus faire reflexion sur ses fautes. C'est un peché de prevoir ses actions devant Dieu pour les regler selon ses divines loix. C'est tomber dans la multiplicité que de prattiquer aucun exercice reglé. C'est deshonorer ce haut état que de s'occuper de ses miseres & de ses foiblesses, & de se laisser aller à des sentimens de componction. C'est n'en connoistre pas la grandeur que de desirer des instructions sur les vertus. Eussiez-vous esté plongé dans les plus grands desordres, vous ne devez point craindre de vous exposer aux lieux & aux conversations où vous avez receu mille playes mortelles. Et ces playes bien-loin de vous rendre plus foibles, vous mettent au contraire en état de converser dans le monde avec moins de danger que les innocens. Toute l'Eglise retentit des cris des autres fideles qui demandent a Dieu misericorde. C'est la conclusion la plus ordinaire de ses prieres. C'est par où elle commence son sacrifice, & le chef mesme de tous les fideles a offert, selon l'Apostre, dans les iours de sa chair des prieres & des supplications à celuy qui le pouvoit sauver de la mort, avec un cry puissant & avec des larmes ; & il a merité d'estre exaucé par l'humble respect qu'il a pour son Pere : *Qui in diebus carnis suæ preces supplicationesque ad eum qui possit illum salvum facere à morte uno clamore valido & lachrimis offerens, exauditus est pro suâ reverentiâ.*

Delices de l'Esprit, 30. journ.

Ce pendant le Sr. Desmarests ne craint point de soutenir que cette disposition est indigne de ses victimes, *Vne victime d'amour*, dit-il, *ne demande point misericorde, ny pour le temps, ny mesme pour l'Eternité*. Horrible spiritualité, qui se croit deshonorée de ce qui n'a point deshonoré Iesvs-Christ mesme ; & qui se met au dessus de toute l'Eglise ; qui refuse de se joindre à ses sentimens & à ses prieres ; qui croit aimer Dieu plus purement que cette divine Mere, qui n'est l'Epouse de Dieu que par l'amour chaste qu'elle luy porte, & qui communique à ses enfans tout ce qu'ils ont d'amour & de charité.

Il n'est pas étrange que ceux qui ont si-peu de respect pour elle, ayent aussi peu de part à son esprit, & se forment ainsi des idées bizarres de l'amour de Dieu selon leurs imaginations & leurs caprices. Mais ceux qui sçavent que la charité de l'Eglise doit estre la source & le modéle de la-leur, n'ont aucune peine à separer d'un interest grossier la demande qu'ils font avec elle à Dieu de sa misericorde & de sa grace. Ils apprennent d'elle que le vray amour de Dieu consiste à le servir & à le glorifier, non selon nos phantaisies, mais en la maniere qu'il nous a fait connoistre par ses Ecritures qu'il veut estre servy & glorifié de nous. Or il nous enseigne qu'il veut que nous luy demandions sans cesse misericorde, & qu'il fait consister sa plus grande gloire à nous guerir de nos maux & de nos miseres : & ainsi le desir mesme que nous avons que Dieu soit glorifié, nous doit porter à embrasser ce moyen qu'il nous prescrit, & qui est le plus digne de sa grandeur infinie, & le plus proportionné à notre bassesse. Et c'est pourquoy les Eleus mesme sont appellez par un titre particulier, des vases de misericorde, parce qu'ils sont particulierement choisis, comme dit l'Apoſtre, *à la loüange de la gloire de ſa grace*, IN LAVDEM *gloriæ gratiæ ſuæ*. De ſorte que c'eſt renoncer à la qualité d'Eleu que de refuſer de luy demander miſericorde, puiſque c'eſt ne vouloir pas entrer dans le deſſein qu'il a de ſe glorifier ſoy-meſme en faiſant miſericorde à ſes Eleus.

Qu'y a-t-il d'ailleurs dans cette demande & dans ce ſouhait qui bleſſe la pureté de l'amour divin d'une ame qui aime Dieu pour luy-meſme ? Car qu'eſt-ce que demander à Dieu ſa miſericorde, ſinon luy demander la delivrance de ſes pechez, la deſtruction de la loy de mort, qui s'oppoſe ſans ceſſe en nous à l'eſprit de Dieu & à ſa juſtice; le reſtabliſſement de l'ordre naturel qui eſt preſcrit par la loy eternelle, ſelon lequel l'ame eſtant parfaitement ſoumiſe à Dieu, le corps auſſi luy eſtoit parfaitement aſſujetty, & ne luy ſervoit jamais d'empéchement pour s'unir à Dieu. Ainſi demander à Dieu ſa miſericorde, c'eſt luy demander une juſtice parfaite, qui eſt le propre objet de la charité de cette vie qui conſiſte, ſelon l'Evangile, à avoir une faim & une ſoif ardente de la juſtice, comme celle de l'autre conſiſte à en eſtre raſſaſiez.

Qui ne demande pas la miſericorde de Dieu, ne la ſouhaitte pas, puiſque la ſouhaitter c'eſt la demander; & qui ne la ſouhaitte pas, ne ſent point ſa corruption & ſa miſere. Il ne la hait point. Il ne la connoiſt point. Or quel plus grand orgüeil peut-on concevoir que d'ignorer ſa corruption & de n'en eſtre point touché. Tout ce rafinement de ſpiritualité n'eſt donc dans le fond qu'un rafinement d'orgüeil, qui rend ces perſonnes indignes de la miſericorde qu'ils ne veulent pas demander ſelon cette belle parole de S. Auguſtin. *Que s'il n'y a rien de plus digne de miſericorde qu'un miſerable, il n'y a rien de plus indigne de miſericorde qu'un miſerable qui eſt ſuperbe.* QVID *tam dignum miſericordiâ quàm miſer : quid tam indignum miſericordiâ quàm ſuperbus miſer.*

Mais il eſt viſible de plus, que toute cette conduite qui détruit tous les moyens ordinaires, & tous les ſaints exercices par leſquels Dieu a de coutume de communiquer ſa grace aux hommes, & qui ſe reduit toute à ſuivre les penſées & les impreſſions preſentes, & à les prendre pour des inſpirations de Dieu, n'eſt proprement qu'une tentation continuelle de Dieu ſi ſeverement condamnée par l'Ecriture : & qu'ainſi elle n'eſt pas moins criminelle que celle d'un homme qui ne voudroit ny travailler ny manger, en pretendant que Dieu luy doit faire avaller les alimens, ſans qu'il y contribuë rien de ſa part, comme dit S. Auguſtin.

La ſeule difference qu'il y a entre ces deux folies, eſt qu'un homme qui ne croiroit pas eſtre obligé de manger pour vivre ſeroit bien-tôt averti de ſon erreur par la faim & la deffaillance qui la ſuivroient. Mais la folie ſpirituelle qui perſuade aux victimes qu'elles n'ont beſoin d'aucun des exercices dont les Saints ſe ſont ſervis pour ſe conſerver la vie de l'ame, n'a point d'avertiſſement naturel. La faim, la deffaillance & la mort meſme qu'elle produit ſont entierement inſenſibles ; & le diable ayant grand intereſt de l'entretenir répand toûjours de nouvelles tenebres dans l'ame pour l'empeſcher de la découvrir & pour faire qu'elle demeure avec complaiſance dans ce malheureux état comme dans un haut degré de perfection.

C'eſt pour fortifier cette illuſion qu'il fournit au Sr. Deſmareſts ces pretextes de spiritualité dont il autorise sa conduitte. *Les actes*, dit-il *qui se font par prattique reglée à certaine heure & à certain temps sont propre operation*, c'est à dire qu'ils ne viennent point de l'Esprit de Dieu. Sur cela les pauures victimes à qui on debite ces maximes, évitent le reglement dans leurs exercices & leurs actions avec le mesme soin que les autres y évitent le dereglement & le desordre, & elles croyent fermement qu'afin que Dieu agisse en elles, elles ne doivent suivre que les impressions presentes *sans penser à agir, où à s'empescher d'agir aucune chose*, comme le Sr. Desmarests le leur ordonne expressement dans la lettre 7. de la 4. partie.

Mais il faut estre bien victime, c'est à dire bien infatué des réveries de Desmarests, pour se laisser surprendre à une maxime si insensée. Car ie voudrois bien demander à ce pretendu prophete, sur quel fondement est établi ce nouveau principe, qu'un acte fait par pratique reglée est un acte *de propre operation*. Vn acte de propre operation est un acte d'amour propre : & un acte d'operation de Dieu en nous est un acte de charité inspiré par le S. Esprit. Or où le Sr. Desmarests a-t-il appris que tout ce qui se fait par prattique reglée se fait par cupidité, & que ce qui se fait par les victimes sans prattique reglée en suivant l'impression presente, se fait par charité & par pur amour ?

Qui ne voit au contraire que le meilleur moyen de purifier nos actions d'amour propre, est de les faire par regle, par dessein, & apres les avoir long-temps considerées devant Dieu, & qu'il n'y a rien qui nous doive estre plus suspect de cupidité que tout ce qui ce fait sans reflexion, sans premeditation, & sans regle. Car la cupidité est d'ordinaire plus prompte, plus vive, plus agissante que la charité : & l'on peut dire d'elle ce que I. C. dit des gens du monde où elle domine : *que son temps est toujours prest*. La grace au contraire qui est inseparable de la sagesse divine agit avec plus de maturité & plus de lenteur. Elle habite dans le conseil, comme dit l'Ecriture, & elle se plaist dans les saintes reflexions : *Ego sapientia in consilio habito & eruditis intersum cogitationibus.*

Quel effet peut donc produire toute cette spiritualité, sinon de nous porter à suivre presque toujours les mouvemens de notre concupiscence, au moins lors qu'ils ne sont pas ouvertement criminels, & à les prendre en les suivant pour des mouvemens du pur amour. Ainsi on la peut appeller justement le regne tranquille de l'amour propre. Car non seulement elle l'établit dans l'ame, mais elle l'y consacre & l'y canonise. Et elle bannit de plus, tous les moyens par lesquels on pourroit reconnoistre cette illusion.

Pour découvrir que l'on agit par amour propre, il faudroit faire reflexion sur soy mesme, & examiner ses actions. Or c'est ce qui est interdit aux victimes comme l'un des plus grands defauts où elles puissent tomber. Elles agissent donc presque toujours par amour propre : Elles croyent toujours agir par amour de Dieu : Elles ne font jamais de reflexion sur leur estat : Elles prennent toutes les pensées qui leur en pourroient venir pour des tentations dangereuses. Ie ne sçay s'il est possible d'apporter plus de precautions pour bien affermir dans les ames le regne du diable & de la concupiscence.

Ce pendant aprés que le Sr. Desmarests a fermé en quelque sorte toutes les portes de la grace en bannissant tous les exercices par lesquels les Saints l'attirent & la conservent; aprés qu'il a ouvert toutes les portes des ames au demon, par la negligence, la paresse, le desordre, l'illusion, l'inconsideration où il les porte; aprés qu'il leur a osté tous les moyens de reconnoistre & de troubler le regne du diable par ses fausses spiritualitez, il ose bien neanmoins asseurer ses miserables victimes, qu'elles sont inaccessibles au diable, & *qu'il est incapable de de les trouver.*

Certes s'il ne les trouve pas, c'est qu'il n'a pas besoin de chercher ny de trouver des personnes qu'il possede si paisiblement. Il est assez content d'estre adoré dans leur cœur, & que les pensées qu'il leur inspire y soient receües comme des operations de Dieu & comme *des flesches du pur amour.* Que pourroit-il desirer davantage que cela? Il est de son interest d'en demeurer là : de sorte qu'il y auroit sujet de s'étonner qu'il ait poussé le Sr. Desmarests à tant d'horribles excés & à tant d'abominables calomnies, si son opiniastreté à les soutenir ne faisoit voir que le diable ne s'est pas trompé, en supposant que son illusion estoit assez forte, & ses tenebres assez époisses pour n'estre pas détrompé par la conviction la plus évidente de ses impostures & de ses crimes.

Ce 10. Avril 1666.

L'HERESIE IMAGINAIRE.
LETTRE XVIII.
OV
HVICTIE'ME VISIONNAIRE.

MONSIEVR.

 Si le monde s'ennuye comme vous dittes qu'on l'entretienne si long-temps des folies d'un visionnaire, ie vous asseure qu'il y a long-temps aussi que ie m'ennuye de luy en parler. Ie me suis fait violence pour surmonter cet ennuy, parce que j'ay cru qu'il estoit important à l'Eglise de luy faire connoistre un homme, qui tout phanatique qu'il est, ne laisse pas d'estre patriarche d'un nouvel ordre, & de seduire un grand nombre d'ames simples par ses spiritualitez insensées. Mais après avoir satisfait à ce devoir, ie puis vous delivrer presentement de la crainte où vous pourriez estre que ie voulusse accabler le monde d'une longue suitte de lettres sur les ouvrages de Desmarests. Ie vous avertis donc que ce sera icy la derniere où l'on parlera de luy à dessein ; & encore ie vous puis dire qu'il n'en est que l'occasion & non pas le premier & le principal objet. I'ay fini proprement de le regarder expressément à la sixiéme visionnaire, & ie n'y ay ajouté ces deux dernieres que dans la pensée que s'il n'est pas juste qu'on applique le monde à considerer un visionnaire avec tant de soin, il n'est pas juste aussi qu'un visionnaire nous empesche de considerer des veritez importantes, ausquelles il donne du jour par ses extravagances & par ses folies.

 Quelques grandes que soient ses erreurs nous ne les devons point regarder comme n'y ayant aucune part. Non seulement nous y pouvons tomber comme luy, parce que nous sommes hommes ; mais l'on peut dire mesme que nous les avons toutes en quelque degré, parce que les égaremens les plus ridicules ont toûjours des racines naturelles dans la corruption du cœur de l'homme.

 Il faut donc se servir de ces folies grossieres & sensibles pour en découvrir d'autres plus delicattes & plus subtiles que nous n'appercevons pas en nous : & le moyen d'en tirer cet avantage est de remonter jusqu'à leur source, parce que nous trouverons toûjours que cette source nous est commune. C'est Monsieur, ce que ie tâcheray de vous faire voir dans les principes des illusions du Sr. Desmarests, que ie vous representeray dans cette lettre. Car vous reconnoistrez facilement que ce ne sont que des adresses d'amour propre qu'il a poussées jusqu'à l'excez, & dont il a composé les dogmes de la nouvelle spiritualité.

A

Ie ne sçaurois mieux commencer que par le fondement mesme de l'estat des victimes, c'est à dire par ce neant où elles se reduisent dans leur pensée. Vous sçavez que c'est un artifice assez ordinaire de l'orgueil humain, d'éviter de se produire sous sa forme naturelle, & d'essayer toûjours de se couvrir de l'apparence de quelque vertu. Sur tout il n'y a point de visage qu'il emprunte plus volontiers que celuy de l'humilité, n'y en ayant point qui soit plus propre à nous exempter d'humiliation. *Il y en a*, dit l'Ecriture, *qui s'humilient par malice*, parce qu'ils n'ont pour but en s'abaissant exterieurement que d'éviter un plus grand rabaissement.

Cela se pratique en diverses manieres, & l'amour propre est ingenieux à les diversifier. Mais l'une des plus ordinaires, est de reconnoistre certains vices vrais ou faux, pour en cacher d'autres plus humilians & plus effectifs.

Il y a eu par exemple des Philosophes qui ont pris plaisir à reduire l'homme à la condition des bestes, & luy ravir tous les avantages de son ame. Croit-on qu'ils fussent pour cela plus humbles que ceux qui mettoient toute leur étude à le relever & à le rendre semblable à Dieu? nullement. Ce n'estoit qu'un autre tour d'orgueil qui estoit encore plus subtil que celuy des autres. En rabaissant ainsi l'homme, ils justifioient leurs passions. Il leur auroit esté honteux de vivre brutalement s'ils eussent avoüé que l'homme estoit une si excellente creature. Mais en se persuadant qu'il estoit semblable aux bestes, ils en concluoient qu'il n'y avoit donc pas tant de mal à vivre comme les bestes : & ainsi sous cette fausse bassesse de leur nature, ils se cachoient à eux-mesmes la veritable bassesse de leurs actions.

L'adresse du Sr. Desmarests n'est differente de celle de ces Philosophes, qu'en ce qu'il applique ses victimes à considerer des imperfections veritables; mais il s'en sert comme eux pour empescher qu'elles ne reconnoissent leurs plus grands & leurs plus importans deffauts; Et il ne les porte à se reduire à un certain neant, que pour les detourner de s'aneantir d'une autre maniere plus humiliante.

Pour comprendre cette illusion; il faut remarquer qu'il y a dans l'homme deux sortes de neants fort differens, & qui doivent estre diversement regardez.

Il y a un neant de nature, parce que nostre estre est tiré du neant & tend au neant, & qu'estant comparé avec la plenitude infinie & immuable de l'estre de Dieu, on peut dire qu'il est en quelque sorte un neant. C'est en cette maniere que les Saints s'aneantiront dans toute l'Eternité, parce que la Majesté de Dieu les remplira tellement, que toutes les creatures & eux-mesmes leur paroistront un neant à la veuë de cette plenitude infinie de perfections & de grandeurs.

Mais outre ce neant de nature qui convient, & aux Anges, & aux Saints, & qui est inseparable de l'estre mesme de la creature, il y a un autre neant qui est propre aux hommes pecheurs, & qui est celuy qu'ils doivent principalement regarder. C'est le neant du peché, c'est à dire ce miserable estat où l'ame est tombée par le crime du premier homme & par ses propres dereglemens; cet obscurcissement de l'esprit; cette foiblesse de la volonté; cette inclination malheureuse pour tout ce qui est contraire à Dieu ; cette source de toute sorte de corruption, dont le fond nous est inconnu. Voila le neant qu'il faut que nous considerions sans cesse pour nous anneantir veritablement devant Dieu. C'est de cette abysme de misere que nous devons invoquer l'abysme de ses misericordes *Abyssus abyssum invocat.* C'est de cette profondeur infinie que nous devons jetter des cris vers le Ciel en disant à Dieu avec le prophete: *De profundis clamavi ad te Domine.*

Nous sçavons que nous sommes miserables, souïllez, corrompus, incapables de tout bien ; capables de tous les maux & de tous les crimes. Nous ignorons ce que nous sommes devant Dieu, & de quel œil il nous regarde. Nous ne pouvons arrester nostre pensée sur aucun bien qui paroisse en nous, que la verité ne nous crie interieurement qu'il n'est pas de nous, qu'il ne nous appartient pas, que nous ne sçavons pas mesme avec certitude si nous le possedons effectivement. Nous ne trouvons donc en nous comme de nous que des miseres & des pechez, qui nous rabaissent & nous humilient bien d'une autre sorte, que ce neant de l'estre qui nous convient en qualité de creatures.

Car il y a cette difference entre l'un & l'autre de ces neants, que le neant de nature ne convient à l'homme que par quelque sorte de metaphore, puisqu'il n'est pas vray que nous ne soyons rien du tout ; au lieu que le neant du peché nous convient trés réellement & trés veritablement. Le neant de nature est un neant sans imperfection positive : il ne resiste point à Dieu ; il ne le combat point ; il ne luy est point contraire ; il ne porte point au peché ; il ne vient point du peché ; il demeure dans le Ciel, & nous ne pouvons souhaitter qu'il soit détruit, parce qu'il est essentiel à nostre estre. Mais le neant du peché est un neant d'opposition & de contrarieté avec Dieu ; c'est un neant agissant ; c'est une source d'imperfections ; il vient du peché ; il tend au peché, & il excite au peché ; & ainsi nous le devons continuellement détruire.

Il est bon de considerer l'un & l'autre de ces neants ; mais il est trés dangereux de considerer le neant de la nature, en oubliant le neant du peché, parce que c'est ce neant qui fait proprement nostre estat dans ce monde, & qui est le propre objet de la misericorde de Dieu, & de l'humilité des pecheurs. Or c'est justement ce que fait le Sr. Desmarests par cet état d'anneantissement, dont il parle tant. Il applique ses victimes à considerer le neant de la nature, mais il leur cache le neant du peché, & il leur défend de le regarder.

Car ce neant qu'elles considerent, est un neant qui n'a ny perfection, ny imperfection, ny haut ny bas, ny vertu ny vice, ny opposition, ny contrarieté avec Dieu. C'est un neant où l'on est inaccessible aux tentations & au diable, parce qu'on est sans action & sans propre operation. C'est un neant qui ne resiste point à Dieu, qui est disposé à tout. Ce n'est donc que le neant de la nature. Et cependant il en conclut, qu'estant reduits par imagination à ce neant de la nature, on ne doit plus penser à ses miseres, à ses pechez, à sa corruption ; c'est à dire qu'on ne doit plus s'aneantir par la veuë de son veritable neant ; qu'on doit oublier qu'on est pecheur, & que ne se souvenant plus de ses maux & de sa captivité, on ne doit plus se souvenir aussi qu'on a besoin d'un liberateur.

Voir les preuves dans la 6. visionaire Item, dãs la 4. partie pag 151 & 152. Et dans la 3 par p. 82.

A ij

Ces excés sont sans doute bien étranges, mais il est visible qu'ils naissent d'un fond qui nous est commun : & ce que le Sr. Desmarests y ajoûte, est qu'il convertit en maximes & en regles, les illusions où les autres tombent sans regles & sans maximes. Il est assez naturel à l'orgüeil d'éviter toutes les reflexions humiliantes, & d'en détourner l'esprit sous divers pretextes. Et de cette inclination naturelle, le Sr. Desmarests en fait une maxime de spiritualité, que les victimes ne doivent point penser à leurs miseres & à leurs pechez, de peur de troubler le calme de leur neant.

Il est aisé de méme de vous montrer que toutes les autres maximes qui servent à entrer dans ce neant, à s'y établir, à y demeurer en paix, ne sont que des adresses d'amour propre, que le Sr. Desmarests a reduit en dogmes & principes.

On entre selon luy dans ce pretendu neant, par un certain acte qu'il décrit en plusieurs de ses lettres, par lequel, dit-il, *nous faisons à Dieu un entier sacrifice de notre esprit, pour n'agir plus que par le sien. Et aussi-tost nous devons estre asseurez que Dieu accepte ce volontaire sacrifice comme la chose qu'il desire le plus de nous, & en mesme temps l'esprit de Dieu s'empare de notre ame pour y operer : & depuis cet heureux moment nous n'avons plus de propre operation. Car tout ce qu'il semble que nous faisons, est fait par l'esprit de Dieu qui agit par notre ame, comme notre volonté agit par notre main.*

4. partie lettr. 23.

Que si vous luy demandez quelle asseurance il a que Dieu possede son cœur en cette maniere, il vous répondra qu'il le sçait avec une foy ferme & infaillible : & c'est pourquoy il parle ainsi à Dieu dans une instruction pour l'oraison qui est imprimée dans les delices de l'esprit : *Ie me presente à vous, ô Pere Eternel, détaché de tout desir des choses creées, & attaché seulement à mon Sauveur qui est mon tout, & par qui je suis maintenant tout en vous. I'EN SVIS ASSEVRE' PAR VNE FOY FERME ET INFAILLIBLE. Car vous ne laissez rien de vuide dans toute la nature ; & quand une ame se défait & se vuide de tout ce qui n'est point de Dieu, vous la remplissez aussi-tost.*

Ie ne m'arreste pas icy aux erreurs de ce discours. Il est clair qu'il enferme nettement une heresie de Calvin, puisqu'en disant, *qu'il est asseuré par une foy ferme & infaillible qu'il est tout en Dieu*, il declare par une foy ferme & infaillible qu'il est juste : ce qui a esté condamné par le Concile de Trente. Mais mon dessein n'est que d'examiner icy la source de cette folie. Or il est visible qu'elle naist encore d'une inclination naturelle de l'amour propre, qui nous porte à prendre nos pensées pour des vertus, & à croire que nous avons dans le cœur tout ce qui nage sur la surface de notre esprit. *Dieu ne laisse point de vuide dans la nature*, dit le Sr. Desmarests, *& quand une ame se défait de tout ce qui n'est point Dieu, il la remplit aussi-tost*. Cela est tres-veritable. Mais comment le Sr. Desmarests sçait-il que luy ou ses victimes sont défaites de tout ce qui n'est point Dieu ? Qui luy a fait voir le fond de son cœur, & les tours & retours infinis de cet abysme ? Qui luy a dit qu'il n'y avoit point de cupidité cachée qui servist d'obstacle aux graces de Dieu ? Il l'a pensé,

Il a dit à Dieu ; qu'il se presentoit à luy détaché des choses creées : Et il a conclu delà qu'il en estoit effectivement détaché.

Nous aimons à nous tromper de la sorte, parce que cela est toutafait commode pour l'amour propre. Car comme il est en notre pouvoir de penser à tout ce que nous voulons, nous nous mettons par là en état d'estre aussi vertueux que nous le voulons : nous nous donnons l'humilité & les autres vertus dans le degré qu'il nous plaist : nous nous plaçons dans la classe de spiritualité qui est plus à notre goust : & enfin c'est par ce moyen qu'on devient victime en fort-peu de temps. On pense que l'on n'est rien, que Dieu est tout : & par là on devient un rien, & l'on se plonge dans le tout de Dieu.

Mais qu'il y a de difference entre une pensée de détachement & le détachement effectif ; entre une pensée d'humilité & l'humilité réelle : entre les pensées du neant, & l'anneantissement veritable.

Le détachement, l'humilité, l'anneantissement resident dans le cœur. Et ces pensées resident dans notre esprit, sans que nous sçachions jamais avec asseurance jusqu'où elles penetrent notre cœur, ny si elles sont mesmes jointes à quelque mouvement d'une veritable charité. Les mouvemens sensibles que nous pouvons avoir en suitte de ces pensées, peuvent estre de purs sentimens de la nature, excitez par l'amour propre : & ces pensées mesmes peuvent estre jointes à un orgueïl secret, & ne produire en nous qu'un accroissement de vanité & d'attachement à nous-mesmes. Car il est étrange, que n'y ayant rien de si éloigné de l'humilité que l'orgueïl, il n'y a rien neanmoins qui en soit plus proche. Il se fait un changement soudain & imperceptible de l'une en l'autre. L'orgueïl produit l'humilité, & l'humilité produit l'orgueïl. Nous nous élevons en nous mesmes de nous estre humiliez. Nous nous humilions de nous estre élevez. On détruit l'orgueïl par l'orgueïl mesme, & l'on détruit l'humilité par l'humilité : c'est à dire, qu'on cesse d'estre orgueïlleux en regardant son orgueïl : & l'on cesse d'estre humble en regardant son humilité. *Quand nous croyons,* dit S. Augustin, *avoir terrassé l'orgueïl, il se releve, & reprend de nouvelles forces par notre victoire mesme ; & il nous dit, ie vis encore: pourquoy triomphez-vous, & ie vis parce que vous triomphez :* Ecce ego vivo, quid triumphas : & ideo vivo quid triumphas.

La raison en est, que d'une part nous agissons par deux principes differens, par le S. Esprit & par l'amour propre ; & que de l'autre les actions de nostre ame sont accompagnées de reflexion secrette par lesquelles elle connoist ce quelle fait. Ainsi en mesme-temps que nous avons dans l'esprit quelque pensée d'humilité, l'amour propre qui connoist cette pensée peut exciter dans l'ame une complaisance de vanité : & il peut appliquer l'esprit à cette pensée, par ce qu'il sçait que c'est une belle chose que d'estre humble.

Au contraire les pensées & les mouvemens d'orgueil estant connus par l'ame, le S. Esprit s'en sert souvent pour l'humilier : & c'est ce qui fait que les vrays humbles ne sont pas ceux qui se croyent humbles, & qui s'occupent de leur humilité, mais ce sont ceux au contraire qui se croyent les plus orgueilleux, & qui ont toujours leur vanité devant les yeux pour s'en humilier, & pour s'en confondre.

Ainsi il y a non seulement une erreur grossiere contre la foy mais aussi une profonde ignorance de la maniere dont nostre ame agit, dans ce que le Sr. Desmarests enseigne : *Qu'il ne faut pas craindre l'orgueil dans le neant : que c'est une tentation subtile du diable, que de craindre l'orgueil, & la vaine complaisance dans l'état d'anneantissement; que c'est craindre l'orgueil dans la parfaite humilité; & que quiconque est bien anneanti n'est plus susceptible d'orgueil, parce*, dit-il, *qu'il n'y a rien de plus bas que le neant.*

suitte de la 3. partie lettre 4.

C'est une erreur contre la foy, que de dire qu'il y ait un état de l'ame où l'on ne puisse tomber dans l'orgueil, puisque la mutabilité essentielle à l'état des hommes voiageurs consiste principalement en ce qu'ils sont toûjours capables d'orgueil, qui est selon les Peres le peché que les parfaits ont le plus à craindre. Qui pourroit croire sans une horrible vanité estre dans une plus haute perfectiõ que l'Apostre S. Paul ? Qui a jamais esté davantage dans l'état d'une veritable victime d'amour que celuy qui dit de luy-mesme qu'il portoit sur son corps les stigmates de la passion de I. C. *Ego enim stigmata Domini Iesu in corpore meo porto*; que celuy qui accomplissoit pour l'Eglise les souffrances de I. C. *Adimpleo ea quæ desunt passionum Christi pro corpore eius quod est Ecclesia*: que celuy qui n'avoit point de plus grand desir que d'estre immolé pour le salut des fidelles : *Ego autem libentissimè impendam & super-impendar pro animabus vestris!* Ce pendant il avoit tellement à craindre l'orgueil dans cet état, que Dieu pour l'en preserver luy donna un contrepoids continuel en luy laissant l'infirmité de la chair. *Combien*, dit S. Augustin, *l'orgueil estoit-il à craindre à celuy à qui Dieu donna un remede si penible pour l'en garentir* : QVALEM *tu morem timuit, qui mordacissimum epithema accepit,* Et c'est pourquoy, ajoûte le mesme Saint, nous pouvons dire librement à l'Apostre S. Paul sans craindre de luy faire iniure : Prenez garde, ô S. Apostre de vous élever : *Ne extollaris Sancte Paule Apostole.*

Mais ce qui n'estoit pas injurieux à S. Paul, & ce que tout le monde luy pouvoit dire avec justice, est si injurieux aux victimes, selon le Sr. Desmarests, qu'il ne leur peut estre suggeré que par le diable. *Le demon est si subtil*, dit-il, *qu'il vous fait craindre l'orgueil & la vaine complaisance dans l'état d'anneantissement; c'est craindre l'orgueil dans la parfaite humilité.* Et pourquoy ne l'y craindroit on pas quand mesme cette humilité seroit aussi parfaite qu'elle est vaine & chimerique? Ces pensées d'anneantissement ne sont-elles pas accompagnées de retours secrets? l'ame ne les connoist-elle pas? Les lettres du Sr. Desmarests ne sont-elles pas remplies de reflexions continuelles sur cet état, & de consequences qu'il en tire à son avantage? Pourquoy donc l'orgueil naturel ne pourroit-il se glisser dans ce pretendu neant? Ou plutost ne voit-on pas que l'insupportable vanité, qui paroist dans tous les écrits du Sr. Desmarests, ne vient que de ces vaines reflexions qu'il fait sur la hauteur imaginaire de son neant.

Mais dit le Sr. Desmarests, il n'y a rien de si bas que le neant. Cette raison l'éblouit tellement qu'il la prend pour une demonstration. Il la repette sans cesse en d'autre termes en divers lieux : son esprit n'ayant jamais esté capable de démesler cette petite équivoque, & de reconnoistre l'extreme difference qu'il y à entre le neant effectif, & le neant connu & devenu objet de nostre pensée ou de nostre volonté. Car il est vray qu'il n'y a rien en effet de plus bas qu'un neant effectif. Mais la connoissance du neant devenant l'objet de nostre pensée par une reflexion inseparable de la pensée mesme qui le connoist, peut estre en mesme-temps l'objet du plus grand orgueil & de la plus fine vanité, parce que l'on peut imaginer dans cette connoissance une parfaite humilité & un eminent degré de perfection.

L'utilité que l'on doit tirer de ce pitoyable égarement, est de se confirmer davantage dans ce principe important de la morale chrestienne : qu'il ne faut pas juger de notre état sur de simples pensées, ny croire que nous soions humbles & détachez, pour nous estre entretenus de pensées de détachement & d'humilité. Il est utile de s'y occuper, mais il n'y a rien de plus pernicieux que de croire qu'elles sont autant dans notre cœur, qu'elles sont dans notre esprit. Peut-estre mesme n'y sont elles point du tout ; car il n'y a rien de si caché à l'ame que son humilité & son orgueil, parce qu'elle ignore d'où naissent ces mouvemens & où ils s'arrestent, & si elle ne corrompt point par des retours secrets tout ce qui luy paroist de meilleur en elle. C'est ce qui nous donne sujet de dire avec Iob : *Si venerit ad me non videbo eum ; & si abierit non intelligam eum :* S'il vient à moy par l'humilité, ie ne le verray pas : & s'il s'éloigne de moy à cause de mon orgueil, ie ne m'en appercevray pas, &c. Sur quoy S. Gregoire dit que l'approche & l'éloignement de Dieu nous est inconnu dans cette vie. *Accessus recessusque Dei minimè cognoscitur, quoúsque rerum alternantium finis ignoratur.* Tout ce que nous pouvons faire est de nous anneantir dans cette ignorance mesme, & de nous en servir comme du plus grand sujet d'humiliation que nous ayons dans le monde, puisque c'est proprement par cette ignorance où nous sommes à l'égard de l'humilité, que nous ne sçavons jamais absolument si nous sommes dignes d'amour ou de haine, ce qui est le comble du rabaissement des justes.

Greg l. 9. c. 7.

Non seulement il ne nous est pas permis de nous juger nous-mesmes sur ces sortes de pensées, mais c'est une temerité de nous juger sur nos desirs & sur les mouvemens que nous ressentons, lors mesme que nous avons tout sujet de les croire bons : parce que nous ignorons toûjours jusqu'à quel degré notre cœur en est penetré, & si ce ne sont point des mouvemens passagers qui n'ont aucune racine ferme & solide dans notre ame.

Ce fut en cela proprement que consista selon les Peres la presomption de S. Pierre, d'avoir osé se juger sur ses desirs. Il avoit quelque amour pour I. C. comme dit S. Augustin & ce fut ce qui le porta à dire hautement, que quand il faudroit mourir pour luy, il ne le renonceroit jamais. Mais il estoit presomptueux en ce qu'il jugeoit de luy-mesme sur ce mouvement d'amour, dont il ne connoissoit pas la foiblesse, & qu'il croyoit pouvoir ce qu'il sentoit bien qu'il desiroit : *Putabat se posse, quod se velle sentiebat.*

Ces sortes de jugemens que nous formons de nous-mesmes sur nos desirs sont temeraires, parce qu'ils sont contraires à l'ordre de Dieu. Car il n'a pas seulement établi les moyens ordinaires pour obtenir les vertus, pour s'affermir dans la charité ; mais il a établi aussi les signes ordinaires pour pouvoir avoir une juste confiance qu'on possede les vertus, & qu'on est étably dans la charité: *In charitate radicati & fundati*: Et ces signes sont marquez par S. Pierre, lors qu'il recommande aux fidelles de rendre leur vocation certaine par leurs bonnes œuvres: & par S. Paul, lors qu'il dit ; *que l'affliction produit la patience; que la patience produit l'épreuve; & que l'épreuve produit l'esperance qui ne confond point.* Car il nous marque par là, que cette juste confiance que les Saints peuvent avoir en cette vie, qu'ils ont l'amour de Dieu dans le cœur, & que Dieu leur a donné les vertus dont ils ont besoin, est principalement fondée sur la patience, sur l'épreuve, & sur la pratique uniforme d'une vie chrestienne.

C'est ce qui fait dire à S. Augustin, que celuy qui n'a point esté tenté ne se connoist point: *Nec sibi quisque innotescit nisi tentatus*, c'est adire qu'il ne peut pas bien juger de l'état de son ame ny de sa fermeté dans le bien, n'y ayant que la tentation qui nous découvre à nous mesmes ce que nous sommes, & qui fasse paroistre le fond de nos cœurs.

Ce n'est pas qu'aprés quelque épreuve que ce soit, il soit jamais permis à personne de se confier en ses propres forces. Il faut toûjours tout esperer du secours de Dieu, & reconnoistre toûjours sa propre impuissance. Mais cela n'empesche pas que les Saints ne puissent avoir une confiance raisonnable, qu'ils resisteront aux tentations qu'ils ont déja éprouvées, & ausquelles ils se sont preparez par de longs exercices d'une vie chrestienne. Ils peuvent croire qu'il y a quelque solidité dans l'amour qu'ils ont pour Dieu : & il leur est souvent permis d'entreprendre plusieurs choses, ausquelles ceux qui n'auroient pas passé par les mesmes épreuves seroient imprudens de s'exposer. Car on n'est pas temeraire ny presomptueux quand on ne juge, ou de soy-mesme, ou des autres, que selon les regles de Dieu : mais la presomption consiste à fonder ses jugemens sur d'autres signes que ceux que l'Ecriture & les Saints nous ont donnez pour connoistre la solidité de la vertu. Et c'est pourquoy de quelque bonne pensée que l'on s'entretienne dans la priere, quelque mouvement que l'on y ressente; au lieu de former sur cela un jugement presomptueux de l'état de son ame, il les faut regarder simplement comme des étincelles qu'il plaist à Dieu d'allumer dans nostre cœur, & que nous devons y entretenir sans cesse par l'humilité de la priere, par la douleur de la penitence, par l'amour de la justice, par la pratique des bonnes œuvres, par des gemissemens sinceres, par une vie toute sainte, selon ces belles paroles de S. Augustin: *Hanc scintillam gratuiti amoris flate & nutrite prece humilitatis, dolore poenitentiæ, dilectione justitiæ, operibus bonis, gemitibus sinceris, conversatione laudabili.*

La presomption des hommes ne se contente pas de transformer en vertus, ou de simples pensées de l'esprit, ou des mouvemens passagers de la volonté : mais elle va mesme jusqu'à se promettre une fermeté immuable dans cet état où elle se place par sa phantaisie. C'est ce sentiment naturel d'orgueil que le Prophete a voulu exprimer quand il dit ; *Ego dixi in abundantia mea non movebor in æternum*; J'ay dit en me voyant riche de vertus, rien ne sera jamais capable de m'ébranler. Et l'on sçait aussi, que cette constance immuable dans un mesme état a esté l'idole que la vanité a fait adorer aux Stoïciens.

Le Sr. Desmarests n'a pas manqué de nous faire un dogme de spiritualité de ce sentiment horrible, dont il est mesme étrange que les hommes soient capables, dans l'experience qu'ils ont tous les jours de leur foiblesse. Car il promet à ses victimes, qu'en mesme temps qu'elles auront fait leur pretendu sacrifice, *l'Esprit de Dieu s'emparera de leur ame pour y penetrer, & que depuis cet heureux moment elles n'auront plus de propre operation.* Il seroit aisé de montrer par son livre *des Delices de l'Esprit*, qu'il porte cet état jusqu'à l'impeccabilité, qui est l'erreur des Origenistes & des Pelagiens ; & on le verra clairement par les passages que j'en allegueray dans l'éclaircissement ajoûté à cette lettre. Mais quand il seroit demeuré dans les termes où il semble s'arrester dans ses lettres spirituelles, où il admet encore quelques petits pechez d'inadvertence, on peut dire neanmoins que cet état imaginaire, où il pretend que l'on est dépoüillé de propre operation, pour n'estre plus remué que par l'esprit de Dieu, dans lequel il veut que l'on entre, en vertu d'un certain acte ; & cela par un ordre reglé & infaillible qu'il propose à ces quarante-quatre mille victimes, est non seulement la plus grande des folies, mais que c'est aussi une erreur capitale contre la foy.

4. Partie lett. 23.

Car estre dépoüillé de propre operation, c'est non seulement n'agir plus par le mouvement de la concupiscence, mais c'est agir toûjours sans aucun mélange d'amour propre ; en sorte que non seulement il ne nous conduise jamais dans nos actions, mais qu'il ne s'y glisse pas mesme insensiblement pour y prendre quelque part. Or c'est ce qui n'arrive jamais en cette vie dans le cours ordinaire de la grace, selon la doctrine de tous les Saints.

Le renouvellement de l'ame, dit S. Augustin, *ne se fait pas tout d'un coup. Il ne s'avance que peu à peu, comme le vieil homme ne se détruit que peu à peu. Mais pendant que ce changement de l'ame se fait en nous, nous sommes dans le combat ; nous frappons notre adversaire par nos bonnes œuvres, & il nous frappe par les pechez. Et l'on ne doit pas s'attendre dans ce combat, que l'on obtienne une entiere victoire sur l'autre, mais il faut seulement considerer qui est celuy qui fait paroistre plus de force & plus de courage, & qui frappe plus souvent son ennemy.*

Hom. 5.

S. Aug. sur le ps. 116. 3. ser.

Nous voyons, dit S. Gregoire, *la face exterieure de nos actions, mais nous ne voyons pas le dommage interieur que nous y souffrons, car souvent elles nous sont ravies par la tromperie du demon, parce que la concupiscence mesle ces desirs avec nos meilleures œuvres.* Et de peur qu'on ne s'imagine que cela n'arrive qu'aux personnes peu avancées dans la vertu, ce Saint enseigne au contraire, que plus on y fait de progrés, plus on découvre dans son ame de ces taches qu'on ne voyoit pas auparavant. Ce qui fait qu'on avance aussi toûjours dans la crainte, *Animam gravi formidine sanè ipse profectus quatit, quæ prius quasi secura nihil videbat.* C'est la doctrine constante de tous les Peres, qui est confirmée par l'experience de toutes les personnes de pieté, qui se reconnoissent tous coupables d'une infinité de fautes qu'elles commettent tous les jours par les surprises de la concupiscence. Et ce sont d'ordinaire les plus saints qui en remarquent davantage, parce qu'ils ont plus de lumiere pour discerner cette impureté qui naist du fond de leur cœur, & qui se répand

Greg. mo. lib. 9 c 17

Ibid. l. 5. c. 21.

sur leurs actions, en les soüillant, comme dit S. Gregoire, ou dans le principe même qui est l'intention, ou dans le progrés, ou dans la fin.

Greg l. 1. c. 19.

Ils se plaignent de cette misere. Ils tâchent d'arracher sans cesse ces mauvaises herbes qui naissent dans leur ame. Ils se purifient sans cesse de ces soüillures, mais ils se consolent neanmoins dans la pensée que ce mélange de foiblesse leur est utile, & qu'ils seroient peut-estre plus en danger, si leurs cheutes continuelles ne leurs donnoient pas un sujet continuel de s'humilier. Ils seroient moins purs, s'ils voyoient en eux un amour plus pur, parce qu'il n'y a rien qui soit souvent plus capable de faire mourir l'ame que la connoissance de sa vertu: *Quid pejus plerúmque animam quam conscia virtus interficit.*

Il n'y a donc rien au monde de plus dangereux & de plus contraire au bien des ames, que cette imagination que le Sr. Desmarests met dans la teste de ses victimes, qu'aprés leur pretendu sacrifice, elles agissent toûjours par le pur amour, & que c'est Dieu qui fait tout en elles. Si quelqu'un estoit effectivement dans cette perfection, & qu'il le connust, il seroit dans un extreme danger, n'y ayant rien plus capable d'élever l'ame & de la porter à la paresse & à l'orgüeil que la veuë d'un tel état: aussi c'est pour nous épargner ce peril, que Dieu laisse les hommes les plus saints dans des foiblesses continuelles, qu'il leur distribuë les eaux de ses graces avec mesure: *Et aquas appendit in mensura*; qu'il les oblige au combat continuel contre leurs passions, & qu'il permet mesme qu'ils y reçoivent des blessures par les fautes qu'ils y commettent: afin, dit S. Gregoire, que ces défauts qu'il leur laisse pour leur utilité, leur conserve par l'humilité les biens qu'il leur a donnez: *ut per ea quæ utiliter desunt, custodiantur humiliter bona quæ adsunt.* Mais de s'imaginer d'estre dans cet état & n'y estre pas, c'est un mal tout pur: c'est un dager sans fruit, ou plûtost c'est une ruine evidente pour les ames: & c'est neanmoins tout l'effet de cette nouvelle spiritualité. Car pour s'imaginer que l'on agit par le pur amour, on n'en agit pas pour cela plus purement. Au contraire une illusion si presomptueuse rend l'ame toute corrompuë & toute impure. Elle bannit l'amour de Dieu, elle augmente l'amour propre. Et ce pendant elle presente en mesme temps à l'ame, toute affoiblie qu'elle est, l'image d'une fausse perfection, que les plus justes & les plus forts auroient peine à soûtenir. Et ainsi sans que les miserables victimes ayent ny la force des justes, ny l'humilité des pecheurs, elles sont attaquées au mesme temps des tentations des justes & des pecheurs.

Le Sr. Desmarests ne s'est pas contenté de porter ses victimes à cet excés d'orgüeil par le chimerique état où il les éleve, il a voulu encore les rendre comme inaccessibles à l'humilité, en leur trouvant des moyens de se glorifier de tout ce qui les devroit le plus rabaisser; & l'amour propre n'a pas manqué de luy en fournir qui meritent bien qu'on les considere, parce que d'autres que des victimes peuvent facilement se servir des mesmes addresses. On voit assez de quelle sorte il éloigne d'elles les humiliations volontaires qui peuvent naistre de la veuë de nos défauts & de nos miseres. Car il les en exempte tout d'un coup, en leur disant de s'appliquer à ces sortes de reflexions.

Mais il y a d'autres humiliations involontaires que l'on ne peut éviter absolument, & qui consistent principalement dans les pechez, dans certains états d'insensibilité, de froideur, de stupidité, de langueur pour les exercices de pieté, & enfin dans tous les mauvais desirs que l'on ressent dans le cœur.

Toutes ces choses sont penibles & humiliantes, & on les peut appeller avec S. Augustin, de durs avertissemens pour les superbes: *Increpatio superborum.* Mais il n'y a rien qui soit capable d'abaisser l'orgüeil humain, parce qu'il se nourrit de toutes choses. Il naist des vices aussi-bien que des vertus, de la folie aussi-bien que de la sagesse. L'amour propre sçait tourner tout à son avantage, & s'élever des plus grands sujets de confusion. Et premierement pour les pechez les plus énormes, il ne font point de peine au Sr. Desmarests; car il ne les reconnoist point. On a beau le convaincre clairement d'imposture, de trahison, de mensonge en matiere de religion; de jugemens temeraires & criminels, de falsifications de l'Ecriture, de fausses propheties, d'erreurs, de calomnies abominables. Tout cela ne diminuë en rien sa fierté. Il est toûjours plein & satisfait de luy-mesme. Il s'imagine de voir ses ennemis qui *se debattent devant luy*, aprés qu'il leur a donné *le coup mortel*. Il n'en agit pas moins par *le pur amour*. Enfin on ne vit jamais mieux en personne ce que dit le Sage, que le Fou sera remply de ses voyes, *Viis suis replebitur stultus*.

Mais comme il ne peut pas desavoüer de mesme, que ses victimes ne soient souvent privées des sentimens de devotion, & qu'elles ne se trouvent dans un état de langueur, d'obscurcissement d'esprit, & d'insensibilité dans les exercices de pieté, de peur qu'elles ne fussent tentées de s'humilier de cet état, il a grand soin de les prevenir sur ce point, en leur persuadant que ces tenebres & cette insensibilité enferment une perfection sur-éminente, que c'est ce qui s'appelle le desert de la foy, *le cruel & doux Martyr du S. amour*, où il est luy-mesme plongé depuis six mois: que Dieu est d'autant plus proche d'elles qu'il semble en estre plus éloigné, & que cette stupidité qui les prive de toute pensée, est la plus haute & la plus pure contemplation.

Que si elles viennent à estre agitées de tentations, & mesme des plus humiliantes & des plus fâcheuses, & que leur corruption excite en elles des sentimens dereglez par des objets qui les devroient le moins émouvoir; au lieu d'en tirer des sujets de confusion, il en tire encore de nouveaux sujets d'elevement & de vanité. Car c'est un signe, dit-il, que l'entendement est separé du sensible, & que la sensibilité est devenuë aveuglément plus éclairée par la raison, puisqu'elle est ainsi excitée par des choses qui ne la toucheroient point, si elle estoit conduite par l'entendement. Vous me dispenserez, s'il vous plaist, Monsieur, de vous citer icy ce passage au long, de peur de presenter au monde des images trop horibles; & je ne marquerois pas mesme l'endroit à la marge, si sa hardiesse à accuser les gens de falsification & d'imposture, lors qu'ils sont les plus exacts & les plus fidelles, ne m'y obligeoit.

On trouve souvent dans ces lettres de ces étranges instructions; & il parle de ces matieres à des femmes, & à des religieuses avec des expressions & des exemples qui font rougir les personnes tant soy-peu modestes, en y ajoûtant des explications inoüyes & scandaleuses de la parole de Dieu, que l'on n'oseroit mesme rapporter.

Je sçay bien qu'il ne manque pas de dire, qu'à l'égard de ces états de tenebres

3. p. l 4. Suit de la

3 p. l 45. 4 p l. 1. 2. Voir sur cette doct. suit de la 3 p l 7 P. 52. 1 p l. 10. p. 59. 4 p l. 55. pag 313. Et dans le dern vol. il y a plusieurs lettres sur ce sujet.

2. p. l. 9. p. 145.

Voir les lettr ibid. p 17. 18. & 19 de la 1. part.

B ij

& d'insensibilité, & mesme de tentations fâcheuses, on trouve quelque chose de semblable à ce qu'il en enseigne, dans quelques livres de spiritualité. Mais c'est ce qui fait voir combien ces sortes de livres sont dangereux à un homme sans jugement & sans lumiere comme le Sr. Desmarests. Car de ce qui n'est vray qu'en de certains rencontres rares, extraordinaires, & à l'égard de certaines ames que Dieu conduit par des voyes singulieres, dont il n'y a que des personnes consommées dans la science de l'Eglise qui puissent juger sans temerité, il en fait la regle commune d'une societé de cent quarante-quatre mille victimes. Il s'imagine que le monde est remply de saintes Therese & de saintes Catherine de Genes. Il luy semble qu'il y a une voïe reglée pour arriver à leur état; que toutes les peines qu'on luy represente sont semblables à celles de ces saintes miraculeuses. Ainsi il y applique indifferemment les mots mystiques qu'il a ou retenus ou inventez. Et quoy qu'il ne sçache pas seulement ce que c'est que d'estre chrestien, & qu'il deust se faire instruire des principes de la foy & des premiers devoirs du christianisme, il ne laisse pas de parler de ces choses à de pauvres filles qui sont assez simples pour le consulter, afin de les porter à prendre leur stupidité & leurs tenebres pour des états éminens, & pour un degré d'amour tres-pur & tres-élevé.

Il n'y a peut estre guere de plus dangereuses illusions que celles-là, parce qu'il n'y en a guere qui s'oppose davantage à la lumiere de Dieu, & qui precipite les ames dans un plus grand & plus irremediable aveuglement. Ie sçay bien que tous ces états d'obscurcissemens, de langueurs, de distractions, d'inapplication, d'insensibilité, ne sont pas toûjours des marques d'imperfection. Il y a des ames que Dieu éprouve & pacifie en les privant de toutes sortes de consolations en leurs exercices, & en les faisans marcher par un chemin sec & aride, où elles ne sont soutenuës que par la foy & par le desir sincere qu'elles ont au fond du cœur de suivre la volonté de Dieu. Il permet mesme quelquefois au demon de les inquietter, de leur remplir l'esprit de tenebres & de troubles, & de les affliger par des images fâcheuses. Il y en a d'autres en qui ces langueurs spirituelles ne naissent que de quelque maladie du corps, qui appesantit l'esprit & luy oste la liberté de ses actions. Mais pour un petit nombre de personnes que Dieu conduira de cette maniere, il s'en trouve une infinité d'autres, en qui il ne faut point chercher d'autre cause de leur insensibilité & de leurs distractions, que le déreglement ou l'imperfection de leur vie. On ne sent point Dieu, parce qu'on n'est point veritablement à Dieu. Le monde est plein de fausses penitences & de fausses conversions. On ne voit par tout que des gens, qui faisant profession de pieté, manquent à des devoirs essentiels. Qui s'étonnera que ces personnes soient privées des lumieres de Dieu, eux qui aiment les tenebres & qui n'en veulent point sortir? Qui n'aura au contraire pour suspectes toutes les devotions passageres qu'ils se vantent quelquefois de ressentir? Ceux mesmes qui estant exempts de crimes, sont en quelque sorte dans la voïe de Dieu, y marchant le plus souvent avec tant de défauts ou visibles ou cachez, qu'ils ne doivent point attribuer leur langueur & leur insensibilité à d'autres causes qu'à la foiblesse & à l'imperfection de leur vertu. Dieu nous oste souvent le sentiment de sa presence, parce que sa pureté ne peut souffrir l'impureté de notre ame. Il ne nous favorise pas de ses divines communications, parce qu'il voit en nous un cœur double & partagé, & qu'il ne parle qu'au cœur des simples, comme dit l'Ecriture, *& cum simplicibus sermocinatio ejus*. Il ne vous donne pas les consolations de sa grace, parce qu'il ne voit point en nous cette amertume & cette douleur de la penitence, à laquelle il a de coutume de la mesurer : *Secundùm multitudinem dolorum tuorum, in corde meo consolationes tuæ lætificaverunt animam meam*. Enfin il punit par ces tenebres nôtre negligence, nôtre orgueil, & l'abus que nous avons fait de ses lumieres & de ses graces.

Ainsi c'est une extrême temerité à un laïque, qui ne connoist point le fond de la vie chrestienne, de se mêler de juger de la nature de ces peines interieures, & d'asseurer celles qui s'addressent à luy, que plus elles sont séches, insensibles, & destituées de toutes pensées, plus elles aiment Dieu purement.

Le moins que puissent faire les ames vrayement à Dieu, qui se trouveroient dans tous ces états penibles, est de s'en humilier, & de les regarder avec crainte, bien-loin de les spiritualiser par des termes mystiques, qui ne sont propres qu'à flatter nôtre presomption. Il faut tâcher d'en découvrir la cause, & s'appliquer serieusement à y remedier autant que l'on peut : & si l'on ne la découvre pas, il faut à la verité demeurer en paix, puisqu'il est certain que c'est ce que Dieu demande de nous. Il ne faut pas neanmoins estre sans quelque sorte de crainte que ce ne soit un juste jugement de Dieu sur nous que cette cause nous est cachée. Et au lieu de nous élever contre Dieu lors qu'il nous abaisse, il faut entrer dans ses desseins sur nous, & nous humilier nous-mesme plus profondement. Il faut reconnoistre nôtre pauvreté, en disant avec le Prophete, *Ego vir videns paupertatem meam in virga indignationis tuæ*. Et si la justice de Dieu nous reduit à la stupidité & à l'insensibilité des bestes à son égard, il faut luy demander que ce ne soit que de ces bestes qui ne se separent point de luy, & qui luy demeurent unies par la charité : *Vt jumentum factus sum apud te, & ego semper tecum*.

C'est ainsi que ces états deviennent en effet souvent plus utiles aux ames, que ceux où elles ressentent plus de consolation & de devotion sensible, parce qu'elles s'en humilient davantage, qu'elles en connoissent mieux leur misere & leur neant, au lieu qu'on abuse souvent des ferveurs que Dieu donne quelque fois aux ames, & particulierement à celles qui commencent de le servir. Mais il faut neanmoins bien distinguer l'usage que Dieu nous fait tirer de cet état, de l'état en soy. Car l'humilité qu'il nous procure par ce moyen & la force qu'il nous donne pour nous soutenir dans ces foiblesses & dans ces obscuritez sont des effets de sa grace. Mais l'état en soy vient de nous, & non de luy. Dieu est lumiere par son essence, & n'est point cause des tenebres. Il est un feu devorant, & il n'est point cause de la froideur. C'est nôtre nature & nôtre corruption qui produit ces dégouts, ces insensibilitez, ces froideurs, ces obscurcissemens, & c'est Dieu qui nous y soutient, & qui fait que malgré toutes ces foiblesses nous ne l'abandonnons pas, & que nous ne laissons pas de demeurer fermes dans la resolution de le servir.

C'est pourquoy c'est une spiritualité inoüye dans les Peres de l'Eglise, que ces loüanges que ces nouveaux spirituels donnent aux tenebres, aux secheresses, & aux insensibilitez des ames. Ils les ont toûjours regardées au contraire comme des maux, comme des sujets d'humiliation. Si Dieu nous en fait tirer du fruit, c'est sa grace qu'il en faut loüer & non pas l'état en soy; comme il ne faut pas loüer ny desirer les tentations, mais la grace qui nous fait surmonter les tentations. Et le moyen d'en tirer ce fruit n'est pas d'estimer cet état & de le croire fort relevé; mais c'est au contraire de l'estimer trés bas & trés miserable, de supplier Dieu qu'il nous rende la ioye de son salut : *Redde mihi lætitiam salutaris tui*, & de souffrir neanmoins en patience & en paix les tenebres où il nous laisse, en reconnoissant qu'il nous fait encore beaucoup de graces de ne nous abandonner pas à notre corruption, & de nous conserver la volonté de luy estre fidelles iusqu'à la mort.

Pap. D.   L'illusion où les livres du Sr. Desmarests jettent les ames sur le sujet des tentations, n'est pas moins dangereuse ny moins subtile, parce qu'elle est fondée sur l'abus d'une doctrine qui a quelque verité. On ne peut combattre en general la distinction de la partie superieure & inferieure, soit que l'on entende par la partie inferieure l'appetit sensitif, soit que l'on signifie la concupiscence dans toute son étenduë, & en tant qu'elle comprend tous les mouvemens dereglez, soit spirituels, soit corporels, qui previennent la raison. Il est certain aussi, selon la doctrine de S. Augustin, que les mouvemens de la concupiscence ausquels on ne consent point, ne sont point des pechez qui nous rendent coupables devant Dieu, quoy que l'Ecriture leur donne le nom de peché, parce qu'ils sont toûjours corrompus & dereglez en eux-mesmes, & contraires à l'institution de la nature.

Voilà ce qu'il y a de veritable dans cette doctrine. Mais l'abus que certains spirituels en font, & sur tout le Sr. Desmarests, est de separer tellement ces deux parties dans l'homme, qu'il semble qu'elles n'ayent aucun commerce ensemble, & que le dereglement de l'un ne fasse aucun tort à la perfection de l'autre. Ils les representent comme deux regions éloignées & qui n'ont rien de commun. En suitte aprés s'estre placez dans la partie superieure de leur ame, & ne se considerant jamais que par cette partie, ils font profession de ne faire aucun estat des troubles & des agitations de l'inferieure.

V. suitte de la 5. part. l. 15.   Ce n'est pas qu'ils ne soient troublez, inquietez, agitez comme les autres. Mais c'est qu'il ne leur plaist pas de donner à ces dispositions de leur esprit les mesmes noms que les autres, & qu'ils trouvent bien plus beau de dire que ce ne sont que des agitations de la partie inferieure, qui n'empesche pas la paix & le calme de la region superieure qui est élevée audessus de ces nuées & de ces tonneres. Et ainsi en chargeant leur partie inferieure de tout le mal qu'ils voyent en eux, ils trouvent moyen de décharger la superieure de toute l'humiliation & de la laisser dans toute la complaisance qu'elle peut avoir pour cette perfection eminente où ils croient estre arrivez.

Il est aisé de voir les illusions étranges que l'amour propre peut causer aux ames par ce moyen. Aussi les Saints Peres qui ont eu soin de nous éloigner de toutes ces voyes trompeuses pour nous conduire au Ciel par la voye seure de l'humilité, nous font bien considerer ces choses d'une autre maniere. Ils nous enseignent à la verité en general, que les mouvemens de la concupiscence ausquels on ne consent point ne sont pas des pechez; mais ils nous enseignent en mesme-temps que ce sont toûjours de grands sujets de crainte, de gemissement, & d'humiliation. Car cette concupiscence, ou cette partie inferieure, n'est point une chose separée de nous. C'est nostre volonté mesme malade, languissante, partagée, corrompuë, qui previent nostre raison par des mouvemens déreglez. L'augmentation de la concupiscence est l'affoiblissement de la charité; & le regne de la concupiscence en est la destruction. Et c'est pourquoy S. Augustin dit: *Que quiconque tend à la perfection doit tascher à diminuer tous les jours sa concupiscence par son avancement:* Hoc *debet conari omnis qui tendit ad perfectionem, vt & ipsa concupiscentia quotidie in proficiente minuatur.*

Il ne faut donc point tant mépriser ces mouvemens lors que nous les ressentons dans notre cœur, encore que nous n'y consentions pas, comme s'ils appartenoient à d'autres qu'à nous. S. Paul ne disoit pas que sa partie inferieure estoit miserable, quoy qu'il y consentist moins que personne, mais il disoit qu'il estoit miserable luy-mesme: *Miser ego homo, quis me liberabit de corpore mortis huius?* Il s'en humilioit devant Dieu, Il le prioit de l'en delivrer.

Il est mesme souvent difficile de distinguer ces mouvais desirs du consentement qui les rend pechez, principalement lors qu'ils sont spirituels comme dans ces mouvemens d'orgueil & de jalousie. Mais ils sont au moins des preuves de la foiblesse de notre vertu & de la maladie de notre ame. Car la mortification & l'humilité du cœur ralentit & amortit la violence & l'impetuosité des passions: & ainsi quand elles sont si vives & si agissantes, c'est une grande marque qu'on n'a guere eu soin de les reprimer.

Voilà, Monsieur quel est l'esprit & la conduitte des Saints Peres, qui ont eu autant d'adresse à inspirer aux ames par la verité, des sentimens d'humilité & de crainte, que cette nouvelle spiritualité en a à leur fournir des pretextes pour s'en exempter par de fausses subtilitez. Et c'est pourquoy, comme en suivant l'esprit du Sr. Desmarests on va droit à l'anneantissement de l'humilité; en suivant au contraire la doctrine des Saints Peres, on s'avance continuellement vers le veritable anneantissement de l'ame, qui est la destruction de l'amour propre & l'établissement de la charité.

On anneantit son esprit en renonçant à ses lumieres, à ses phantaisies, à ses vains raisonnemens, pour suivre les regles Saintes de la morale chrestienne que Dieu a laissées en dépost à son Eglise, aussi bien que les veritez de la foy.

On anneantit sa volonté en n'agissant plus selon ses mouvemens & ses caprices, mais en tâchant de connoistre & de suivre en tout la divine volonté.

On s'anneantit dans les vertus en reconnoissant qu'elles sont toutes de luy, & qu'il ne nous y attire pas seulement par le mouvement de sa grace, mais qu'il nous les inspire par son esprit, en formant en nous la volonté mesme par une operation toute puissante.

On s'aneantit dans ses défauts, parce qu'on les regarde comme un abysme infiny, dont on ne voit point le fond.

On s'aneantit dans ses tentations, parce qu'on se regarde comme estant incapable d'y resister, à moins que Dieu ne nous soutienne par son secours.

Enfin l'on s'aneantit toûjours, sans croire jamais d'estre aneanti, & sans se lasser jamais de travailler à son aneantissement; parce que l'on sçait qu'encore que le vieil homme se détruise toûjours de plus en plus en nous, à mesure que le nouveau se renouvelle, il ne sera jamais aneanti que par notre mort.

ECLAIRCISSEMENS

Contenus dans la seconde partie de la Réponce du Sr. Desmarests.

IL y a tant de personnes qui se plaignent qu'on s'amuse à répondre à un phanatique comme le Sr. Desmarests, qu'on est obligé de l'abandonner à sa folie, après l'avoir suffisamment fait connoître. Et il est vray que ce seroit un ouvrage infiny, que d'entreprendre de refuter toutes les erreurs & toutes les impostures qui se trouvent dans ses livres, outre qu'elles sont d'ordinaire si grossieres, qu'il ne faut qu'un peu de bon sens pour les reconnoître. Neanmoins comme il a mêlé encore dans son dernier livre certains faits dont on ne connoist pas si facilement la fausseté par la seule lumiere du sens commun; on a crû qu'il ne seroit pas inutile d'ajoûter à cette derniere lettre quelques éclaircissemens sur divers endroits de sa seconde partie, où ces faits sont contenus, & principalement sur les lieux où il accuse l'auteur des visionnaires, de falsifications & d'impostures.

Le Sr. Desmarests. p. 24.

» Ce n'est point la Sœur Flavie qui m'a écrit les billets. *Et dans la p. 59.*
» Le mensonge évident est en celuy qui dit que la Sœur Flavie m'a écrit les
» billets que j'ay produits.

Eclaircissement.

Si le Sr. Desmarests dit vray en ces lieux, il faut que le Sr. Desmarests soit un imposteur dans la p. 234. de la 1. partie, où il parle ainsi : *Ces trois Oraisons nous ont esté envoyées par une des Religieuses soumises, & qui n'est pas des moins spirituelles, puisqu'elle a esté quinze ans maistresse des pensionnaires, qui estoit le plus grand employ de la maison*, ET ELLE LES A ACCOMPAGNE'ES DE CE BILLET,

Il n'y a que la Sœur Flavie dans P. R. qui ait esté quinze ans maistresse des pensionnaires. C'est donc elle qui a écrit ce billet, Et c'est dans ce billet que
sont

font contenuës les choses qui sont attribuées dans les visionnaires, comme d'accuser de superstition la devotion envers les Saints nouveaux, de prier le Sr. Desmarests *de venir à P. R. de témoigner qu'elle avoit plusieurs choses à luy dire qu'elle ne luy pouvoit écrire.* Et ainsi il faut que le Sr. Desmarests prenne la peine d'opter, en quel de ces lieux il aime mieux avoir esté imposteur.

Le Sr. Desmarests. p. 24.

L'on voit par cette simple exposition, que c'est une raillerie inepte & tres-indigne d'un homme grave, & d'un grand docteur, d'écrire que j'agis & que je parle comme un des directeurs de P. R.

Eclaircissement.

Cette raillerie est fondée sur les matieres spirituelles dont le Sr. Desmarests s'est fait entretenir par ces religieuses, & qu'on ne doit communiquer qu'à des directeurs, & sur ce qu'en parlant de ces entretiens qu'il a eus avec elles, il se sert toûjours du terme de *nous*, en s'associant ainsi à ceux qui les conduisent maintenant. *Les Religieuses obeïssantes à l'Eglise*, dit-il p. 250. *Nous ont appris les secrets de la doctrine Jansenienne. Elles Nous ont fait sçavoir la miserable maniere d'Oraison que leurs faux Prelats ou Superieurs leurs avoient enseignée. Elles Nous l'avoient assez-bien fait connoître, mais pour Nous la faire mieux comprendre, elles Nous promirent de Nous faire voir un écrit.* Et dans la p. 240. *Cette Religieuse & les autres Nous ont dit les choses cy-dessus. Celle-cy Nous a dit aussi.* Et dans la p. 262. *Voicy ce qu'elles Nous avoient declaré.*

On demande si ce n'est pas parler en associé de M. Chamillard dans la direction de P. R. que de parler de la sorte.

Le Sr. Desmarests. p. 26.

Vne de leurs grandes recreations estoit de prendre le livre de la Theologie affective fait par M. Bail Docteur de Sorbonne, qui est remply de considerations sur les mysteres d'affection pour Dieu & de resolution de l'aimer & de le servir. La Sœur Angelique de S. Iean estant au Monastere de Paris, en la chambre de la M. Agnés, en sa presence & en celle de plusieurs autres religieuses, prenoit souvent ce livre pour en rire ensemble, & pour s'en divertir par maniere de recreation. Elle recitoit tantost des considerations sur un mystere, puis des actes de foy & d'amour sur ce mystere, & elle les prononçoit avec des accens, des mines, & des gestes ridicules, comme si elle eût esté sur un theatre pour se mocquer de ces sortes de devotions.

Eclaircissement.

Ceux qui connoissent la Sœur Angelique de S. Iean, sçavent que ce n'est pas

C

pas son défaut que de n'estre pas assez serieuse. Mais le Sr. Desmarests a crû que c'estoit un coup seur de médire d'elle, dans l'impuissance où elle est de se défendre de ses calomnies. Et neanmoins on trouvera bien encore des personnes dans Paris qui le démentiront sur ce point, & qui témoigneront que dans les conferences du Noviciat, la Sœur Angelique bien-loin de faire des railleries de la Theologie affective de M. Bail, reprit des postulantes qui sembloient les mépriser, & qui ne faisoient pas assez d'état de quelques instructions utiles qu'elles contenoient, parce qu'elles estoient imprimées en des termes un peu extraordinaires. Que s'il se trouvoit par hazard qu'elle eût souri en lisant quelques vers de ce bon Docteur, car il en a fait aussi, & il les donnoit à ces Religieuses pour s'en servir, ce seroit une faute fort-humaine que d'en avoir ri : & & l'on croit qu'il y a peu de personnes assez graves pour s'en empescher. On en peut faire l'épreuve.

Le Sr. Desmarests p. 27.

„ Dans le Monastere de P. R. des champs la maîtresse des pensionnaires avoit
„ instruit ses écolieres de matieres contestées entre les disciples de Iansenius &
„ les PP. Iesuites, & leur ayant inspiré une terrible aversion pour ces Peres, leur
„ avoit fait naître la pensée de faire une poupée & de l'habiller en Iesuite. Puis
„ elles avoient fait une autre poupée & l'avoient habillée en capucin. Elles les
„ apportoient aux Religieuses pour leur recreation : & après plusieurs questions
„ entre l'un & l'autre, une qui estoit presidente concluoit, & condamnoit le
„ Iesuite. Alors toutes les pensionnaires & les religieuses battoient des mains en
„ signe de victoire : se levoient en tumulte, & emportoient comme triomphan-
„ tes le Iesuite poupée dans le jardin où il y a un estang, & l'y plongeoient plu-
„ sieurs fois, & enfin l'y noyoient. Cela se faisoit avec des transports de joye,
„ avec des éclats de rire, avec des voiles volans, & des guimpes en desordre, &
„ avec de riantes fureurs : & le pauvre Iesuite contrefait estoit comme un mise-
„ rable Orphée entre les mains des furieuses Ménades. Cela s'appelloit toutefois
„ une honneste recreation de saintes religieuses & de devotes pensionnaires, & se
„ passoit avec une grande satisfaction & approbation de leurs Meres, qui sont
„ tres-saintes, si on veut croire leur Apologiste.

Eclaircissement.

C'est icy un des plus étranges exemples qu'on puisse trouver dans la maniere dont la malice bastit les plus noires calomnies sur les fondemens les plus legers & les plus innocens. Voicy tout ce qui peut avoir donné lieu à cette fable scandaleuse. Pendant qu'on ne parloit d'autre chose dans Paris & mesme dans toute la France que d'Escobar, il y eut des graveurs qui en firent une image ridicule. Vn jeune Seigneur qui n'avoit alors que 8 ou 9 ans, en donna une à ses sœurs qui estoient environ de son âge, & élevées au Monastere de P. R. des champs. Ces petites filles l'ayant veuë, & estant frappées & du nom & de la mine du personnage, dont leur frere les avoit quelquefois entretenuës en riant, luy firent son procés & le condamnerent à estre noyé, en execution de cet Arſeſt elles firent un bâteau de papier, & leur deſſein eſtoit de mettre Eſcobar dedans pour l'envoyer noyer au milieu du Canal qui paſſe dans leur jardin. Mais ce deſſein fut découvert avant qu'il fut executé, & un autre tribunal prit connoiſſance de ce jugement rendu ſans autorité. De ſorte qu'il en penſa cauſer davantage à ces pauvres petites filles qu'à Eſcobar. Car on creut déſlors qu'il eſtoit important de leur en faire la peur, afin qu'elles ne s'accoutumaſſent pas à joüer de la ſorte, parce que leur innocence n'empêchoit pas qu'on n'en puſt diſcourir & y trouver à redire, comme il eſt en effet arrivé d'une maniere qu'il eſtoit difficile de prevoir. C'eſt tout ce qu'il y a de vray dans ce recit; qui n'eſt propre qu'à faire voir la ſageſſe des Religieuſes de P. R. la malice de celles qui font ces rapports contre elles, & l'extravagance phanatique du Sr. Deſmareſts, qui s'eſt follement imaginé qu'il n'y avoit qu'à faire une deſcription romaneſque d'une diſpute entre deux poupées ſur les queſtions de la grace, des voiles volans, de guimpes en deſordre, & de riantes fureurs, pour transformer des vierges de Ieſus-Chriſt tres-mortifiées & tres-ſerieuſes en des badines enjoüées, & en de furieuſes Ménades.

Le Sr. Deſmareſts. p. 73.

Pour prouver ma méchante vie, il eſt encore plus ridicule. Car il écrit de moy : *Je ne parle point du reſte de ſa vie, elle ne m'eſt pas connuë, & ie n'ay nul deſſein de m'en informer. Mais il avoüe luy-meſme en quelque endroit où il ſe décrit luy-meſme, qu'elle a eſté ſemblable à ſes livres, & qu'il a eſté dans le libertinage & dans le deſordre.* Il invente & forge tout cela. Car ie n'ay jamais écrit que ma vie ait eſté ſemblable à mes livres, ny que j'aye eſté dans le libertinage, n'ayant jamais eſté dans l'impieté, graces à Dieu.

Eclairciſſement.

Il eſt vray qu'on a dit cela du Sr. Deſmareſts. On ne l'a pas prouvé, parce qu'on croyoit qu'il n'auroit pas aſſez de hardieſſe pour le nier. Mais puiſqu'il engage à cette preuve, il y a moyen de le contenter.

Il faudroit n'avoir pas de ſens commun pour ne pas reconnoître que le Sr. Deſmareſts ſe décrit luy-meſme dans ſes *Delices de l'Eſprit*, ſous la perſonne d'Euſebe. Car il ne ſe marque pas ſeulement par la qualité de Maiſtre de la vie ſpirituelle, & d'homme experimenté dans les voyes de l'eſprit, ce qui fait l'objet de ſa vanité, mais il ſe deſigne par des caracteres individuels & perſonnels. Cet Euſebe eſt un homme qui ſe dépeint p. 55. comme attaché à la muſique, à la portraitture, à l'architecture, dont l'on ſçait que le Sr. Deſmareſt s'eſt toûjours piqué.

C'eſt un homme qui declare p. 4. qu'il a eſté en faveur auprés du Cardinal de Richelieu : *Avec l'aide de quelques-uns, dit-il, ſur leſquels je m'appuyay pour arriver juſqu'au haut du palais de la fortune, je parvins juſqu'à l'appartement de celuy qui dominoit dans ce lieu élevé. Là je gouſtay mille plaiſirs raviſſans par l'eſtime qu'il fit de moy, par les careſſes & publiques & particulieres dont il m'honora, par les applaudiſſemens que* je recevois de toutes parts, & par les victoires que je remportois souvent sur mes envieux.

Il décrit encore plus particulierement dans la p. 105. cette faveur où il pretend avoir esté auprés du Cardinal de Richelieu, & d'un air qui ne marque pas une mediocre vanité. *Tu me force*, dit cet Eusebe, *à te dire quelqu'un de ces goûts delicats qui te fera juger des autres, & qui servira à te faire connoître l'infatigable force du genie de ce grand homme qui ne pouvoit se délasser d'un travail d'esprit que dans un autre. Aussi-tost qu'il avoit employé quelques heures à resoudre toutes les affaires d'estat, il se renfermoit souvent avec un sçavant Theologien pour traiter avec luy les plus hautes questions de la religion, & son esprit prenoit de nouvelles forces dans ces changemens d'entretien. Aprés cela d'ordinaire, il me faisoit entrer seul pour se divertir sur des matieres plus gayes & plus delicates, où il prenoit des plaisirs merveilleux. Car ayant reconnu en moy quelque-peu de fertilité à produire sur le champs des pensées ; il m'avoüoit que son plus grand plaisir estoit lors que dans notre conversation il rencherissoit des pensées pardessus les miennes. Que si je produisois une autre pensée par-dessus la sienne, alors son esprit faisoit un nouvel effort avec un contentement extréme...... Or jugez si je ne goûtois pas aussi par fois ce mesme plaisir qui luy sembloit si grand, puisqu'il m'arrivoit souvent de rencherir de pensées par-dessus les siennes.*

Vn homme qui se marque par tant de caracteres, que tout le monde sçait convenir au Sr. Desmarests, n'a pas trop d'envie d'estre inconnu. Ainsi ce seroit aller contre son intention que de feindre de le connoître. Il n'a pas supposé sans doute, qu'il deust avoir des lecteurs assez stupides pour ne pas faire une application si facile, & ainsi en se décrivant sur la personne d'Eusebe, il a bien voulu qu'on luy attribuast tout ce que cet Eusebe dit de luy-mesme & de sa vie passée.

Il ne reste donc plus qu'à voir si on a sujet de dire qu'il avoüe en quelques endroits, où il se décrit sous la personne de cet Eusebe, que sa vie a esté semblable à ses livres, c'est à dire qu'elle a esté aussi criminelle & aussi impure que ses livres sont impurs & criminels, & qu'il a esté dans le libertinage & dans le defordre, c'est à dire dans l'oubly & le mépris de Dieu, & dans le dereglement des vices.

Or il n'y a rien de si formel que cet aveu que le Sr. Desmarests m'a fait dans son livre des *Delices de l'esprit*, ny de plus impudent que le desaveu qu'il ose maintenant en faire. Il avoüe p. 2 qu'on l'a veu autrefois plongé dans les plaisirs de la jeunesse. Et décrivant ces plaisirs de la jeunesse, il dit : *Que la jeunesse insensée s'applique ordinairement à goûter les plaisirs charnels.*

Il avoüe p. 3. qu'il s'estoit arresté qulque-temps dans la cabanne des plaisirs charnels & grossiers, qui n'avoit qu'une enseigne grossierement peinte, où estoit representé un Bacchus & une Venus, & qu'ayant senty que ces plaisirs ruinoient son corps & sa fortune, il en voulut chercher de plus relevez.

Il fait dire à Philedon p. 5. *Qu'Eusebe l'avoit laissé à cette enseigne du*

Venus & de Bacchus, & qu'il sçavoit qu'ils y avoient passé autrefois de delicieuses journées.

Il dit p. 73. *Qu'il devroit pleurer des larmes de sang, pensant au mauvais usage qu'il a fait de l'eloquence auprés des femmes. Car je n'y employois,* dit-il, *que des mensonges déguisez, des malices subtiles, & des trahisons infames. Ie tâchois à ruiner l'esprit de celles que je feignois d'aimer. Ie cherchois des paroles artificieuses pour le troubler, pour l'aveugler, & pour le seduire, afin de luy faire croire que le vice estoit vertu, ou pour le moins chose naturelle & indifferente. Ie trahissois Dieu mesme en interpretant malicieusement ses loix, & en faisant valoir les faux & damnables raisonnemens des voluptueux & des impies comme toy, & mon eloquence faisoit toute sorte d'efforts pour éteindre la vertu dans une ame.*

Voilà ce qu'on appelle libertinage & desordre, puisque le Sr. Desmarests desire de le sçavoir. Et je pense qu'aprés cela il avoüera qu'il eust mieux valu pour luy n'obliger pas les gens à cet éclaircissement.

Le Sr. Desmarests. p. 105.

Ce Docteur presomptueux dit de moy : *C'est un homme qui se décrit luy-mesme en disant : Que ceux qui entendent ces hautes matieres* (il ajoûte malicieusement ces mots), *qui n'ont encore esté découvertes que par luy,* (comme si nul avant moy n'auoit écrit des choses spirituelles.

Eclaircissement.

C'est une imposture, qu'on ait ajoûté ces mots en les attribuant au Sr. Desmarests. Qu'on prenne la peine de lire la premiere Visionnaire pag. 1. & l'on verra qu'ils sont d'un autre caractere pour les distinguer de son texte. On n'a point pretendu que ces paroles fussent de luy, mais on a pretendu qu'elles sont tres-veritables, n'y ayant que luy qui ait encore expliqué l'Apocalypse & la Genese de cette maniere extravagante qu'il appelle haute, comme il s'en vante luy-mesme, & comme on la prouvé par un passage qu'on rapporte de luy, deux lignes auparavant.

Le Sr. Desmarests. p. 107.

Voicy une autre falsification horrible. *Il se rend*, dit-il, *témoignage dans le mesme livre, qu'estant une personne interieure, il ne laisse pas d'estre aussi sçavant que les autres dans tous les goûts de la spiritualité mondaine.* Qui a jamais oüy parler d'un falsificateur de la sorte ? Il y a dans mon texte: *Quelques-unes de ces personnes interieures ne laissent pas d'estre aussi sçavantes qu'eux dans tous les goûts de la spiritualité mondaine.* Pourquoy dit il que ie parle de moy ?

Eclaircissement.

On l'a dit, parce qu'il est clair, & qu'il n'y a que des personnes sans esprit qui puissent ne le pas voir. Qu'on lise cet endroit, & qu'on le compare avec la Preface de Clovis, & avec toute cette Preface de la 3. partie des *Delices de l'Esprit*, & l'on défie qui que ce soit d'en douter. Au reste on ne croit pas qu'il y ait personne au monde assez injuste pour trouver mauvais qu'en rapportant des passages, on ait mis quelquefois indirectement ce qui est exprimé directement dans l'auteur, ou au contraire, & qu'on ait substitué au lieu des pronoms les choses ausquelles ces pronoms se rapportoient. C'est une liberté dont tous ceux qui citent des passages ont toûjours usé, & qui est necessaire pour éviter les grands tours, & les éclaircissemens inutiles qu'il faudroit faire à toute heure. Cependant toutes ces falsifications pretenduës ne sont que de ce genre-là; & il n'y en a aucune dans laquelle il se puisse plaindre avec la moindre apparence qu'on ait alteré son sens, ou qu'on ait mesme changé ses paroles qu'autant qu'il estoit necessaire de le faire pour les lier avec le discours où on les inseroit.

Il faudroit aussi estre bien simple pour se payer de cette ridicule défaite qu'il ne se nomme pas toûjours dans les passages qu'on luy applique, comme si on ne se pouvoit designer que par son nom, & s'il n'y avoit pas cent marques aussi précises & aussi claires, pour nous faire entendre qu'une personne parle de soy-mesme, que si elle se nommoit expressément. Que ceux qui en douteroient prennent la peine de consulter les endroits marquez, & l'on est asseuré qu'ils cesseront d'en douter. Par exemple, quand le Sr. Desmarests se plaint qu'on luy applique ce qu'il dit des *esprits simples & ignorans, qui prennent les sçavans par la main pour les ramener jusque dans eux-mesmes*; pour s'asseurer qu'il parle de luy, on n'a qu'à lire une ligne en suitte, & l'on y verra qu'il applique ce discours à ces allegories sur l'Apocalypse, & que c'est de cette entreprise qu'il suppose que les sçavans se plaignent. Mais que feroit-il? Le pauvre homme est combattu de deux desirs differens. Il veut se cacher un peu pour paroistre plus modeste. Il veut se découvrir pour joüir de la gloire de ces belles inventions: & pour satisfaire à ces deux desirs, il se cache & se découvre en mesme temps. Il parle quelquefois de luy-mesme en troisiéme personne sous le nom *d'un serviteur de Dieu, d'une personne spirituelle, d'un fidelle, d'une victime*. Mais afin qu'on ne s'y méprenne pas, il nous avertit que c'est une adresse des personnes spirituelles, *de dire en general ou sous le nom d'autruy ce qu'elles ne diroient jamais comme parlant d'elles-mesmes*. Il se designe par une infinité de circonstances particulieres. Il nous avertit qu'on ne peut parler de ces goûts divins dont il traitte, qu'on ne les ait éprouvez; & il en parle en mesme temps. Il d'écrit la hauteur imaginaire de son état de neant. Il le comble de de toutes sortes de grandeurs, & il s'y place luy-mesme en laissant à tirer les consequences. Et en suitte quand on vient à luy appliquer ce qu'il a bien voulu qu'on luy appliquast, & ce qu'on ne sçauroit ne luy pas appliquer sans avoir perdu l'esprit, il croit s'estre suffisamment deffendu en disant qu'il ne s'est pas nommé, *Il veut*, dit-il, *que ie sois cet homme de pieté que j'ay appellé Eusebe: qu'il le pense s'il le veut, mais qu'il ne l'écrive pas, puisque ie n'ay point écrit que ie suis Eusebe*. Ie n'ay point dit qu'Eusebe fût le Sr. Desmarests. I'ay dit qu'il se mesloit de poësie, de peinture, d'architecture,

Delices de l'Esprit 30 *Iour.* §e p 187.

2. *part. de la reponse* p. 69.

de science, d'eloquence, de politesse, qu'il avoit esté en faveur auprés d'un premier Ministre à cause de son esprit, & de sa fertilité à produire des pensées. J'ay dit que ce mesme Eusebe estoit auteur de l'explication sur la Genese, mais je n'ay pas dit qu'il s'appelloit Desmarests. Cela luy suffit. Il est aussi caché qu'il le desire, c'est à dire qu'il l'est assez pour n'estre méconnu de personne selon son intention.

Delices de l'Esprit 3e Iournée p. 191.

Le Sr. Desmarests. p. 129.

Or j'ay écrit: *Dieu tira donc du costé de l'esprit humain, une coste, c'est à dire une compagne; & Dieu en fit une femme, c'est à dire une chose infirme.* Ie n'ay pas donc écrit comme celuy-cy m'impose, *que la coste de l'esprit humain fust changée en une femme.* Cela est malicieusement inventé & forgé.

Eclaircissement.

Le Sr. Desmarests est tellement hors de luy, qu'il ne voit pas ce qui est devant ses yeux. Le passage des delices de l'esprit est rapporté dans la premiere Visionnaire, en la mesme maniere qu'il le rapporte luy-mesme. Ces paroles, que la coste de l'esprit humain fut changée en femme, ne luy sont pas imputées. Elles sont imprimées en caractère romain pour les distinguer des siennes qu'on rapporte en italique. C'est donc seulement une conclusion qu'on tire de son passage, & je pense qu'il est difficile d'en trouver une plus juste. Car s'il est vray, comme il le dit, que Dieu prit une coste de l'esprit humain, & qu'il en fit une femme, c'est à dire la nature humaine, il est donc vray que la coste de l'esprit humain fut changée en femme.

Le Sr. Desmarests. p. 130. & 131.

Il m'attribuë faussement une erreur contre la doctrine de l'Eglise, qui est dit-il, *que je mets nettement la concupiscence & le déreglement de la nature dans le Paradis terrestre......* Tout mon texte qu'il allegue en suitte ne parle ny d'Adam ny du serpent, ny du paradis terrestre..... Ie parle, comme je l'ay déja dit cy-dessus, d'un esprit humain tel qu'il est à present; & je n'ay point pretendu que dans l'état d'innocence, il y ait eu une tentation interieure d'orgüeil qui ait prevenu la raison & la volonté

Eclaircissement.

Il est important de sçavoir en ce point qui a tort ou qui a raison. La question est de consequence. On accuse le Sr. Desmarests d'avoir enseigné cette erreur que la concupiscence a precedé la perte de l'innocence premiere, & par consequent qu'elle a esté dans le paradis terrestre. Il répond qu'il ne la pas enseignée, & qu'il n'a parlé que de l'état present. Il y a imposture de part ou d'autre, mais pour reconnoistre celuy qui en est effectivement coupable, on supplie de lire cette preface de son explication sur la Genese, où il nous renvoye,

& l'on y verra qu'il marque expressement que ce livre de la Genese represente allegoriquement & parfaitement les divers estats de l'esprit humain & dans l'innocence premiere, & dans les choses de la nature corrompuë, & dans celles de la grace : Que le premier état de l'esprit humain est sa creation & son origine dont il est parlé au premier chapitre. Le second estat est celuy de l'innocence premiere representée par Adam établi au paradis terrestre, c'est à dire dans les delices de l'innocence. Le 3. état est celuy de l'homme pecheur. Suivant cet ordre il explique en suitte ces divers états. Il met pour titre au chapitre 3. dont on tire les paroles que l'on a citées : *La perte de l'heureuse innocence, & le commencement de tous les malheurs de l'état du peché.* Il décrit donc la perte de l'innocence heureuse, & non celle des justes d'apresent dont l'innocence n'est pas heureuse, mais jointe à la misere : & c'est dans la description de cette perte de l'innocence, qu'il dit que la nature a esté tentée par le sentiment d'orgüeil, c'est à dire, qu'il pretend que le sentiment d'orgueil a precedé la perte de la premiere & heureuse innocence, qui est l'erreur qu'on luy a imputée, & qu'il ne peut desavoüer sans une extreme effronterie.

Le Sr. Desmarests. p. 136. & 137.

" Il a crû m'avoir surpris dans une erreur avec sa chicanne de scholastique, en
" ce que j'ay dit, *qu'entre tous les attributs de Dieu qui sont invisibles & in-*
" *comprehensibles, sa bonté infinie s'est fait connoître en toute son étenduë en*
" *Jesus-Christ Dieu & homme, non seulement en ses effets, mais aussi en elle-*
" *mesme.* Ce Theologien doit sçavoir, s'il ne le sçait, qu'il y a bien de la diffe-
" rence entre connoître & comprendre jusqu'où la bonté de Dieu a pû aller &
" s'étendre, & connoître & comprendre jusqu'où elle peut estre connuë & com-
" prise.

Eclaircissement.

Cet homme prend plaisir à estre imposteur sans utilité. Ce passage ne se trouve point exprimé dans son livre en ces termes, mais en ceux ausquels on l'a rapporté. Il est certain d'ailleurs que l'expression n'en est nullement exacte, & qu'elle est suspecte dans un homme qui renverse l'état des Voyageurs en introduisant l'impeccabilité des Origenistes, comme nous le montrerons. Mais ce n'est pas neanmoins le principal défaut que l'on y a remarqué. On s'est aresté particulierement sur la fausse difference qu'il mettoit entre la bonté & les autres attributs de Dieu, en disant que l'on voyoit la bonté de Dieu en elle-mesme, & que l'on ne voyoit les autres attributs que par leurs effets ; ce qui est faux & ridicule, la sagesse, la puissance, la sainteté, la justice de Dieu ne se voyant pas moins immediatement en I. C. que sa bonté.

Le Sr. Desmarests. p. 156.

" Il faut faire croire que des recüeils de traittez & de lettres qui ne sont pas en
" son nom sont tous de luy, & sur tout il faut luy attribuer la preface du traitté
de la

de la Theologie de S. Denis qui est dans ces recueils & qui n'est qu'une traduction, & les grands discours de Blosius qui sont alleguez dans cette preface, où il est parlé, de *bouïllonnement d'amour continuel*, *de liquefaction de flux & reflux de l'ame en Dieu*, *& de joye incessable & inexprimable* : & il faut persuader que par vanité il a écrit ces choses comme les sentant en luy-méme. Et dans la p. 11. de l'Addition, il ajoûte : Il y a dans ces recueils la traduction d'un petit traitté de S. Denis de la Theologie mystique avec la preface, qui n'est aussi qu'une simple traduction du latin d'un Saint homme, qui a commencé ce petit traitté de S. Denis : & toutefois l'Auteur visionnaire dit, *Il fait des commentaires sur S. Denis l'Areopagite*.

Eclaircissement.

Il n'est pas croyable combien il y a de fourberie dans ce discours. Comme il ne sçait s'il luy est utile que l'on sçache qu'il est auteur de ces cinq volumes de lettres spirituelles, il ne sçait aussi s'il les doit avoüer ou desavoüer. Et en ne les desavoüant pas, il les avoüe, n'y ayant rien qui l'ait deu empescher de desavoüer un ouvrage qui ne seroit pas veritablement de luy. Mais on n'a pas besoin en cela de son aveu. Que l'on aille demander à son Libraire les cinq volumes de lettres spirituelles du Sr. Desmarests, & il ne manquera pas de presenter les recueils dont nous parlons. J'ay fait achetter les miens en cette maniere : & l'on connoist de plus des personnes de condition à qui le Sr. Desmarests les a données comme estant de luy. Enfin quand on n'en auroit aucune preuve, le seul caractere de son stile, de son esprit, de sa folie le rend tellement reconnoissable dans ces lettres, que ceux qui le connoissent le mieux de visage, ont plus sujet de douter en le voyant, si c'est luy-mesme ou quelque autre qui luy ressemble, que ceux qui lisent ces lettres, n'en ont de douter en les lisant, si elles sont effectivement de luy, estant plus possible qu'il y ait deux visages & deux corps entierement semblables, que non pas qu'il y ait deux esprits si semblables en toutes choses, & qui soient également frappez d'une folie si étrange & si extraordinaire ; aussi ne s'en défend-il que foiblement. Il seroit fasché qu'on ne l'en crust pas l'auteur, & il aime mieux soutenir hautement *que ces lettres sont toutes excellentes choses qui ont esté aimées & avidement devorées par toutes les ames spirituelles du Royaume*.

Quant au commentaire sur S. Denis qui se trouve dans la 3. partie de ce recueïl page 108. & où il se plaint qu'on luy attribuë, on ne sçait que dire d'une telle hardiesse. Car on ne luy attribuë ce commentaire que parce qu'il se l'attribuë luy-mesme en termes formels, comme l'on peut voir dans la lettre 25. de cette partie, où il parle ainsi p. 112. *Puisque celuy qui vous a parlé est de ceux qui condamnent ce qu'ils ne sçavent pas, il faut luy apprendre ce que c'est que la theologie mystique. C'est pourquoy je me suis resolu de vous en faire un discours tiré des plus sçavans & saints docteurs mystiques, & d'y ajoûter les cinq chapitres de la theologie mystique de S. Denis, QUE J'AY TRADUITS en François, & ausquels j'ay ajoûté quelques notes pour éclaircir les endroits qui pourroient sembler obscurs & difficiles.* C'est celuy qui parle qui a traduit ces cinq chapitres : c'est le mesme qui a ajoûté ces notes : & celuy qui parle est le Sr. Desmarests, comme dans tout le reste du livre, à moins qu'il n'eust esté assez vain pour inserer dans le travail de ces lettres la traduction de la lettre de quelqu'autre Auteur, sans avertir en aucune sorte que ce n'estoit qu'une traduction.

Addition de la 2. partie de la r. ponce p. 14.
Ibid. p. 15.

Vne autre fausseté insigne qu'il glisse dans ce discours, est qu'il veut faire croire que l'on a pris de ce traitté & d'un passage de Blosius qu'il y insere, ces boüillonnemens d'amour, ce flux & reflux de l'ame en Dieu, & cette joye incessable & inexprimable qu'on luy reproche : & qu'ainsi on luy fait grand tort de luy attribuer ces termes d'un autre auteur, comme s'il se les estoit appliquez. C'est l'idée qu'il tâche toûjours de donner lorsqu'il parle de ces boüillonnemens, & il dit nettement que c'est une imposture manifeste de luy attribuer ce commentaire de S. Denis & ces termes de Blosius.

Cependant il n'y a rien de plus faux. On n'a pas rapporté un seul mot de tout ce commentaire sur S. Denis ; & tous ces termes qu'on luy a reprochez sont pris d'une autre lettre où il décrit sa conversion & son état, & où il s'attribuë tous ces termes & tous ces états suréminens d'une maniere si claire, qu'il n'y a point de personnes assez simples pour en douter. C'est la 27. lettre de la 3. partie p. 173. & on supplie tout le monde de la lire pour reconnoître jusqu'où va la hardiesse de cet homme à nier les choses claires. Elle commence par ces paroles : *Mon tres-cher frere en N. S. puisque vous desirez que je vous entretienne par écrit de ce que j'avois commencé à vous dire de vive voix sur l'horrible aveuglement des personnes du monde, & sur les grandes graces que Dieu m'a faittes, je veux vous satisfaire avec la grace qu'il luy plaira m'en donner.* En suitte il se décrit, & dans son état d'aveuglement, & dans sa pretenduë guerison ; & il emprunte pour cela la comparaison de l'aveugle né. *Pour faire concevoir*, dit-il p. 176 *quel estoit mon aveuglement & quel est celuy des autres aveugles du monde, & les excellens & infaillibles moyens par lesquels j'ay esté guery, je ne puis me servir d'un meilleur exemple que de la comparaison de l'aveugle né.* C'est donc son dessein d'expliquer ces excellens & infaillibles remedes par lesquels il a esté guery. Et il les explique ainsi dans la suitte page 185. *Par cette double connoissance de Dieu & de moy-mesme, je fus soudain & illuminé & guery de tous maux. Car ceux qui sont bien persuadez que Dieu est tout, & qui sont bien persuadez de leur rien, & du rien de toutes les choses creées, ne peuvent plus souffrir aucun mal ny goûter aucun bien du monde.* Le voila donc déja dans ce rien. Le voila guery de tous maux. Le voila incapable de souffrir aucun mal, & hors d'état de dire avec l'Apostre : *Malheureux homme que je suis qui me delivrera du corps de cette mort.* Et c'est en décrivant cet état où il s'est placé par avance, qu'il ajoûte dans la page suivante : *que ces gens persuadez de leur rien*, comme il a dit qu'il l'estoit, *voient bien clair en toutes choses, connoissant certainement la verité de Dieu, dont ils ont un sentiment surnaturel & infaillible.* Cependant parce qu'on luy a attribué ces paroles, & cet état qu'il s'attribuë si visiblement, il s'écrie p. 15. de l'Addition, *Quelle effronterie d'écrire que je croy en moy, ce qui est dit là de plusieurs ames.* Et il dit que l'on falsifie hardiment son texte. Il continuë dans tout le reste de la lettre de se dé-

écrire en toute maniere, & par toutes les addresses d'une sotte vanité. Tantost il pag. 207.
se fait loüer par les gens du monde qu'il introduit : *Ie vous estime heureux*, me
dit un de ces hommes opulens, si vous estes en un si haut état. Il se donne bien de
garde de l'en dédire. Et ce pendant sur cette petite finesse, il croit qu'il est à
couvert de tout reproche, en disant p. 15. *Quelle effronterie d'écrire!* Il admire
luy-mesme combien Dieu l'avoit élevé en un haut état. Et cela est dit par des
hommes opulens à un homme de pieté qui leur parloit. Il se loüe luy-mesme
en propres termes : *Ie gouste*, dit-il, *en tous lieux cet aimable paix de J. C.
qui m'est inseparable, & qui me tient dans un calme infiniment delicieux,
que tous les vents, tous les bruits, & toutes les fureurs du monde ne sçauroient
troubler.* Et tantost il se contente de se placer dans un certain état, & de décrire
en suitte les proprietez de cet état, c'est à dire qu'il propose la majeure & la mineure, & qu'il laisse la conclusion à tirer.

Il dit par exemple dans la p. 220. qu'il est dans l'état du rien. *Les hommes du
monde*, dit-il, *avec lesquels je converse quelquefois, sont forcez d'avoüer que la
connoissance que j'ay que Dieu est tout, & que je ne suis rien, est une philosophie
indubitable & infaillible pour ne souffrir aucun mal, & pour gouster sans
cesse un plaisir divin.* Le Voilà donc rien puisqu'il ne s'estime rien. Car c'est
l'essence de cet état, & il le reproche encore p. 221. afin qu'on ne l'oublie pas.
Cet homme, c'est ce qu'il fait dire aux gens du monde, *qui s'estime un rien.*
Or quel est l'état de ces hommes qui s'estiment un rien ? Il vous le declare ensuitte p. 222. *Ie leur fais voir*, dit-il, *que cet homme qui s'estime un rien s'estant
perdu dans le tout de Dieu, & dans la profonde mer de son pur amour;
S'il souffre il ne souffre qu'en Dieu..... Il n'est travaillé d'aucune passion audedans. Car un rien n'a point de passion.... Ainsi l'ame détachée de son a-
mour propre, & de celuy de toute chose creée, toute liquefiée en Dieu &
toute plongée en son eternité, sent incessamment que c'est Dieu seul qui
fait tout en elle, & qui souffre tout en elle.* Il est bien aisé de conclure.
Donc le Sr. Desmarests qui asseure qu'il est un rien, est de ces gens qui ne souffrent rien qu'en Dieu, qui n'ont plus de passion, qui sont plongez & liquefiez
dans l'Eternité de Dieu, & il sent incessamment que c'est Dieu seul qui fait tout
en luy.

Neanmoins de peur qu'il n'y eût des esprits assez grossiers pour ne pas tirer
une conclusion si facile, il s'applique d'ordinaire par quelque petit tour, tous
ces discours generaux. Et c'est pourquoy aprés avoir dit dans la p. 233. *que l'ame
bien anneantie*, c'est à dire (qui connoist son rien & le tout de Dieu, comme le
Sr. Desmarests) *nage à son aise dans la pleine mer de son tout comme dans
son noble élement; où elle vit & est remplie de la plenitude de Dieu, &
où elle sent un secret & tranquille boüillonnement d'amour continuel & divin, & un perpetuel flux & reflux en Dieu, & de Dieu en elle qui la
plonge dans une joye incessable & inexprimable, & qui luy fait bien oublier
tous les gousts & toutes les miseres du monde.*

De peur qu'on ne prist ce discours, comme estant tiré des livres mystiques &
rapporté par maniere & non pas comme une image de son état, il a soin d'éloigner cette pensée en s'appliquant à soy-mesme toutes ces merveilles. *Les sen-*

D ij

suels mondains, dit-il, *qui m'entendent parler ainsi, & qui ne m'estimant pas menteur, croyent que je dis ce que je pense, & ce que j'éprouve en moy-mesme.* Mais comme il a veu que ces boüillonnemens qu'il s'attribuë ne faisoient pas un bon effet dans le monde, il a crû s'en sauver en disant p. 19. de son Addition : *Que ce n'est qu'une pensée des sensuels, ausquels parle une personne de pieté*, & que c'est une imposture visible que de la luy attribuer. Et par là il croit estre entierement à couvert, & avoir convaincu l'auteur des Visionnaires d'imposture, parce qu'il a pris ce discours comme estant de luy. Mais je pense qu'il y aura bien des personnes aussi simples que luy en ce point, & qui ne distingueront nullement si c'est le Sr. Desmarests ou les sensuels qui parlent en cet endroit.

Et quoy n'est-ce donc pas le Sr. Desmarests qui fait parler ces sensuels comme il luy plaist, & qui leur fait dire, comme une verité si constante & si claire qu'elle est mesme reconnuë par eux, *qu'il n'est pas menteur & qu'il ne dit que ce qu'il éprouve*? Il y a des discours que l'on fait dire aux sensuels comme sensuels, & qui n'ont point ainsi d'autorité. Mais il y en a d'autres que l'on fait dire aux sensuels comme estant reconnus par eux, nonobstant leur dereglement : & ceux-là ont d'autant plus d'autorité qu'on les met dans la bouche des sensuels. Or le témoignage que le Sr. Desmarests se fait rendre par ces sensuels n'est point un effet de leur sensualité. C'est un sentiment qu'ils proposent comme sinceres, comme n'ayant pas perdu la raison, comme retenant encore quelque equité, & par consequent c'est le témoignage du monde qui marque mieux ce que l'auteur veut que l'on croye de luy-mesme. Et il se seroit bien moins attribué tous ces transports mystiques en disant simplement qu'il les éprouve, qu'en le faisant reconnoistre mesme par les sensuels.

Mais pour retrancher toutes les chicanneries, il suffit de dire en un mot que le Sr. Desmarests s'attribuant par tout l'état du neant, l'état de victime, il s'attribuë par consequent tout ce qu'il dit estre enfermé dans l'état du neant & des victimes. Et ainsi il n'y a qu'à le luy appliquer par des argumens semblables à ceux-cy. Tout neant boüillonne. Le Sr. Desmarests selon luy mesme est un neant. Donc il boüillonne. Tout neant est Deiforme. Le Sr. Desmarest est un neant. Donc il est Deiforme, & ainsi des autres.

On peut mesme étendre cela plus loin sans s'éloigner de la verité, & luy attribuer generalement tous les états qu'il décrit, puisque c'est un de ses principes les plus ordinaires qu'on ne peut parler de ces choses sans les avoir éprouvées, & que nul ne connoist ces états surnaturels s'il n'y a passé. Car aprés avoir parlé des douze liqueurs ou essences que goûte l'ame dans le cabinet de l'union parfaitte, & qui fait le plus haut état de la vie spirituelle & divine, qui sont le *tressaillement de l'ame, le goût divin, les douces larmes, les chants de joye, l'yvresse spirituelle, la dilatation de cœur, la mortelle blessure d'amour, la langueur d'amour, l'extase, la liquefaction, la ferveur, le zéle.* Il fait dire à Philedon : *O fleurs & fruits, qu'il est doux de sentir vos essences & de goûter vos douceurs!* à quoy il répond : *Nul ne le sçait, & n'en peut parler qu'il ne l'ait éprouvé.* D'où il s'ensuit necessairement qu'il croit avoir passé par tous ces états qu'il décrit, & les avoir éprouvez : & c'est pourquoy il fait

Delices de l'esprit 30. urnée p. 186 & 187.

profession de ne citer personne, & il reproche à l'auteur des Visionnaires d'avoir cité S. Bernard & S. Gregoire, concluant de là qu'il n'est pas veritablement spirituel, *parce*, dit-il, *que les personnes qui ont eu l'experience de ces choses interieures & divines, & que Dieu a fait écrire de ces matieres spirituelles, ne font aucune allegation de Saints qui en ont traitté, ayant chez elles la source qui est le S. Esprit, lequel leur dicte & leur fait exprimer ce qu'elles ont éprouvé.*

C'est ainsi qu'il pretend en avoir écrit. Et c'est pourquoy il dit nettement dans la Preface de son traitté sur l'Apocalypse, sur la Genese, sur quelques Pseaumes, & sur le Cantique des Cantiques, qu'ils luy ont esté dictez par le S. Esprit. *Voicy donc*, dit-il, *quatre divers modeles divins, ou quatre differentes instructions dictées par le S. Esprit mesme pour la vie interieure, c'est à dire pour apprendre à se détacher du peché & de toutes choses sensibles, afin de s'élever & de s'unir à Dieu.* Et par consequent on ne luy fait que justice en luy appliquant tout ce qu'il écrit, & en concluant qu'il pretend avoir passé par tous les états mystiques dont il tâche de nous faire la peinture. Et neanmoins on peut tirer delà d'assez plaisantes conclusions. Car l'on en peut conclure par exemple, que la grace du Sr. Desmarests est de cent quarante-quatre millions de stades en superficie, & que dans les trois dimensions elle est de douze mille fois cent quarante-quatre millions, ce qui fait un million sept-cens vingt-huit mille millions, puisque c'est ce qu'il dit de la grace des ames parfaites dans l'explication du 29. chapitre de l'Apocalypse p. 175. & ce qu'il ne pourroit dire, si le S. Esprit qui luy dicte ces mysteres si profonds, ne luy avoit fait éprouver ce qu'il luy a fait écrire. *Cette ame heureuse*, dit-il, *est dans une prodigieuse étenduë de graces de toutes parts, puisque cette étenduë est de douze mille stades en longueur, de douze mille stades en largeur, qui font douze mille fois douze mille en superficie, & de douze mille stades en profondeur, qui font douze mille fois douze mille fois douze mille. Voy donc combien profondement elle est fondée en la grace.*

L'on peut conclure aussi qu'il a ressenty les cent quarantequatre mille bons mouvemens mortifiez deslors de sa conversion, sans tous les petits qui sont nez depuis, puisque c'est ce qu'il enseigne en la 28. journée p. 166. *En mesme temps* dit-il, *tous les saints mouvemens mortifiez, tant les grands qui sont les cent quarante-quatre mille premiers mouvemens mortifiez deslors de la conversion, que les petits, qui sont les autres mouvemens nez depuis, & qui ont esté mortifiez en suitte, se relevent & ressuscitent par la grace de Dieu qui est parfaite & accomplie, & se tiennent devant le trône de Dieu, qui est sur la cime de l'ame, pour y estre jugez.*

L'on peut dire qu'il est impeccable, puisqu'il porte nettement la pretenduë perfection des mystiques jusqu'à l'impeccabilité & à l'extinction entiere de la concupiscence, comme il est clair par le passage precedent p. 165. *Alors*, dit le S. Desmarests, en décrivant l'état où parviennent les victimes, & où il doit estre parvenu puisqu'il en parle. *Alors Dieu est assis sur la cime de l'ame pure, juste & innocente, comme sur un grand trône blanc. L'ame inferieure (la concupiscence) & l'ame superieure s'enfuyent & s'évanoüissent devant luy, & ne paroissent plus*, *parce qu'il n'y a plus de distraction entre elles*, *toutes deux estant également soumises & pures devant Dieu*, *& toute l'ame tant en sa partie sensitive qu'en la raisonnable estant toute transformée en Dieu mesme*. Et dans la p. 167. *Jusques icy*, dit Eusebe à Philedon, *tu n'as veu que ce qui est de la basse ville, où tu as peu connoître que l'on travaille incessamment avec les graces de Dieu à se vaincre soy-mesme*, *& à dompter toutes les ruses des demons*, *& où on agit avec tant de courage & de force que l'on y remuë le ciel & la terre. Car on tourmente l'ame superieure & l'ame inferieure, on les renverse, on les purifie, on les rarefie, & on les subtilise tellement, qu'enfin elles s'évaporent & ne paroissent plus, parce qu'elles sont divisées & transformées en Dieu mesme, comme nous auons leu dans ce chapitre, que devant Dieu la terre & le ciel s'enfuirent & ne parurent plus. Et puisqu'il n'y a plus ny de ciel ny de terre, tu peus juger qu'il n'y a plus d'air aussi. Car il n'y a plus icy d'amour propre, qui estoit l'air de la basse ville, & qui y occupoit tout ce qui estoit vuide de la grace de Dieu*, Il est bien visible que n'y ayant ny partie inferieure, ny amour propre dans cet état, il n'y a plus aussi aucun des pechez qui naissent de la concupiscence; & neanmoins le bon Philedon, c'est à dire l'Athée converty depuis 28 jours, esperoit y entrer le lendemain, *Juge*, luy dit Eusebe en suitte p. 160. *quel sera ton bonheur d'y monter & d'habiter dans un si admirable sejour. Hélas!* répond Philedon: *j'en suis bien indigne, & toutefois je brusle d'impatience d'y monter & d'y entrer.*

Ensuitte il l'y fait monter dans la 29. journée p. 170. & décrivant cet état sublime: *L'ame superieure & l'ame inferieure*, dit-il, *sont toutes changées & toutes autres qu'elles n'estoient. Car il ne paroist plus rien en elles de ce qu'elles estoient auparavant, & mesme la mer de l'iniquité passée ne paroist plus. Car non seulement elle est purifiée, mais encore elle est tellement tarïe & desseichée par le feu de l'amour divin, qu'il n'en reste aucune chose*

Dieu, dit-il encore, ibid. *habite maintenant avec les mouvemens de la sensualité qui sont tous santifiez, & ils seront ses bien-aimez comme son peuple éleu.... Les Saintes ames sentent continuellement la presence de Dieu qui regle & santifie en elles jusqu'au moindre mouvement de l'humilité. Et quand une ame sent que toutes ses passions sont justes & que toutes ses affections sont divines; dans cet établissement en la grace, elle loüe Dieu a toute heure avec des chants de joye*, Et tout cela se fait en ce monde, & toutes les saintes ames l'éprouvent comme il l'asseure expressément dans la page suivante 171. *& il commande*, dit-il, *à son aigle d'écrire qu'il n'est rien de plus veritable, comme l'éprouvent toutes les ames saintes qui par la continuelle presence de Dieu sentent comme si elles avoient une autre ame superieure, & une autre ame inferieure qui commandent au corps comme s'il estoit estranger, & comme si c'estoit le corps d'une autre ame. Dieu asseure encore que l'ame est alors au plus haut estat & dans le plus grand bonheur où elle puisse estre en ce monde, & que tout est accompli en elle.*

Et pour montrer que c'est un état stable & permanent, il enseigne page 172. *que cette heureuse cité qui est l'interieur de l'ame toute recüeillie en Dieu, est environneé d'une muraille grande & haute, qui est une foy confir-*

mée & inébranlable. Car je t'ay dit que la foy a le soin de toutes les forti-
fications de la ville, & cette haute & forte muraille, ou cette foy confirmée,
ne peut estre abbattuë par nulles tentations, ny escalée par les demons, ny par
l'imagination mesme.

Enfin pour faire voir que tous les restes du peché originel sont entierement détruits dans ces ames mystiques, il enseigne p. 187. non seulement
qu'il n'entre plus dans cette ame heureuse aucune imagination impure ; mais
qu'il n'y a plus dans ces ames de tenebres, parce que leur foy est illuminée
.... Que Dieu luy-mesme est la lumiere qui les éclaire pour toute leur vie
& qui leur sert d'imagination & d'entendement, & elles regnent avec luy
pour jamais sur toutes les passions & sur toutes les choses du monde. Il est bien
clair qu'une telle ame est inaccessible au diable & au peché, puisqu'elle n'a plus
de concupiscence ny d'ignorance, qui sont les deux portes des pechez.

Ie ne voy pas qu'on puisse enseigner d'une maniere plus claire l'impeccabilité des Origenistes & des Pelagiens : Et le Sr. Desmarests ne peut pas se
deffendre sur cela par l'autorité d'aucun mystique, puisqu'il n'y en a point qui
le puisse mettre à couvert des erreurs condamnées par l'Eglise & par toute
la tradition.

Que s'il se trouve conforme dans quelques autres expressions avec certains
auteurs qui ont écrit de la vie spirituelle d'une maniere particuliere, il ne s'ensuit pas que tous ces termes qu'on luy a reprochez ne soient ridicules lors
qu'il les applique à luy-mesme. Car on peut dire generalement qu'ils sont suspects, qui que ce soit qui s'en serve, puisqu'ils sont éloignez du langage
commun de l'Eglise & des SS. Peres. Et neanmoins quand il se trouve que
ceux qui en usent ont fait paroistre d'ailleurs une vertu extraordinaire dans
leur vie, on doit estre retenu à les condamner. Mais quand on ne voit au contraire dans la vie d'une personne que des marques visibles d'illusion ; quand
on n'y remarque aucune lumiere pour discerner ses principaux devoirs ; quand
elle est convaincuë de crimes énormes ; il n'y a plus lieu de douter que tous ces
termes & tous ces sentimens extraordinaires ne soient des preuves d'un esprit
miserablement trompé, ou par sa propre folie, ou par l'impression du demon.
Et c'est ainsi qu'on doit regarder tout ce que le Sr. Desmarests a dit de luy-
mesme ou des estats de la vie spirituelle, aprés les preuves que nous avons rapportées de ses excez, sans que cela puisse faire prejudice à ceux, qui ayant esté
veritablement éclairez de Dieu, & ayant traitté des mesmes matieres d'une
maniere un peu obscure, ont donné lieu neanmoins à l'Eglise par la sainteté
de leur vie d'honorer cette obscurité & de les regarder comme des personnes
extraordinaires que Dieu a conduits comme il a voulu, mais qu'il n'a pas donnez aux fidelles pour leur servir de guides & de conducteurs.

voyez S. Aug ser. 2. & 3. sur le pseaume 118.

AVERTISSEMENT.

LA difficulté de trouver des Imprimeurs ayant empesché de corriger les fautes de ces lettres avec l'exactitude que l'on auroit bien desiré, en attendant qu'on y puisse remedier dans une seconde edition, on avertit qu'il s'y en est glissé une dans la 6. p. de la quatriéme visionnaire ligne 1. qui est de caractere italique, au lieu qu'elle devroit estre en romain, ne contenant pas les propres paroles de Desmarests, mais representant trés veritablement son sens comme on peut voir par le passage entier que voicy 1. Part. lett. 6. page 28. *Si Dieu voit qu'une personne qui luy veut estre fidéle est d'un naturel sanguin comme vous & moy, & par consequent plus portée à l'amour qu'à la crainte, il veut que sa grace suive & fortifie cette inclination, & Je vous avoüe, Ma tres-chere fille, qu'il m'est du tout impossible de tourner ma pensée vers les craintes de l'enfer.* Et dans la page 31. *Dieu ne donne guére la sainte tristesse qu'aux humeurs melancholiques.*

Ce premier May 1666.

Errata.

P, lig. dern. la nouvelle, lisez. sa nouvelle p. 5. l. 32. quid, quia ibid. l. 35. reflexion secrette, reflexions secrettes, p. 6. l. 24. *tu morem, tumorem* p. 9 l. 5. penetrer, operer ibid l. 29. l'on. l'un ibid l. 43. tous, toutes, p. 10 l. 22. conserve, conservent ibid. l. 25. dager, danger ibid. l. 43. disant, deffendant. p. 11. l. 5. aveuglement, plus, aveugle n'estant plus p. 12. l. 5. certains, certaines ibid l. 24. pacific, purifie ibid l 42. marchant, marchent p. 1 l 4. vous. nous ibid. l. 21. soit un soit par un, p. 14. l. 28. l'un, l'une, p. 15. l. 20 mouvais, mauvais, p. 16. l. 9. au titre apres Eclaircissemens, il faut ajoüter, SVR QVELQVES FAITS, p. 17. l. 1. qui sont, qui luy sont. ibid. l. 29. d'affection, resolution, affections, resolutions, p. 18. l. 8. imprimées, exprimées. ibid. l. 11. dans, de, p. 19. l. 4. causer couter, p. 20. l. 24. connoistre, méconnoistre, ibid l. 15. m'a, en a, p. 22. l. 38. de de. de, p 23. l. 34. enseigne, enseigné, p. 25. l. 34. & ou il. & qu'il, p. 26 l 3. travail, recueil, p. 27. l. 7. il se loüe, tantost il se loüe. ibid. l. 12. reproche, repete ibid. l. penult. par maniere, par maniere de recit p. 30. l. 1. distraction l. distinction.

www.ingramcontent.com/pod-product-compliance
Lightning Source LLC
Chambersburg PA
CBHW070823170426
43200CB00007B/877